»Nicht der Mensch bewohnt diesen Planeten, sondern Menschen. Die Mehrzahl ist das Gesetz der Erde.«

Hannah Arendt

»Die Demokratie, wie ich sie verstehe, muss den Schwächsten die gleichen Chancen zusichern wie dem Stärksten.«

Mahatma Gandhi

Volker Eichener

Demokratie

VOLKER EICHENER

DEMOKRATIE

PORTRÄT EINER STAATSFORM DER FREIHEIT UND GLEICHHEIT
ENTWICKLUNG – MERKMALE – ZUKUNFT

S. Marix Verlag

INHALT

1. »ES GAB NIEMALS EINE DEMOKRATIE, DIE NICHT SELBSTMORD BEGANGEN HÄTTE«

»Give me liberty, or give me death!«
Patrick Henry am 23. März 1775 in Richmond, Virginia

Es gab Zeiten und Orte, in denen die Menschen ihr Leben geopfert haben, um in Freiheit und Selbstbestimmung zu leben. Und es gibt sie immer noch. Das ukrainische Volk hätte sich ganz einfach ergeben können, als Russland am 24. Februar 2022 mit 180 000 Soldaten einmarschiert ist. Aber die Ukrainer haben sich nahezu einmütig dafür entschieden, ihre Freiheit und ihre Demokratie, die alles andere als vollkommen war, zu verteidigen, auch zu einem hohen Preis. Nachdem die 22-jährige Mahsa Amini Ende September 2022 von der iranischen Sittenpolizei zu Tode geprügelt worden war, weil sie den Hidschāb in der Öffentlichkeit nicht korrekt getragen habe, starben hunderte von Menschen, die sich gegen das theokratische Regime im Iran erhoben und Freiheit und Demokratie gefordert hatten. Die Geschichtsbücher sind voll von Freiheitskämpfen und demokratischen Revolutionen, bei denen Menschen ihr Leben aufs Spiel setzen, um sich gegen Fremdherrschaft und Unterdrückung zu wehren. Demokratie ist den Menschen selten geschenkt worden; meist musste sie mit bitterem Blutzoll erkauft werden.

Und dann gibt es Menschen, darunter auch Prominente, Intellektuelle, Dauergäste in Talkshows, die das so blutig erstrittene Wahlrecht einfach wegwerfen, die sich an Kommunal-, Landtags-, Bundestags-, Europawahlen nicht beteiligen, manche, weil ihnen das Wahlrecht nicht wichtig genug ist, um sich am Wahlsonntag auf den mühevollen Weg ins Wahllokal zu begeben oder die Briefwahl vorzunehmen, andere, weil sie meinen, dass ihre Stimme ja doch nichts bewirkt, und wieder andere, die der Auffassung sind, dass es keine Partei gäbe, die in der Lage wäre, die dringenden Probleme des Landes und der

Welt zu lösen (Wissenschaftliche Dienste 2016: 8 f.). Alle Nichtwähler:innen nehmen aber in Kauf, dass sie durch ihre Wahlverweigerung mit mathematischer Zwangsläufigkeit diejenigen stärken, die die Demokratie nutzen, um sie abzuschaffen. Und das sind die Schlimmeren: Diejenigen, die mit der Demokratie hadern, die über die Demokratie nörgeln und die sich wieder einen starken Führer wünschen, der alle Probleme löst und das Land »wieder großartig« (*great again*) macht.

Dass die Liebe zur Demokratie mit der Zeit erkaltet, ist kein neues Phänomen. Vor rund 2150 Jahren hatte bereits der griechische Historiker Polybios beobachtet, dass der demokratische Geist ermattet, sobald diejenigen, die noch eine Diktatur erlitten hatten und sich die Demokratie erstreiten mussten, von uns gegangen sind: »Sobald aber eine neue Generation erwächst und die Demokratie in die Hände der Enkel ihrer Gründer fällt, haben sie sich so sehr an Freiheit und Gleichheit gewöhnt, dass sie sie nicht länger wertschätzen« (Polybios: Historien VI,9).

Heute, im 21. Jahrhundert, scheinen die Entwicklungen in Deutschland und in den meisten anderen westlichen Ländern das Gesetz des Polybios zu bestätigen. An den digitalen Stammtischen, die »Chatforen« heißen, kann man täglich lesen, wie sich Bürgerinnen und Bürger im Schutze der Anonymität über Politiker:innen ereifern, die sie als inkompetent, korrupt oder unmoralisch brandmarken. Auch unter Journalist:innen und unter Intellektuellen ist es *très chic* geworden, angebliche Funktionsdefizite unseres demokratischen politischen Systems zu skandalisieren.

Die Nörgelei an der Funktions- und Leistungsfähigkeit der Demokratie ist nicht nur gefühlt, sie lässt sich auch durch repräsentative empirische Daten belegen. Die von dem US-amerikanischen Politikwissenschaftler Ronald Inglehart ins Leben gerufene World Values Survey führt mittlerweile alle fünf Jahre weltweit knapp 400 000 Interviews über Werte und politische Einstellungen durch (Haerpfer et al. 2022). Für Deutschland zeigen die Zeitreihen, dass die Demokratie nominell hochgeschätzt wird, wenn etwa 98 % der Befragten sagen, dass es ziemlich gut oder sehr gut sei, ein demokratisches System zu haben. Werden die Fragen spezifischer, dann beginnt das Lippenbekenntnis zur Demokratie jedoch bei einigen zu bröckeln. So ist der Anteil der Deutschen, die sich einen »starken Führer« wünschen, der keine Rücksicht auf Parlamente und Wahlen nehmen muss, zwischen 1994 und 2018 von 14 % auf 24 % gestiegen. Fast ein Viertel der erwachsenen Deutschen hält inzwischen eine autokratische Regierung für besser als ein demokratisch gewähltes Parlament als Zentrum der staatlichen Macht! Die europäischen Nachbarländer liegen auf ähnlichem Niveau, in den USA sind es 38 %, in der Türkei 56 % und in Russland 58 %. Offensichtlich hat sich – mit Ausnahme der skandinavischen Länder – in weiten Teilen der westlichen Welt eine allmählich wachsende Sympathie mit autokratischer Herrschaft entwickelt, die in der Türkei und in Russland bereits Realität ist und dort auch von einer Mehrheit der Bevölkerung akzeptiert wird.

Der Demokratieindex, der von der Zeitschrift *The Economist* weltweit erhoben wird und Werte von 0 bis 10 annehmen kann, ist zwischen 2006 und 2021 weltweit von 5,52 auf 5,28 gefallen, in Westeuropa von 8,60 auf 8,23 (Economist Intelligence Unit 2022). 2021 lebten nur 6,4 % der Weltbevölkerung in vollständigen Demokratien und weitere 39,3 % in defekten Demokratien. Die satte Mehrheit der Weltbevölkerung lebt in Regimen, in denen – wenn es überhaupt Wahlen gibt – Wahlfälschungen regelmäßig vorkommen, Unterdrückung der Opposition, Missbrauch der Justiz, Korruption, Schikane, Staatsterror. Zwischen 2006 und 2021 sind die Länder Belgien, Frankreich, Griechenland, Spanien und Portugal – übrigens ebenso wie die USA – von »vollständigen Demokratien« auf »defekte Demokratien« zurückgestuft worden. Italien war schon seit Beginn der Untersuchungen defekt. In Polen und Ungarn haben sich die Defekte weiter verstärkt, die Türkei hat sich auf der Stufe »Hybridregime« zwischen Demokratie und autoritärem Regime verschlechtert, und Russland ist von einem Hybridregime zu einem eindeutig autoritären Regime geworden. Im Gegensatz zu den demokratischen Musterländern Skandinaviens (und Kanada) erreicht die deutsche Demokratie – auch mit einer Tendenz zur Verschlechterung – einen Indexwert von 8,67, was im internationalen Vergleich Rang 15 entspricht. Der Demokratieindex ist ein additiver Index, der sich aus verschiedenen Komponenten zusammensetzt. Bei den formalen demokratischen Prozessen erreicht Deutschland Spitzenwerte, aber es schneidet schwächer bei den Indikatoren ab, die anzeigen, wie die Demokratie tatsächlich gelebt wird. In der Kategorie »politische Kultur« haben Gewalttaten gegen Angehörige von Minderheiten, das Aufkommen von Verschwörungstheorien und sogenannten »Querdenkern« den Indexwert sinken lassen.

Die wachsende Sympathie mit einer autokratischen Regierung spiegelt sich auch in den Erfolgen rechtspopulistischer Parteien in verschiedenen europäischen Ländern wider, die sich in National- und Regionalparlamenten festsetzen konnten, die mitunter an Regierungskoalitionen beteiligt worden sind, die teilweise sogar ihre Leute in Verfassungsgerichte entsenden konnten, wie dies in einigen deutschen Bundesländern geschehen ist. An ihrer demokratiefeindlichen Gesinnung lassen die rechtspopulistischen Parteien, die sich in vielen Ländern um eine charismatische Führungsfigur scharen, keinen Zweifel.

Der Spitzenkandidat der Thüringer AfD, der auch den Bundesparteitag der AfD im September 2022 in Riesa beherrscht hat, hat in seinem Buch offen die Abschaffung der pluralistischen Parteiendemokratie zugunsten einer Autokratie einer »starken Persönlichkeit« gefordert, die mit »fester Hand« und weitgehenden Vollmachten eine Schreckensherrschaft mit »wohltemperierter Grausamkeit« sowie »menschlichen Härten« errichten soll (Höcke 2018: 231, 254). Die Demokratie soll nur genutzt werden, um an die Macht zu kommen und die Demokratie anschließend abzuschaffen. Die Warnung ist bereits an die Wand geschrieben, in manchen Ländern ist sie schon Wirklichkeit geworden, andere standen knapp davor – einschließlich der Vereinigten Staaten von Amerika.

Im mächtigsten Land der Welt, das nicht zuletzt auch unsere eigene Sicherheit garantiert, war mit Donald Trump ein Präsident gewählt worden, der unumwunden Diktatoren ob ihrer Machtfülle beneidete und der immer wieder, allerdings erfolglos, versuchte, sich selbst zum Autokraten aufzuschwingen. Als sich am 6. Januar 2021 das Electoral College im Kongress versammelte, um den Wahlsieger Joseph Biden zum Präsidenten zu ernennen, stachelten Trump und seine Vertrauten eine Masse von Anhänger:innen an, die das Kongressgebäude stürmten. Videoaufnahmen lassen keinen Zweifel an deren Absicht, die Wahlunterlagen zu stehlen, Abgeordneten Gewalt anzutun, sie als Geiseln zu nehmen (es waren Kabelbinder mitgebracht worden) und den Vizepräsidenten zu lynchen. Die Ermordung des Vizepräsidenten konnte nur um Haaresbreite verhindert werden – durch eine Anrichte, mit der Sicherheitsbeamte die Tür zum Sitzungssaal blockierten, und durch einen Beamten, der den Vizepräsidenten schützte, indem er die Angreifer in eine falsche Richtung lenkte. Was hätte geschehen können, wenn der Mob den Vizepräsidenten getötet hätte? Der abgewählte Präsident hatte bereits einen Plan, den Regierungswechsel zu verhindern (»Green Bay Sweep«), dem allerdings der Vizepräsident entgegenstand. Um Haaresbreite wäre die Demokratie in der mit Abstand größten Militärmacht der Welt durch einen Staatsstreich beseitigt worden. Dass es sich um einen versuchten Staatsstreich handelte, hat nicht zuletzt das Cline Center for Advanced Social Research

(2021) an der Universität Illinois festgestellt, das seit Jahren weltweite Staatsstreiche anhand definierter Kriterien dokumentiert. In Deutschland ist am 7. Dezember 2022 ein Terrornetzwerk mit Verbindungen zu »Reichsbürgern«, QAnon-Verschwörungstheorie und AfD ausgehoben worden, das konkrete Planungen für einen Umsturz des demokratischen Regierungssystems hatte, inklusive Aufbau eines militärischen Arms, Stürmung des Bundestags, Machtübernahme durch eine neue Regierung und Einholung von Unterstützung durch Russland.

Es muss aber gar nicht unbedingt Gewalt im Spiel sein, um eine Demokratie abzuschaffen. Oft genug haben sich Demokratien selbst abgeschafft. Einige der berüchtigsten Autokraten der Weltgeschichte sind durch demokratische Legitimation an die Macht gekommen, beispielsweise Gaius Iulius Caesar (durch Senatsbeschluss), Napoleon Bonaparte (durch Volksabstimmung), Adolf Hitler (durch Reichstagsbeschluss) oder Wladimir Putin (durch Präsidentschaftswahl). Dass es einen Kreislauf von Staatsformen gibt, in dem sich Demokratien immer wieder selbst abschaffen, war eine gängige Erkenntnis der Antike, die sich bei Platon (Staat XIII), Aristoteles (Politik III,15) und Polybios (Historien 6,7,4) findet. Sie ging auch in der Renaissance nicht verloren, als der Florentiner Republikaner Niccolò Machiavelli vom Kreislauf der Staatsformen schrieb (Discorsi, I,2). Und als endlich der erste moderne demokratische Staat, die Vereinigten Staaten von Amerika, geschaffen war, blieb die Skepsis. Im Jahr 1814 hatte der ehemalige US-Präsident John Adams geschrieben: »Vergiss nicht, Demokratie hält niemals lange. Sie verbraucht sich bald, erschöpft sich und mordet sich selbst. Es gab niemals eine Demokratie, die nicht Selbstmord begangen hätte.« (Adams 1814) Die Demokratie ist eine fragile Staatsform. Sie kann den Menschen Frieden, Freiheit und Wohlstand geben. Sie kann sich aber auch selbst abschaffen – nicht nur in Krisensituationen, sondern auch in prosperierenden Zeiten. Und heute erscheint die Demokratie, die sich weltweit auf dem Rückzug befindet, mehr denn je als eine bedrohte Art (Clausen 2015). Die Demokratie bedarf deshalb stetiger Bekräftigung, Verteidigung und Erneuerung.

Es ist traurig, aber wahr: Es bedurfte erst eines Krieges, damit die deutsche Bevölkerung wieder mehr Vertrauen in die Demokratie fasste. Das Edelman Trust Barometer erfasst seit 22 Jahren mindestens einmal jährlich in mittlerweile 28 Ländern auf allen Kontinenten mithilfe repräsentativer Bevölkerungsbefragungen das Vertrauen in die Demokratie. Die Deutschen begegnen ihren Institutionen – Regierung, Medien, Wirtschaftsunternehmen,

Nichtregierungsorganisationen (NGO) – schon seit Jahren eher mit Misstrauen als mit Vertrauen, und Ende 2021 war das Vertrauen gegenüber dem Vorjahr noch einmal kräftig abgestürzt – ein Phänomen, das auch in anderen westlichen Ländern zu beobachten war. Edelmann sprach von einem regelrechten »Zusammenbruch des Vertrauens in Demokratien« mit Deutschland als dem »biggest loser«, dem größten Verlierer unter den westlichen Ländern (Edelman 2022a).

Und dann wiederholte das Institut die Befragung im Mai 2022, also, als der Krieg gegen die Ukraine schon seit mehr als zwei Monaten im Gange war. Und das Ergebnis: Das Vertrauen in die Demokratie war in Deutschland während – und aufgrund – des Krieges um vier Prozentpunkte gestiegen, in den USA und im Vereinigten Königreich sogar jeweils um sechs Punkte. In Deutschland konnten insbesondere die NGOs, denen bislang besonders wenig Vertrauen geschenkt wurde, Boden gutmachen. Das Vertrauen in die Europäische Union legte sogar, von einem niedrigen Niveau herkommend, um 13 Punkte zu, während das Vertrauen in die NATO unverändert hoch blieb (Edelman 2022b).

Die große Mehrheit der Bevölkerung in Deutschland und in den anderen westlichen Ländern hatte verstanden, dass der Angriff Russlands auf die Ukraine ein Angriff auf die Demokratie war. Der russische Angriff verstieß nicht nur gegen die Selbstverpflichtung der Russischen Föderation, gemäß Art. 2 Nr. 4 der *Charta der Vereinten Nationen* »jede gegen die territoriale Unversehrtheit oder die politische Unabhängigkeit eines Staates gerichtete [...] Anwendung von Gewalt« zu unterlassen, sondern auch gegen die Selbstverpflichtung der Russischen Föderation aus dem *Budapester Memorandum* vom 5. Dezember 1994, »auf die Anwendung von Gewalt gegen die territoriale Unversehrtheit oder die politische Unabhängigkeit der Ukraine zu verzichten und keine ihrer Waffen jemals gegen die Ukraine einzusetzen«. Die Garantien, die Russland damals der Ukraine gab, stellten die Gegenleistung für die Auslieferung der auf ukrainischem Boden stationierten Atomwaffen an Russland dar.

Russland hatte mit dem Angriff das Völkerrecht mit Füßen getreten und seine selbst abgegebenen Verpflichtungen zur Makulatur erklärt. Seitdem ist klar: Die Unterschrift eines russischen Staatspräsidenten (in diesem Fall von Boris Jelzin) auf einem Dokument scheint das Papier nicht wert zu sein.

Bedurften wir erst dieses Angriffs, um uns des Werts der Demokratie wieder bewusst zu werden? Oder werden die Leiden und Folgen des Kriegs, den auch wir zu spüren bekommen, die seit Jahren wahrnehmbaren Erosionstendenzen der westlichen liberalen Demokratien verstärken? Das hängt davon ab, wie entschlossen wir uns auch dann zur Demokratie bekennen, wenn die globale Großwetterlage schlechter wird. Sicher ist jedoch, dass die liberale Demokratie einen Revitalisierungsschub benötigt, dass die große demokratische Erzählung wiederbelebt werden muss, um in der Konkurrenz mit den anderen Narrativen bestehen zu können, und dass sich die Demokratie an die Herausforderungen anpassen muss, die mit der Globalisierung und der Digitalisierung verbunden sind.

Wir reden nicht mehr genug über Demokratie. 1946, als die Hitler-Diktatur gerade überwunden war, tauchte das Wort »Demokratie« in den Zeitungen fünfmal häufiger auf als heute. Auch im Jahr 1967, als die Studentenbewegung mehr Partizipation forderte, war in den Zeitungen mehr als dreieinhalbmal so oft wie heute von Demokratie die Rede, und zur Zeit der deutschen Wiedervereinigung immer noch zweieinhalbmal so oft. Seitdem dümpelt das Interesse an der Demokratie auf niedrigem Niveau, mit einem ganz minimalen Erholungstrend seit 2015 (Quelle: DWDS 2022).

Wenn wir nicht mehr so viel über Demokratie reden, dann ist das ein erster Indikator dafür, dass sie uns nicht mehr so wichtig ist. Wenn uns die Demokratie nicht mehr so wichtig ist und wir nicht mehr so viel darüber reden, geht uns aber auch das Verständnis von Demokratie verloren. Uns ist nicht mehr bewusst, was alles zur Demokratie gehört, was sie ausmacht und was nicht, und das macht uns anfällig für unberechtigte Kritik an ihr, für falsche Rezepte, für Scharlatane und letztlich auch für die Vorschläge derjenigen, die – wie in Orwells *1984* – das Wort »Demokratie« missbrauchen, um die Demokratie zu schwächen oder ganz abzubauen. Wenn wir nicht mehr wissen, was Demokratie wirklich ist, dann machen wir es auch ihren Feinden leicht, sie zu demontieren. Und wir werden selbst Opfer von Missverständnissen.

Als am 2. Februar 2010 die Baustelle für den neuen Bahnhof Stuttgart 21 eröffnet wurde, lautete der Vorwurf der Projektgegner: »Ihr baut nicht einen Prellbock ab, sondern die Demokratie.« Dabei hätte das Verfahren demokratischer nicht sein können. Der demokratisch gewählte Landtag hatte den Beschluss mit einer satten Mehrheit von 115 zu 15 Stimmen gefasst. Der Bund, ein weiteres Bundesland, der Regionalverband und die Stadt Stuttgart hatten zugestimmt. Es wurde sogar eine Volksabstimmung durchgeführt, die das Projekt mit einer klaren Mehrheit von 58,9 % befürwortete. Mehr demokratische Legitimation kann ein Projekt nun wirklich nicht erhalten. Und dann der Vorwurf »Ihr baut die Demokratie ab«? Ein altes Missverständnis (das sich schon bei Platon findet): Demokratie kann nicht heißen, dass jede:r Einzelne bzw. jede kleine Gruppe ihren Willen bekommt.

Dieses Missverständnis findet sich nicht nur, wenn es um lokale Egoismen geht. So spricht der intellektuelle Kopf der Querdenkerszene Ulrike Guérot (2022: 138 f.) von einer »Verformung der Demokratie« (Guérot 2022: 49) und gar von »phänotypisch für Diktaturen« (Guérot 2022: 37), weil der demokratisch gewählte Deutsche Bundestag und sämtliche demokratisch gewählten Länderparlamente Pandemie-Schutzmaßnahmen beschlossen haben, die auch vom demokratisch legitimierten Bundesverfassungsgericht bestätigt wurden, die jedoch ihr und einer Minderheit von, je nach Studie, 20 bis 25 % der Bundesbürger nicht gefallen.

Vollkommen pervertiert wird der Demokratiebegriff durch die AfD, wenn ausgerechnet sie in ihrem Wahlprogramm 2021 eine Erneuerung der Demokratie fordert, »um dem autoritären und teilweise totalitären Gebaren der Regierungspolitiker Einhalt zu gebieten«. Daraus (und nicht nur daraus) spricht vollkommene Ablehnung der demokratischen Verfahren, die im *Grundgesetz* festgeschrieben sind. So hat das Verwaltungsgericht Köln (13 K 326/21) »ausreichende tatsächliche Anhaltspunkte für verfassungsfeindliche Bestrebungen« im Zusammenhang mit der Partei erkannt. Der Thüringer Landesvorsitzende Björn Höcke hat in mündlichen wie schriftlichen Äußerungen keinen Zweifel gelassen, dass er das verfassungsmäßige demokratische System überwinden und eine »geschichtliche Figur« an die Macht bringen will, »welche einst die Wunden im Volk wieder heilt, die Zerrissenheit überwindet und die Dinge in Ordnung bringt« (Höcke 2018: 161). Das ist eine Anspielung auf Adolf Hitler, der sich nach dem Kyffhäuser-Mythos genau als eine solche geschichtliche Figur gesehen hat.

Antidemokraten, die die Demokratie beschwören, kann man nur dann auf den Leim gehen, wenn man selbst nicht über ein ausreichendes Verständnis für die Demokratie verfügt. Auch deshalb ist dieses Buch so wichtig, denn es will aufzeigen, aus welchen Elementen eine komplexe Demokratie besteht, die wirklich funktionsfähig ist. Es sei vorweggenommen, dass Demokratie mehr ist, als gelegentlich eine Stimme in die Wahlurne zu werfen. Und zwar sehr viel mehr.

2. DIE ERZÄHLUNG DER DEMOKRATIE

»Wir beschwören euch bei den Göttern,
gebt den Städten keine Tyrannen!«
Herodot von Halikarnassos um 424 v. Chr.

Es war vor rund 2700 Jahren, als der griechische Dichter Hesiod eines der überzeugendsten Argumente für die Demokratie vorbrachte: Wenn ein Herrscher über die Macht verfügt, einen ganzen Staat zugrunde zu richten, dann ist es die logische Folge, dass die Bürger selbst die Geschicke des Staats in die Hand nehmen, um für Gerechtigkeit, Wohlfahrt und Frieden zu sorgen (Hesiod: Werke und Tage 29, 240 ff., vgl. auch Kõiv 2002: 145 f.). Dieses Argument hat bis heute nichts von seiner Kraft verloren. Autokraten neigen dazu, den Staat, an dessen Spitze sie sich setzen, zu ruinieren. Wir werden sehen, dass das nahezu zwangsläufig ist, denn es sind dieselben Eigenschaften, die jemanden befähigen, sich zum Autokraten emporzuschwingen, die auch die Katastrophe herbeiführen.

Demokratie heißt nicht, dass alle Entscheidungen, die getroffen werden, gut und richtig sind. Demokratie muss nicht heißen, dass politische Beschlüsse stets das Gemeinwohl hervorbringen. Demokratie muss noch nicht einmal bedeuten, dass sich stets der Wille der Mehrheit durchsetzt – wir werden noch sehen, dass es gute Gründe gibt, das Mehrheitsprinzip zu begrenzen. Aber Demokratie heißt, dass es nicht möglich ist, dass ein einzelner Mensch oder eine kleine Clique ein ganzes Land in den Ruin treiben.

2.1 Formen der Willensbildung in politischen Gemeinschaften

Der Mensch ist »seiner Natur nach ein gemeinschaftsbildendes Lebewesen« (ζῷον πολιτικόν – *zoon politikon*), hatte bereits Aristoteles erkannt. Menschen leben immer in mehr oder minder großen Gemeinschaften – Familien, Sippen, Dorfgemeinschaften, Städten, Staaten –, und wenn das so ist, dann müssen die gemeinschaftlichen Angelegenheiten irgendwie geregelt werden. Handlungen, die auf die Regelung der Angelegenheiten eines Gemeinwesens abzielen, bezeichnen wir als »Politik«. Zum politischen Handeln gehören die Durchsetzung von Interessen, die Festlegung von Regeln zur Lösung oder Vermeidung von Konflikten, die Entscheidungsfindung und die Umsetzung von Beschlüssen. Den Grad, zu dem man in der Lage ist, seine Interessen durchzusetzen und eine für das Kollektiv wirksame Entscheidung zu beeinflussen, bezeichnen wir als Macht. Politik ist untrennbar mit der Ausübung von Macht verbunden.

Grundsätzlich gibt es verschiedene Arten der Willensbildung innerhalb menschlicher Gemeinschaften, sei es im Staat, in einem Verein oder in der Familie. Die politische Philosophie der Antike unterschied im Wesentlichen drei Formen, wie über Angelegenheiten der Gemeinschaft entschieden wird:

1. Einer (oder Eine) entscheidet allein. In Bezug auf Staaten wurde das früher meist als »Monarchie« bezeichnet, von altgriechisch μόνος (*monos*) = »ein« und ἀρχή (*arché*) = »Herrschaft«, zusammengesetzt zu μοναρχία (*monarchía*) = »Alleinherrschaft«. Heute verstehen wir, etymologisch nicht korrekt, unter Monarchie das Königtum, gleich ob der König oder die Königin gewählt wurde oder durch Erbfolge an die Macht kam. Aber Alleinherrschaft kann auch mit anderen Titeln einhergehen, z. B. »Präsident«, »Staatsratsvorsitzender«, (Revolutions-)»Führer« oder *Máximo Líder* (»Größter Führer«, ein Titel, mit dem der kubanische Präsident Fidel Castro bezeichnet wurde).
2. Eine kleine Gruppe fällt die Entscheidungen. Wenn einige wenige das Sagen haben (z. B. ein »Ältestenrat«, ein »Adel«, ein Parteikader), nennen wir das »Oligarchie«, von altgriechisch ὀλίγοι (*oligoi*) = »wenige« und ἀρχή (*arché*) = »Herrschaft«, zusammengesetzt zu ὀλιγαρχία (*oligarchía*) = »Herrschaft von wenigen«. Das antike Wort »Aristokratie« (ἀριστοκρατία) bedeutete dagegen wörtlich »Herrschaft der Besten«, dass nämlich besonders befähigte Personen ausgewählt wurden, um die Geschicke der Gemeinschaft zu lenken. Dass wir heute eine Adelsherrschaft als

Aristokratie bezeichnen, ergab sich aus dem Lauf der Geschichte, als die Befähigung durch Abstammung ersetzt wurde.
3. Wenn alle (erwachsenen) Mitglieder eines Gemeinwesens oder zumindest alle Haushaltsvorstände an der Entscheidungsfindung beteiligt sind, spricht man von »Demokratie«, von altgriechisch δῆμος (*démos*) = »Volk« und κράτος (*krátos*) = »Herrschaft«, zusammengesetzt zu δημοκρατία (*démokratia*) = »Volksherrschaft«.

Häufig kommen Mischformen vor: Etwa, dass ein Alleinherrscher demokratisch gewählt wird, dann aber allein regiert. Oder, dass ein Alleinherrscher bei wichtigen Entscheidungen die Zustimmung eines oligarchischen Rats einholen muss. Oder, dass das Volk demokratisch eine Gruppe von Entscheidern wählt, wie es in unseren modernen parlamentarischen Regierungssystemen der Fall ist, die ein antiker Staatsphilosoph als Mischform aus Demokratie und Aristokratie bezeichnet hätte (weil sich das Volk ja die Besten als Repräsentanten wählt). Wenn alle an der Willensbildung beteiligt sind, kann die Art der Entscheidungsfindung durchaus variieren – relative, einfache, absolute, qualifizierte Mehrheit, Akklamation, Konsens, Einstimmigkeit. Auch hinsichtlich der Intensität der Herrschaft kommen unterschiedliche Grade vor, und zwar unabhängig davon, wie viele an der Entscheidungsfindung beteiligt sind:

- Mit »Autokratie«, von altgriechisch αὐτός (*autós*) = »selbst« und κράτος (*krátos*) = »Herrschaft«, zusammengesetzt zu αὐτοκράτεια (*autokráteia*) = »Selbstherrschaft«, bezeichnen wir eine Herrschaft einer einzelnen Person oder einer Personengruppe, die keinen ernsthaften verfassungsmäßigen Beschränkungen unterworfen ist (bzw. sich die Verfassung selbst zurechtlegen kann) und die sich durch pure Machtausübung selbst legitimiert. Autokratien gehen aus Demokratien hervor, indem der oder die Herrscher sukzessive Macht an sich reißen, verfassungsmäßige Beschränkungen außer Kraft setzen und sich von der demokratischen Legitimation unabhängig machen, indem sie z. B. Wahlen manipulieren oder sich durch Beseitigung von Kritikern und Konkurrenten Mehrheiten verschaffen.
- Von »Diktatur« (von lateinisch *dictare* = »ansagen«) sprechen wir, wenn der Herrschende oder die Herrschenden den Beherrschten ihren Willen aufzwingen können, ohne auf deren Meinung, dritte Instanzen oder verfassungsmäßige Beschränkungen Rücksicht nehmen zu müssen. Eine Diktatur ist damit eine verschärfte Form der Autokratie.

- Herrscht jemand besonders willkürlich und schrankenlos, bezeichnen wir ihn als »Despoten«, von altgriechisch δεσπότης (*despótes*) = »Herr«.
- Kommen auch noch Gewalt und Unterdrückung der Beherrschten hinzu, sprechen wir von »Tyrannei«, von altgriechisch τυραννίς (*tyrannís*) = »Gewaltherrschaft«.

Für die Zwischenstufe von Herrschern, die zwar durchaus demokratisch gewählt sein können, aber dennoch so viel Macht haben, dass sie autoritär und ziemlich unumschränkt regieren können, hat die englischsprachige Politikwissenschaft den Begriff *strongman* eingeführt (Lai/Slater 2006). Immerhin sind auch schon deutsche Bundeskanzler (Konrad Adenauer, Helmut Kohl) auf internationalen Listen von *strongmen* gelandet, ebenso wie einigen Frauen (Indira Gandhi, Margaret Thatcher) die zweifelhafte Ehre zugesprochen wurde, den vollkommen ungegenderten Titel *strongman* zu erhalten (Wikipedia 2022a, b). Die langjährig starke Position der Bundeskanzlerin Angela Merkel, die sich gelegentlich mit einsamen Entscheidungen über die Mehrheitsmeinung in ihrer eigenen Partei und die Regierungskoalition im Bundestag hinwegsetzte (»alternativlos«), hat dann schließlich dazu geführt, dass auch die Bezeichnung *strongwoman* geprägt wurde (Greenstein/Tensley 2016).

Alle denkbaren Spielarten und Mischformen der politischen Organisation finden wir nicht nur auf der Ebene von Staaten, sondern auch in der Mikropolitik kleiner Gemeinschaften, seien sie formell organisiert (wie eingetragene Vereine, Betriebe oder Bildungseinrichtungen) oder handele es sich um informelle soziale Gruppen (wie Partnerschaften, Familien, Freundeskreise, Arbeitsgruppen oder Reisegruppen). Überall lassen sich demokratische Elemente finden (Abstimmungen, Wahlen), oligarchische (wenn ein kleiner Zirkel die Macht ausübt) und autokratische (wenn eine charismatische Führungspersönlichkeit den Ton angibt). Und mancher Vorsitzende eines Kaninchenzüchtervereins herrscht wie ein Despot über seinen kleinen Club. Wenn es schon in kleinen Gruppen und erst recht in größeren Gemeinschafen unterschiedliche Formen der Willensbildung gibt, stellt sich die Frage: Was ist denn die ursprüngliche oder »natürliche« Form der Entscheidungsfindung in menschlichen Gemeinschaften?

2.2 Was ist die naturwüchsige Form der politischen Willensbildung in Urgemeinschaften? – Demokratie oder Autokratie?

Von Antidemokraten hört man oft, der »starke Führer« sei die »natürliche« Form der politischen Organisation, und die Demokratie sei eine »dekadente Verfallserscheinung«. Deutsche Antidemokraten verweisen dabei gern auf die Germanen, die sich ihre Autonomie gegenüber den Römern durch mächtige Führungspersönlichkeiten – wie Arminius, den Cherusker – bewahrt hätten. Wie sich Urgemeinschaften organisieren, wissen wir einerseits aus historischen Quellen und andererseits aus kulturanthropologischen Studien, die archaische Gemeinschaften beobachtet haben. Und beide Untersuchungsansätze haben erstaunlich übereinstimmende Befunde geliefert, wie es bereits im Jahr 1877 dem Anthropologen Lewis Henry Morgan aufgefallen war, der die politische Organisation der Irokesen mit derjenigen von elf anderen indigenen amerikanischen Stämmen, den Azteken, den antiken Griechen, den antiken Römern, den schottischen und irischen Clans, den germanischen, südasiatischen, uralischen, chinesischen, hebräischen, afrikanischen, ozeanischen und australischen Stämmen verglichen hatte.

Aus seinem Vergleich leitete Morgan ab, dass sich die politische Organisation in drei Stufen entwickelt: Erstens die Regierung durch einen Rat, die er als Frühform der repräsentativen Demokratie bezeichnet. Zweitens eine Kombination von einem Rat und einem Führer, der in aller Regel demokratisch gewählt wird und der bei Erfolglosigkeit abgesetzt werden kann. Und drittens eine Kombination aus Rat, Volksversammlung und einer Regierung. Seine Schlussfolgerung: »Nicht perfekt entwickelt, wie es auch andere große Prinzipien in dieser frühen Entwicklungsstufe waren, kann sich die Demokratie eines uralten Stammbaums in den Stämmen der Menschheit rühmen.« (Morgan 1877: IV,VI). Karl Marx und Friedrich Engels haben Morgans Forschungen zum Anlass genommen, die Meinung zu vertreten, am Anfang der Entwicklung der Menschheit habe der »Urkommunismus« gestanden. In ursprünglichen Gemeinschaften habe es kein Privateigentum gegeben, keinen Unterschied zwischen Rechten und Pflichten, keine Herrschaft und keine Knechtung (Engels 1884).

Morgan, der als überzeugter Demokrat selbst dem Senat seines Heimatstaats New York angehörte, war allerdings etwas zu optimistisch. Die neuere ethnosoziologische Erforschung indigener Volksgruppen, die noch im 20. Jahrhundert in archaischen Organisationsformen lebten, hat eine deutlich größere Variationsbreite der politischen Selbstorganisation aufgezeigt (Service 1975). Typisch für archaische Gemeinschaften sind Mischformen politischer Entscheidungssysteme, die patriarchalische Machtpyramiden innerhalb einzelner Familien beinhalten (Familienoberhäupter), demokratische Elemente (Ratsversammlungen), oligarchische Strukturen (gerontokratische Ältestenräte) und autokratische Herrschaft (sogenannte *big men* oder *chiefs*).

Die Art der politischen Organisation wechselt auch im Zeitverlauf – wobei die Entscheidungsfindung interessanterweise in Krisen- und Kriegssituationen demokratischer wird, weil dann die Zustimmung aller Beteiligten notwendig wird, die schließlich Krieger und Material zu stellen haben. Der »Kriegsrat« symbolisiert das Bedürfnis nach Demokratie in kritischen Zeiten. Auch im antiken Griechenland oszillierte die Regierungsform häufig zwischen Demokratie, Aristokratie und Monarchie, die nicht selten in die Despotie abkippte, bis ein Tyrannenmord oder ein friedlicher Reformprozess die Demokratie wiederherstellte.

Die alten Germanen bildeten keine Ausnahme. Wie politische Prozesse bei den germanischen Stämmen abliefen, hat uns der römische Senator und Historiker Tacitus um 100 n. Chr. in seiner Schrift *Germania* ziemlich präzise überliefert. Dort lesen wir, dass die Germanen ihre Könige demokratisch wählten und dass diese über keine absolute Befehlsgewalt verfügten. Die zweite Führungsebene wurde nach Leistung besetzt. Richter wurden ebenfalls vom Volk gewählt. Über die Entscheidungsfindung schreibt Tacitus: »Über die Dinge von geringerer Wichtigkeit beratschlagen die Oberhäupter; über Wichtigeres alle, doch so, dass auch diejenigen Dinge, deren Entscheidung beim Volk liegt, von den Oberhäuptern durchdacht werden.« (Tacitus, Germania: 11)

Die Ratsversammlungen der Germanen waren offensichtlich demokratisch organisiert – Könige und Fürsten gaben lediglich Ratschläge, während das Volk durch Missfallens- oder Beifallsbekundungen entschied. Die wirklich wichtigen Fragen des Lebens – Krieg und Frieden, das Herstellen familiärer Bindungen, die Anerkennung von Oberhäuptern – wurden jeweils auf zwei aufeinanderfolgenden Ratsversammlungen beraten und entschieden: Zunächst wurde während eines Gelages in betrunkenem Zustand, wenn man kühne Gedanken wagte, beraten; während die Entscheidung erst am nächsten Tag, wenn man wieder nüchtern war, gefällt wurde: »Sie beraten, während sie nicht imstande sind, sich zu verstellen, und sie beschließen, während sie nicht irren können.« (Tacitus, Germania: 22)

Die Germanen waren also demokratisch organisiert und wählten ihre Regierenden. War Arminius, der erfolgreich ein Bündnis einiger germanischer Stämme gegen den römischen General Varus schmiedete, wirklich der strahlende Führer, dem man knapp 2000 Jahre später ein monumentales Denkmal am Teutoburger Wald widmete? – Tacitus war durchaus bereit, ihn als Befreier Germaniens zu würdigen. Aber die germanischen Stämme selbst wollten alles andere als einen übermächtigen Autokraten. Bald wandten sich mehrere seiner ehemaligen Verbündeten gegen Arminius, darunter sein eigener Onkel. Der Anführer der Chatten schrieb sogar einen Brief an den römischen Senat, mit dem er anbot, Arminius durch Gift zu töten. Am Ende waren es die eigenen Verwandten, die Arminius im Alter von 37 Jahren ermordeten (Tacitus, Annalen: II,88). Dass Arminius, der als römischer Ritter die Stärken und Schwächen des römischen Militärs besser kannte als jeder andere Germane, die Unabhängigkeit Germaniens gegenüber dem scheinbar übermächtigen Rom zu garantieren wusste, war den germanischen Stämmen weniger wichtig als die Bewahrung ihrer Demokratie, für die sie sogar mit dem Feind zu kollaborieren bereit waren, um zu verhindern, dass sich Arminius zum König aufschwingen konnte.

Dass es dennoch verführerisch sein kann, einen starken Führer zu haben, hat niemand anders als der große Gegenspieler von Marx und Engels, Max Weber, aufgezeigt. Demnach kann sich in kleineren oder größeren Gemeinschaften eine »charismatische Herrschaft« entwickeln, wenn man glaubt, dass eine bestimmte Person über »Charisma« verfügt, also über besondere, nicht jedem zugängliche geistige oder körperliche Eigenschaften, wodurch diese Person in besonderem Maße zur Führung dieser Gemeinschaft geeignet sei, sodass sich die Menschen freiwillig dieser Führungspersönlichkeit unterwerfen (Weber 1922: 2,9,5,§1). Nach Max Webers Theorie des Charismas überträgt die Bevölkerung den Menschen, denen sie besondere Fähigkeiten zubilligt, freiwillig die Macht, zumindest so lange, wie der Autokrat oder die Autokratin für das Wohlergehen der Gemeinschaft sorgt.

Es gibt aber auch eine Machtdynamik, die die Stabilität von autokratischen Herrschaftssystemen unabhängig von ihren Erfolgen sichert, nämlich die mehrstufige Machthierarchie: Der/die Autokrat:in verlässt sich auf einen kleinen Kreis von Getreuen, die belohnt werden, wenn sie loyal sind, und die grausamst bestraft werden, wenn sie es an Loyalität mangeln lassen. Konkurrenten erwachsen ihm/ihr aus der ersten Reihe der Gefolgsleute nicht, denn der/die Autokrat:in hält, wie der Soziologe Norbert Elias am Beispiel des

»Königsmechanismus« aufgezeigt hat, den der französische »Sonnenkönig« Ludwig XIV. praktiziert hat, die Höflinge durch fein austarierte Vergaben und Entzüge von Ressourcen in einer Figuration gegenseitiger Konkurrenz, die dafür sorgt, dass niemand aus dieser Gruppe zu stark werden kann (Elias 1969: 2,236). Das System von Begünstigung und Bestrafung setzt sich über alle Stufen der Machthierarchie fort, bis hinunter zum kleinsten Schergen, zum untersten Blockwart, zum kleinsten informellen Mitarbeiter, zum privaten Denunzianten oder wie die Helferlein der Autokrat:innen auch immer genannt werden mögen.

Es ist gar nicht so schwer, solche Machthierarchien aufzubauen. In überschaubaren sozialen Gruppen ergeben sie sich sogar naturwüchsig. Aufgrund soziometrischer Untersuchungen hat der Psychiater Raoul Schindler (1957) analysiert, dass die Dynamik sozialer Gruppen dazu führt, dass sich typischerweise hierarchische Rangpositionen herausbilden: Ein Anführer (»Alpha«), ein Kreis von Beratern/Unterstützern (»Beta«), die sich ihrer Nähe zum Anführer rühmen, die Masse der Mitläufer, die den Anführer ebenfalls unterstützen (»Gamma«), und geächtete Außenseiter (»Omega«). Alpha trägt klar autokratische Züge: »Argumentieren ist nicht Alpha-Art. Er agiert.« Mehr noch: Alpha »wendet […] sich mit seinem Agieren gegen die Masse der Gamma-Individuen«, aber die Mitläufer sind loyal, begeistern sich sogar für ihn und wenden ihre negativen Affekte gegen Omega, der als Sündenbock dient.

Gruppendynamische Hierarchisierungsprozesse entwickeln sich spontan in sozialen Gruppen aller Art – in Freundeskreisen, in Arbeitsgruppen, in Nachbarschaften, in Vereinen etc. Sie zu akzeptieren, ist sogar für die meisten Gruppenmitglieder rational, wenn wir davon ausgehen, dass soziale Durchsetzungsfähigkeit unterschiedlich verteilt ist. Für den oder die Durchsetzungsfähigste ist die Hierarchisierung ohnehin extrem vorteilhaft. Alpha erhält Anerkennung und Unterstützung, hat den ersten Zugriff auf Ressourcen, kann Sonderrechte beanspruchen und alle nach seiner oder ihrer Pfeife tanzen lassen. Wenn die etwas weniger Durchsetzungsfähigen akzeptieren, dass sie nicht Alpha werden können, richten sie es sich auf der Beta-Position gut ein. Sie stehen in der Gunst von Alpha und genießen besondere Privilegien innerhalb der Gruppe. Allerdings müssen sie permanent untereinander um die Gunst von Alpha konkurrieren, was dazu führt, dass sie sich gegenseitig schwächen, sodass Alpha keine Konkurrenz erwachsen kann. Wenn ein bestimmtes Beta zu stark zu werden droht, entzieht ihm Alpha die Gunst und stärkt dessen Konkurrenten – der Elias'sche »Königsmechanismus«.

Die Gammas sind die Masse der wenig Ambitionierten, die zufrieden sind, dass es eine charismatische Führungspersönlichkeit gibt und eine Clique von Betas, die die Arbeit machen. Es sind lediglich die Omegas, die Nörgler und Außenseiter, mitunter auch die unterlegenen Gegner Alphas, die ihn oder sie kritisch sehen, es aber meist nicht schaffen, eine Revolution gegen Alpha anzuzetteln. Die durch Emotionen (wie Bewunderung) verstärkte Rationalität von Machthierarchien ist auch dafür verantwortlich, dass sich Autokraten häufig lange im Sattel halten können.

Das Gesicht der Willensbildung in informellen sozialen Gemeinschaften ist durchaus janusköpfig. Einerseits streben die Menschen nach Partizipation bei wichtigen Entscheidungen. Das ist das Urbedürfnis des Menschen nach Demokratie. Andererseits kommt es immer wieder vor, dass sich Anführer durchsetzen, die von Mitläufern unterstützt werden und die Konkurrenten oder Abweichler ins Abseits drängen. Diese Anführer neigen auch gern dazu, Macht und Ressourcen zu akkumulieren und auch mitunter für ihre egoistischen Zwecke zu missbrauchen. Die Demokratie ist zwar ein Urbedürfnis der Menschheit, aber sie ist auch ein fragiles Konstrukt, das gepflegt werden will. Demokratische Entscheidungsprozesse werden immer wieder gekapert, bis die Menschen die Konzentration von Macht auf einen *big man* satthaben und die Demokratie durch Revolution wiederherstellen – ein ewiger Zirkel, der sich in kleinen, informellen Gemeinschaften genauso zeigt wie auf der Ebene von Staaten. Die Geschichte scheint zu zeigen, dass die Menschheit dazu verurteilt ist, zwischen Demokratie und Autokratie hin- und her zu pendeln.

2.3 Die Geburt der Demokratie in der Antike

Die historischen Wurzeln der Demokratie lagen in dem, was wir heute die »dritte Staatsgewalt« nennen, nämlich in der Rechtsprechung. In archaischen Gesellschaften, in denen Großfamilien ihre Angelegenheiten weitgehend selbst regelten, beschränkte sich die Exekutive meist auf die Funktion der militärischen Führung im Kriegsfall. Eine Legislative war ebenfalls in der Regel nur zum Zweck eines Kriegsrats erforderlich, da Rechtsnormen über lange Zeit tradiert und kaum verändert wurden. Aber die Schlichtung von Streitigkeiten war ein Alltagsgeschäft. Es gab Auseinandersetzungen über Heirat und Scheidung, über Erbfälle, über Besitz und Eigentum, über Landnutzung, über Viehhaltung, über Handelsangelegenheiten, über Betrug,

Körperverletzung, Vergewaltigung, Totschlag und Mord. Man benötigte also eine Rechtsprechung, um diese Konflikte zu regeln. Wie die Rechtsprechung als Keimzelle der Staatlichkeit organisiert wurde, ist uns durch eine Reihe von literarischen Quellen überliefert worden, die sämtlich Ereignisse beschreiben, die sich in der Zeit zwischen ca. 1500 und 500 v. Chr. abgespielt hatten, nämlich durch die hebräische Bibel, die über die politische Organisation der Israeliten berichtet, die Historien des griechischen Schriftstellers Herodot, die Machtdynamiken in Persien und Griechenland schildern, und die frühe Literatur der Griechen, insbesondere die Schriften des Hesiod und des Homer.

In der Bronzezeit hatten sich in der Levante, dort, wo 20 000 Jahre zuvor die Sesshaftwerdung der Menschheit begonnen hatte, in den Bergregionen einige Stämme angesiedelt, die uns Geschichten hinterlassen haben, die vom Leben in kleinen Städten erzählen, die anfangs kaum mehr darstellten als aus Stein erbaute Beduinenlager, die von Wehrmauern umringt waren. Wir verfügen mit der hebräischen Bibel bzw. dem *Alten Testament* über ein historisches Dokument, das über eine sehr frühe Phase der Staatsbildung Auskunft gibt (auch wenn sich in den Texten häufig verschiedene Zeitschichten mischen).

Im *Buch der Richter* wird beschrieben, wie in diesen Städten die Funktion der Rechtsprechung durch Richter erfolgte, die in Kriegszeiten auch die Rolle der Oberkommandierenden übernahmen. Bemerkenswert ist, dass es mit Deborah auch eine Frau gab, die zugleich Richterin, Prophetin, Staatsoberhaupt und Heerführerin war (Ri 4 f.). Wie die Rechtsprechung erfolgte, wird an mehreren biblischen Stellen beschrieben. Bei der ausführlichsten Darstellung (Rut 4,1–11) wird der Fall vor »zehn Männer von den Ältesten der Stadt« gebracht, die sich im Stadttor auf den dafür vorgesehenen Sitzbänken niederlassen. Als der Fall gelöst ist, heißt es: »Und alles Volk, das im Tor war, samt den Ältesten, sprachen: Wir sind Zeugen.« Die Entscheidungsfindung erfolgte also, ganz im Sinne der dritten Stufe des Phasenmodells von Lewis Morgan, in der Kombination dreier Elemente: Erstens des Richters oder der Richterin, zweitens des Ältestenrats, und drittens des gesamten Volkes, das die Korrektheit des Verfahrens per Akklamation bestätigte. Indem das Volk die eigentliche Entscheidungsfindung an einen Rat der erfahrensten Repräsentanten der Sippen delegierte, handelte es sich hier um eine Frühform der repräsentativen Demokratie – ähnlich wie es Morgan bei den Indigenen auf dem amerikanischen Kontinent vorgefunden hatte. Warum erfolgte die Rechtsprechung im Stadttor? – Weil das typischerweise aus einem Innenhof und mehreren Kammern bestehende Stadttor damals das größte öffentliche Bauwerk war.

Die literarischen Schilderungen werden durch die archäologischen Funde bestätigt. In der Stadt Tel Dan sind heute noch bedeutende Reste eines zwischen 845 und 760 v. Chr. erbauten Stadttors zu sehen, dessen Innenhof nicht nur den Thron des Richters, sondern auch die steinernen Sitzbänke für den Ältestenrat enthält – ganz so, wie es die biblischen Texte beschreiben.

Diese demokratische Form der Rechtsprechung durch einen Richter oder eine Richterin mit Unterstützung eines Ältestenrats und Akklamation der Entscheidungen durch das gesamte Volk erstreckte sich, mit örtlichen Variationen, über einige Jahrhunderte. Familienrechtliche Angelegenheiten wurden durch Richter und Ältestenräte entschieden, während für die bedeutend wichtigere Blutgerichtsbarkeit die gesamte Volksversammlung zuständig war (Otto 2018: 176).

Allerdings künden die Schriften auch immer wieder von der Tendenz zur Selbstabschaffung der Demokratie. So trug das Volk dem als Feldherr sehr erfolgreichen Richter Gideon die erbliche Königswürde an, was dieser allerdings ablehnte (Ri 8,22 f.). Sein Sohn Abimelech schwang sich mit Billigung des Volks dann aber tatsächlich zum König auf, indem er 70 Rivalen umbringen ließ (Ri 9). Anschließend klagt der einzige Überlebende, Jotam, die Autokratie mit einem Gleichnis an: Als sich die Bäume einen König wählen wollten, lehnten alle nützlichen Bäume – Ölbaum, Feigenbaum, Weinrebe – die Alleinherrschaft ab, die dann aber von dem unnützesten, destruktivsten und aggressivsten aller Bäume, dem Dornbusch, ergriffen wurde, der seinem Volk gleich in despotischer Manier die Zerstörung androhte (Ri 9,1–15). Nach Abimelechs Tod setzte sich wieder die demokratische Tradition durch, nach der die Richter mit beschränkter Machtfülle vom Ältestenrat gewählt wurden, bis das Erste Buch Samuel (8 ff.) von der endgültigen Selbstabschaffung der Demokratie kündet. Weil es Richter hatte, die korrupt waren, wollte das Volk die Richter durch einen König ersetzen – trotz der Warnung, dass ein König die Bevölkerung ausbeuten und zu Sklaven machen würde. Immerhin wurden die Rechte des Königs durch eine schriftliche Verfassung spezifiziert, und die Ältestenräte verfügten noch über die Macht, den König zu wählen und im Fall von Erfolglosigkeit abzusetzen. Allerdings sollte sich Samuels Prophezeiung bewahrheiten, als gleich der zweite König Israels, der politisch und militärisch außerordentlich erfolgreiche David, die ihm verliehene Macht missbrauchte, um die Frau eines seiner Offiziere zu vergewaltigen und ihren Ehemann töten zu lassen (2 Sam 11). Macht verleitet zum Machtmissbrauch.

Dementsprechend kennt die hebräische Bibel kaum einen König, der gerecht zu herrschen versteht. In den chronistischen Texten des *Alten Testaments* werden die einzelnen Könige gleichsam benotet. In 24 Fällen wird ein negatives Urteil verhängt, einige wenige erhalten ein »mit Einschränkung gut«, und lediglich Hiskia und Josia erhalten eine volle Anerkennung (Gerstenberger 2010: Kap. 2.1). Selbst Königen, die, wie David, als stark und erfolgreich dargestellt werden, wird Machtmissbrauch vorgeworfen. Und der scheinbar so anerkannte König David muss sich von einem Untertanen, der die Unterstützung des Volks genießt, sogar in entwürdigender Weise beschimpfen und mit Dreck und Steinen bewerfen lassen (2 Sam 16,5–13) – was die Stellung alttestamentlicher Könige arg relativiert, denen es immer wieder passierte, dass sie nicht vom gesamten Volk anerkannt wurden (1 Sam 10,27).

Es sind insbesondere Propheten wie Amos und Jeremia, die sich in die Rolle von Volkstribunen und Verfassungshütern begeben und Verletzungen des göttlichen Gesetzes anprangern. Zahlreiche Bibelstellen belegen, dass Ältestenräte über wichtige Entscheidungskompetenzen verfügten, die sie auch dann bewahren konnten, wenn bereits Monarchien entstanden waren (Ex 19,7; 24,14; 1 Kön 12,3–14; 21,8; Rut 4,1 f.; Hes 8,1; 14,1; 20,1).

> »Fundamentale Kritik am Königtum hat, sozialgeschichtlich gesehen, ihren Ort also in den Sippen- und Stammesstrukturen der heterogenen, regional verfassten altisraelitischen Gesellschaft. […] Könige sind aus dieser Sicht Schmarotzer, Hochstapler und Mörder. Das Idealbild royaler Ordnung, Gerechtigkeit und Beschützung, das anderswo im Alten Testament legitimierend gepflegt wird, bleibt völlig außen vor, weil die Überlieferer dieser Tradition dem Prinzip der Ältestendebatte verpflichtet sind.« (Gerstenberger 2010: Kap. 3.2.2)

Der verfassungsgebende Akt, mit dem sich das Volk Israel sein Grundgesetz gegeben hat, ist im *Buch Exodus* detailliert beschrieben worden: In modernen Kategorien gesprochen, hat sich der Revolutionsführer Moses, der das Volk Israel von der Fremdherrschaft in die Freiheit geführt hat, als Verfassungsvater betätigt, indem er dem Volk das Bundesbuch übergibt, wobei dieses als von Gott verfasst beschrieben wird. Der verfassungsgebende Akt erfolgte am Berg Sinai mit der Annahme der Gesetze durch das Volk, und mithilfe eines mehrstufigen demokratischen Ratifizierungsverfahrens: Erst stimmte der Ältestenrat dem verfassungsgebenden Verfahren einstimmig zu, anschließend das gesamte Volk; dann stimmte das gesamte Volk einstimmig dem mündlich vorgetragenen Gesetz zu und abschließend noch einmal der Verlesung des inzwischen schriftlich niedergelegten Gesetzestextes (Ex 19,7 f.; 24,3; 24,7). In den assyrischen und ägyptischen Großreichen jener Zeit wurden deren Herrscher durch die jeweilige Gottheit legitimiert und dadurch befähigt, Recht über die Untertanen zu sprechen. Die Identität Israels wurde durch den auf ein göttliches Gesetz gegründeten »ethischen Gestaltungswillen des ganzen Volkes«, also demokratisch, definiert (Otto 2000: 69).

Die politische Organisation der alten Israeliten verknüpfte Elemente der Direkten Demokratie, der repräsentativen Demokratie, gerontokratische und oligarchische Strukturen sowie monarchische Elemente, die die Demokratie immer stärker bedrohten und an Oberhand gewannen, womit das Volk, das seine demokratischen Rechte teilweise freiwillig aus der Hand gegeben hatte, nicht wirklich glücklich geworden ist.

Der Prozess des Übergangs von Richtern zu Königen und von Königen zu tyrannischen Herrschern vollzog sich nicht nur in Israel. Im Jahr 736 v. Chr. waren die persischen Meder endlich frei von assyrischer Herrschaft und lebten, wie der griechische Historiker Herodot berichtet, in einzelnen Dörfern, offensichtlich in einer informellen, archaischen Gesellschaftsformation, die über keine Gesetze und keine Herrschaft verfügte (Herodot: Historien I,96 ff.). Die Konfliktregelung erfolgte, wie im Alten Israel, in jedem Dorf *ad hoc* durch Richter, die demokratisch gewählt wurden.

In einem dieser Dörfer wurde ein Mann namens Deiokes (assyrisch: Daiukku) zum Richter gewählt, und er zeichnete sich dadurch aus, dass er über die seltene Fähigkeit verfügte, klug und gerecht zu urteilen, also Charisma im Sinne Max Webers hatte. Seine Urteilssprüche verschafften ihm Anerkennung nicht nur in seinem Heimatdorf, sondern auch in den umliegenden Dörfern, deren Bewohner zu ihm kamen, um ihre Streitigkeiten schlichten zu lassen. Deiokes genügte das Richteramt jedoch nicht, und er mobilisierte seine Freunde, um das Volk in ganz Medien davon zu überzeugen, ihn zum König zu wählen, und zwar einstimmig (Historien I,98). Somit kam es auch hier zu einer Selbstabschaffung der Demokratie.

Der frisch gewählte König bestand jedoch darauf, dass ihm ein Palast gebaut würde und dass er eine Leibwache erhielt. Indem das Volk ihm beides gewährte, wurde der *point of no return* erreicht. Denn der befestigte Palast schützte den König vor etwaigen Aufständen, und die Leibwache ermöglichte ihm, Aufstände niederzuschlagen. Rasch entwickelte sich der ehemals so beliebte Richter zum Despoten; Herodot bezeichnete ihn als »Tyrannen«. Der König distanzierte sich von seinen Altersgenossen, die ihm einst zur Macht verholfen hatten und ihm den Thron hätten streitig machen können, und machte das Volk glauben, dass er in einen Gott verwandelt worden wäre, d. h. er baute sein Charisma noch weiter aus. Zur weiteren Sicherung seiner Macht baute er auch ein System von Spitzeln auf, die ihn mit Informationen versorgten (Historien I,100). Damit war es einem allgemein beliebten und geschätzten Richter gelungen, eine Erbmonarchie aufzubauen, die die Skythen, Perser und Assyrer unterjochen und ein riesiges Reich aufbauen sollte, das schließlich unter dem nicht ganz zutreffenden Namen »Perser« jahrhundertelang die Griechen bedrohen sollte, bevor es seinerseits von Alexander dem Großen erobert wurde.

Herodot hat in seinem Bericht von Deiokes wohl einen Prozess, der sich über eine Folge mehrerer Könige erstreckte, auf eine einzige Person konzentriert – aber er beschreibt den typischen Prozess, wie in archaischen Gesellschaften aus dem Bedarf nach Konfliktregelung über das Richteramt Erbmonarchien entstanden, die mitunter große Territorien beherrschten, und wie sich demokratisch gewählte Richter und Könige durch Akkumulation von Macht zu Despoten entwickelten.

Griechenland war während der bronzezeitlichen Epoche durch autokratische Palastkulturen beherrscht worden, die um 1200 v. Chr. nahezu zeitgleich zusammenbrachen. Nach diesem »Systemkollaps« (Cline 2018) wichen die zentralistischen Königreiche autonomen Kleinstädten und Dörfern, in denen sich neue Herrscher etablierten, die mitunter zunächst als Richter fungierten, dann aber den Charakter von Kleinkönigen annahmen (Jung 2016: 570 f.). Für diese Fürsten entwickelten sich verschiedene Bezeichnungen, insbesondere jedoch *Basileus* (βασιλεύς), nach dem mykenischen *qa-si-re-u*, der eigentlich nur ein Ortsvorsteher bzw. Zunftmeister war. Der wahrscheinlich früheste griechische Schriftsteller, Hesiod, schildert, dass Volksversammlungen, die auf der Agora, dem Marktplatz, stattfanden, der Streitschlichtung dienten und dass *Basileis* gleichzeitig als Richter und lokale Herrscher agierten (Hesiod: Werke und Tage 28–39), woran sich der ja auch aus dem Vorderen Orient bekannte fließende Übergang vom Richter zum König zeigt (Crielaard 2011).

Von dieser Zeit, die in der Geschichtswissenschaft mitunter fälschlich als »Dark Ages« bezeichnet wird (obwohl in dieser Epoche grundlegende Innovationen wie der Übergang von der Bronze zum Eisen, die Gründung zahlreicher Städte und die Entstehung der Demokratie erfolgten) künden die Epen

Homers, die *Ilias* und die *Odyssee*. Verschriftlicht worden sind die Epen um 650 v. Chr., als in weiten Teilen der griechischen Welt die demokratischen Versammlungen die Herrschaft des Adels abzulösen begannen. Die Epen spielten aber vor der Kulisse einer viel älteren Zeit, der Bronzezeit, wirkten also auf das damalige Publikum wie heute Ritterromane auf uns (ähnlich Grethlein 2010: 399).

Und was erfahren wir über diese Epoche, in der *Basileis*, also Kleinkönige, bescheidene Landwirtschaft betrieben und sich zugleich als *Warlords* und Piraten betätigten, indem sie sich gegenseitig überfielen, um materielle Beute zu machen und Gefangene als Sklaven zu verschleppen? – In der *Ilias* wird eine Gerichtsszene beschrieben (Ilias 23,579–585), in der ein Basileus den Richterspruch abgibt, der aber von der Zustimmung der Volksversammlung abhängig gemacht wird (Thür 2018: 203) – eine verblüffende Parallele zur Praxis im Alten Israel.

Weiterhin wird in der *Ilias* der Schild des Achilleus ausführlich beschrieben, den der Schmiedegott Hephaistos eigenhändig hergestellt hat und der Abbildungen des Universums, der Sterne und des täglichen Lebens enthält. Da wird eine Szene dargestellt, wie sich auf dem Versammlungsplatz, der Agora, zwei Männer darüber streiten, wie ein Totschlag zu sühnen sei, durch Zahlung einer Kompensation an die Familie des Getöteten oder durch Blutrache (Ilias 18,497–508). Das Volk nimmt lebhaft Anteil an dem Streit, handelt es sich doch um eine »wichtige und potenziell gefährliche« Angelegenheit der örtlichen Gemeinschaft (Seelentag 2019). Die Beifallsbekundungen für die streitenden Parteien sind jedoch nicht eindeutig. Deshalb geben die Ältesten, denen besondere Sitzplätze auf geglätteten Steinen reserviert werden, ihre Schlichtersprüche ab. Für den besten, den »geradesten« Richterspruch ist eine üppige Belohnung ausgesetzt.

Die Szene beschreibt einerseits eine urdemokratische Situation: das Volk entscheidet durch Beifallsbekundungen, also Akklamation. Andererseits wird zugleich, weil sich das Volk nicht einig ist und nicht über die Kompetenz verfügt, einen gerechten Schlichtungsspruch zu fällen, eine erste Evolutionsstufe der Demokratie erkennbar: nämlich die Delegation der Entscheidungsgewalt an ein Gremium von Ältesten, die sich wiederum untereinander im demokratischen Wettbewerb um die beste Leistung befinden. Und es sind erste Institutionalisierungselemente erkennbar: der Versammlungsplatz, die Ordner, die Ehrenplätze für die Ältesten, das Honorar für den Schiedsspruch. Versammlungsorte und komfortable, geglättete Sitzplätze für die Ratsmitglieder haben –

wie im israelitischen Tel Dan – an zahlreichen Orten die Jahrtausende überdauert und sind heute noch an griechischen archäologischen Stätten zu sehen.

Und noch etwas wird aus dem Schild des Achilleus deutlich: Die Griechen machten generell, nicht nur bei Homer, einen Unterschied zwischen »geraden« und »krummen« Urteilen (Thür 2018: 205). Es war meist das Stadtoberhaupt, das als Richter fungierte, und von Hesiod, dem unerschrockenen Kritiker, wissen wir, dass sich die Herrscher gern bestechen ließen und dementsprechend krumme Schiedssprüche fällten (Hesiod: Werke und Tage 39). In der Schildszene, wo es sogar die Ältesten sind, die miteinander konkurrierend Schiedssprüche abgeben, hat das gesamte Volk eine Belohnung ausgesetzt, die weit größer ist als alles, was eine Partei an Bestechungsgeld aufbringen könnte (zwei Talente = 52 kg Gold – der Wert zweier Segelschiffe).

Ein Staat mochte einen König haben, dem man gern die Feldherrnschaft anvertraute, wenn er seine militärische Kompetenz bei den eigens zu diesem Zweck veranstalteten Wettkämpfen unter Beweis gestellt hatte – aber wenn es um wichtige Rechtsangelegenheiten ging, dann zog das Volk die Oberaufsicht an sich, auch wenn dies das Staatsoberhaupt um erhebliche Einnahmen aus Bestechungsgeldern brachte, die den »Job« des Autokraten doch so attraktiv machen. Später, im demokratischen Athen, wurde die Rolle der Richter weiter zugunsten von Geschworenen aus dem Volk zurückgedrängt, deren Zahl, je nach Streitwert, zwischen 201 und 1501 Vollbürgern lag (Thür 2018: 207).

Wie in Israel und in Persien liegt die Wurzel der Organisation der politischen Willensbildung auch im antiken Griechenland offenbar in der Rechtsprechung und hier wie dort finden wir wieder die Morgan'sche Kombination aus drei Elementen: Der direkt-demokratischen Akklamation, der repräsentativ-demokratischen Delegation der Entscheidungskompetenz an ein Gremium von Ältesten und der Wahl eines Amtsinhabers, in diesem Fall eines Richters.

Die Szene der demokratischen Entscheidungsfindung ist eine subtile Botschaft des Gottes Hephaistos an die Menschen. Bei denen geht es nämlich ganz anders zu, denn die sogenannten »Helden« von *Ilias* und *Odyssee* wie Agamemnon, Achilleus, Odysseus, Priamos oder Paris treten als machtgierige, egozentrische Autokraten auf, die eine ganze Menagerie an psychischen Störungen darstellen (mangelnde Impulskontrolle, Alkoholismus, narzisstische Persönlichkeitsstörung, Autismus, Sadismus, Bipolarität, Psychopathie). Dass auch Homer diese psychischen Störungen nicht als »Heldentum« deklariert, sondern als »verderblichen Wahnsinn«, der strategische Fehler bewirkt, macht er frühzeitig klar (Ilias 1,342 f.).

Homer erweist sich nämlich als »Barde der Demokratie« (Feldman 1952: 337). Für Homer stellten die demokratischen Versammlungen ein Konstitutionsmerkmal der Zivilisation überhaupt dar. Nicht nur, dass die detaillierte Beschreibung von zahlreichen Volksversammlungen einschließlich ihrer Redner und der kontroversen Debatten einen beträchtlichen Teil des Textkörpers der *Ilias* ausmacht; in der Beschreibung der Kyklopen, mit denen Odysseus eines seiner gefährlichsten Abenteuer bestreiten muss, werden die Volksversammlungen dem unzivilisierten Leben entgegengesetzt. Die Kyklopen sind die Erinnerung der Griechen an die neolithischen Menschen. Homer beschreibt sie als wilde, gesetzlose und sozial isoliert lebende Jäger und Sammler, die keinen Ackerbau treiben, nicht in Städten leben und die auch nicht über Schiffe verfügen, mit denen sie in den interkulturellen Austausch mit anderen Völkern treten könnten. Vor allem aber kennen sie keine Demokratie: »Dort ist weder Gesetz, noch öffentliche Versammlung« (Odyssee 9,112). In der *Ilias* werden zwei Qualifikationen genannt, die ein zum Mann heranreifender Jugendlicher erwerben müsse: kundig der Kriegsführung zu sein sowie »ratschlagender Reden, wodurch sich Männer hervortun« (Ilias 9,441). Dass argumentative Kompetenz mindestens ebenso wichtig ist wie militärische Fähigkeiten, spricht Achilleus aus, als er in einer depressiven Phase beklagt, dass er zwar der Stärkste auf dem Schlachtfeld sei, aber in der Ratsversammlung versagt (Ilias 18,105 f.).

Die homerischen Epen sind insofern eine hervorragende Quelle für die frühe Demokratie, als sie vordergründig in der »mykenischen« Bronzezeit spielen, als die griechischen Staaten noch autokratisch von einem König regiert wurden. Tatsächlich hatten die Mykener um 1400 v. Chr unter einem König (*wa-na-ka*) namens Akagamunaaš (Agamemnon), Sohn des Attariššiya (Atreus), die trojanische Hauptstadt [W]Ilios (hethitisch Wiluša) erobert, und um 1275 v. Chr. gab es im wiederaufgebauten Wilios einen König Alakšandu (Alexandros war der Zweitname von Paris), der von einem Achaier angegriffen wurde, der verblüffende Ähnlichkeiten mit Homers Held Achilleus aufwies. Als die Ilias um 650 v. Chr. verfasst wurde, wirkte sie auf das zeitgenössische Publikum also wie ein historischer Roman. Die unterschiedlichen Zeitebenen führen in den Epen zu zahlreichen Vermischungen bronzezeitlicher und eisenzeitlicher Elemente (Waffen, Kriegstechnik, Stellenwert von Eisen, territoriale Grenzen).

Eine dieser Vermischungen besteht darin, dass die Staaten einerseits von je einem autokratischen Kleinkönig (βασιλεύς, *Basileus*) oder Großkönig (ἄναξ,

Anax) regiert werden, die Ilias andererseits aber von Dutzenden von demokratischen Ratsversammlungen berichtet, mit denen das zeitgenössische Publikum um 650 v. Chr. bereits wohlvertraut war, für die es aber in mykenischer Zeit noch gar keine Versammlungsstätten gegeben hatte. Aber es ist genau die fiktionale Konfrontation von Autokratie und Demokratie, aus der die homerischen Epen ihre Spannung ziehen. Denn es gefällt Homer, immer wieder die Dummheit der Könige mit der Klugheit des Volkes zu kontrastieren (Kõiv 2002). Immer wieder sind es Bürger (wie Antenor und Polydamas bei den Trojanern, Thersites bei den Achaiern), die in diesen Ratsversammlungen klugen Rat liefern, der aber von dem jeweiligen König, der »Mittel und Wege« findet, um sich durchzusetzen (wie Überredung, Drohung, Befehl oder auch physische Gewalt), in den Wind geschlagen wird (Bringmann 2016: 175).

Die Quittung, die die Machthaber für ihr autokratisches Gebaren erhalten, besteht darin, dass ihre Unternehmungen für alle Beteiligten in einer Katastrophe enden. Troja wird – nach einer Serie strategischer Fehlentscheidungen – komplett zerstört. Die scheinbar siegreichen Achaier erleiden ebenfalls ungeheure Verluste und die wenigen, denen die Heimkehr gelingt, finden dort, wie Agamemnon, ein schmachvolles Ende. Daran, dass die *Ilias* eine Geschichte autokratischen Scheiterns ist, lässt Homer bereits in seinen ersten sieben Versen keinen Zweifel, in denen er beklagt, dass »viele kraftvolle Seelen der Helden« »den Schakalen und den Geiern« zum Opfer fielen, nur weil zwei Fürsten einen irrationalen Hahnenkampf miteinander ausfochten.

Für Odysseus hat sich Homer ein besonderes Schicksal ausgedacht. Schon in der *Ilias* war der Kleinkönig von Ithaka als besonders adels- und hierarchiebewusst geschildert worden, der den klugen Thersites mit dem bloßen Hinweis auf die Vorrechte der Adeligen mit brutaler Gewalt zum Schweigen gebracht hatte. Während seiner zehnjährigen Irrfahrt, auf der er sich immer wieder in vermeidbare Bredouillen hineinmanövriert, vernichtet er die Leben seiner sämtlichen Gefährten, um seine egoistischen (sexuellen) Bedürfnisse zu stillen. Mit Müh und Not heimgekehrt, darf Odysseus seinen Thron nicht sofort besteigen, sondern muss, als weitere erzieherische Maßnahme, erst die Perspektive der untersten sozialen Hierarchieebene, des Bettlers, am eigenen Leib erfahren. Und selbst die Ermordung seiner Nebenbuhler bringt ihn noch nicht an die Macht, sondern er muss sich von der Volksversammlung mit bitterem Sarkasmus vorhalten lassen, er habe viele tapfere Männer und wertvolle Schiffe verloren und dann nach seiner Rückkehr auch noch die tüchtigsten Bürger ermordet (Odyssee 24,425 ff.). Erst die von der Göttin Pallas Athene personifizierte Vernunft vermag den Tyrannen davon zu überzeugen, von der Gewaltausübung gegen sein Volk abzulassen und sich der demokratischen Legitimation zu unterwerfen: »Zwischen ihm und dem Volk erneuerte jetzt das Bündnis Pallas Athene« (Odyssee 24,545 f.). Die *Odyssee* ist damit die Geschichte eines Tyrannen, der durch mehrere Fegefeuer erzieherisch geläutert werden muss, um schließlich zu erkennen, dass Gewalt ihm nicht länger weiterhilft, sondern nur noch die Akzeptanz durch das Volk.

Es war also wieder einmal eine Gottheit, die, wenn nicht die Demokratie in Reinform, so doch zumindest die Verpflichtung zur demokratischen Legitimation des Herrschenden gerettet hat. Für die Götter, die (inklusive ihrer Schwächen) als Vorbilder der Menschen galten, waren demokratische Entscheidungsmechanismen selbstverständlich. Beim griechischen Schriftsteller Hesiod, der seine *Theogonie* schon vor der Niederschrift von Homers *Ilias* verfasst hat, pflegen die Göttinnen und Götter regelmäßig demokratische Praxis in Form von Ratsversammlungen (Hesiod: Theogonie 775–799). Meineidige Götter werden zehn Jahre lang von der Ratsversammlung der Götter ausgeschlossen. Zeus, obgleich als »olympischer Obergebieter« tituliert, tritt bei Konflikten in der göttlichen Ratsversammlung nicht als autokratischer Herrscher auf, der Machtworte spricht, sondern lediglich als Moderator, der auf die Einhaltung der Spielregeln achtet (Theogonie 777).

In Homers *Ilias* sind die Ratsversammlungen der Götter auf dem Olymp Spiegelbilder der defekten Ratsversammlungen der Menschen. Zeus, der mächtigste der Götter, versucht immer wieder, kontroverse Meinungsbilder durch Machtworte zu entscheiden, erhält dabei aber Contra von seiner Frau Hera und seiner Tochter Athene. Hera widerspricht Zeus mit dem demokratischen Argument, dass sein autokratisches Verhalten nicht die Billigung der Ratsversammlung der anderen Götter (= des Volkes) fände (Ilias 4,29). In der patriarchalischen Männergesellschaft hebt sie Rangunterschiede und auch das Geschlechterverhältnis auf, wenn sie sich mit Zeus gleichsetzt (Ilias 4,57; 4,63 f.). Und damit vermag sie sich durchzusetzen; der übermächtige Göttervater und Patriarch »gehorcht« ihr das eine ums andere Mal, stets mit Rücksicht auf die Ratsversammlung (Ilias 4,68; 16,439–458). Im Kreis der vorbildlichen Gottheiten werden demokratische Versammlungen praktiziert, es wird autokratische Machtausübung bestritten, es werden gleiche Rechte gefordert. Und die Emanzipation der Frauen, obgleich noch nicht vollständig, ist im Götterhimmel weitaus stärker vorangeschritten als in den irdischen Patriarchaten.

Wenn sich der olympische Herrscher, der sich zuvor noch brüstete, alle anderen Götter in den Tartaros werfen zu können, offensichtlich doch der Ratsversammlung beugen muss, ist das eine klare Analogie zum weltlichen Monarchen, der einen Teil seiner Macht an ein demokratisches Gremium abgeben muss. Außerdem büßen die Söhne der Götter ihre Sonderrechte ein – damit rechtfertigt Homer die Entmachtung des irdischen Adels, der sich gern auf göttliche Abstammung berief, zugunsten der Demokratisierung.

Wie wird diese Erzählung auf die Menschen des 7. Jahrhunderts v. Chr. gewirkt haben? Sie werden in Zeus so manchen zeitgenössischen Monarchen erblickt haben und in herzliches Gelächter ausgebrochen sein, als sie vernahmen, dass selbst der übermächtige Beherrscher der Götter und der Welten erleben muss, wie seine patriarchalische Macht erodiert und wie er sich immer wieder der Ratsversammlung, seiner Ehefrau und seiner Tochter beugen muss. Genau das – die Erosion autokratischer Macht, der wachsende Einfluss demokratischer oder zumindest aristokratischer Ratsversammlungen, die ständige Konfrontation mit (rhetorischem) Widerspruch und (tätlichem) Widerstand, die Infragestellung sozialer Rangunterschiede, die Forderung nach Gleichberechtigung – entsprach dem alltäglichen Erleben in der Archaischen Zeit; und der permanente Machtkampf zwischen Autokraten, gar Tyrannen, der Aristokratie und dem Volk, der wechselnde Sieger hervorbrachte, war spannend genug, um ihn zum Rückgrat eines gewaltigen Epos zu machen. Das griechische Publikum wurde um 650 v. Chr. – und auch noch Jahrhunderte danach – durch *Ilias* und *Odyssee* mit Schaudern daran erinnert, wie schrecklich es einst für das Volk gewesen war, dem autokratischen Handeln korrupter, arroganter und beratungsresistenter Monarchen hilflos ausgesetzt gewesen zu sein.

Dass man in der Antike die homerischen Epen als Diskussion von Staatsformen verstanden hat, bestätigt kein Geringerer als Aristoteles, wenn er in seiner *Politik* immer wieder Homers Verse aus der *Ilias* und der *Odyssee* über Regierungsformen zitiert (Aristoteles: Politik I,2; I,XII; III,14; III,16; VI,4). Auch sollte die italienische Renaissance auf Homer und Hesiod als früheste Theoretiker der Demokratie zurückgreifen, insbesondere in Form der Allegorien der guten und schlechten Regierung im Rathaus von Siena.

Homer war nicht der einzige antike Autor, der sich über Autokraten lustig gemacht hat. Der »Vater der Geschichtsschreibung«, Herodot von Halikarnassos (um 480 bis um 420 v. Chr.), beschreibt immer wieder orientalische und griechische Herrscher, deren Größenwahn sie zu territorialen Expansionen verleitet hat, die regelmäßig mit dem Untergang ihrer Imperien endeten. Herodot hatte umfangreiche Reisen durch die damals bekannte Welt unternommen und seine Beobachtungen in einem Werk niedergeschrieben, das, weil es überwiegend Geschichtsschreibung verfolgte (aber auch ausgedehnte geografische und ethnologische Studien enthielt), den Titel *Historien* erhielt.

Aus diesem Werk, das er um 424 v. Chr. veröffentlichte, hielt Herodot häufig Lesungen in Athen, Theben, Korinth und anderswo, die so populär waren, dass sie ihm gewaltige Honorare einbrachten. Den Höhepunkt seiner Popularität erreichte er, als er während der Olympischen Spiele auf den Stufen des Zeustempels »den vornehmsten und gebildetsten Griechen«, die aus der gesamten griechischen Welt angereist waren, sein komplettes, nach modernen Maßstäben über 600 Druckseiten umfassendes Werk vorlas, was ihm noch größeren Ruhm als den Olympiasiegern einbrachte (Lukian von Samosata: Herodot und Aëtion, 1 f.).

Die Situation, in der das geschah, erklärt vielleicht den Stil der *Historien*, in denen sich extrem detailreiche Darstellungen historischer Ereignisse, sorgfältige empirische Erhebungen, rationale Analysen, die auch heutigen wissenschaftlichen Maßstäben genügen würden, und politikwissenschaftliche Erörterungen auch mit satirischen Passagen, Schauergeschichten sowie der einen oder anderen Wundergeschichte mischen: Herodot musste während seiner langen Vorlesungen sein Publikum auch unterhalten.

Dankbare Sujets sowohl für Schauergeschichten als auch für witzige Erzählungen lieferten die Tyrannen, von denen Herodot in seinen Historien nicht weniger als 55 erwähnt hat (Stahl 1983: 202). Herodots erste Zielscheibe ist der König Kroisos oder Krösus (um 590 – um 541 v. Chr.), der nicht nur über den sprichwörtlich gewordenen Reichtum verfügte, sondern auch über ein großes Reich in Kleinasien. Im Zuge mehrerer Anekdoten, die eine Mischung von ausgeprägter Dummheit und Eitelkeit zeigen, gibt der Schriftsteller den König der Lächerlichkeit preis, wenn er etwa den Orakelspruch, er würde ein großes Reich zerstören, falsch deutete, weil es sich um sein eigenes Reich handelte (Herodot: Historien 1,29–33).

Eher gegruselt hat es das Publikum wohl bei Herodots Erzählung von Periander, dem Tyrannen von Korinth (um 645 bis um 585 v. Chr.). Dieser habe nach seiner Thronübernahme erst einmal die tüchtigsten Bürger seines eigenen Volks umbringen lassen, um präventiv mögliche Konkurrenten zu beseitigen. Dann hatte der König seine schwangere Frau Melissa mit einem Fußtritt in den Bauch getötet, anschließend mit dem Leichnam kopuliert und ihr dann noch ein geziemendes Begräbnis verweigert, das für die Griechen so wichtig für die Fortexistenz im Totenreich war.

Immer wieder hält Herodot seinem Publikum die Schrecken der Tyrannis vor Augen, aber auch das Selbstzerstörerische, das aus der Hybris der Autokraten erwächst. An einer Stelle zitiert Herodot einen persischen Staatsmann, der im Jahr 521 v. Chr. analysiert, dass es zwangsläufig sei, dass sich ein Alleinherrscher zu einem Tyrannen entwickelt. Es könne keine wohlmeinenden Diktatoren geben, weil Macht korrumpiert, sodass sich die schlechten Persönlichkeitseigenschaften, insbesondere Gier, Selbstüberhebung und Neid, durchsetzen. Der Tyrann fördert Verleumdungen, beseitigt staatliche und gesellschaftliche Ordnungen, setzt die Gerichtsbarkeit, also die Gewaltenteilung, außer Kraft, vergewaltigt und mordet seine eigenen Bürger. Dieser Schreckensvision wird die Demokratie gegenübergestellt, bei der die Legislative (die Volksversammlung) die Exekutive (die Regierung) kontrolliert und eine unabhängige Gerichtsbarkeit für Recht sorgt (Herodot 3,80).

Die Idee der Gewaltenteilung zwischen Legislative, Exekutive und Judikative als Herzstück der Demokratie ist damit über 2500 Jahre alt. Und genauso alt ist die höchstaktuelle Warnung, dass die Beseitigung einer unabhängigen Justiz der gefährlichste Schritt ist, den ein Autokrat auf dem Weg zur absoluten Macht tun kann, weil er es ihm ermöglicht, Kritiker und Konkurrenten auszuschalten. Und 300 Jahre vor Herodot hatte bereits Hesiod, der »Exponent einer sich gegen den Adel und seine Vorherrschaft richtenden Widerstands- oder Protestbewegung« (Golla 2016: 62), auf die Notwendigkeit hingewiesen, dass sich jede Regierung einem universell geltenden Recht unterwerfen müsse (Hesiod: Werke und Tage, 240–285), das, ähnlich wie im Alten Israel, göttlichen Ursprungs gewesen sein soll. Heute sprechen wir nicht mehr von göttlichem Recht, sondern von natürlichem Recht, aber dazu später mehr.

Literarische, historische und archäologische Belege der Demokratisierung in der griechischen Antike

Auch wenn die Datierung nicht immer eindeutig ist: Die literarischen Quellen von Hesiod und Homer, die historischen Quellen von Herodot, Thukydides, Aristoteles und anderen sowie die archäologischen Funde bestätigen mit großer Übereinstimmung, dass sich die griechische Demokratie zwischen 800 und 600 v. Chr. entwickelt hat – in kleinen Schritten, in deren Verlauf immer komplexere Strukturen der Gewaltenteilung und Machtbegrenzung entwickelt wurden.

Frühe archäologische und historische Indikatoren für die Institutionalisierung demokratischer Elemente in griechischen Poleis

Zeitpunkt	Stadt	Indikatoren für politische Institutionalisierung
um 820 bis 650 v. Chr.	Sparta	Verfassung (Große Rhetra) mit Volksversammlung, mehreren Räten und zwei Regenten; Gleichheit vor dem Gesetz (*Isonomie*); Landreform
um 775 v. Chr. um 650 v. Chr.	Dreros	Versammlungsplatz (Agora, 20 × 40 m) mit theaterförmigen steinernen Sitzbänken Schriftlich fixierte Verfassung mit Volksversammlung, mehreren Räten und Rotation des Regierenden
728 v. Chr.	Megara Hyblaea	Versammlungsplatz (Agora, 74 × 63 m) mit zwei *Stoai*
um 700 v. Chr.	Kokounaris	Versammlungsplatz (Agora), Regierungsgebäude mit Speisesaal für Ehrenmahle (*Prytaneion*)
683 v. Chr. um 575 v. Chr.	Athen	früheste Dokumentation von (gewählten) Archonten Verfassungsreform Solons mit Beendigung der Schuldsklaverei, einem Rat der 400 als Gegengewicht zum adeligen Areopag, Volksgerichten und Popularklage

Quelle: eigene Zusammenstellung, angeregt durch Kõiv 2002.

In der Frühphase der Demokratisierung gab es noch die Monarchie, die aber (zumindest bei Odysseus) der Akklamation durch das Volk bedurfte; auf Kreta wurde das Staatsoberhaupt vom Volk gewählt. Die Inschriften von Kreta zeigen auch, dass die Amtszeit der Herrscher begrenzt wurde und eine Wiederwahl erst nach sehr langer Unterbrechung erlaubt wurde. Während um 650 v. Chr. in Dreros noch von einem einzigen Kosmos (= »Ordnender«) gesprochen wurde, erwähnt Aristoteles um 330 v. Chr. nicht weniger als zehn Kosmoi, die sich die Regierungsgewalt teilten. Auch in Athen ist die Zahl der Regierungsmitglieder auf zuletzt neun Archonten (= »Regierende«) angehoben worden; in Sparta wurde die Macht der beiden Regierenden durch fünf vom Volk gewählte Beamte begrenzt. Bei Homer wurden die Volks- und Ratsversammlungen durch die Herrscher noch spontan und in dringenden Fällen einberufen; in den kretischen Städten tagten sie formalisiert und regelmäßig. Die Versammlungen erhielten gegenüber den Regierungen immer mehr Machtbefugnisse; zunehmend wurde die Macht auch auf mehrere Räte verteilt, teilweise mit ausgeklügelten Verfahren.

Aristoteles, der durch seine Mitarbeiter nicht weniger als 158 verschiedene zeitgenössische Verfassungen analysieren ließ, bezeichnete die kretischen und spartanischen Verfassungen als *Politeiai*, also als die gemeinwohlorientierten Idealformen der Demokratien, weil sie einerseits Gewaltenteilung und Schutz vor Machtmissbrauch boten, ihre Institutionen und Verfahrensregeln andererseits aber auch gegen irrationale Stimmungen der Volksmasse geschützt waren. Auch Platon schreibt, dass es allgemeine Auffassung sei, dass auf Kreta und in Sparta die besten Verfassungen zu finden waren. Insgesamt kannten die griechischen Staaten mehrere Institutionen, die in unterschiedlichen Ausformungen und Kombinationen zu finden waren:

- Die Volksversammlung (*Ekklesia*), zu der alle erwachsenen Vollbürger eingeladen waren, als direkt-demokratisches Element.
- Verschiedene Räte (*Gerousia*, *Boulé*…), die mit den Ältesten oder, in der Frühzeit, mit Vertretern des Adels, oder, später mit gewählten oder per Los ermittelten Repräsentanten des Volkes besetzt wurden, als Elemente der repräsentativen Demokratie.
- Eine Regierung aus einem bis zehn Regierungsmitgliedern (*Basileis*, *Archonten*, *Kosmoi* …), die in seltenen Fällen aus dem Adel stammten, meist jedoch gewählt und manchmal per Los bestimmt wurden.
- Beamte (*Ephoren*), die gewählt oder per Los bestimmt wurden.
- Verschiedene Gerichtshöfe mit unterschiedlichen Strukturen, zu denen einer oder mehrere Richter gehören konnten, Räte von Repräsentanten des Volkes (teilweise auch des Adels), aus dem Volk per Los ermittelte Geschworene oder die Volksversammlung selbst.

Legislative, Exekutive und Judikative waren in den verschiedenen Staaten in sehr unterschiedlicher Weise voneinander abgegrenzt. Während es auf Kreta und in Sparta relativ starke Exekutivorgane gab, die eine gewisse Unabhängigkeit von den Volksversammlungen hatten, konnte in Athen die Ekklesia auch exekutive Beschlüsse fassen – was von zahlreichen Beobachtern kritisch gesehen wurde.

Die Archäologie hat auch die Steine gefunden, die von den räumlichen Strukturen für demokratische Gremien und Prozesse künden: Versammlungsplätze (*Agorai*), Theater mit Steinbänken, Säulengalerien (*Stoai*), Gebäude mit geglätteten Steinbänken für Ratsversammlungen, in Athen auch den Versammlungshügel Pnyx mit Rednertribüne und Platz für 10 000 Teilnehmer (vgl. Kõiv 2002).

Die Gründe für die soziale Egalisierung und die politische Demokratisierung der griechischen Poleis dürften im ökonomisch-militärischen Bereich zu suchen sein, wie uns die um 600 v. Chr. verfassten Elegien des Athener Staatsmanns Solons verraten. Darin beklagt er, dass die extreme Ungleichheit der Einkommensverteilung zu internen Konflikten in der Bürgerschaft und zur Schwächung der Verteidigungsfähigkeit der Stadt geführt habe (Solon: Eunomie, 3D). Militärische Stärke erforderte nämlich ganz unmittelbar eine möglichst große Zahl an Bürgern, die wohlhabend genug waren, um sich Rüstung und Waffen leisten zu können. Aristoteles formulierte glasklar, dass zu Zeiten des Königtums noch einzelne Adelsreiter kriegsentscheidend waren, dass jedoch mit dem Übergang zur Phalanxtaktik der militärische Erfolg vom Umfang gut ausgerüsteter Fußtruppen (Hopliten) abhing, sodass »auch die Zahl der an den politischen Entscheidungen Beteiligten« wuchs (Aristoteles: Politik VI,13). Mit der Notwendigkeit, zahlenmäßig starke Heere aufstellen zu können, wurden die Teilnehmer der Volksversammlungen identisch mit den Angehörigen des Militärs. Um die Demokratie wieder abzuschaffen, hätte man also die komplette Streitmacht vernichten müssen – und dann wäre kaum ein erwachsener männlicher Bürger übriggeblieben. Das hatte auch Odysseus einsehen müssen.

Diese Einsicht veranlasste bereits Solon, der 594 v. Chr. das Amt des Archon Basileus (des damals noch vom Adel gewählten Regierungschefs) bekleidete, zu seinen einflussreichen Reformen. Dazu zählten Maßnahmen zur Umverteilung von Reich zu Arm, zur sozialen Sicherung, zur Förderung der Wirtschaft sowie insbesondere eine proto-demokratische Verfassung mit einer Aufteilung der Staatsgewalt auf verschiedene Gremien, unter denen die Volksversammlung herausragte. Solons Reformen können damit neben der *Großen Rhetra* von Sparta, der *Inschrift von Dreros* und den *Historien* Herodots als weiteres Beispiel dafür dienen, dass die historischen Wurzeln der Demokratie in der Gewaltenteilung liegen und nicht in der unmittelbaren Beteiligung des Volks an der Regierung. Die weiteren Homogenisierungs- und Demokratisierungsschritte von Kleisthenes knapp 100 Jahre später nach Überwindung einer Tyrannisphase haben dann in Athen eine bürgerschaftliche Solidarität entstehen lassen, die die Athener befähigte, zur politisch und kulturell führenden Macht Griechenlands zu werden (Raaflaub 1995).

Zur Ausbildung der bürgerlichen und demokratischen Polis trug auch der griechische Individualismus bei, der sich an einem großen Anteil landbesitzender Kleinbauern und selbstständiger Handwerker zeigte. Abstimmungsberechtigt waren allerdings als Vollbürger nur die männlichen Haushaltsvorstände, nicht die Sklaven, Frauen und Hinzugezogene.

Die athenische Demokratie kannte zwar auch ein relativ komplexes System aus verschiedenen Räten und Gremien; allerdings war hier die Volksversammlung besonders stark. Strenge Rotationsregeln sollten jede Art von Machtkonzentration unterbinden. Im 4. Jahrhundert v. Chr. fanden um 200 Volksversammlungen pro Jahr statt, also außerhalb von Festperioden nahezu täglich. Von den 30 000 bis 40 000 stimmberechtigen Vollbürgern aus der Stadt und dem Umland nahmen gewöhnlich 6 000 bis 10 000 teil. In der Frühzeit fand die Volksversammlung auf der Agora statt, seit der Zeit des Kleisthenes auf dem Versammlungshügel Pnyx und seit dem späten 4. Jahrhundert v. Chr. im Dionysostheater, das 17 000 Sitzplätze bot.

Auf ihre Demokratie waren die antiken Griechen und insbesondere die Athener mächtig stolz. In seiner Rede zu Ehren der Gefallenen bezeichnete der Staatsmann Perikles die athenische Demokratie als vorbildlich:

> »Wir leben unter einer Verfassung, die nicht die Institutionen anderer imitiert; vielmehr sind wir selber eher als Vorbild, als dass wir andere nachahmen sollten. Der Name, den sie trägt, ist der der Demokratie, weil die Macht nicht in den Händen weniger, sondern einer größeren Zahl von Bürgern ruht; ihr Wesen aber ist, dass nach den Gesetzen zwar alle persönlichen Vorzüge niemandem ein Vorrecht verleihen, faktisch aber jeder, der sich in einem Bereich auszeichnet, im Staatsdienst seine volle Anerkennung findet: eine Anerkennung, die nicht auf Parteigetriebe, sondern auf wirklichem Verdienst ruht. Mag daher jemand arm sein, so ist ihm doch, sofern er nur dem Vaterland Nutzen zu stiften imstande ist, durch keine Niedrigkeit der Geburt der Weg zur Auszeichnung verschlossen. […] Wir halten denjenigen, der in keiner Weise an den Angelegenheiten des Staates teilnimmt, nicht für einen stillen und ruhigen, sondern für einen unbrauchbaren Bürger.«
> (nach Thukydides: 2,37,1–40,2)

Seine letzte Bemerkung verweist darauf, dass die demokratische Partizipation nicht nur als Recht betrachtet wurde, sondern auch als Pflicht: Demokratie lebt von Beteiligung. Ähnlich sah das etwas später Aristoteles, als er schrieb, dass politische Tugend oder, wie wir heute sagen würden, bürgerschaftliches Engagement, den Staatsbürger mehr auszeichnet als Abstammung oder Vermögen (Aristoteles: Politik III,9).

Selbst wenn eine griechische Stadt von einem »König« (*Basileus*) regiert wurde (der häufig genug für eine Amtszeit von einem Jahr gewählt wurde und damit eher einem heutigen demokratisch legitimierten Präsidenten entsprach), wurde erwartet, dass dieser den Willen der Bürgerschaft respektierte, wenn sich in Sophokles' *Antigone* der fiktive König von Theben, Kreon, von seinem Sohn Haimon vorhalten lassen muss: »Es ist keine Stadt, die einem Mann gehört« (Sophokles: Antigone 714). Und Athen war so stolz auf seine Demokratie, dass es den Mördern des Tyrannen Hipparchos, Harmodios und Aristogeiton, ein prominent platziertes Denkmal errichtete. Der Tyrannenmord wurde somit zum Symbol für die Selbstverwaltung der städtischen Bürgerschaft. Die frühe Demokratie der antiken griechischen Städte war alles andere als perfekt. Immer wieder gelang es Tyrannen, die Demokratie abzuschaffen und sich als Autokraten aufzubauen, so etwa durch den »oligarchischen Putsch« des Jahres 411 v. Chr. in Athen. Aber auch wenn Demokratie herrschte, zeigte sie Funktionsdefizite. Platon sah die Gefahr, dass sich das Volk durch geschickte Redner emotionalisieren und aufhetzen lässt, wenn es sich in bestimmten Situationen befindet:

> »Wenn das Volk in Masse beieinander sitzt, also in den Volksversammlungen, bei Gerichtsverhandlungen, im Theater, im Feldlager oder bei anderen Menschenansammlungen. Da werden manche Reden oder Taten unter großem Lärm gemissbilligt, andere gepriesen, beides weit über Gebühr. Geschrei und Händeklatschen ertönt, und die Felsen ringsum hallen wider und verdoppeln den lärmenden Tadel und das lärmende Lob.« (Platon: Politeia VI,492)

Auch wenn heute keine Felsen mehr Beifall und Buhrufe widerhallen lassen, erinnert manche heutige Bürgerversammlung an Platons Beschreibung. Ist die Stimmung aufgeheizt, haben sich die politischen Positionen polarisiert, sind die Akteure in zwei Lager aufgeteilt, so werden auch heute noch Versuche differenzierter Argumentationen durch den Lärm von Beifall, Zwischenrufen und Ausbuhen erstickt. Wenn die Demokratie zu viel Lärm erzeugt, stirbt sie an ihrer eigenen Lautstärke.

Ähnlich äußert sich der Dichter Aristophanes in der politischen Satire *Die Ritter* über das Volk, das bei ihm als »Herr Demos von der Pnyx« personifiziert ist: »Der Alte ist zuhause ein ganz vernünftiger Mann, doch sitzt er auf der Steinbank [d. h. in der Volksversammlung], sperrt er das Maul auf, wie Knaben, die nach Feigen schnappen.« (Aristophanes: Die Ritter, 2. Szene) Die Beschreibungen des Platon und des Aristophanes waren durchaus realistisch, wie folgendes Ereignis zeigt:

Im Jahr 427 v. Chr. hatte Mytilene, die größte Stadt der Insel Lesbos, eine Rebellion gegen Athen begonnen, mit dem Ziel, sich mit Sparta und Theben zu verbünden und Athen zu erobern. Die athenische Volksversammlung war derart erzürnt über die Rebellion, dass sie »in der Hitze des Augenblicks« beschloss, sämtliche männlichen Einwohner Mytilenes zu töten und die Frauen und Kinder zu versklaven. Angestachelt wurde die Versammlung von Kleon, den Thukydides (3,36,6) als »den gewalttätigsten Mann Athens und zugleich den Einflussreichsten in der Volksversammlung« bezeichnete und Aristophanes als »Brüllochse mit der Donnerstimme« (Die Ritter, 1. Szene).

Gleich am nächsten Tag trat die Volksversammlung noch einmal zusammen. Etlichen Bürgern waren über Nacht Zweifel gekommen, ob die Entscheidung nicht zu grausam und ungerecht gewesen war. Das Thema kam noch einmal auf die Tagesordnung. Wieder war Kleon der stimmgewaltige Anführer der Fraktion, die den Tötungsbeschluss befürwortete. Mit folgenden Worten erwies er sich als klassischer Populist: »Das Schlimmste ist, […] dass wir nicht einsehen wollen, […] dass einfältiger Gehorsam weiter hilft als geistreiche Aufsässigkeit und dass schlichtere Menschen im allgemeinen ihren Staat besser regieren als die intelligenteren.« (Kleon nach Thukydides 3,37,3) »Einfältiger Gehorsam« und »Dummheit« des Volkes war sein Ideal – das ist der klassische Wunschtraum des Autokraten, dem Intelligenz und Kritik lästig sind. Seinem despotischen Denken verlieh er noch einmal Ausdruck, indem er »Mitleid, Sentimentalität und Nachgiebigkeit« als tödliche Schwächen des Staats bezeichnete (Thukydides 3,40,2).

Ein gewisser Diodotos widersprach und verlangte eine Revision des Beschlusses mit dem Argument, dass die größten Feinde kluger Beschlüsse Hast und Leidenschaft seien, weil »Hast üblicherweise mit Dummheit und Leidenschaft mit Härte und Engstirnigkeit« einhergehe (Thukydides 3,42,1). Und er verurteilte die Politik der Einschüchterung (die Kleon gern praktizierte) und nannte Populismus beim Wort: »Der gute Bürger sollte sich nicht durchsetzen, indem er seine Gegner einschüchtert, sondern indem er sie fair mit Argumenten schlägt [...] So werden erfolgreiche Redner am wenigsten verführt, aus Hoffnung auf immer höhere Auszeichnungen ihre Überzeugungen der Popularität zu opfern, und erfolglos dazu, sich in den gleichen populistischen Künsten zu üben, um die Mehrheit zu gewinnen.« (Diodotos nach Thukydides 3,42,5–6)

Diodotos warnte vor der Gefahr, durch Redner beeinflusst zu werden, die verborgene Interessen verfolgen oder die gar bezahlt werden, um die Volksversammlung in eine bestimmte Richtung zu treiben. Stattdessen forderte er von den Führungspersönlichkeiten, die auf der Volksversammlung die Stimme erheben, eine besondere Verantwortung. Das Publikum forderte er auf, emotionslos, nüchtern und ruhig zu bedenken, mit welchen Maßnahmen sie ihre Interessen am besten realisieren können. Indem er die Verantwortung der Wortführer heraushob, stellte Diodotos klar, dass letztlich auch die Direkte Demokratie der Volksversammlung in Wirklichkeit eine repräsentative Demokratie ist, weil es nur wenige Redner sind, die Stimmungen aufnehmen, Stimmungen machen und Beschlussvorlagen formulieren. Es kam zu einer erneuten Abstimmung, die sehr knapp zugunsten des Vorschlags des Diodotos ausfiel, und es gelang, in buchstäblich letzter Minute, die bereits angeordnete Massenexekution noch zu verhindern.

Aristoteles zufolge war Kleon der erste, der auf der Rednertribüne herumbrüllte und »durch seine unkontrollierte Impulsivität das Volk mehr als sonst jemand verdorben hat« (Aristoteles: Der Staat der Athener 28,3). Darüber hinaus zeichnete sich Kleon dadurch aus, dass er ein System von Denunzianten betrieb und dadurch politische Widersacher anschwärzte, darunter den großen Staatsmann Perikles (erfolgreich), den Satiriker Aristophanes (erfolglos) und den Geschichtsschreiber Thukydides (erfolgreich). Ein literarisches Denkmal setzte ihm Aristophanes mit seinem preisgekrönten Stück *Die Ritter*, in dem Kleon als ein Populist gezeichnet wird, der sich die Zustimmung des Volks durch Wahlversprechen und Lügen erkauft. Zum Spiegelbild des Demagogen wird ausgerechnet ein ungebildeter und niederträchtiger Wurstmacher, der »den Plunder hackt und durcheinanderrührt«, das Volk hofiert und »ihm süße Wörtchen wie ein Ragout ums Maul« streicht. Auch fehlt ihm nicht die »Brüllstimme«.

Auf den Wurstmacher, der aufgrund seines Berufs ideale Voraussetzungen für eine politische Karriere als Demagoge mitbringt, geht wohl der auch heute noch vielzitierte Vergleich der Gesetzgebung mit der Wurstherstellung zurück, der von dem US-amerikanischen Schriftsteller John Godfrey Saxe stammt: »Gesetze wie Würste hören in dem Maße auf, uns Respekt einzuflößen, in dem wir wissen, wie sie gemacht werden.« (Saxe 1869)

Dass sich eine Volksmenge leicht emotionalisieren und aufhetzen lässt, wissen nicht nur Politiker, sondern auch Rockmusiker. Der Gitarrist der erfolgreichsten Rockband aller Zeiten, Keith Richards von den Rolling Stones, zeigte sich über seine eigene Fähigkeit, Zehntausende von Menschen von der Bühne aus manipulieren zu können, erschrocken und verglich die demagogischen Fähigkeiten eines Musikers mit denen politischer Demagogen. Die Volksverhetzung war für ihn der Schlüssel zum Verständnis, warum es Diktatoren wie Hitler immer wieder gelang, ganze Völker für sich zu begeistern:

> »Aber die Frage, wie es zu dieser kollektiven Entfesselung kommen konnte, beschäftigt mich bis heute. Dass sich ein ganzes Volk von einer Bande besessener Verbrecher und Verrückter mitreißen lässt. Ich frage mich grundsätzlich, wie solche Regimes auch an anderen Plätzen der Welt entstehen konnten. […] Es ist erschreckend und faszinierend zugleich, dass sich Menschen von solchen Führern derart vereinnahmen lassen. Ich habe mich sehr dafür interessiert, wie Hitler es schaffte, die Massen zu kontrollieren. Und ich weiß inzwischen mehr darüber als er.« (Richards 2010)

Dass der Rockveteran mehr über die Manipulation von Menschenmengen wusste als Hitler, war seiner langjährigen Bühnenerfahrung zu verdanken. Mit etwas rhetorischer Übung ist es nicht schwer, Menschen zu manipulieren. Die laute Stimme eines Kleon ist im Zeitalter elektronischer Verstärkung noch nicht einmal mehr erforderlich. Wir werden darauf noch zurückkommen, wenn wir die Vor- und Nachteile der Direkten Demokratie erörtern.

In Athen wurde jedenfalls die Direkte Demokratie, die dort in Form von Volksversammlungen stattfand, von den ansässigen Staatsphilosophen, namentlich Platon und Aristoteles, durchaus kritisch gesehen. Und nach 200 Jahren weiterer Erfahrung mit der athenischen Demokratie beklagte der Historiker Polybios, dass in Athen »alles durch den zügellosen Impuls eines Pöbels geregelt wird, der mal extrem halsstarrig und übellaunig ist und mal einer Atmosphäre von Gewalt und Leidenschaft entwachsen ist«. »Kopflosigkeit und Unvernunft« würden immer wieder »großes Leid« verursachen (Polybios: Historien VI,44,3–9). Und auch gut 2000 Jahre später kam die Althistorikerin Mary Beard (2006) zum Schluss, bei der athenischen Demokratie habe es sich um ein »radikales, kurzlebiges und gewalttätiges Experiment« gehandelt. Das harte Urteil über die athenische Demokratie gründet sich auf Beobachtungen, die über viele Jahrhunderte gemacht worden sind. Demokratie beeinhaltet zwar, dass Regierungen *gewählt* werden, dass diese Wahl aber zugleich bedeutet, dass die Bürgerinnen und Bürger ihre Souveränität auf die Regierung übertragen, deren Autorität sie sich anschließend zu unterwerfen haben – was die Athener wohl nicht immer respektierten. Einer demokratischen Regierung muss auch die Kompetenz übertragen werden, unpopuläre Maßnahmen (wie Steuererhöhungen) durchzusetzen. Und überstimmte Minderheiten müssen die Beschlüsse der Mehrheit akzeptieren – was auch moderne Populisten nicht verstehen, die meinen, es sei antidemokratisch, wenn sie nicht ihren Willen bekommen.

Die rohe, direkte Demokratie der Athener erzeugte Ergebnisse, die aus moderner wie auch aus antiker Sicht nicht gerade als optimal bezeichnet werden können: Die Herrschaft der Volksmehrheit führte zu einem ziemlich illiberalen Staat. Immer wieder wurden kluge Menschen, die offensichtliche Missstände kritisierten sowie für Vernunft und Gerechtigkeit eintraten, durch demokratische Gremien bestraft, verbannt oder – wie im Fall des Sokrates – sogar zum Tode verurteilt. Die Mehrheitsdemokratie tendiert dazu, Minderheiten zu unterdrücken. Wenn wir heute von der »liberalen Demokratie« sprechen, tun wir dies bewusst, um uns von der Rohform der athenischen Demokratie abzugrenzen, die alles andere als liberal war.

Weiterhin bedeutete Demokratie in Athen nicht Gleichheit. Das stimmberechtigte Volk nutzte die Volksherrschaft ziemlich egoistisch, um seine eigenen Privilegien zu schützen und Ansprüche anderer Bevölkerungsgruppen – der Zugewanderten, der Sklaven, der Frauen – abzuwehren. Auch das ist ein grundsätzliches Gebrechen der Mehrheitsdemokratie: Dass die Bevölkerungsgruppe, die im Besitz von Mehrheit und damit Macht ist, diese auch behalten will.

Drittens ließ die Demokratie Athen ziemlich aggressiv werden. Das Beispiel der Debatte um Mytilene zeigt, dass die Emotionen, die in der Volksversammlung hochkochen, schnell dazu führen können, dass sich ein Staat besonders aggressiv verhält. Und es sollten die ständigen Kriege (gegen die Perser, gegen Theben, gegen Sparta) sein, die Athen, das wirtschaftliches und kulturelles Zentrum des gesamten Mittelmeerraums gewesen war, derart auslaugen sollten, dass es seine Vormachtstellung erst an Sparta, dann an Makedonien und am Ende an Rom abgeben musste. Die Direkte Demokratie ist anfällig für Emotionalisierung, und da die Aggression eine Emotion darstellt, neigt die Direkte Demokratie dazu, besonders aggressives Regieren zu erzeugen.

2.4 Die Theorie der komplexen Demokratie in der griechischen Antike

Es ist heute gar nicht so leicht, die Werke antiker Autoren richtig zu verstehen, selbst wenn man eine gute, moderne Übersetzung verwendet. Denn mitunter benutzten die alten Philosophen Begriffe, die wir heute noch kennen, meinten damit aber etwas anderes. Das gilt insbesondere für das Wort »Demokratie«, das bei Platon (und auch Aristoteles) aber eine andere Bedeutung hatte als in der heutigen Politikwissenschaft. Für Platon bedeutete Demokratie »Freiheit im Handeln und Reden«. Jeder Bürger kann »sein Leben nach seinem Gutdünken gestalten« bzw., so würden wir heute sagen, seine Persönlichkeit frei entfalten. Damit habe die Demokratie »das hübscheste Aussehen« aller Staatsformen, wie ein »buntes Gewand«, das »in allen Spielarten menschlichen Wesens schillert«. Und er fährt fort:

> »Du bist frei von der Verpflichtung, ein öffentliches Amt zu übernehmen, auch nicht, wenn du die Fähigkeit dazu hast, oder dich einer Regel zu unterwerfen, wenn es dir nicht gefällt, oder in den Krieg zu ziehen, wenn Krieg herrscht, oder den Frieden zu wahren, wenn du keinen Frieden willst, und du hast die Freiheit, ein Amt zu bekleiden oder einem Gericht anzugehören, selbst wenn das ein Gesetz verbietet […] Die Demokratie […] ist eine angenehme Staatsform, herrschaftslos und bunt, die den Gleichen wie den Ungleichen gleiche Rechte einräumt.« (Platon: Der Staat XIII,557f.).

Was Platon »Demokratie« nennt, ist in Wirklichkeit Anarchie – also ein Staat, in dem jeder tun kann, was er will (sogar Krieg führen!), und in dem keine Gesetze gelten. Platon verwendet auch das Wort ἄναρχος (*ánarchos*), also »herrschaftslos« bzw. »anarchisch«. Wenn Platons Beschreibung der athenischen Demokratie korrekt ist, so deckt sie sich mit Polybios' Vergleich eines Schiffs ohne Steuermann. Tatsächlich kritisiert Platon die besondere Ausprägung der athenischen Demokratie, wo die gewählten Regierungsmitglieder, die Archonten, abgesetzt und sogar bestraft werden konnten, wenn sie gegenüber den Forderungen des Volks nicht ganz nachgiebig waren. Weil eine derart verfasste Demokratie ihrem höchsten Wert, der Freiheit, keine Grenzen setzt, zerstört sie sich schließlich selbst (Platon: Der Staat XIII,562). Die Anarchie ist die logische Folge einer Demokratie, in der die Regierung zu abhängig von den Wählern ist. Die übertriebene Freiheit führt dazu, »dass die Seele der Bürger so schwächlich wird, dass sie sich erzürnen und es nicht ertragen, wenn man nur ein Minimum an Unterordnung von ihnen verlangt. Am Ende beachten sie dann, wie du weißt, auch die Gesetze nicht mehr, weder die geschriebenen noch die ungeschriebenen, so dass niemand in irgendeinem Sinne ihr Herr sein soll« (Platon: Der Staat XIII,563).

Nach Platon entartet die Demokratie unweigerlich in eine bürgerliche Dekadenz. Niemand will Pflichten übernehmen, niemand will sich in gesellschaftliche Hierarchien einordnen, niemand will Regeln befolgen, angefangen bei sozialen Konventionen und endend bei staatlichen Gesetzen, niemand will sich irgendwelchen Einschränkungen unterwerfen, aber alle wollen jeden Wunsch erfüllt haben. Ist es einmal so weit gekommen, beginnen auch die demokratischen Willensbildungsprozesse zu versagen. Populisten, die selbstsüchtige Motive verfolgen und sich bereichern wollen, kapern die demokratischen Prozesse: »Die Gefährlichsten unter ihnen sprechen und handeln; die anderen […] lassen keine andere Meinung zu Wort kommen.« (Platon: Der Staat XIII,564)

Das ist die Stunde, in der die Demagogen beginnen, das Volk zu manipulieren. Sie hetzen verschiedene Bevölkerungsgruppen gegeneinander auf, schüren insbesondere den Neid gegenüber Eliten und Besitzenden, um eine Mehrheit des Volkes hinter sich zu bringen. Es kommt zu einer Situation, in der sich die Gesellschaft polarisiert, in der gesellschaftliche Gruppen gegeneinander kämpfen, in der das Recht missbraucht wird, in der sich die gesellschaftliche, rechtliche und staatliche Ordnung auflöst und in der sich der Demagoge zum Autokraten aufschwingt (Platon: Der Staat XIII,565–568). Am Ende hat sich die Demokratie selbst abgeschafft und zu einer Tyrannis entwickelt, der »letzten und schlimmsten Krankheit eines Staats« (Platon: Der Staat XIII,544). Platon war einer der ersten einer Reihe von Staatsphilosophen, die die Demokratie nicht als stabil ansahen, sondern einen Kreislauf von Staatsformen sahen, in denen sich Demokratie und Tyrannis (mit Zwischenstufen) abwechseln.

Mit seinen Analysen, wie es Demagogen gelingen kann, das Volk zu manipulieren, und wie Autokraten an die Macht kommen, erwies sich Platon als

Realist. Mit seiner Prognose, dass sich die Demokratie stets selbst zu morden pflegt, erwies er sich als Pessimist. Aber eigentlich war Platon ein Idealist. Er war der Auffassung, dass Ideen – wie die Idee des Guten und die Idee des Gerechten – als metaphysische Prinzipien existieren und dass es die Aufgabe der Philosophen sei, diese unabhängig vom menschlichen Denken existierenden Ideen zu erkennen. Wenn Philosophen aber nun erkennen, was das Gute und das Gerechte ist, dann sind sie unter allen Menschen am besten dazu qualifiziert, einen Staat zu lenken.

> »Wenn im Staate nicht entweder die Philosophen die Regierung übernehmen oder die, welche man jetzt Staatsoberhäupter und Herrscher nennt, die Philosophie ernsthaft und gründlich betreiben, und wenn nicht beides, die politische Macht und die Philosophie, eins wird und all die vielen Naturen, die heute ausschließlich nach dem einen oder dem anderen streben, zwangsweise ausgeschlossen werden, dann gibt es kein Ende der Übel für die Staaten […] und, wie ich meine, auch nicht für die Menschheit.« (Platon: Der Staat V,473)

Weil ältere Übersetzungen gern das von Platon verwendete Wort *Basileus* mit »König« übersetzt haben, hat sich aus dieser Passage der eingängige, aber nicht wirklich korrekte Begriff der »Philosophenkönige« entwickelt, denn in Athen und vielen anderen Stadtstaaten waren zu Platons Zeiten die Basileis bereits demokratisch gewählte Staatschefs. Zwar war Platons Ideenlehre schon zu seinen Lebzeiten umstritten, und der Philosoph war mit seinen Versuchen, aus verschiedenen Tyrannen Philosophenkönige zu machen, selbst kläglich gescheitert, aber ein Gedanke hat die Geschichte bis heute überdauert: Nämlich, dass es Staaten gut tut, wenn Politikerinnen und Politiker über Kompetenz verfügen.

Wir kennen zwar weder Mindestqualifikationen, die Politiker:innen erfüllen müssen, noch eine Art »Politikführerschein«, aber unsere modernen Demokratien verfügen über mehrere Mechanismen, die dazu beitragen, dass Politikerinnen und Politiker fachliche, organisatorische und politische Kompetenzen erwerben. Mit »politischen Kompetenzen« meinen wir Fähigkeiten, die in der Antike als »Gerechtigkeit« bezeichnet worden sind, beispielsweise die Fähigkeit, auf die Interessen in der Bevölkerung Rücksicht zu nehmen, konkurrierende Interessen gegeneinander abzuwägen, zu Kompromissen fähig zu sein oder verantwortungsethische und gemeinwohlorientierte Politik zu machen.

Dass diese Fähigkeiten erlernt werden müssen, zeigt sich daran, dass einseitige und radikale Positionen, die Politiker:innen aus den Jugendorganisationen der Parteien noch gern vertreten, im Laufe der politischen Biografien meist ausgewogeneren und realistischeren Zielen Platz machen. Welche Mechanismen sorgen heute für fachliche, organisatorische und politische Kompetenzen?

Erstens haben wir gute Erfahrungen damit gemacht, dass wir in Parlamenten, Parteivorständen und Regierungen Berufspolitiker:innen haben, die ihre gesamte Arbeitskraft für die Politik aufwenden. Dazu gehört auch, dass wir diese so gut bezahlen, dass es für talentierte junge Menschen attraktiv ist, eine berufspolitische Karriere einzuschlagen. Dass es für ein Gemeinwesen nicht optimal ist, wenn Politik lediglich nebenberuflich betrieben wird, können wir immer wieder auf der kommunalen Ebene beobachten, wo die Abgeordneten häufig von der in der Verwaltung konzentrierten Fachkompetenz dominiert werden und mitunter suboptimale Entscheidungen treffen.

Zweitens wirkt die Parteiendemokratie wie eine Qualitätskontrolle. Die sogenannte »Ochsentour« durch die Hierarchieebenen einer Partei führt nicht nur dazu, dass Kompetenzen erworben und ausgebaut werden, sondern sie sortiert auch ungeeignete Politiker:innen aus. Das US-amerikanische Präsidentschaftswahlsystem, das es über die Vorwahlen auch Quereinsteiger:innen ermöglicht, das höchste Amt im Staat zu erwerben, enthält solche Qualitätskontrollen nicht, sodass es dort immer wieder Menschen (wie Donald Trump) mit massiven Persönlichkeitsstörungen, die im Rahmen einer Parteikarriere erkannt worden wären und zum Ende der Karriere geführt hätten, zum Präsidenten bringen können. Wenn in Deutschland fachlich hochqualifizierte, aber politisch unerfahrene Wissenschaftler (wie der Rechtsprofessor und ehemalige Bundesverfassungsrichter Paul Kirchhof im Schattenkabinett Angela Merkels) oder Unternehmer (wie Jost Stollmann im Schattenkabinett Gerhard Schröders) als Quereinsteiger für Ministerämter vorgeschlagen wurden, scheiterten sie regelmäßig auf dem glatten politischen Parkett, weil es ihnen trotz ihrer hervorragenden fachlichen Qualifikation an politischer Kompetenz mangelte, insbesondere an der Sensibilität, unterschiedliche Interessen durch ausgewogene Vorschläge zu berücksichtigen. Lediglich neu gegründete Parteien können diese Qualitätskontrolle noch nicht bieten, sodass es für junge Parteien typisch ist, dass im mildesten Fall schillernde Figuren hohe Ämter besetzen können (wie in der Anfangsphase der Grünen und der Piratenpartei), im schlimmeren Fall jedoch Psychopathen (wie Adolf Hitler in der NSDAP) in Spitzenämter gelangen können.

Drittens werden im Laufe einer politischen Karriere Fachkompetenzen durch Spezialisierung ausgebildet. Insbesondere die Fachausschüsse in den Landtagen und im Bundestag ermöglichen es Abgeordneten, sich in einzelnen Politikfeldern spezielle Fachkompetenzen anzueignen.

Viertens werden Abgeordnete über verschiedene Kanäle mit Fachkompetenz versorgt: Sie erhalten Mittel für die Beschäftigung von Mitarbeitern zur Unterstützung bei der Erledigung ihrer parlamentarischen Arbeit (die allerdings in Deutschland vergleichsweise bescheiden ausfallen); sie können über Anfragen fachliche Auskunft von der jeweiligen Landes- oder Bundesregierung verlangen; sie können im Rahmen von Gesetzgebungsverfahren Sachverständige befragen; Bundestagsabgeordnete können die wissenschaftlichen Dienste des Deutschen Bundestags in Anspruch nehmen.

Gegenüber der pathetischen Bezeichnung »Philosophenkönige« wirkt das alles zwar doppelt bescheiden, weil wir erstens keine Könige mehr haben (wollen) und weil uns zweitens pragmatische Fachleute lieber sind als in Elfenbeintürmen hausende Philosophen, aber Platons Idee, dass wir Politiker:innen brauchen, die ein Minimum an Kompetenz aufweisen, ist heute wohl besser umgesetzt, als sich das der Philosoph vor 2400 Jahren erträumen konnte. Platon richtete nicht nur Anforderungen an die Regierenden, sondern verwies auch darauf, dass Demokratie nur unter bestimmten sozialstrukturellen Voraussetzungen funktionieren kann, nämlich einer hinreichenden Homogenität der Bürgerinnen und Bürger:

> »Es darf, wie ich meine, in einem Staat, welcher von der größten aller Krankheiten frei bleiben soll, welche man besser Spaltung als Unruhe nennt, weder ein Teil der Bürger in drückender Armut, noch der andere in Reichtum leben, da jedes davon diese Ergebnisse erzeugt, und so muss der Gesetzgeber jedem von beiden eine Grenze setzen. Die Grenze der Armut sei der Wert einer Parzelle Land … und der Gesetzgeber soll einem Mann erlauben, das Zweifache, das Dreifache oder das Vierfache zu besitzen. Und wenn er mehr hat […] soll er den Überschuss an die Staatskasse abführen […]«. (Platon: Gesetze V,744 f.)

Die antiken Staatsphilosophen hatten oft genug mitansehen müssen, wie die arme Bevölkerung eine »Tyrannei der Mehrheit« gegenüber den Wohlhabenden praktizierte, die letztlich allen nicht bekam. Deshalb empfahl Platon, wirksame Maßnahmen gegen die Spaltung der Gesellschaft in Arm und Reich zu treffen. Armut sollte vermieden werden, indem jeder Bürgerhaushalt aus dem Staatshaushalt zumindest so weit unterstützt wird, dass das Existenzminimum gewährleistet ist – also durch eine Art antiker Sozialhilfe. Extremer Reichtum sollte durch eine – heute als »Platon-Steuer« diskutierte – Abgabe verhindert werden.

Platons Argument, dass Demokratie nicht funktioniert, wenn die Gesellschaft zu inhomogen wird, lässt sich auch auf andere Dimensionen der gesellschaftlichen Spaltung übertragen, die in der Antike keine Rolle spielten. Aber wenn eine Gesellschaft beispielsweise nach sprachlichen, ethnischen oder religiösen Gruppen gespalten ist, wird das demokratische Mehrheitsprinzip zwangsläufig dazu führen, dass sich die zahlenmäßig stärkste Gruppe durchsetzt und die Minderheiten unterdrückt. Deshalb benötigen inhomogene Gesellschaften Schutzmechanismen gegen eine Tyrannei der Mehrheit, beispielsweise das Einstimmigkeits- oder zumindest Konsensprinzip bei wichtigen politischen Entscheidungen und der Regierungsbildung (wie in der in Sprachgruppen gespaltenen Schweiz), ein hohes Maß an regionaler Autonomie, falls sich die Unterschiede regional verteilen (wie in Kanada und Belgien) oder eine Verteilung der Parlamentssitze und politischer Spitzenämter nach paritätischen Prinzipien (wie im multireligiösen Libanon).

Weil die Demokratie – präziser: die Direkte Demokratie athenischen Typs – den Keim zum Selbstmord in sich birgt, hielt Platon sie nur für die drittbeste bzw. zweitschlechteste Staatsform. Welche Staatsform erachtete er als die beste? – Er verwies auf die allgemeine Auffassung, dass die Verfassungen der kretischen Städte und Lakoniens (Spartas) als die besten der griechischen Antike galten (Platon: Der Staat VIII,544). Wohl nicht zufällig hatten wir genau diese Verfassungen, nämlich der kretischen Stadt Dreros und die *Große Rhetra* von Sparta, als die ältesten Staatsordnungen, die uns überliefert worden sind, identifiziert. Beide Verfassungen waren offenbar so gut, dass sie sich mehrere Jahrhunderte lang halten konnten, ohne Aufständen, Revolutionen, Staatsstreichen oder Tyranneien zum Opfer zu fallen. Platons erfolgreichster Schüler, Aristoteles, dessen materialistische Philosophie allerdings zum exakten Gegenteil der idealistischen Philosophie seines Lehrers werden sollte, war sich in dieser Frage ausnahmsweise mit seinem Lehrmeister einig: Auch er lobte die Verfassungen Spartas und Kretas, die er jeweils als *Politeia* bezeichnete, also als Herrschaft Vieler, die aber auf das Gemeinwohl orientiert war und nicht auf den Eigennutz wie bei der (direkten) Demokratie, die er als Verfallsform ansah.

Damit sind wir bei der berühmten Typologie der Staatsformen, die Aristoteles aufgestellt hat, wobei er jeweils unterscheidet, ob die Staatsform dem Gemeinwohl dient oder auf den Eigennutz orientiert ist. Allerdings sind seine Begrifflichkeiten kommentarbedürftig, erstens, weil in der Antike unter »Monarchie« und »Aristokratie« etwas anderes verstanden wurde als heute, zweitens, weil er mit »Demokratie« die Rohform der Direkten Demokratie meinte und nicht das, was wir heute unter »Demokratie« verstehen, und drittens, weil er ausgerechnet die interessanteste Staatsform, die *Politeia* mit einem wenig präzisen und von ihm selbst auch uneinheitlich gebrauchten Begriff bezeichnet hat. Dass Aristoteles (wie schon zuvor Platon) der Demokratie Unrecht getan hatte, war schon in der Antike aufgefallen; Polybios (der um 130 v. Chr. schrieb) ersetzte deshalb in der Staatsformentypologie das Wort »Demokratie« durch das, was Platon und Aristoteles wirklich meinten, nämlich »Ochlokratie« (»Herrschaft des Pöbels«), während Polybios, der von der Demokratie eine bessere Meinung hatte, Aristoteles' missverständlichen Begriff *Politeia* durch »Demokratie« ersetzte. Wir haben deshalb die Typologie der Staatsformen in eine Tabelle gebracht und mit modernen Bedeutungen der altgriechischen Begriffe ergänzt.

Typologie der Staatsformen bei Aristoteles mit Modifikationen von Polybios und modernen Begriffen

Anzahl der Regierenden	Auf das Gemeinwohl orientiert	Auf den Eigennutz orientiert
Einer	»Monarchie« (wörtlich Alleinherrschaft, damals meist Erb- oder Wahlkönigtum, heute auch: präsidiale Demokratie)	»Tyrannis« (Autokratie, Diktatur, Schreckensherrschaft)
Wenige	»Aristokratie« (wörtlich »Herrschaft der Besten«, damals Räte der Ältesten oder gewählter Repräsentanten des Volks, heute auch: repräsentative Demokratie)	»Oligarchie« (Adelsherrschaft, Herrschaft der Vermögenden, Herrschaft einer Clique, »Filz«)
Alle	*Politeia* (bürgerliche Verfassung, Polykratie, Gewaltenteilung) Bei Polybios: »Demokratie«	»Demokratie« (Rohform der Demokratie, eigentlich: Tyrannei der Mehrheit) Bei Polybios: »Ochlokratie« (Pöbelherrschaft)

Quelle: Eigene Darstellung nach Aristoteles: Politik III,7; Polybios: Historien VI,3–4.

Zwar hat Aristoteles selbst die Vielfalt der 158 von ihm analysierten Verfassungen auf diese Typologie reduziert, allerdings erscheint sie als überzogene Simplifizierung, weil er im weiteren Textverlauf (»Zweite Staatsformenlehre«) dann doch wieder eine Menge von Unterformen der einzelnen Verfassungstypen benennt. Und es sind diese Differenzierungen, die die Musik ausmachen.

Die erste seiner unsterblichen Erkenntnisse liegt in seinem Menschenbild. Aristoteles hat den Menschen als *zoon politikon* definiert, als ein soziales, »staatenbildendes Lebewesen«:

> »Daraus erhellt sich, dass der Staat natürlichen Ursprungs ist und dass der Mensch seiner Natur nach ein staatenbildendes Lebewesen ist. [...] Den Tieren gegenüber besteht das Eigentümliche des Menschen darin, dass er allein einen Sinn für den Unterschied von Gut und Böse, von Recht und Unrecht hat. Das gemeinsame Bewusstsein davon schafft aber erst die Familie und den Staat. So ist der Staat von Natur früher als die Familie und als der einzelne Mensch, denn das Ganze muss seinen Teilen vorangehen. [...] In allen Menschen besteht nun ein natürlicher Trieb zu einer solchen Gemeinschaft, und dem, der sie zuerst organisiert hat, verdanken wir die größten Güter. Denn wie der Mensch in seiner vollendeten Entwicklung das vortrefflichste aller Geschöpfe ist, so ist er auch, wenn er außerhalb von Gesetz und Recht steht, das schlechteste von allen; denn, wenn die Ungerechtigkeit mit Waffen ausgestattet ist, ist sie am gefährlichsten. [...] Dagegen ist die Gerechtigkeit eine Eigenschaft, die zum Staat gehört. Denn das Recht ist die Ordnung der staatlichen Gemeinschaft und es entscheidet über das, was gerecht ist.« (Aristoteles: Politik I,2)

Der anthropologische Ansatz, den Aristoteles vertritt, stellt das exakte Gegenteil von dem Denken dar, das 2000 Jahre später in der europäischen Aufklärung in Mode geraten sollte und das mit den modernen soziologischen Handlungstheorien und der ökonomischen Theorie der Politik zum Extrem kommen sollte. Aufklärer wie Thomas Hobbes und Jean-Jacques Rousseau gehen von Individuen aus, die sich per Gesellschaftsvertrag zum Staat zusammenschließen, und moderne Handlungstheoretiker wie der Soziologe James Coleman oder der Wirtschafts-Nobelpreisträger Gary Becker bemühen sich ebenfalls (mit beträchtlichem theoretischem Aufwand) zu erklären, wie soziale Strukturen aus egoistischem rationalem Handeln erwachsen können. Der Ansatz von Aristoteles, dass die Gesellschaft dem Individuum vorangeht, ist weitaus überzeugender.

Die Vertrags- und Handlungstheorien gehen nämlich von einem in die Welt geworfenen, erwachsenen Individuum aus, das dann mit anderen Individuen interagiert. Aristoteles dagegen geht, wie auch der Soziologe Norbert Elias, von dem Neugeborenen aus, das in eine existierende menschliche Gemeinschaft hineingeboren wird und in dieser Gemeinschaft aufgezogen und sozialisiert wird. Das Individuum ist gar nicht lebensfähig, deshalb kommen Menschen, wie Elias sagen wird, »nur als Pluralitäten« vor, die auch noch durch wechselseitige Interdependenzen miteinander verbunden sind (Elias 1969: 1,LXVII).

Aus der fundamentalen Gesellschaftlichkeit des *zoon politikon* leitet Aristoteles moralische Verpflichtungen ab. Erstens haben sich die staatlichen Gemeinschaften, in die die Menschen hineingeboren werden und in denen sie leben, eine Rechtsordnung gegeben, die den Menschen überhaupt erst zivilisiert und vom Tier abhebt. Und was gerecht ist, liegt nicht im subjektiven Empfinden des egoistischen und triebbestimmten Individuums, sondern wird durch das staatliche Rechtssystem vorgegeben, das ein Ergebnis politischer Willensbildungsprozesse ist – gleich, wie diese organisiert sind. Die erste moralische Verpflichtung des Individuums lautet also, sich in die staatliche Gemeinschaft einzufügen, indem man die Rechtsordnung respektiert.

Eine zweite moralische Verpflichtung, die sich aus der Staatlichkeit der menschlichen Existenz ergibt, besteht darin, sich aktiv für die Gemeinschaft zu engagieren. Das, was wir modern als »bürgerschaftliches Engagement« bezeichnen würden, verschafft dem Menschen mehr Anspruch auf soziale Anerkennung als Abstammung oder Vermögen:

> »Die staatliche Gemeinschaft hat also das ehrenwerte Handeln zum Zweck und nicht bloß das Zusammenleben. Diejenigen, die am meisten zu einer solchen Gemeinschaft beitragen, haben mehr Anteil am Staat als diejenigen, die ihnen zwar an Freiheit und edler Abstammung gleich oder sogar überlegen sind, aber beim bürgerschaftlichen Engagement nicht an sie herankommen, oder als die, welche sie zwar an Reichtum übertreffen, aber bei Engagement von ihnen übertroffen werden.« (Aristoteles: Politik III,9)

Das ist urdemokratisch! Und es ist ein extrem wertvoller Beitrag zur Demokratietheorie: Demokratie heißt nicht nur, dass Bürgerinnen und Bürger ihre Interessen in politische Entscheidungsprozesse einbringen, sondern dass sie sich auch aktiv am bürgerschaftlichen und politischen Leben beteiligen. Der ehemalige US-Präsident John F. Kennedy hat das im Jahr 1961 in folgende Worte gefasst: *Ask not what your country can do for you – ask what you can do for your country.* – »Frage nicht, was dein Land für dich tun kann – frage, was du für dein Land tun kannst.« (Kennedy 1961)

Im Zuge der Erörterung der Alleinregierung (deren Funktionsfähigkeit er an zahlreiche Bedingungen knüpft) äußert Aristoteles einen zweiten urdemokratischen Gedanken:

> »Der Staat besteht jedoch aus Vielen, und so wie ein Festmahl besser ist, zu dem Viele beitragen, als ein nur von einem einzigen ausgerichtetes, so urteilt auch die Menge besser als der Einzelne, wer es auch sei. Auch ist die Vielzahl nicht so leicht zu verderben; denn so wie ein großer Wasserstrom schwerer zu verunreinigen ist, so ist auch die Vielzahl der Bürger schwerer zu verderben als Wenige, während das Urteil des Einzelnen, wenn er vom Zorn oder einem anderen Affekt überwältigt wird, dadurch verdorben werden muss; dagegen ist es eine schwierige Angelegenheit, dass alle in Zorn geraten und sich irren.« (Aristoteles: Politik III,15)

Heute wird das Phänomen, dass eine Gruppe leistungsfähiger ist als der beste Einzelne, gern als »Schwarmintelligenz« bezeichnet. Daraus leitet Aristoteles eine eindeutige Schlussfolgerung ab: Je mehr Menschen an der Regierung beteiligt sind, desto besser ist eine Verfassung. Warum schneidet dann das, was Aristoteles »Demokratie« nennt, bei ihm so schlecht ab?

Wenn man genau liest, unterscheidet Aristoteles fünf Formen der Demokratie und es ist eigentlich nur eine dieser fünf, die er für problematisch hält. Die Form der Demokratie, die das Gleichheitsprinzip am konsequentesten durchsetzt, sodass weder die Wohlhabenden die Armen, noch die Armen die Wohlhabenden beherrschen, sondern alle Einkommensklassen einander gleichstehen, und bei der alle Bürger in gleicher Weise an der Staatsverwaltung teilnehmen, stellt sogar so etwas wie einen Idealzustand dar (Aristoteles: Politik VI,4). Diese Gleichberechtigung muss jedoch durch ein Gesetz, das nicht durch einen Mehrheitsbeschluss abgeschafft werden kann, gewährleistet sein. Ein solches Gesetz, das in seinem Wesensgehalt unabänderlich ist und das den Mehrheitsbeschluss beschränkt, indem es den Minderheiten Rechte zubilligt, nennen wir heute in Deutschland »Grundgesetz« und in anderen Ländern »Verfassung«. Wenn das Mehrheitsprinzip dagegen nicht durch ein Grundgesetz beschränkt ist, liegt eine Verfallsform der Demokratie vor, die Aristoteles mit folgenden Worten beschreibt:

> »Dies ist da der Fall, wo die Volksbeschlüsse als solche Geltung haben, nicht das [Grund-]Gesetz. Dies ist die Folge der Wirksamkeit der Demagogen. Denn in den Demokratien, wo nach dem Gesetz regiert wird, ist kein Raum für Demagogen, sondern die tüchtigsten Bürger stehen an der Spitze. Wo aber die Gesetze nicht beachtet werden, da gedeihen die Demagogen. Denn hier wird das Volk zum Alleinherrscher, indem es ein einheitlicher, aus Vielen zusammengesetzter Souverän wird. […] Ein solches Volk, das tatsächlich Alleinherrscher ist, sucht seine Herrschaft so auszuüben, dass es sich nicht dem Gesetz unterwirft, und wird so despotisch. Bei ihm stehen die Schmeichler in Ehren, und es entspricht unter den verschiedenen Formen der Alleinherrschaft der Tyrannis. Deshalb trägt es auch denselben Charakter: beide vergewaltigen die tüchtigeren Bürger […]. Die Demagogen […] sind daran schuld, dass die Volksbeschlüsse und nicht die Gesetze den Ausschlag geben, da sie alles vor das Volk bringen. Sie gewinnen dadurch den Vorteil, dass sie mächtige Herrscher werden, da das Volk Herrscher über alles ist, sie selbst aber Herrscher über die Meinung des Volks, denn die Menge schenkt ihnen Glauben.« (Aristoteles: Politik VI,4).

In diesen Worten liegt die Wurzel der Wendung »Tyrannei der Mehrheit«. Herrscht das unbeschränkte Mehrheitsprinzip, so tyrannisiert die Mehrheit die Minderheit. Dies gilt umso mehr, als das Volk dann anfällig für Demagogen wird, die es – wie schon Platon darlegte – zu manipulieren wissen. Was Aristoteles hier im Anschluss an seinen Lehrmeister kritisiert, ist die Direkte Demokratie, wie sie in der athenischen Volksversammlung herrschte. Die Direkte Demokratie ist deshalb so gefährlich, weil ihr ein zentrales Merkmal komplexer Demokratien fehlt: Die Teilung der Gewalten. Legislative, Exekutive und Judikative waren in der athenischen Demokratie in einer Hand, nämlich der Hand der Volksversammlung. Und diese extreme Machtkonzentration machte die Volksversammlung so anfällig für Demagogen (wie Kleon), die reiche Beute machen konnten, wenn es ihnen mit lauter Stimme und Emotionalisierung gelang, die Volksmenge zu manipulieren.

Aristoteles empfiehlt deshalb eine Beschränkung der Macht der Volksversammlung durch eine Teilung der Gewalten. Erstens verlangt er eine Art Grundgesetz, das nicht durch Mehrheitsbeschlüsse geändert werden kann und dass unter anderem die Rechte der Minderheiten schützt und die Gleichheit der Bürger sicherstellt. Zweitens empfiehlt Aristoteles, die Judikative von der Volksversammlung zu entkoppeln, denn Gerichtsbeschlüsse haben dem Gesetz zu folgen und nicht der Volksmehrheit (Aristoteles: Politik VI,4).

Die Direkte Demokratie, in der das Volk über alles unmittelbar entscheidet, ist gar »keine Demokratie im eigentlichen Sinn«! Diese Einsicht ist zweifellos die größte politikwissenschaftliche Erkenntnis, die wir Aristoteles verdanken, und sie gilt bis heute. Wenn die Direkte Demokratie gar keine wirkliche Demokratie ist, geht auch die Kritik an der Demokratie ins Leere. Deshalb hat Polybios die Direkte Demokratie zu Recht (und ganz in Aristoteles' Sinne) als *Ochlokratie*, als »Pöbelherrschaft« bezeichnet, die im Ergebnis der Tyrannis gleichzusetzen ist. Als beste Staatsform erscheint bei Aristoteles dagegen die komplexe Demokratie, bei der die Macht auf verschiedene Organe (Volksversammlung mit beschränkten Rechten, repräsentativ-demokratische Räte, Regierung, Gerichte) aufgeteilt ist. Die zentralen Elemente hat er benannt: Beschränkung des Mehrheitsprinzips durch ein Grundgesetz, Trennung von Legislative, Exekutive und Verwaltung, Einrichtung einer Justiz, die vom (leicht zu erregenden) Volkszorn unabhängig ist.

Die Bedeutung der Judikative war in der Antike wohlbekannt, vermag man sich doch Macht zu verschaffen, indem man seine politischen Gegner mit – oft auch unbegründeten – Anklagen überzieht und durch Gerichtsbeschlüsse aus dem Verkehr ziehen lässt. Um die Gerichte vor politischem Missbrauch zu schützen, empfiehlt Aristoteles, einen Teil der Richter durch Wahl oder Los aus dem Volk zu bestellen, einen anderen Teil aber aus einer dafür besonders geeigneten (gemeint ist: staatsbürgerlich gebildeten und engagierten) Klasse der Bevölkerung.

Als »demokratisch« bezeichnet es Aristoteles, wenn die Besetzung der Gerichte und anderer staatlicher Organe durch Auslosung aus der Bürgerschaft erfolgt, weil das Los jedem Bürger eine exakt gleich große Chance einräumt, in ein Amt zu kommen, und damit dem Gleichheitsprinzip maximale Geltung verschafft. Werden die Volksvertreter dagegen gewählt, spricht er von »oligarchischer« Besetzung. Heute bezeichnen wir das, was Aristoteles

»Oligarchie« nannte, als »repräsentative, parlamentarische Demokratie« – so viel zu sprachlichen Missverständnissen. Werden Amtsträger aus einer bestimmten Klasse gewählt, nennt er das »aristokratisch« (Aristoteles: Politik VI,16). Da damit jedoch wörtlich die »Auswahl der Besten« unabhängig von ihrer Abstammung, sondern allein aufgrund ihres bürgerschaftlichen Engagements gemeint war, kann auch diese Komponente als früher Vorgriff auf das Prinzip der repräsentativen Demokratie verstanden werden: das Volk wählt Repräsentanten, die ihm als besonders geeignet erscheinen, über rechtliche und politische Fragen zu urteilen. Sieht man einmal von allen Bedeutungsverschiebungen und Begriffsverwirrungen ab, hielt Aristoteles also die repräsentative Demokratie mit komplexer Gewaltenteilung für die beste aller Staatsformen.

Was für die Zusammensetzung der Gerichte gilt, ist auch auf sämtliche andere Staatsorgane anzuwenden: Für die beste aller denkbaren und empirisch vorzufindenden Staatsverfassungen hält Aristoteles eine Mischverfassung aus direkt-demokratischen und repräsentativ-demokratischen Elementen, die er schlicht *Politeia* nennt, also »bürgerliche Verfassung«. Sein Beispiel für eine *Politeia* ist ausgerechnet Sparta, das sich ja durch seinen Sieg im Peloponnesischen Krieg als dem direkt-demokratischen Athen überlegen erwiesen hat. An der Verfassung Spartas (Lakoniens) lobt Aristoteles (Politik VI,9) folgende Elemente:

- Absolute Gleichbehandlung (einschließlich gleicher Erziehung) der Kinder unabhängig vom Einkommen ihrer Eltern.
- Gleichheit der Bürger hinsichtlich der Ernährung (durch gemeinsame Mahlzeiten) und der Kleidung unabhängig von ihrer ökonomischen Lage.
- Aufteilung der Staatsgewalten auf verschiedene Gremien (Gewaltenteilung), deren Mitglieder vom Volk gewählt werden (repräsentative Demokratie).
- Wahl der Staatsbeamten.
- Beschränkung der Macht der meisten Behörden (keine Befugnis, die schweren Strafen Verbannung und Todesstrafe auszusprechen).

Was Aristoteles als *Politeia* bezeichnete, können wir heute »komplexe repräsentative Demokratie« nennen, weil diese Staatsform die Staatsgewalten auf eine größere Zahl von Staatsorganen verteilt, die sich gegenseitig kontrollieren, und weil die Organe im Wesentlichen nach dem Prinzip der repräsentativen Demokratie besetzt werden. Jetzt fehlt uns in der Demokratietheorie des Aristoteles nur noch ein Element, mit dem er ebenfalls an Überlegungen seines Lehrers Platon anknüpft: Die sozialstrukturellen Voraussetzungen für einen stabilen Staat, die er mit folgendem Satz auf den Punkt bringt: »Der Staat aber muss sich so weit als möglich aus gleichen und einander ähnlichen Bürgern zusammensetzen, und dies trifft am meisten auf den Mittelstand zu.« (Aristoteles: Politik VI,11)

Der Mittelstand stabilisiert den Staat, weil eine Polarisierung der Gesellschaft in Arm und Reich zu sozialen Konflikten führt, welche die Demokratie unterminieren, weil dann das Mehrheitsprinzip missbraucht wird, um die egoistischen Interessen der eigenen sozialen Schicht zu Lasten des Gemeinwohls durchzusetzen. Wo viel (relative) Armut herrscht, kommt es zu sozialen Unruhen, aber auch zu einer schlechten Wirtschaft, die den Staat zugrunde richtet. »Daher ist es das größte Glück für einen Staat, wenn seine Bürger ein mittleres und ausreichendes Vermögen besitzen.« (Aristoteles: Politik VI,11)

Damit hat Aristoteles trotz (oder vielleicht gerade wegen?) seiner Tätigkeit im Dienst des makedonischen Königs Philipp II. bereits vor über 2300 Jahren eine Theorie der Demokratie entwickelt, deren Einsichten heute noch richtig sind, aber in der Jahrtausende langen demokratischen Praxis immer wieder verlorengegangen sind und heute noch verlorengehen. Nur wenn man die Verfassungslehre Aristoteles' auf das allzu simple Sechs-Felder-Schema reduziert und die Bedeutungsverschiebungen der Begrifflichkeiten vernachlässigt, erscheint er als demokratiekritisch. Liest man weiter, erweist sich auch bei Platons Schüler die Demokratie als beste aller Regierungsformen, sofern man sie richtig konstruiert, d. h. als komplexe, repräsentative Demokratie mit ausgeprägter Gewaltenteilung und einer Politik des sozialen Ausgleichs, die extreme Einkommensunterschiede vermeidet und eine starke Mittelschicht fördert. Eine intelligent konstruierte Demokratie vermag dann auch, wie das Beispiel Sparta zeigt, sich dem Kreislauf der Verfassungen zu entziehen und über Jahrhunderte stabil zu sein. Heutige Antidemokraten, die sich den Anschein historischer und philosophischer Bildung geben, berufen sich bei ihrer Kritik an der Demokratie gern auf Platon und Aristoteles, die beiden hochgeschätzten Autoritäten der antiken Philosophie. Aber das ist ein unredliches Spiel mit Unwissenheit; auch um dieses Spiel zu entlarven, haben wir uns hier so ausführlich mit den antiken Denkern beschäftigt.

200 Jahre nach Aristoteles griff der Historiker Polybios, der nach einer politisch-militärischen Karriere im Achaiischen Bund für lange Zeit in Rom

lebte und zum Berater des Feldherrn Scipio Aemilianus Africanus avancierte, die Staatsformenlehre auf, die er straffte und um einige Klarstellungen und Präzisierungen bereicherte. Die erste Präzisierung bezieht sich auf den Begriff »Aristokratie«, der seit der archaischen Zeit einen Bedeutungswandel erfahren hatte. Polybios schreibt dazu: »Wir können nicht jede Oligarchie als Aristokratie bezeichnen, sondern nur jene, bei der die Regierung in der Hand eines ausgewählten Körpers der gerechtesten und weisesten Männer liegt.« (Polybios: Historien VI,4) Damit ist klargestellt: Das, was in der Antike als »Aristokratie« bezeichnet wurde, war nichts anderes als die repräsentative Demokratie, bei der sich das Volk die Repräsentanten wählt, die ihm am geeignetsten erscheinen. Die zweite Weiterentwicklung der aristotelischen Gedanken findet sich in der Beschränkung des Volkswillens:

> »In ähnlicher Weise gilt, dass es noch keine Demokratie ausmacht, wenn alle Bürger das Recht haben zu tun, was immer sie wünschen oder anstreben; sondern nur, wo es traditionell oder üblich ist, die Götter zu ehren, die Eltern zu unterstützen, die Älteren zu respektieren, die Gesetze zu befolgen, und wenn es sich um eine Gemeinschaft handelt, in der sich der Wille der Mehrheit durchsetzt, können wir diese Regierungsform als eine Demokratie bezeichnen.« (Polybios: Historien VI,3,4 f.)

Die Begriffe »Gesetze« und »Götter« stehen, wie schon bei Hesiod und Aristoteles, für das, was wir in moderner Sprache als »Naturrecht«, »Grundwerte«, »Menschenrechte«, »Grundgesetz« oder »Verfassung« bezeichnen würden. Damit handelt es sich um das, was wir heute »konstitutionelle Demokratie« oder »konstitutionelle Republik« nennen, nämlich eine Demokratie, bei der die Souveränität des Volkes auf Entscheidungen beschränkt ist, die innerhalb eines vorgegebenen verfassungsrechtlichen Rahmens verbleiben – gleich, ob es sich um eine direkte oder repräsentative Demokratie handelt. Typischerweise enthält dieser verfassungsrechtliche Rahmen einen Katalog von Grundwerten, die Menschen- und Minderheitenrechte einschließen. In konstitutionellen Monarchien ist es beispielsweise unzulässig, Gesetze zu verabschieden, die die verfassungsmäßigen Grundrechte einschränken. Typischerweise wacht darüber ein Verfassungsgericht. Der Grund für die Beschränkung der Volkssouveränität liegt in der schon von Thukydides, Aristophanes und Platon beklagten

Emotionalisierbarkeit und Manipulierbarkeit des Volkes, die sich seit der Antike nicht verringert hat.

Mit einer dritten Erweiterung knüpft Polybios an Platons Dekadenztheorie an, die bereits von Aristoteles weiterentwickelt worden war. Polybios entwirft einen kompletten Kreislauf der Verfassungen (Polybios: Historien VI,5–9) – von Monarchien zu Tyranneien, die durch eine Revolution durch eine Aristokratie ersetzt werden, die zu einer korrupten Oligarchie verkommt, die nach einer weiteren Revolution einer Demokratie weicht. Aber auch die Demokratie degeneriert:

> »Solange einige von denen, die eine oligarchische Herrschaft erlebt haben, noch leben, sind sie mit der gegenwärtigen Regierungsform zufrieden und betrachten die Gleichheit und die Freiheit als höchste Werte. Sobald aber eine neue Generation erwächst und die Demokratie in die Hände der Enkel ihrer Gründer fällt, haben sie sich so sehr an Freiheit und Gleichheit gewöhnt, dass sie sie nicht länger wertschätzen, und manche beginnen, mehr Macht anzustreben als normale Bürger; und es sind hauptsächlich die Reichen, die dafür anfällig sind. Wenn sie Ämter anstreben und sie sie nicht durch ihre eigenen Anstrengungen und ihre Verdienste erreichen können, ruinieren sie ihre Vermögen, um das Volk auf jede mögliche Weise zu verführen und zu bestechen. Und wenn sie durch ihren unsinnigen Durst nach Anerkennung im Volk einen Appetit auf Geschenke geschaffen haben, ist auch die Demokratie abgeschafft und wandelt sich zu einer Herrschaft von Zwang und Gewalt. Denn nachdem sich die Masse angewöhnt hat, auf Kosten anderer zu leben und für ihre Lebenshaltung das Eigentum anderer zu plündern, errichtet sie eine Gewaltherrschaft, sobald sie einen Führer findet, der hinreichend ambitioniert und entschlossen ist [...] Dann kommt es zu Tumulten auf den Volksversammlungen, Massakern, Verbannungen, Umverteilung von Land, bis sie, nachdem sie jede Spur von Zivilisation verloren hat, wieder einen neuen Herrscher oder Despoten gefunden hat.« (Polybios: Historien VI,9)

Polybios präzisiert die Theorie des Selbstmords der Demokratie, die schon bei Platon angelegt war, und er macht unmissverständlich klar, wohin die Degeneration der Demokratie führt: in den Faschismus. Die Elemente, die zum demokratischen Selbstmord führen, benennt er glasklar:

- Die Erosion der Wertschätzung von Freiheit und Gleichheit, die einsetzt, wenn die Erinnerung verlorengeht, wie das Leben ohne Freiheit und Gleichheit war.
- Das Machtstreben von Politiker:innen, die mit Wahlversprechen und Wahlgeschenken das Anspruchsdenken in der Bevölkerung schüren.
- Durch Anspruchsdenken, Selbstgerechtigkeit und Geldgier ausgelöste Verteilungskämpfe, die die Gesellschaft spalten, die Wirtschaft und die Staatsfinanzen ruinieren und die in gewalttätige Auseinandersetzungen ausarten.
- Der Ruf nach einem starken Führer, um wieder Ordnung in das selbst angerichtete Chaos zu bringen.

Nach den Erkenntnissen der antiken Staatsphilosophen, die aufgrund der großen Zahl von (Stadt-)Staaten über einen riesigen empirischen Wissensschatz verfügten, wird die Demokratie nicht von außen ermordet, sondern sie schafft sich selbst ab. Und es gibt ein subjektives Gefühl, das für diese Selbstabschaffung ausschlaggebend ist: Selbstgerechtigkeit.

Selbstgerechtigkeit bedeutet, dass man das subjektive Gefühl hat, weniger zu erhalten als einem zusteht. Im Unterschied zum echten Gerechtigkeitsempfinden ist die Selbstgerechtigkeit, das sagt schon das Wort, egoistisch und unsolidarisch. Man ist nicht interessiert an einer gerechten Verteilung in der gesamten Gesellschaft, sondern man will für sich selbst mehr, und zwar sowohl zu Lasten der Reicheren, denen man ihren Reichtum missgönnt, als auch der Ärmeren, mit denen man keinerlei Solidarität empfindet und denen man auch keine Sozialleistungen zubilligt. Man meint, selbst von der Gesellschaft benachteiligt zu sein, und man sucht und findet Sündenböcke, von denen man glaubt, dass sie einem etwas wegnehmen.

Sämtliche objektiven Gerechtigkeitstheorien – Leistungsgerechtigkeit, Chancengerechtigkeit, Bedarfsgerechtigkeit, Verfahrensgerechtigkeit etc. – interessieren den Selbstgerechten nicht. Er empfindet nur als gerecht, was ihm selbst nutzt. Es muss ihm noch nicht einmal nutzen. Es reicht, wenn es anderen schadet. Wegen der Selbstgerechtigkeit ist es ein Spiel mit dem Feuer, mit der Forderung nach »sozialer Gerechtigkeit« Wahlkampf zu treiben, denn wenn Wählerinnen und Wähler »sozial gerecht« als das interpretieren, was ihnen nützt und anderen schadet, erreicht man genau das Gegenteil einer sozial gerechten Gesellschaft: man entsolidarisiert und spaltet die Bevölkerung.

Damit enden die Erkenntnisse der griechischen Antike zur Selbstgerechtigkeit. Jesus von Nazareth hat mit Verweis auf die Pharisäer der Selbstgerechtigkeit noch zwei weitere Aspekte hinzugefügt: die Arroganz, sich höherwertiger zu fühlen als andere Menschen und die anderen dementsprechend abzuwerten, sowie die Rechthaberei, also das kompromisslose Bestehen auf dem eigenen Standpunkt inklusive der Selbstimmunisierung gegen anderslautende Argumente und Fakten, was so weit gehen kann, dass man Unwahrheiten als Wahrheiten ausgibt und Wahrheiten als Unwahrheiten. Wir werden auf diese Aspekte noch zurückkommen müssen, wenn wir uns mit der Demokratie in unserer Gegenwart beschäftigen. Einstweilen können wir festhalten, dass es bereits den antiken Autoren bewusst war, dass Demokratien in den Faschismus abkippen können.

Immerhin sah Polybios den Kreislauf der Verfassungen nicht als unausweichlich an. Ebenso wie Aristoteles verwies er auf die komplexe, gewaltenteilige Verfassung Spartas, die inzwischen weitere 200 Jahre überstanden hatte. Im republikanischen Rom hatte Polybios allerdings eine Republik kennengelernt, die in der Demokratieentwicklung einen Quantensprung zurückgelegt hatte. Denn dort gab es eine klare Trennung von Legislative (Senat) und Exekutive (Konsuln), die Aufteilung der Macht auf Doppelspitzen, spezielle Volksvertreter mit Vetorecht (Tribunen), eine Pflicht zur Ratifizierung wichtiger Beschlüsse durch das Volk und eine wechselseitige Verschränkung der Gewalten mit gegenseitiger Kontrolle (Polybios, Historien VI,11–18). Das primäre Ziel der Verfassung bestand darin, die Konzentration von Macht bei einem der Staatsorgane zu verhindern:

> »Dadurch, dass jedes Organ die Macht hat, die anderen zu hemmen oder mit ihnen zu kooperieren, sind sie gemeinsam in der Lage, alle Krisen zu beherrschen, so dass es unmöglich ist, ein besseres politisches System als dieses zu finden. […] Denn wenn ein Organ, das gegenüber den anderen übermächtig geworden ist, die Vorherrschaft anstrebt und dazu tendiert, zu dominant zu werden, ist es offensichtlich, dass […] keines der drei absolut ist, sondern dass seine Bestrebungen durch die anderen gehemmt und durchkreuzt werden können, so dass keines von ihnen über die anderen in exzessiver Weise hinauswachsen und sie mit Verachtung behandeln kann. Tatsächlich bleibt alles im Status Quo, weil jedem aggressiven Impuls mit Sicherheit Einhalt geboten wird und jeder Stand von Anfang an

> fürchten muss, dass ihm der andere in die Quere kommt.« (Polybios: Historien VI,18)

Knapp 2000 Jahre später sollten die US-amerikanischen Verfassungsväter ein System von *checks and balances* konstruieren, das sie mit fast den gleichen Worten begründeten. Wegen des komplexen Systems der wechselseitigen Machtkontrolle hielt Polybios das Regierungssystem der Römischen Republik für besonders leistungsfähig, stabil und langlebig – bis dann, was der um 120 v. Chr. verstorbene Historiker nicht ahnen konnte, der Senat im Jahr 44 v. Chr. den folgenschweren Fehler beginn, Gaius Iulius Caesar zum Diktator auf Lebenszeit zu ernennen und sich somit selbst zu entmachten. Der Versuch, den fatalen Beschluss durch die Ermordung des Diktators zu korrigieren, konnte jedoch die Republik nicht wiederherstellen, sondern führte zum Bürgerkrieg und einer fast fünf Jahrhunderte andauernden Sukzession von Diktatoren, die sich, nach dem ersten ihrer Reihe, »Caesaren« nannten.

Die Alten Griechen wussten, wovon sie sprachen, wenn sie über die Demokratie redeten. Hesiod, Homer, Herodot, Thukydides, Aristophanes, Platon, Aristoteles, Polybios – ihnen allen war durch viele Beispiele bewusst, welch fragile Staatsform die Demokratie ist. Ihnen allen war klar, dass die Demokratie degenerieren kann. Sie sahen, dass es Demokratien gab, die besser oder schlechter funktionierten. Ausgerechnet die athenische Demokratie der Volksversammlungen, die oft genug von rhetorisch geschickten Demagogen gekapert wurde, stellte eine Form der Direkten Demokratie dar, die zu den schlechteren Beispielen gehörte. Es war wohl kein Zufall, dass Sparta irgendwann Athen überrundete, wies es doch nach übereinstimmender Auffassung ein komplexes Regierungssystem auf, in dem sich die politische Macht auf mehrere Staatsorgane aufteilte, was die Römische Republik noch konsequenter vollziehen sollte. Und aus dem wechselvollen Schicksal der verschiedenen Demokratietypen heraus entwickelte sich eine Theorie der Demokratie, deren Kernbotschaften nicht nur bis heute Gültigkeit haben, sondern die heute sogar oft genug in Vergessenheit geraten sind, was die modernen Demokratien immer wieder gefährdet. Welche Erkenntnisse der Antike sind für unsere heutigen Demokratien noch zentral?

- Demokratie bedeutet nicht, dass das Volk alles selbst entscheidet. Im Gegenteil, da sich das Volk emotionalisieren und manipulieren lässt, sind keine guten Erfahrungen mit der Direkten Demokratie gemacht worden.

- Demokratie bedeutet in erster Linie die Verhinderung von Machtkonzentration und Machtmissbrauch durch Gewaltenteilung. Die Vorteile der Aufteilung von gesetzgebender, ausführender und rechtsprechender Gewalt auf verschiedene Staatsorgane sind ebenso früh erkannt worden wie die Verteilung der legislativen Macht auf mehrere Gremien und die Verteilung der exekutiven Macht auf mehrere Personen.
- Politik erfordert moralische und fachliche Kompetenz. Diese kann sich am besten in einer repräsentativen Demokratie entwickeln, in der sich das Volk seine Repräsentanten wählt, die als Berufspolitiker die Chance haben, die erforderlichen Kompetenzen auszubilden.
- Eine gute Regierung erfordert auch einen fachlich qualifizierten Apparat von Berufsbeamten.
- Nicht alles darf durch eine Mehrheit des Volks entschieden werden. Um eine Tyrannei der Mehrheit zu vermeiden, muss ein Ausgleich der Interessen aller Bevölkerungsgruppen erfolgen, sodass Minderheiten nicht unterdrückt werden.
- Demokratie benötigt einen Grundkonsens über Werte, die wir heute in einer Verfassung niederlegen, die in ihrem Wesenskern auch durch Mehrheitsentscheid nicht veränderbar ist.
- Demokratie setzt eine hinreichend homogene Gesellschaft mit einer starken Mittelschicht voraus. In fragmentierten Gesellschaften versagt das Mehrheitsprinzip, weil es zur Unterdrückung der kleineren Gruppen führt.
- Engagement ist für die Demokratie wichtiger als Artikulation. Die bloße Artikulation von Forderungen kann sogar die Demokratie gefährden, wenn Egoismus, Selbstgerechtigkeit, Emotionalisierung und Aggressivität zu Unvernunft und Entsolidarisierung führen. Demokratie lebt dagegen vom tätigen bürgerschaftlichen Engagement.
- Die Demokratie wird gefährdet durch Populisten und Demagogen, die an niedere Instinkte appellieren und die Bevölkerung aufhetzen, insbesondere auch gegen ökonomische, intellektuelle und politische Eliten.
- Der Demokratie wohnt eine Tendenz zur Erosion inne, weil die Vorzüge der Demokratie in dem Maße in Vergessenheit zu geraten scheinen, in dem sie selbstverständlich geworden sind.
- Es sind ausgerechnet Perioden des relativen Friedens und des relativen Wohlstands, in denen sich Bevölkerungsgruppen auseinanderdividieren, Probleme erfinden und mit demokratischen Willensbildungsprozessen unzufrieden werden.

- Autokraten kommen meist durch die bewährte »Salamitaktik« an die Macht: Sie polarisieren, hetzen gegen Sündenböcke, machen unrealistische Versprechungen, plündern den Staatshaushalt durch Geschenke an die Wähler, eignen sich schrittweise immer mehr Macht an, vernichten ihre Kritiker, ihre Konkurrenten und schließlich auch ihre nicht mehr benötigten Verbündeten, fangen Kriege an und führen das Land in eine Gewalt- und Schreckensherrschaft, die es in den Untergang führt.
- Die Demokratie wird selten von außen ermordet – meist tötet sie sich selbst. Die Gründe für den Suizid der Demokratie liegen in der Bevölkerung selbst: Es sind Egoismus, Neid, Gier, Selbstgerechtigkeit, die Einbildung von Problemen, Angst, Aggressivität. Demokratien benötigen Leitplanken, die verhindern, dass diese Eigenschaften zum Faschismus entarten.

2.5 Der Tod der Demokratie und ihre Wiedergeburt in den mittelalterlichen Städten und Reichen Europas

Die Demokratie war in der griechischen Polis entstanden und hielt sich dort im Wesentlichen über einen Zeitraum von weit mehr als tausend Jahren – abgesehen von mancher selbstverschuldeten Oszillation zwischen Tyrannis, Aristokratie und Demokratie in einzelnen Städten. Über tausend Jahre – von den ersten Zeugnissen im 8. Jahrhundert v. Chr. bis zu den letzten demokratisch regierten Stadtstaaten in der Spätantike – sind eine lange Zeit, was darauf schließen lässt, dass die antike Demokratie besser und, trotz oder gerade wegen aller Unterbrechungen, stabiler war als ihr Ruf.

Die erste große externe Bedrohung für die griechischen Städte waren die Eroberungen des makedonischen Königs Philipp II. und seines Sohnes Alexander des Großen, die die griechischen Städte ab 349 v. Chr. in ein Großreich eingliederten, ihnen aber die demokratische Selbstverwaltung ihrer inneren Angelegenheiten ließ. Immerhin wurde sogar in der neuen Hauptstadt eines der drei Nachfolgereiche Alexanders, in dem am Tigris gelegenen Seleukia eine polis-typische Selbstverwaltung mit den demokratischen Elementen der Volksversammlung (*Ekklesia*) und der Ratsversammlung (*Boulé*) eingeführt. Die Großreiche basierten also weiterhin auf der demokratischen Selbstverwaltung der Stadtstaaten.

Als die Römer ab 146 v. Chr. das Kommando übernahmen, erwiesen sie sich sogar als »Schutzmacht« der Poleis, die sie zwar in ihr Imperium

Romanum eingliederten, deren demokratische Selbstverwaltung sie aber unangetastet ließen (Demandt 1977: 31). Erst in der Spätantike verloren die oströmischen Stadtstaaten angesichts des übermächtigen byzantinischen Zentrums Konstantinopel, dann teilweise auch im Zuge der Islamisierung an Bedeutung, bis das Zeitalter der Polis spätestens im 9. Jahrhundert n. Chr. beendet war (Wickham 2006: 633).

Als das Weströmische Reich zerfiel, kam es zu mehreren parallelen Entwicklungen. Erstens bildete sich das Feudalsystem heraus, indem wohlhabende Bürger Rom selbst bzw. andere imperiale Städte verließen, um sich Landgüter zuzulegen, die sie militärisch befestigten und über die sie die Herrschaft ausübten, sodass sie über mehr oder minder große Territorien herrschten. Das Feudalsystem sollte über tausend Jahre lang für zentrifugale Tendenzen verantwortlich sein, weil sich die Feudalherren im Interesse ihrer ökonomischen und politischen Selbstständigkeit immer wieder gegen Versuche der Errichtung einer Zentralherrschaft wehren sollten, was das gesamte Mittelalter hindurch zu einer Oszillation zwischen Zentralisierungs- und Dezentralisierungstendenzen führte (Elias 1969: 2,14–37). Zweitens entstanden auf einer Ebene darüber Fürstentümer und Königreiche, die sich untereinander in einer Dauerkonkurrenz um die Vergrößerung ihrer Territorien und ihrer Macht befanden. Immer wieder gelang es dabei einzelnen Herrschern (wie Karl dem Großen), sich durch militärische Eroberungen, Heiratspolitik oder geschickte Diplomatie größere Reiche zu verschaffen, die sie aber, um sie verwalten zu können, aufteilen und an Lehnsherren vergeben mussten, die ihrerseits nichts Eiligeres zu tun hatten, als sich vom Zentralherrn unabhängig zu machen. Drittens gelang es einzelnen Bischöfen, in ihrer Diözese auch die weltliche Herrschaft an sich zu reißen und in das Kollegium der mächtigen Kurfürsten aufzurücken. Und die Klöster agierten in ihren Herrschaftsbereichen ebenfalls wie Feudalherren. Die Titel »Fürstbischof« und »Fürstabt« symbolisieren die Vereinigung von geistlicher und weltlicher Macht.

Das waren drei Entwicklungen, die aus Sicht der Untertanen antidemokratisch waren, denn die einfachen Leute hatten keinen Einfluss auf die Bestellung ihrer Herrschaften und waren den mitunter despotisch regierenden Landesherren unterworfen. Aber es gab auch eine vierte Entwicklung, und diese sollte für die Entstehung der modernen Gesellschaft und des modernen Staats viel wichtiger werden als alles, was Papst, Kaiser, Könige, Fürsten, Äbte und Bischöfe miteinander und gegeneinander veranstalteten.

Wir sind nämlich heute »Bürgerinnen« und »Bürger« unserer Staaten, und wir bezeichnen die Gesellschaft, in der wir leben, als »bürgerliche« Gesellschaft. Das Wort »Bürger« kommt von »Burg«, und eine Burg war eine befestigte Stadt. Die Städte wurden zu den Keimzellen der modernen Gesellschaft, die sich nach ihnen benennt. Und zur urbanen Gesellschaftsform gehörte auch die demokratische Selbstverwaltung, die sich die Städte gegen die Machtansprüche von Feudalherren, Bischöfen und Kaisern erstritten. Die Städte des Mittelalters waren Inseln der Demokratie in einer See von Feudalismus, Fürstentümern und Königreichen.

Vor allem im 12. und 13. Jahrhundert war es unter den Staufern zu zahlreichen Gründungen von Städten gekommen, die reichsunmittelbar waren und damit keinem Fürsten unterstanden (Reichsstädte). Nach dem Untergang der Staufer gelang es den Landesherren meist nicht, die Reichsstädte ihrer Privilegien zu berauben. Zugleich vermochten sich die Freien Städte, die nicht dem Kaiser verpflichtet waren, aber zunächst einem Bischof unterstanden, im 13. und 14. Jahrhundert von den bischöflichen Stadtregimenten zu befreien, meist zunächst *de facto*, später auch *de jure*. Damit entwickelten sich einerseits Reichsstädte und andererseits Freie Städte. Und weil die Reichsstädte faktisch frei waren, nannten sie sich zunehmend auch »Freie Reichsstädte«, was begrifflich eigentlich ein Widerspruch in sich war, aber die politischen Realitäten darstellte. Und diese Städte wurden früher oder später demokratisch, mit Räten und Bürgermeistern, die von der Einwohnerschaft gewählt wurden.

Die soziale Gleichstellung des städtischen Bürgertums mit dem Adel hatte der Kaiser des Heiligen Römischen Reichs höchstselbst vorgenommen: Als Karl IV., der zu den mächtigsten Kaisern des Mittelalters gezählt wird, im Jahr 1375 mit einer großen adeligen und bischöflichen Entourage die mächtige Reichsstadt Lübeck besuchte und sich von der dortigen Bevölkerung wie ein Popstar feiern ließ (d. h. man war begeistert vom Glamour und den amourösen Aktivitäten seiner Majestät, die man aber ansonsten für nicht übermäßig wichtig hielt), redete er die Mitglieder des Stadtrats mit dem ehrerbietigen Titel *domini* (»Herren«) an, der eigentlich für Angehörige des höheren Adels reserviert war (Deecke 1852: 141 ff.). Damit nahm Karl IV. vorweg, dass die einfachen Bürger, die demokratisch gewählte Repräsentanten ihrer Städte waren, den gleichen Status erhielten wie die Angehörigen der geistigen und weltlichen Reichsstände, also beispielsweise wie die Erzbischöfe, die Hochmeister der Ritterorden sowie die weltlichen Kurfürsten, Herzöge und Grafen.

Der Kaiser hatte allen Grund, den braven Lübecker Ratsherren Respekt zu zollen, hatte die Hansestadt doch im Jahr 1280 und noch einmal im Jahr 1360 die Grafen von Flandern in die Knie gezwungen, als diese die Handelsbedingungen verändern wollten (Schubert 2002: 24). Und mit dem *Frieden von Stralsund* im Jahr 1370 hatten 57 Hansestädte unter Lübecker Führung einen kurzen, bündnispolitisch und militärisch klar überlegenen Krieg gegen das damals sehr mächtige dänische Königreich erfolgreich zum Abschluss gebracht. Dass sowohl der Kaiser als auch der Papst den dänischen König unterstützten, konnte die Städte nicht ernsthaft schwächen. Ihre siegreichen Admiräle und Feldherren, die für die Eroberung Kopenhagens nur wenige Tage benötigten, waren keine Fürsten, sondern die demokratisch gewählten Ratsherren Eberhard von Morn und Gottschalk von Attendorn sowie Bruno von Warndorp, der Sohn eines Lübecker Bürgermeisters. Kein Wunder, dass der Kaiser sie als »Herren« titulierte!

Die Emanzipation der ebenfalls sehr einflussreichen Hansestadt Dortmund (die zwischenzeitlich sogar die englische Königskrone gepfändet hatte) von dem königlichen Statthalter, dem Grafen von Dortmund, vollzog sich zwischen 1240 und 1267 in mehreren Schritten, zu denen die Selbstverwaltung durch den Rat der Stadt, die Befreiung der Stadtbürger von der königlichen Gerichtsbarkeit und eine eigenständige Außenpolitik gehörten. Im Jahr 1388 gelang es der Stadt, den Angriff einer scheinbar übermächtigen Koalition zurückzuschlagen, die unter Führung des Kölner Erzbischofs zwei weitere Erzbischöfe und Kurfürsten, fünf Bischöfe, neun Herzöge und Grafen sowie rund 1200 Angehörige des landsässigen, niederen Adels umfasste, wobei der Stadt neben ihren starken Mauern auch die Unterstützungskredite anderer Hansestädte, die Entsendung hochqualifizierter Bogenschützen aus dem befreundeten London, eine abgebrühte militärische Strategie sowie eine überlegene Militärtechnik in Form eines Pulvergeschützes, das sich die reiche Handelsstadt zu leisten vermochte, zugutekamen (Kirchhoff 1982). Ökonomische Macht begründet militärische Macht, und diese begründet politische Macht.

Die Emanzipation der Stadt Köln, der seinerzeit größten Stadt in Deutschland, vom erzbischöflichen Regiment nahm bereits 1074 ihren Anfang, als sich die Bürgerschaft – damals noch erfolglos – mit einem blutigen Aufstand gegen den Erzbischof erhob. Einen wesentlichen diplomatischen Erfolg der Bürgerschaft stellte der *Große Schied* vom 28. Juni 1258 dar, der mit dem Kompromiss endete, dass der Stadt das Selbstverwaltungsrecht zugesprochen wurde, während sich der Erzbischof nur noch *pro forma* mit der Oberaufsicht begnügen durfte. Kompromisse halten bekanntlich nicht lange, und so fiel letztlich die Entscheidung militärisch in der Schlacht von Worringen am 5. Juni 1288, als die Kölner Bürgermiliz den Truppen des Erzbischofs eine derart vernichtende Niederlage beibrachte, dass die Stadt seitdem *de facto* frei war, was *de jure* allerdings erst 1475 durch Kaiser Friedrich III. bestätigt werden sollte (Dietmar/Jung 2015).

Den Beginn der bürgerschaftlichen Selbstverwaltung hatten Schöffengerichte markiert, die im elften Jahrhundert entstanden waren. Ab dem 12. Jahrhundert formte eine sozial exklusive Bruderschaft des Kölner Patriziats der reichen Kaufleute einen Rat der Stadt, der ab 1396 einem ständedemokratischen Magistrat wich, dessen Mitglieder von den »Gaffeln« – berufsständischen Vereinigungen von Zünften und Kaufleuten – bestimmt wurden, die wiederum von deren Mitgliedern gewählt wurden, sodass nahezu jeder erwachsene männliche Bürger wahlberechtigt wurde. Autonomie und Demokratisierung gingen also Hand in Hand, denn wie bei den antiken griechischen Hopliten waren zur Instandhaltung der Wehranlagen und zur Verteidigung der Städte alle Berufsstände unverzichtbar und erhielten folglich auch das Wahlrecht.

Auch wenn die Verselbständigung der Städte ein langer (und von vereinzelten Rückschlägen geprägter) Prozess war, in dessen Verlauf sich verschiedene Grade der Autonomie ergaben, kam es zu einer politischen und ökonomischen Emanzipation, die darin gipfelte, dass die »Freien und Reichsstädte« seit 1489 als Reichsstände auf dem Reichstag des Heiligen Römischen Reiches vertreten waren. Ihre Autonomie behielten die meisten Städte einige Jahrhundert lang, bis sie 1803 mit dem Reichsdeputationshauptschluss den benachbarten Fürstentümern unterstellt wurden. Heute erinnert noch die kommunale Selbstverwaltung nach Art. 28 Abs. 2 Satz 1 *Grundgesetz* an die Selbstständigkeit der Freien Städte und der Reichsstädte.

Nicht nur die Städte waren frei von Fremdherrschaft, auch ihre Bewohner waren frei von Leibeigenschaft: »Stadtluft macht frei nach Jahr und Tag.« Umgeben von feudalistischer Leibeigenschaft auf dem Land entwickelten sich die Städte zu sozialen Inseln, in denen sich eine vollkommen neue Gesellschaftsform entwickeln sollte: Die nach der Stadt und ihren Befestigungen benannte »bürgerliche« Gesellschaft. Die Bürgerschaften der Freien Städte und der Reichsstädte regierten sich selbst demokratisch. In den meisten Städten besaßen alle männlichen, erwachsenen Bürger das aktive Wahlrecht. Legislative, Exekutive und Judikative lagen in der Hand des Stadtrats, dem häufig mehrere Bürgermeister vorstanden. Der Rat, in manchen Städten auch nach dem Vorbild der Römischen Republik »Senat« genannt, war allzuständig und regelte sämtliche Angelegenheiten in Verwaltung, Gerichtsbarkeit, öffentlicher Ordnung, Handels- und Gewerbeaufsicht, Finanz- und Münzwesen, Militärwesen, Wirtschaftspolitik und Außenpolitik.

Die Freiheit der Bürger stellte wiederum eine wichtige Voraussetzung für die Entwicklung der gewerblichen Wirtschaft dar. Ökonomisch wurden die Städte durch den Markt definiert. Die Verleihung des Marktrechts markierte häufig sogar die Gründung einer Stadt. Die Märkte dienten bald nicht nur dem Austausch von Waren zwischen der Stadt, die handwerkliche und gewerbliche Produkte erzeugte, und dem Umland, das Agrarprodukte feilbot, sondern auch dem überregionalen und internationalen Austausch von Waren, der weitaus höhere Gewinnmargen versprach, die insbesondere den Reichtum der Hansestädte begründete, die ein paneuropäisches Handelsnetz aufbauten. Die Absatzchancen, die sich für heimische Produkte ergaben, führten zur Differenzierung der Gewerbezweige, neuen Berufen, sowie Produkt- und Prozessinnovationen zur Steigerung von Produktvielfalt, Produktivität und Qualität.

Das Mittelalter war ein Zeitalter der Stadtgründungen. Allein in den 60 Jahren zwischen 1190 und 1250 entstanden in Europa hunderte neuer Städte. Eine wesentliche Ursache lag darin, dass die Landwirtschaft aufgrund günstigerer klimatischer Bedingungen (der mittelalterlichen Warmzeit) und agrartechnischer Innovationen erstmals seit langer Zeit wieder Überschüsse produzierte, die nicht nur ein explosives Bevölkerungswachstum ermöglichten, sondern auch den Export landwirtschaftlicher Produkte. Der internationale Handel, den insbesondere die 200 Hansestädte betrieben, konfrontierte die Stadtbewohner mit anderen Kulturen und förderte Innovationen. »So wurden die Städte im zweiten Jahrtausend der christlichen Zeitrechnung wieder zur Triebfeder für neue gesellschaftliche und wirtschaftliche Entwicklungen. Sie bildeten in Westeuropa ein Element der Innovation« (Pardo 2010: 199).

Was die Hansestädte für Nord-, West- und Mitteleuropa waren, das stellten die italienischen Stadtrepubliken für den Mittelmeerraum dar. Und wieder gingen wirtschaftlicher Erfolg aufgrund von Fernhandel, ökonomische Macht durch Kapitalakkumulation sowie militärische Stärke mit der Ausbildung demokratischer Strukturen Hand in Hand. Ab 1099 wurde Genua von Konsuln regiert, die von einem Parlament gewählt wurden, das sich aus allen waffenfähigen Bürgern zusammensetzte (die Parallele zur Entstehung der altgriechischen Demokratien ist offensichtlich). Weitere Gremien, die die

Gewaltenteilung ausbauten, sollten folgen. In Florenz emanzipierte sich die Bürgerschaft ausgerechnet unter der 40-jährigen Herrschaft der außerordentlich starken Gräfin Matilda, die sich auf Außenpolitik und Kriegsführung konzentrierte und die inneren Angelegenheiten einem Rat von 100 *boni homines* (»guten Menschen«) überließ, die nach ihrem Tod im Jahr 1115 einfach weiterregierten, jetzt aber im Namen des Volkes, und somit eine Republik schufen, auch wenn es danach immer wieder einzelnen Adels- bzw. Bankiersfamilien gelingen sollte, die Macht an sich zu reißen. Siena wurde ab 1125 von drei bis zwölf Konsuln regiert, die von einem Rat gewählt wurden, dem anfangs der Adel, ab 1137 aber zu einem Drittel auch Vertreter des einfachen Volks angehörten. In Venedig wurde die Macht des Dogen ab 1132 durch den »Großen Rat« begrenzt, der später jedoch durch ein oligarchisches Adelsgremium abgelöst werden sollte.

Siena hinterließ der Welt eine Staatstheorie in Form eines Wandfreskos im Rathaus, nämlich der von Ambrogio Lorenzetti 1338/39 gemalten Allegorie der guten und schlechten Regierung im »Saal der Neun«, die als politische Mahnung und Warnung an die Mitglieder des Stadtrats gerichtet war, um Fehlverhalten, Machtgier und Korruption zu vermeiden. Die *Allegorie der schlechten Regierung* stellt die in der Mitte thronende Tyrannei in Form einer Teufelsgestalt dar, darüber schweben die Kardinallaster Geiz, Hochmut und Eitelkeit, während zur Rechten und zur Linken die Grausamkeit, der Verrat, die Täuschung, die Wut, der Zank und der Krieg sitzen. Im Vordergrund liegt die Gerechtigkeit gefesselt auf dem Boden. Die Stadt ist bevölkert von leidenden, kranken und sterbenden Menschen; man sieht Händel, Betrug und überall Bewaffnete, die die Bevölkerung knechten.

Die *Allegorie der guten Regierung* wird dagegen beherrscht von der majestätischen Verkörperung der Kommune von Siena, die von den Kardinaltugenden Großherzigkeit, Gerechtigkeit, Mäßigung, Klugheit und Tapferkeit sowie einer sehr entspannten Allegorie des Friedens eingerahmt wird. Die von der göttlichen Weisheit inspirierte Justiz mit der Waage verteilt Maßeinheiten für den fairen Handel auf dem Markt, lässt aber auch Verbrecher enthaupten, um die gesellschaftliche Ordnung aufrechtzuerhalten. In der Stadt lässt die gute Regierung das Handwerk und den Handel erblühen, weil die Bürger keine Angst haben müssen, von einer tyrannischen Regierung um die Früchte ihrer Arbeit und ihre Investitionen gebracht zu werden. Um die Stadt herum produzieren fleißige Bauern in blühenden Landschaften reichhaltige landwirtschaftliche Erträge. Dass sich der Maler von Homers Beschreibung des Schilds des Achilleus inspirieren ließ, ist ebenso offensichtlich wie die Bezugnahme auf Hesiods Forderung nach einer gerechten Regierung als Voraussetzung erfolgreicher Ökonomie und Landwirtschaft. Die wiedergeborene Demokratie war sich der allerfrühesten Theoretiker der Vorzüge der Demokratie und der Schrecken der Tyrannei vollkommen bewusst.

Die Bedeutung der Städte für die gesellschaftliche, kulturelle, wissenschaftliche und wirtschaftliche Entwicklung Europas ist nicht zu überschätzen. Außerhalb der Städte war die Masse der Bevölkerung bis zum Jahr 1848 ihrem Landesherrn hörig oder gar leibeigen, d. h. sie waren an die Scholle gebunden, der Rechtsprechung ihres Herrn unterworfen und mussten Frondienste und Abgaben (den »Zehnten«) leisten. Die Bürger der Städte waren frei und unterlagen nicht der Herrschaft eines Feudalherrn, sondern wählten sich ihre Räte und Bürgermeister. Viele von ihnen hatten Besitz und waren als selbständige Handwerker oder Kaufleute auf eigene Rechnung unternehmerisch tätig. Das Bürgertum war entstanden.

Auch wenn es innerhalb des städtischen Bürgertums immer noch eine erhebliche soziale Ungleichheit hinsichtlich Einkommen, Vermögen, Bildung und Berufsprestige gab, traten prinzipiell durchlässige soziale Schichten an die Stelle scharf geschiedener Stände. In den Städten entstand das Gesellschaftsmodell der bürgerlichen Gesellschaft, das sich seit der Entstehung der Nationalstaaten im 19. Jahrhundert flächendeckend ausbreiten sollte. Heute ist die bürgerliche Gesellschaft nicht mehr auf die Städte beschränkt, sondern der Typ einer freiheitlich-demokratischen Gesellschaft überhaupt.

Hinsichtlich der politischen Entwicklung war der Einfluss der Städte nicht so direkt. Im Gegenteil, mit dem ausgehenden Mittelalter büßten viele ehemals freie Städte ihre Autonomie ein, als sie zu Residenzstädten von Fürsten wurden. Unter den Fürsten wurden in vielen Städten die ehemals freien und stolzen Bürger zu Untertanen. Als Friedrich II. von Brandenburg 1442 mit dem Bau seiner neuen Residenz im Stadtschloss in Berlin-Cölln begann, musste die Stadt, die vergeblich Widerstand geleistet hatte (»Berliner Unwillen«) ihren Status als Hansestadt aufgeben. Aus der Freien Hansestadt wurde eine fürstliche Residenzstadt. Anderen Städten wie Karlsruhe, Hannover, Düsseldorf erging es ähnlich; und die Hanse löste sich nach dem letzten Hansetag am 29. Mai 1669 allmählich auf. Umso stolzer traten die wenigen Städte auf, die von Fremdherrschaft frei blieben, wie Lübeck, Hamburg, Bremen, auch Amsterdam. Die Fremdherrschaft der Fürsten war alles andere als demokratisch. Für die Evolution der Demokratie müssen wir also wieder den Blick auf die Ebene der Reiche werfen.

Die Teilung der Macht im europäischen Mittelalter war in mancherlei Hinsicht ein Déjà-vu der Entwicklung der Vorstufen der Demokratie in der griechischen Antike. Hier wie dort waren es zunächst nicht die einfachen Bürger, die Wahlrechte und Mitbestimmungsrechte einzufordern wussten, sondern es waren die Adeligen gegenüber den Königen und Kaisern.

Die Erbmonarchie, die Karl der Große begründen wollte, endete bereits im Jahr 887, als Karl III. wegen (wohl krankheitsbedingter) Unfähigkeit vom Adel zur Abdankung gezwungen wurde und seine Nachfolger, die nur noch Kleinkönige waren, von den Fürsten gewählt wurden. Während es im westfränkischen Reich, aus dem Frankreich hervorgehen sollte, den Capetingern gelang, wieder eine Erbmonarchie einzuführen, sollten die Bemühungen der Salier um eine Erbmonarchie scheitern. Nach einigen vergeblichen Versuchen setzten die Fürsten und Bischöfe ab 1125 durch, den König und später auch den Kaiser zu *wählen*.

Für die Königs- und Kaiserwahl etablierte sich zunehmend das Kurfürstenkollegium als Wahlgremium, bis das Wahlverfahren 1356 durch die Goldene Bulle endgültig fixiert wurde. Spätestens ab 1495 griff der Reichstag, der von 1663 bis 1806 »immerwährend« tagte, in die laufende Staatsführung ein, entwickelte also den Charakter eines Ständeparlaments, das sich aus dem Kurfürstenrat, dem Reichsfürstenrat und dem Städterat, in dem die Reichsstädte vertreten waren, zusammensetzte.

Für die geistesgeschichtliche Fundierung der Demokratie war aber weniger die adels- und ständedemokratische Praxis im Heiligen Römischen Reich ausschlaggebend, als vielmehr die Entwicklung in England. Dort hatte bereits Heinrich I., der Sohn von Wilhelm dem Eroberer, Probleme, als König akzeptiert zu werden: Alle waren gegen ihn, die Kirche, die angelsächsische Bevölkerung und der normannische Adel. Der Kirche machte er Zugeständnisse, und die Akzeptanz des Volks sicherte er sich, indem er eine angelsächsisch-schottische Königstochter heiratete. Aber das erzürnte die Adligen umso mehr. Also musste er ihnen ebenfalls Konzessionen einräumen, die im Jahr 1100 in der *Charter of Liberties* (»Urkunde der Freiheiten«) festgelegt wurden, die erstmals eigentumsrechtliche, erbrechtliche, familienrechtliche und strafrechtliche Fragen schriftlich fixierte und damit die Entscheidungsfreiheit des Königs einschränkte, der keine willkürlichen Handlungen mehr vornehmen durfte. Die *Charter of Liberties* wurde zwar bereits rasch nach ihrer Unterzeichnung von den Königen ignoriert, bis der Erzbischof von Canterbury am 25. August 1213 wieder an sie erinnerte. Daraufhin führte ein bewaffneter Aufstand des Adels dazu, dass der König Johann Ohneland am 15. Juni 1215 die *Magna Carta Libertatum* (»große Urkunde der Freiheiten«) unterzeichnen musste, die die Rechte des Königs noch über die *Charter of Liberties* hinaus empfindlich einschränkte und bis heute eine wichtige britische und US-amerikanische Rechts- und Verfassungsgrundlage darstellt. Zu den für die Demokratieentwicklung wesentlichen Bestimmungen der *Magna Carta* gehörten:

- Wenn der König eine Abgabe erheben will, muss er eine Versammlung der Abgabepflichtigen einberufen (Art. 14). Diese Bestimmung ist der unmittelbare historische Ursprung des für die Gewaltenteilung und die Kontrolle der Exekutive so wichtigen Budgetrechts des Parlaments.
- Für die Rechtsprechung wird der für das Prinzip der Rechtsstaatlichkeit so wichtige Grundsatz der Verhältnismäßigkeit fixiert, der die Bürgerinnen und Bürger vor willkürlicher Grausamkeit schützt (Art. 20 f.).
- Königliche Richter, Polizisten und andere Beamte müssen über juristische Kenntnisse verfügen (Art. 45). Das ist die Grundlage des von Max Weber so hervorgehobenen Fachbeamtentums.
- Die Rechtsprechung, die königlichen Richtern unterliegt, darf nicht durch untergeordnete Amtsträger oder Polizisten übernommen werden (Art. 24). Damit wird die Justiz professionalisiert und kontrollierbar.
- Verurteilungen dürfen nur aufgrund geltenden Rechts erfolgen (Art. 39). Dies gilt für alle freien Bürger. Damit sollte persönliche Willkür ausgeschlossen werden.
- Die Käuflichkeit von Rechtsakten wird abgeschafft (Art. 40). Persönliche Bereicherung durch die Gewährung von Rechtstiteln, also Korruption, wird ausgeschlossen.
- Der Adel wählt ein Gremium von 25 Delegierten, das über die Einhaltung der Bestimmungen der *Magna Charta* wacht und das den König zum Widerruf von Rechtsakten und zur Gewährung von Entschädigungen zwingen kann. Im Fall einer Weigerung verfügt das Gremium über das Recht, sämtliche Besitzungen des Königs zu beschlagnahmen (Art. 61). Damit wird ein Oberster Gerichtshof als weiteres zentrales Element der Gewaltenteilung eingerichtet.

Die Artikel lassen erahnen, wie es vor der *Magna Carta* zuging: Vögte (Sheriffs), Polizisten und andere Beamte hatten keine Ahnung von Recht und Gesetzen, urteilten aufgrund persönlicher Willkür, verlangten von den Bürgern, die ihr Recht einforderten, Geld und verhängten nicht selten drakonische Strafen für geringfügige Vergehen. Und der König quälte seine Untertanen immer wieder mit unverhältnismäßigen Abgabenforderungen. Die Geschichte der Demokratie in England beginnt interessanterweise weder mit dem Wahlrecht noch mit der Partizipation an der Legislative. Sie beginnt mit etwas viel Wichtigerem, nämlich mit Rechtsstaatlichkeit, Gewaltenteilung und einem machtbewehrten Obersten Gerichtshof, dessen Urteil auch der König unterworfen ist.

Wir finden in der Wiedergeburt der Demokratie im mittelalterlichen Europa eine klare Parallele zur Entstehung der Demokratie in der israelitischen, persischen und griechischen Antike, wo sich die Demokratie ebenfalls aus der Rechtsprechung entwickelt hatte. Die *Magna Carta* war Demokratie*praxis*, die von England ausging. Kurze Zeit später sollte auch ein wichtiger Schritt der Demokratie*theorie* seinen Ursprung in England finden, genauer gesagt, in einem winzigen Dorf in der englischen Grafschaft Surrey namens Ockham. Die politische Landschaft in Europa wurde zu Beginn des 14. Jahrhunderts von dem langanhaltenden Streit um die Vorherrschaft zwischen Kaiser und Papst geprägt, d. h. wem es zusteht, den anderen ein- bzw. abzusetzen: Ist es der Papst, der den Kaiser nicht nur symbolisch krönt, sondern wirklich einsetzt und legitimiert, oder ist es der Kaiser, der den Papst beruft? In diese Dauerfehde des Mittelalters hinein wurde um das Jahr 1287 in Ockham ein auf den Namen William getaufter Knabe hineingeboren, der in jungen Jahren dem Franziskanerorden beitrat und an der Universität Oxford Theologie studierte.

Mit seinen unkonventionellen und pointiert vorgetragenen Thesen avancierte William von Ockham zu einem »aufstrebenden Stern« in der Wissenschaftsszene und ging nach Avignon, wo seinerzeit der Papst residierte, möglicherweise auf eine Professur (Knysh 1986). Nach einigen Jahren, im Jahr 1327, wurde er dort wegen Häresie angeklagt. Nachdem er die Stadt des Papstes fluchtartig verlassen hatte, begab sich William unter den Schutzmantel des Wittelsbacher Kaisers Ludwig IV. nach München, wo er noch einige Jahre lang hoch einflussreiche Schriften publizieren sollte. Den machtpolitischen Kampf gegen den Papst hatte William von Ockham damit gewonnen, den intellektuellen sowieso.

William war ungeheuer produktiv. Er war einer der führenden Köpfe, der die Schriften des Aristoteles, die über den Umweg muslimischer Wissenschaftler wieder nach Europa gekommen waren, in die Gedankenwelt des europäischen Mittelalters einbrachte. Ausgehend von dem antiken Philosophen verfasste William Schriften zur Logik, Erkenntnistheorie, Wissenschaftstheorie, Naturphilosophie, Metaphysik, Ethik und insbesondere auch zur politischen Philosophie und Staatstheorie. Ihm verdankt die moderne Wissenschaft die Grundlegung der Logik und der wissenschaftlichen Methodologie, darunter »Ockhams Rasiermesser«, das besagt, dass Theorien möglichst wenige Prämissen, Variablen und Hypothesen enthalten sollen, damit sie allgemeingültig sind und sich nicht gegen Falsifizierungsversuche immunisieren.

Der Franziskanermönch hatte wenig Respekt vor Kirche und Papst, dessen Anschuldigungen er Paroli bot und den er, ebenso wie seinen Nachfolger, seinerseits als Häretiker verurteilte. Und obwohl sich William auf die Seite des Kaisers schlug, relativierte er auch die Machtansprüche weltlicher Potentaten. Anknüpfend an Thomas von Aquin stellte William das fundamentale demokratische Prinzip auf, das einen Frontalangriff gegen den Adel darstellte: »Alle Menschen sind von Natur aus gleich.« Und daraus folgt: »Der Mensch ist nicht verpflichtet, einem anderen Menschen zu gehorchen, sondern nur Gott.« (William: Dialog 216).

Die Menschen müssen einen Staat formen, indem sie miteinander einen »allgemeinen Gesellschaftsvertrag« schließen – eine Idee, die in der politischen Philosophie immer wieder aufgegriffen werden sollte. Das Ziel des Gesellschaftsvertrags soll darin bestehen, das Gemeinwohl zu erzeugen. Er beinhaltet, dass alle Bürger ihre individuelle Handlungssouveränität auf einen von ihnen gewählten Fürsten übertragen. Allgemeingültige Gesetze sollen das Gemeinwohl sicherstellen, aber auch das individuelle Eigentum garantieren. Da »das, was alle betrifft, durch alle geregelt werden muss«, werden Gesetze ausschließlich durch das Volk legitimiert. Alle staatliche Macht geht damit vom Volk aus – Art. 20 Abs. 2 Satz 1 des *Grundgesetzes* formuliert das bis heute so. Damit hat William das demokratische Prinzip der Volkssouveränität postuliert. Nicht der Fürst, König oder Kaiser ist der Souverän, sondern das Volk selbst – ein radikaldemokratisches Postulat mitten in einem Zeitalter der Herrschaft von Königen und Kaisern.

Im Zeitalter der feudalen Hörigkeit war auch Williams Aussage revolutionär: »die Menschen sind von Natur aus frei und nicht Sklaven« (William:

An princeps, VI). Jedes freie Volk kann zwar die Macht an ein Staatsoberhaupt delegieren, aber dessen Macht ist nur sekundär, abgeleitet von der Macht des Volkes (William: Breviloquium IV,10). Daraus ergeben sich zwei Konsequenzen: Erstens wird Herrschaft nur durch menschliches Handeln, nicht jedoch durch spirituelle Gnade begründet. D. h. es ist nicht der Papst, der Herrscher (wie den Kaiser) einsetzt, und der Papst hat auch kein Recht, weltliche Herrschaft anzutasten. Umgekehrt kann sich ein Herrscher auch nicht dadurch legitimieren, dass er Gottes Stellvertreter auf Erden oder von Gott beauftragt sei, wie durch den symbolischen Akt der Salbung im Zuge der Krönungszeremonien beansprucht wird.

Zweitens ist die Gewalt eines Herrschers nur dann und nur so lange legitimiert, wie sie vom Volk akzeptiert wird. Wenn ein Herrscher seine Machtbefugnisse überschreitet, hat das Volk und jeder einzelne Bürger das Recht, sich gewaltsam gegen ihn zu erheben und ihn abzusetzen. Das ist nichts weniger als das Individualrecht des einzelnen Bürgers zur Revolution. In den 1340er-Jahren hat der im Dienst des Kaisers stehende Franziskanermönch bereits das Recht zum Widerstand begründet, das sich heute in Art. 20 Abs. 4 des *Grundgesetzes* findet.

Williams Herrschaftsmodell lässt sich somit als eine demokratisch legitimierte Monarchie beschreiben. Damit respektierte William einerseits die Realität seiner Zeit, die in Bezug auf Territorialreiche nichts anderes als Monarchien kannte, die er jedoch auf Akzeptanz durch das Volk verpflichten wollte. Andererseits folgte William, der seinen Aristoteles gut kannte, der protodemokratischen Praxis im antiken Griechenland, wie sie in den homerischen Epen beschrieben wurde: die Könige wurden damals vom Volk gewählt, mussten sich bei der Ausübung ihrer Herrschaftsmacht der Akzeptanz der Volksversammlung versichern und liefen Gefahr, bei Unfähigkeit oder Machtmissbrauch abgelöst zu werden.

Williams Staatstheorie lief auf eine strikte Trennung der geistlichen und weltlichen Sphären hinaus. Es ist das Volk, das sich per Gesellschaftsvertrag zu einem Staat zusammenschließt und ein Staatsoberhaupt wählt, welches somit rein weltlich legitimiert ist. Die Kirche hat sich in die Ausübung weltlicher Macht nicht einzumischen. Umgekehrt schließen sich die Gläubigen zu Gemeinden zusammen, bilden eine Kirche und bestimmen ihr geistliches Oberhaupt; und weltliche Herrscher haben sich aus kirchlichen Angelegenheiten herauszuhalten (was in England durch die *Magna Carta* bereits kodifiziert war).

Damit setzte sich der Gelehrte zwischen alle Stühle, denn der Papst erhob den Anspruch, den Kaiser nicht nur symbolisch zu krönen, sondern ihn mit göttlicher Macht zu versehen – was zur Folge hätte, dass er den Kaiser durch Exkommunizierung auch wieder absetzen könnte. Umgekehrt beanspruchte der Kaiser, den Papst wegen Häresie absetzen zu können. Williams Lehre der Trennung von Kirche und Staat half damit weder dem Papst noch dem Kaiser. Aber William konnte und wollte sich das Recht auf die Verbreitung seiner eigenen Meinung nicht verbieten lassen, denn er vertrat die Überzeugung, »dass rein philosophische Aussagen, die die Theologie nicht berühren, durch niemanden förmlich verurteilt oder verboten werden dürfen, weil in solchen Angelegenheiten jedermann frei sein sollte, frei zu sagen, was ihm gefällt« (William: Dialog I,2,24). Damit erwies sich William auch als ein Pionier der Wissenschafts- und Meinungsfreiheit.

William von Ockham, dessen Lehren bald als *via moderna* (»moderner Weg«) bezeichnet wurden, war extrem wichtig für die europäische Geistesgeschichte. Mit seiner Bezugnahme auf den antiken Denker Aristoteles war William einer der Pioniere der Renaissance, die damit offensichtlich bereits im Hochmittelalter eingeleitet wurde. Einer, der es besser wissen konnte als alle Nachgeborenen, der 1511 geborene Florentiner Künstler und Kunsthistoriker Giorgio Vasari, hat die *rinascita,* die Renaissance, bereits in der Mitte des 13. Jahrhunderts verortet – auch deshalb, weil die italienischen Städte damals bereits demokratisch regiert wurden. Das Mittelalter war gar nicht so finster, wie es das landläufige Vorurteil wissen will, und die Renaissance war kein plötzliches Ereignis, sondern hatte sich bereits im Mittelalter entwickelt. Was der Kunstgeschichte die Renaissance ist, ist der Politikwissenschaft die Aufklärung, die Immanuel Kant im Jahr 1784 mit folgenden Worten definierte:

> »Aufklärung ist der Ausgang des Menschen aus seiner selbstverschuldeten Unmündigkeit. Unmündigkeit ist das Unvermögen, sich seines Verstandes ohne Leitung eines anderen zu bedienen. Selbstverschuldet ist diese Unmündigkeit, wenn die Ursache derselben nicht am Mangel des Verstandes, sondern der Entschließung und des Muthes liegt, sich seiner ohne Leitung eines anderen zu bedienen. Sapere aude! Habe Muth, dich deines eigenen Verstandes zu bedienen! ist also der Wahlspruch der Aufklärung.« (Kant 1784: 481)

Was Kant ansprach, war die selbstverschuldete Unmündigkeit, indem man sich der Lehrmeinungen von Autoritäten unterwarf, anstatt sich selbst eine Meinung zu bilden. Das war in erster Linie auf die Kirche gemünzt, die beanspruchte, den Gläubigen sagen zu müssen, was richtig und was falsch war. Jahrhundertelang hatte die Kirche von der Kanzel herab, im Beichtgespräch, durch den Katechismus, in den Schulen, die sie betrieb, und in vielen anderen Situationen die Menschen bevormundet und den »Index« gepflegt, also die Liste der verbotenen Bücher. Und die Menschen ließen sich entmündigen, weil sie das Höllenfeuer fürchteten, falls sie eine anderslautende Meinung entwickelten. Die staatlichen Autoritäten waren nicht besser. Druckwerke waren der Zensur unterworfen, kritische Autoren wurden verfolgt oder ausgewiesen, wenn nicht gar gefoltert, gehängt und gevierteilt (wie in England mindestens bis ins 17. Jahrhundert hinein üblich). Auch der Staat bestimmte, was die Untertanen zu denken hatten und was nicht.

Die ersten, die sich aus der selbstverschuldeten Unmündigkeit heraushoben, waren Wissenschaftler, die es wagten, unkonventionelle Gedanken zu äußern. Und oft genug bekamen sie dadurch Schwierigkeiten mit den kirchlichen und weltlichen Autoritäten. Gemeinhin lässt man die Periode der Aufklärung mit dem englischen Philosophen Thomas Hobbes beginnen, der u. a. mit Galileo Galilei und René Descartes zusammentraf und seine politikphilosophischen Hauptwerke ab 1640 veröffentlichte. Aber, wie wir schon gesehen haben, setzte Hobbes Gedanken fort, die William von Ockham bereits 300 Jahre früher veröffentlicht hatte – zum Entsetzen der Kirche, aus deren Bevormundung sich der mutige Franziskaner gelöst hatte. Damit hat die Aufklärung, wie schon die Renaissance, im hohen Mittelalter begonnen, freilich als kleiner Same, der sich erst im Laufe von Jahrhunderten zu einem kräftigen Baum auswachsen sollte.

Die Denker der Aufklärung knüpften einerseits an die Philosophen der Antike an, deren politische Schriften inzwischen wieder breit verfügbar waren, und werteten andererseits die Erfahrungen aus, die mit den demokratischen Verfassungen der zeitgenössischen Städte und Stadtrepubliken gemacht worden waren, zu denen sich republikanische Erfahrungen in der Eidgenossenschaft, ab 1581 in den Niederlanden sowie die zarten Ansätze des Parlamentarismus in England gesellten. Die Aufklärer sollten zunächst die Entwicklung der *Theorie* der Demokratie vorantreiben, aber auch – und mitunter sogar ganz direkt – die *Praxis* der aufkeimenden Demokratie beeinflussen:

- Thomas Hobbes (1588–1679), der die Idee des Gesellschaftsvertrags, also der Übertragung der individuellen Souveränitätsrechte auf den Staat, weiterentwickelte.
- John Milton (1608–1674), der sich für die Meinungs- und Wissenschaftsfreiheit als wichtigste aller Freiheiten einsetzte.
- John Locke (1632–1704), der die klassische Forderung nach Gewaltenteilung vorantrieb und dem wir insbesondere die Konzeption der Menschenrechte verdanken.
- Charles-Louis de Secondat, Baron de La Brède et de Montesquieu (1689–1755), der das moderne Konzept der repräsentativen Demokratie und Gewaltenteilung entwickelte.
- Jean-Jacques Rousseau (1712–1778), der die Theorie des Gesellschaftsvertrags zu einer Theorie des Gemeinwohls weiterentwickelte.
- Alexander Hamilton, James Madison und John Jay, die 1787/88 mit den *Federalist Papers* die Theorie der gewaltenteiligen Verfassung der Vereinigten Staaten von Amerika erarbeiteten.
- Immanuel Kant (1724–1804), der die moderne Grundlegung der Menschenrechte schuf, wie sie dem *Grundgesetz für die Bundesrepublik Deutschland* zugrunde liegt.

Die Demokratietheorie blieb nicht Theorie. Die Staatsphilosophen nahmen die Bedürfnisse der Menschen auf, die sich in den damaligen Gesellschaften verbreiteten; und über ihre Schriften, Reden und politischen Aktivitäten brachten sie ihre Gedanken auch unter das Volk. Die Demokratie als Möglichkeit einer Staatsform, die eine Alternative zur damals vorherrschenden Monarchie darstellte, wurde aber nicht nur durch Wissenschaftler verbreitet, sondern auch – mit viel größerer Breitenwirkung – durch das in Zeiten des verbreiteten Analphabetismus weitaus wirksamere Schauspiel.

Es war wieder einmal in England – das Pionierland der Demokratie –, wo der extrem einflussreiche Dramatiker William Shakespeare die Erinnerung an die antike Demokratie nutzte, um demokratisches Denken zu platzieren. In seinem wohl 1609 erstmals aufgeführten Stück *Coriolanus* beschreibt er die Auseinandersetzung zwischen Adeligen und dem einfachen Volk in der Römischen Republik des 5. Jahrhunderts v. Chr. Der arrogante Patrizier Coriolanus, der nach autokratischer Macht als Konsul strebt, wird als widerwärtiger, psychisch instabiler Soziopath dargestellt, der tiefste Verachtung für die einfachen Handwerker, Händler, Arbeiter und Dienstleister zum

Ausdruck bringt, die er schließlich sogar als eine Seuche abqualifiziert. Seine Abscheu gegenüber dem einfachen Volk, dessen politische Stimme durch zwei gewählte Volkstribune vertreten wird, lässt ihn ankündigen, die demokratische Repräsentation abzuschaffen und damit die Römische Verfassung zu brechen, sollte er erst einmal zum Konsul gewählt sein. Aber auf die rhetorische Frage des Tribunen »Was ist die Stadt, wenn nicht das Volk?« skandieren die Bürger: »Das Volk ist die Stadt« (Shakespeare: Coriolanus 3.1.177–194). Das Volk setzt sich durch. Um der moralischen Verworfenheit des Möchtegern-Autokraten die Krone aufzusetzen, lässt Shakespeare ihn auch noch den Hochverrat begehen, seiner eigenen Stadt durch die Verbündung mit ihren ärgsten Gegnern die vollständige Vernichtung anzudrohen.

»Das Volk ist die Stadt« erinnert an den Vers »Es ist keine Stadt, die einem Mann gehört« aus Sophokles' *Antigone* und ist eine urdemokratische Parole. Shakespeare, der die antiken Staatsphilosophen so gut kannte wie den immer wieder durch Demagogen aufgehetzten Mob zu seinen Lebzeiten, machte sich keine Illusionen über die Rationalität des Volks: »[…] die Masse ist oft töricht, undankbar, leicht von Demagogen zu verführen und langsam darin zu verstehen, wo ihre wirklichen Interessen liegen. Es gibt Perioden, manchmal ausgedehnte Perioden, während derer die grausamsten Motive der niedrigsten Leute zu triumphieren scheinen.« (Greenblatt 2019: 189) Im *Coriolanus* sind es zwei Berufspolitiker, die Volkstribunen, die das Volk klug beraten. Damit plädiert der große Dramatiker für eine repräsentative Demokratie, in der Berufspolitiker einen Puffer gegen die Leichtgläubigkeit, Irrationalität und Emotionalisierbarkeit des Volkes bilden.

Coriolanus wurde aufgeführt, als in England das Volk unter einer Hungersnot litt. Es gab bereits eine demokratisch gewählte Parlamentskammer für das einfache Volk, das »House of Commons«, die aber gegenüber dem Adelsparlament (»House of Lords«) und erst recht gegenüber dem König Jakob I., der massiv gegen das Parlament agitierte, nicht viel zu sagen hatte. Das Stück zeigte dem Volk damals, dass Demokratie sehr viel weiter gehen konnte und in der Römischen Republik auch gegangen war. Aus Sicht des Dramatikers war es ein Trick, ein historisches Stück über die antike Demokratie zu schreiben, weil radikale demokratische Gedanken im Zeitalter der Monarchie als ungeheuerlich galten. Aus weltgeschichtlicher Sicht war es tatsächlich eine Wiedergeburt – eine »re-naissance« – einer Staatsform, die, zumindest auf Reichsebene, eineinhalb Jahrtausende lang vergessen schien.

Und das Volk begann tatsächlich gegen die autokratische Herrschaft der Könige, Kaiser und Fürsten zu rebellieren:

- In England musste die Monarchie ihre Rechte schubweise abtreten. Nach der noch nicht wirklich umgesetzten *Charter of Liberties* aus 1100 musste der König 1215 durch die *Magna Carta* dem Adel umfangreiche Mitspracherechte zugestehen. Ab 1258 spielte das aus dem Adelsrat hervorgehende Adelsparlament (House of Lords, Oberhaus) aufgrund seines Budgetrechts eine wachsende Rolle, das ab 1341 durch das von Nichtadeligen besetzte House of Commons (Unterhaus) ergänzt wurde. 1327 war das Parlament bereits so stark, dass es König Edward II. zur Abdankung zwingen konnte, und 1649 wurde der König Charles I. auf Beschluss des Parlaments sogar hingerichtet und die Monarchie für 11 Jahre abgeschafft. Seit der Glorious Revolution von 1688 sind Grundrechte verankert und die Könige vom Parlament, d. h. vom Volk, legitimiert. 1910 wurden schließlich die Rechte des adeligen Oberhauses zugunsten des sukzessive einflussreicher gewordenen Unterhauses massiv beschnitten.
- In Frankreich musste der König ab 1302 die Generalstände konsultieren, wenn er Geld benötigte. Die Generalstände setzten sich zusammen aus dem Klerus, dem Adel und dem einfachen Volk, dessen Vertreter von ausgewählten Städten nominiert wurden.
- Am 4. Juli 1776 gründeten sich die Vereinigten Staaten von Amerika, nachdem sich die britischen Kolonien auf dem neuen Kontinent durch einen Unabhängigkeitskrieg von der englischen Krone befreit hatten. Auslöser war die Einführung neuer Steuern gewesen, worauf die Kolonisten nach dem Grundsatz der *Magna Carta* mit der Parole »No taxation without representation« nach Unabhängigkeit von der Krone verlangten. Nach ausführlicher Diskussion wurde 1787 eine demokratische Verfassung verabschiedet.
- Am 14. Juli 1789 kam es in Frankreich zum Sturm auf die Bastille, der die Monarchie und die Feudalherrschaft zum Einsturz bringen sollte, auch wenn sie noch ein paar Mal wiederkehrte, bevor sich die Demokratie mit der Dritten Republik im Jahr 1870 endgültig durchsetzte (nur von der deutschen Besatzung unterbrochen).
- In Deutschland gab es dagegen nur 1848/49 eine bürgerliche Mini-Revolution, die zwar die Frankfurter Nationalversammlung einrichtete,

> aber bald scheiterte. Als 70 Jahre später der Kaiser abgedankt hatte, erfolgte am 9. November 1918 das Kuriosum, dass gleich zwei deutsche Republiken ausgerufen wurden, eine parlamentarische und eine sozialistische, bevor dann am 19. Januar 1919 die Nationalversammlung gewählt wurde, aus der die kurzlebige Weimarer Republik hervorging. Nach dem Zweiten Weltkrieg waren es die alliierten Siegermächte, die in den Westzonen die demokratisch strukturierten Bundesländer gründeten, die sich zur Bundesrepublik Deutschland zusammenschlossen, während in der sowjetisch besetzten Zone die Deutsche Demokratische Republik geschaffen wurde, deren doppelter Bezug auf die Demokratie im Staatsnamen wohl im Sinne einer doppelten Verneinung symbolisieren sollte, dass nichts an diesem Staat demokratisch war. Festzuhalten bleibt, dass sich in Deutschland keine wirklichen revolutionären Traditionen entwickelten, sodass die heutige Demokratie als Geschenk der Siegermächte anzusehen ist, was vielleicht auch das mitunter pflichtbewusste, aber emotional distanzierte Verhältnis vieler Deutscher zur Demokratie erklärt.

Die Erzählung der Demokratie ist eine lange Geschichte, die sich über Jahrtausende erstreckt, die in kleinen Schritten vorangekommen ist, die auch Irrwege gegangen ist und die immer wieder Rückschläge zu verkraften hatte. Zum langsamen Voranschreiten der Demokratie gehört auch, dass es lange Zeit nur Männer waren und häufig nur Haushaltsvorstände, die an Wahlen teilnehmen durften. Olympe de Gouges, die die ausschließlich auf Männer beschränkte *Erklärung der Menschen- und Bürgerrechte* der Französischen Revolution zum Anlass nahm, im Jahr 1791 mit ihrer *Erklärung der Rechte der Frau und Bürgerin* politische Gleichberechtigung zu fordern, wurde deswegen noch guillotiniert. Paradoxerweise waren es abgelegene Kolonien und Territorien wie die Pitcairn-Inseln (1838), Wyoming (1869), die Cook-Inseln (1893) oder Neuseeland (1893), wo das Frauenwahlrecht zuerst eingeführt wurde; in den meisten westlichen Ländern erfolgte dies erst 1918 bis 1920; die Schweiz brauchte sogar bis 1971. Demokratie ist kein binäres Konzept in dem Sinn, dass Demokratie herrscht oder nicht; vielmehr ist Demokratie eine Regierungsform, die sich aus zahlreichen Elementen zusammensetzt, die ihr einen graduellen, fein abgestuften Charakter verleihen – von autoritären Staaten über Hybridregime und defekte Demokratien bis hin zu vollständigen Demokratien.

3. MEHR ALS WÄHLEN: DIE GRUNDELEMENTE DER DEMOKRATIE

»Demokratie ist mehr als eine parlamentarische Regierungsform, sie ist eine Weltanschauung, die wurzelt in der Auffassung von der Würde, dem Wert und den unveräußerlichen Rechten eines jeden einzelnen Menschen. […] Wer wirklich demokratisch denkt, muß Achtung vor dem anderen, vor dessen ehrlichem Wollen und Streben haben.«
Konrad Adenauer, 1965

3.1 Der Gesellschaftsvertrag: Die Produktion des Gemeinwohls

Immer wieder kommt es vor, dass Menschen an der Demokratie zweifeln. Da soll in Stuttgart ein neuer Bahnhof errichtet werden, und die Gegner dieses Projekts meinen, die Demokratie werde »abgebaut«, weil sie ihre Interessen nicht durchsetzen konnten. Da soll ein Dorf für den Braunkohlentagebau weichen, und ein Anwohner sagt, er habe den Glauben an die Demokratie verloren. Wird in solchen Fällen wirklich die Demokratie demontiert? Es handelt sich um den klassischen Konflikt zwischen dem Gemeinwohl und lokalen Einzelinteressen. Demokratisch gewählte Gremien fassen Beschlüsse, die dem gesamten Land Verbesserungen bringen, die aber Nachteile und Härten für Anwohner:innen darstellen. Wie kann eine Demokratie diesen Konflikt lösen? Setzt man »Demokratie« mit dem unbeschränkten Mehrheitsprinzip gleich, ist der Konflikt schnell gelöst: Die Mehrheit hat entschieden, und die Minderheit muss sich fügen. Nun hatten bereits die antiken Staatsphilosophen erkannt, dass das unbeschränkte Mehrheitsprinzip gerade in solchen Fällen, in denen die Minderheiten erhebliche Härten zu tragen haben, zu einer

»Tyrannei der Mehrheit« führt. Und dann wäre sie keine wirkliche Demokratie mehr. Insofern haben die Aktivisten tatsächlich einen Punkt.

Genau aus diesem Grund hat das *Grundgesetz* ein demokratisches System eingerichtet, das ein beschränktes Mehrheitsprinzip vorsieht. Das Mehrheitsprinzip wird eingeschränkt durch die Grundrechte, die durch Mehrheitsentscheidungen nicht beschnitten werden dürfen, aber auch durch das Rechtsstaatsprinzip (Art. 20 Abs. 3 GG) und das Sozialstaatsprinzip (Art. 20 Abs. 1 GG). Auch mit klarer Mehrheit gefällte Beschlüsse des Bundestags, der Landtage, des Bundesrats und kommunaler Gremien und selbst Volksentscheide dürfen gegen diese Prinzipien nicht verstoßen. Fühlen sich betroffene Bürgerinnen oder Bürger durch entsprechende Beschlüsse in ihren Rechten verletzt, haben sie die Möglichkeit, diese vor Gericht anzufechten und letztinstanzlich das Bundesverfassungsgericht anzurufen. Dies ist im Fall des Braunkohlentagebaus auch geschehen. Mit seinem Urteil vom 17. Dezember 2013 (1 BvR 3139/08) hat das höchste deutsche Gericht ein Urteil von grundsätzlicher Bedeutung gefällt. Es ging darum, ob eine Enteignung eines Hauses, das dem Tagebau Platz machen sollte, zulässig sei. Das Gericht hat es sich nicht leicht gemacht. Es hat in einem partizipativen Verfahren Stellungnahmen verschiedenster Institutionen eingeholt. Auch Umweltinstitute waren dabei. Die Urteilsbegründung umfasste 98 Seiten. Jeglicher Einwand der Beschwerdeführer und sie unterstützender Institutionen ist sorgfältig und bis in die tiefsten argumentativen Verästelungen hinein geprüft, erwogen und abgewogen worden. Immer wieder hat das Bundesverfassungsgericht den hohen Stellenwert des Eigentumsrechts betont. Gleichwohl kam es zum Ergebnis, die Verfassungsbeschwerden abzuweisen. Das Gericht stellte dabei fest:

> »Art. 14 Abs. 3 Satz 1 GG lässt die Enteignung nur zum Wohle der Allgemeinheit zu. […] Die Angemessenheit des Enteignungsakts ist im Verhältnis zum Vorhaben zu bestimmen, das seinerseits einer Gesamtabwägung mit allen betroffenen öffentlichen und privaten Belangen standhalten muss. […] Vor allem mit Rücksicht darauf, dass die Einschätzung, welche Ziele für die Gesellschaft besonders wichtig sind, im Laufe der Zeit Veränderungen unterliegen kann, ist die Aufgabe, die eine Enteignung tragenden Gemeinwohlziele auszuwählen, allein dem Gesetzgeber überantwortet.« (Bundesverfassungsgericht: Urteil vom 17.12.2013, 1 BvR 3139/08, Rdnr. 165 f., 171).

Demokratie bedeutet also, dass private Einzelinteressen im Zweifel hinter dem Gemeinwohl zurückstehen müssen, dass aber auch verhältnismäßige Ausgleichsmaßnahmen durchzuführen und Entschädigungen zu gewähren sind. Die Prioritäten bei Zielkonflikten zwischen verschiedenen Interessen werden durch den Gesetzgeber festgelegt, der dafür durch die demokratischen Wahlen legitimiert ist. Damit ist eines klargestellt: Demokratie ist kein Wunschkonzert. Demokratie heißt nicht, dass der Einzelne alles bekommt, was er will. Das hatte schon Aristoteles vor über 2300 Jahren so formuliert:

> »Die Grundlage eines demokratischen Staats ist Freiheit, die nach allgemeiner Auffassung nur in einem solchen Staat genossen werden kann; sie ist danach das große Ziel jeder Demokratie. Ein Grundsatz der Freiheit besteht darin, dass alle abwechselnd regieren und regiert werden, und demokratische Gerechtigkeit ist die Anwendung numerischer, nicht proportionaler Gleichheit, woraus folgt, dass die Mehrheit das höchste Gewicht hat und dass alles, was die Mehrheit befürwortet, das Ziel und das Gerechte darstellt.« (Aristoteles: Politik VI,2)

Aristoteles hat selbst anerkannt, dass das Mehrheitsprinzip nicht uneingeschränkt gelten kann, aber seine wunderbare Formulierung, dass Demokratie beinhaltet, dass man abwechselnd regiert und regiert wird, bedeutet, dass sich Einzelinteressen grundsätzlich dem Gemeinwohl unterzuordnen haben. Die Vertreter lokaler Interessen, die den Glauben an die Demokratie verlieren, wenn ein demokratisch beschlossenes Vorhaben umgesetzt wird, haben also ein grundfalsches Verständnis von Demokratie. Und als das Coronavirus über uns kam und Bund und Länder Schutzmaßnahmen anordneten, um Menschenleben zu retten, formierten sich welche, die sich »Querdenker« nannten. Auch diese Querdenker waren in extremem Maße egoistisch: Sie waren überzeugt, dass sie selbst nicht erkranken würden, und lehnten es deshalb ab, sich den staatlich angeordneten Schutzmaßnahmen zu unterwerfen, die darauf abzielten, Gefährdete vor lebensbedrohlichen Infektionen zu schützen und einen Zusammenbruch des Gesundheitssystems durch Überlastung der Intensivstationen zu vermeiden. Höchstrichterliche Urteile haben immer wieder bestätigt, dass das Recht auf Leben und körperliche Unversehrtheit ein derart hohes Verfassungsgut ist, dass angemessene Einschränkungen der Freiheitsrechte hinzunehmen sind. Auch hier haben Gerichte das Gemeinwohl über Einzelinteressen gestellt.

Das Verhältnis zwischen Einzelinteressen und Gemeinwohl hatte bereits William von Ockham adressiert, als er schrieb, dass Dinge, die alle betreffen, durch alle geregelt werden müssen, und dass die Menschen deshalb einen »allgemeinen Gesellschaftsvertrag« schließen. Es war dann Thomas Hobbes, der den Gedanken im Jahr 1651 ausformulierte.

Hobbes verfasste sein Hauptwerk *Leviathan* vor dem Hintergrund des englischen Bürgerkriegs von 1642 bis 1649, der zu chaotischen Zuständen führte. Es herrschte Anarchie in dieser Zeit, und Hobbes nahm wahr, dass Anarchie zu einem »Krieg aller gegen alle« führte, der unfassbares Leid verursachte. Aus der Beobachtung dieses Bürgerkriegs leitete Hobbes seine Anthropologie ab: Im Naturzustand ist der Mensch erstens egoistisch und zweitens aggressiv. Im Interesse seiner eigenen Selbsterhaltung neigt er dazu, andere zu unterwerfen oder zu töten, um in der Konkurrenz um knappe Ressourcen einen Vorteil zu erreichen: »Der Mensch ist des Menschen Wolf« (das Zitat stammte übrigens vom römischen Dichter Plautus). Ob alle Menschen egoistisch und aggressiv sind oder ob es auch friedfertige oder bescheidene Naturen geben mag, spielt dabei keine Rolle: Denn wer sich nicht am allgemeinen Krieg beteiligt, wird nach Hobbes untergehen, weil er früher oder später von einem Aggressor unterworfen wird.

Im Ergebnis ist der Naturzustand »ein Krieg aller gegen alle«, in dem es kein Gewerbe, keine Technologie, keine Wissenschaft, keinen Wohlstand, keine Gesellschaft, keinen Fortschritt geben kann, stattdessen nichts als Mord und Elend. Die Kategorien von Recht und Unrecht haben in diesem Zustand ebenfalls keine Bedeutung, weil er alle zum Kampf gegen alle anderen zwingt. Wie kann es gelingen, die Anarchie zu überwinden und Frieden zu schaffen?

Hobbes' Lösung lautet: »Sobald sein Frieden und der Schutz seines Lebens gesichert sind, muss jeder bereit sein, wenn andere es ebenfalls sind, seine Rechte auf alles abzugeben und mit so viel Freiheit gegenüber anderen zufrieden zu sein, wie er anderen gegenüber sich selber gewähren würde.« (Hobbes: Leviathan, Kap. XIV) Hobbes verweist darauf, dass dies nichts anderes ist als die biblische »Goldene Regel«: »Behandle andere so, wie du von ihnen behandelt werden willst« oder, wie es der römische Kaiser Severus Alexander formulierte: »Was du nicht willst, dass man dir tu', das füg auch keinem andern zu.« Dies ist nichts anderes als ein Gesellschaftsvertrag. Friedliches menschliches Zusammenleben ist gar nicht denkbar, ohne dass Menschen einen Teil ihrer Handlungssouveränität abgeben und sich in die

Gemeinschaft eingliedern. Damit definiert Hobbes auch Gerechtigkeit. Ungerecht ist die Nichterfüllung der gegebenen Zusage, Gerechtigkeit also Treue zum Gesellschaftsvertrag, d. h. Selbstbeschränkung (Hobbes: Leviathan, Kap. XV). Das wird heute gelegentlich genau andersherum gesehen: Viele Menschen verstehen heute unter Gerechtigkeit, dass sie mehr bekommen und andere weniger. Das ist aber nicht Gerechtigkeit, sondern Selbstgerechtigkeit.

Selbst wenn man der Auffassung ist, dass Menschen ungleich sind, muss die Gesellschaft trotzdem auf der Prämisse beruhen, dass alle gleich sind, denn sonst ist kein Frieden möglich. Das ist die fundamentale Ablehnung von jeder Art von Rassismus, ethnischer Diskriminierung oder Standesunterschieden und ein Quantensprung gegenüber dem Gedankengut der antiken Philosophen, die, wie Aristoteles, noch gefordert hatten, ungleiche Menschen ungleich zu behandeln. Hobbes lässt sich gar nicht auf die Diskussion ein, ob Menschen unterschiedlich sind oder nicht. Selbst wenn es genetische Unterschiede gäbe, darf die Gesellschaft diese Menschen nicht unterschiedlich behandeln, weil dies unweigerlich zu schweren Konflikten – Hobbes spricht stets von »Krieg« – führt. Daraus leitet er das Postulat ab, »dass jeder jeden anderen als von Natur her Gleichen betrachte«. Woraus auch folgt, dass niemand durch Tat, Wort, Miene oder Gebärde Verachtung oder Hass gegen jemand anderen zeigen darf (ebd.).

Die Crux dieser Regeln: Gesellschaft funktioniert nur, wenn alle diese Regeln akzeptieren. Das setzt voraus, dass ein allgemeiner Vertrag zwischen allen Mitgliedern der Gesellschaft geschlossen wird. Ein solcher Gesellschaftsvertrag muss aber auch eingehalten werden. Vertragstreu ist man vielleicht aus Edelmut. Dieser wird jedoch, so Hobbes, so selten angetroffen, dass man ihn nicht voraussetzen kann. Die andere Motivation zur Vertragstreue heißt: Angst vor Sanktionen. Jetzt kommt der Staat ins Spiel. Es muss eine zentrale Instanz geben, welche die Einhaltung des Gesellschaftsvertrags überwacht und welche die Macht hat, dies auch durchzusetzen. Hobbes nennt diese Gewalt »Leviathan«, nach dem unbezwingbaren biblischen Ungeheuer. Hobbes fordert dazu,

> »dass alle ihre Macht und Stärke auf Einen oder ein Gremium übertragen, so dass alle ihre Einzelwillen durch die Vielfalt ihrer Stimmen auf einen einzigen Willen konzentrieren. […] [E]s ist eine echte Einheit aller […] durch einen Vertrag eines jeden mit einem jeden dergestalt, als ob jeder zu jedem anderen sagt, ›ich übergebe mein

> Recht, mich selber zu lenken, an diese Person oder an dieses Gremium unter der Bedingung, dass du dein Recht in gleicher Weise an ihn oder an sie abtrittst‹. Wenn das getan ist, nennen wir die Vielzahl, die so vereinigt wird, ein Gemeinwesen (common-wealth), lateinisch civitas (Bürgerschaft). Das ist die Geburt des großen Leviathans, dem […] wir unseren Frieden und unseren Schutz verdanken.« (Hobbes: Leviathan, Kap. XVII)

Hobbes' Verdienst liegt darin, das fundamentale gesellschaftstheoretische Problem, nämlich wie Gesellschaft möglich sein kann, aufgezeigt zu haben und eine Lösung präsentiert zu haben, die anthropologisch voraussetzungsarm ist, weil sie von dem denkbar schlechtesten Menschenbild ausgeht. Hobbes macht nichts weniger, als die Notwendigkeit eines Staats zu begründen, und zwar eines starken Staats, der über ein Gewaltmonopol verfügt und so für Frieden sorgt. Das Ergebnis des Gesellschaftsvertrags ist das Paradox, dass wir, um größtmögliche Wohlfahrt und auch größtmögliche Freiheit zu genießen, unsere Freiheit oder besser: unseren Egoismus einschränken müssen.

Die Lösung selbst, die Idee des Gesellschaftsvertrags und seiner Durchsetzung, enthält Elemente, die bis heute in der Theorie der Gesellschaft eine Rolle spielen. Der erste Teil der Lösung, der Vertrag, der auf Gegenseitigkeit beruht, ist auch weitgehend unstrittig. Wir schließen heute keinen Gesellschaftsvertrag ab, indem wir, quasi zum 18. Geburtstag, unsere Unterschrift unter ein Dokument setzen. Unser Gesellschaftsvertrag heißt in der Bundesrepublik Deutschland *Grundgesetz*, in anderen Ländern »Verfassung«, und wir sind in diesen Vertrag hineingeboren worden und haben ihn ererbt, mit allen Rechten und Pflichten. Art. 2 Abs. 1 *Grundgesetz* formuliert den Hobbes'schen Gesellschaftsvertrag ganz ähnlich wie die »Goldene Regel«: »Jeder hat das Recht auf die freie Entfaltung seiner Persönlichkeit, soweit er nicht die Rechte anderer verletzt […]«.

Der zweite Teil des Lösungsmodells, nämlich der starke Souverän, ist dagegen immer wieder missverstanden und heftig attackiert worden. Ein starker Souverän werde seine unumschränkte Macht zu seinem eigenen Vorteil missbrauchen. Tatsächlich haben sich immer wieder antidemokratische Befürworter eines totalitären Staats auf Hobbes berufen. Die Lösung dieses Problems ist recht einfach: Wenn der Staat demokratisch ist und wenn wirksame Vorkehrungen gegen eine übermäßige Machtkonzentration getroffen sind, dann kann – und soll – der Staat ruhig stark sein.

Hobbes war allerdings noch kein Demokrat und liberal war er erst recht nicht. Es sollte allerdings nicht lange dauern, bis zwei etwas jüngere Landsleute von ihm, John Milton und John Locke, den Liberalismus begründen sollten. Die antike Idee der Gewaltenteilung, die in modernem Gewand von Montesquieu aufgegriffen werden sollte, bildete außerdem die effektive Vorkehrung gegen Machtmissbrauch und Willkür des Leviathans, d. h. des Staates. Dass der Leviathan nicht durch einen Alleinherrscher verkörpert wird, sondern durch ein »Regierung« genanntes Gremium, das demokratisch gewählt und kontrolliert wird, war ebenfalls eine Idee der Antike, die sich, wie wir bereits gesehen haben, schon vor Hobbes' Lebzeiten und erst recht danach in Europa verbreitete. Die große Idee des Gesellschaftsvertrags beinhaltet den auf den ersten Blick paradox wirkenden Gedanken, dass ein Maximum an individueller Interessenerfüllung genau dadurch erreicht wird, dass sich diese individuellen Interessen dem Gemeinwohl unterordnen. Damit hat Thomas Hobbes einen elementaren Baustein der Demokratie beigesteuert, der durch einen frankophonen Gesellschaftstheoretiker ergänzt werden sollte.

Jean-Jacques Rousseau popularisierte die auf William von Ockham und Thomas Hobbes zurückgehende Idee des Gesellschaftsvertrags auf dem europäischen Kontinent, insbesondere mit seinem 1762 erschienenen gesellschaftstheoretischen Hauptwerk *Vom Gesellschaftsvertrag oder Prinzipien des Staatsrechtes*, dessen Kernaussage lautet: »Jeder von uns stellt gemeinschaftlich seine Person und seine ganze Kraft unter die oberste Leitung des allgemeinen Willens, und wir nehmen jedes Mitglied als untrennbaren Teil des Ganzen auf.« (Rousseau: Der Gesellschaftsvertrag, Kap. I,6).

Die Körperschaft, die durch diesen Gesellschaftsvertrag entsteht, wird gemeinhin als »Staat« bezeichnet. Der Wortlaut des Gesellschaftsvertrags enthält ein Kernelement der Rousseau'schen Gesellschaftstheorie: Den allgemeinen Willen. Und damit sind wir bei Rousseaus Interessenlehre. Er unterscheidet folgende Arten von Interessen:

- *Volonté particulière* (»der Einzelwille«): das private Einzelinteresse, dessen Berücksichtigung im politischen Prozess im Allgemeinen als ungerecht und undemokratisch angesehen wird, weil es meist auf Kosten der Einzelinteressen anderer geht.
- *Volonté de tous* (»der Wille aller«): die Summe der Einzelinteressen, die häufig den paradoxen Effekt hat, dass das kollektive Wohlfahrtsoptimum

verfehlt wird (wenn beispielsweise die Summe der Einzelinteressen an Steuervermeidung zu einem handlungsunfähigen Staat führt).
- *Volonté de la majorité* (»der Wille der Mehrheit«): das Interesse, das bei einer Abstimmung oder Volksbefragung eine Mehrheit findet und das mitunter zu einer inakzeptablen Benachteiligung der unterlegenen Minderheit führt.
- *Volonté générale (*»der allgemeine Wille«): das (All-)Gemeinwohl.

Hätten die hinlänglich informierten Bürger bei demokratischen Abstimmungen keinerlei Verbindungen untereinander, würde aus der großen Zahl der kleinen Interessendivergenzen stets der allgemeine Wille hervorgehen, und der Beschluss wäre immer gut. Das Elend beginnt nach Rousseau jedoch damit, dass sich die Menschen zu Parteien zusammenschließen. Gelingt es einer Partei, die Mehrheit zu erringen, dann triumphiert lediglich ein Privatinteresse über die unterlegenen anderen Interessen. Daraus leitet Rousseau die Schlussfolgerung ab, dass sich das Gemeinwohl nur dann erkennen lässt, wenn alle Staatsbürger als Individuen auftreten und es keinerlei Parteien, Verbände oder sonstige Gruppenbildungen gibt (Rousseau: Gesellschaftsvertrag II,3). Bei Rousseau war der allgemeine Wille noch ein hypothetisches Konstrukt, das sich nicht empirisch ermitteln ließ (Taureck 2009: 107 f.).

Überhaupt hat Rousseau keine besonders hohe Meinung von den Fähigkeiten der Menschen zur Selbstbestimmung: »Man will stets sein Bestes, sieht jedoch nicht immer ein, worin es besteht. Das Volk lässt sich nie bestechen, wohl aber oft hinters Licht führen, und nur dann scheint es Böses zu wollen.« (ebd.) Deshalb hält Rousseau die Demokratie für unrealistisch: »Gäbe es ein Volk von Göttern, so würde es sich demokratisch regieren. Eine so vollkommene Regierung passt für Menschen nicht.« (Rousseau: Gesellschaftsvertrag III,4)

Immerhin schlägt Rousseau vor, dass der allgemeine Wille durch regelmäßige Volksversammlungen erhoben werden soll (Gesellschaftsvertrag III,12). Und er gibt den Regierenden den klassischen Ratschlag: »Behandelt die Gebiete gleichmäßig; gebt überall die gleichen Gesetze, verbreitet überall Wohlstand und Lebensfreude! So wird der Staat allemal der stärkste und bestregierte sein, wie nur irgend möglich.« (Gesellschaftsvertrag III,13)

Rousseaus Unterscheidung zwischen der Summe der Einzelinteressen und dem Gemeinwohl berührt das klassische Dilemma zwischen individueller und kollektiver Rationalität, das ganze Generationen von Wirtschaftswissenschaftlern und Soziologen, die die Menschen als rationale Egoisten ansehen, beschäftigt hat. Für Adam Smith (Wealth of Nations: IV,II,IX) sollte die »unsichtbare Hand« des Marktes dafür sorgen, dass sich das Gemeinwohl einstellt, wenn alle Wirtschaftsteilnehmer ihr Individualinteresse anstreben und die Konkurrenz dafür sorgt, dass niemand unangemessene Vorteile erhält. Spätere Ökonomen haben jedoch erkannt, dass Marktversagen und Trittbrettfahren sehr wohl staatliche Interventionen erfordern, um Monopole zu vermeiden oder zumindest zu kontrollieren und kollektive Güter (wie z. B. Infrastruktur, Sicherheit, Umweltschutz) bereitzustellen.

Den Theoretikern des Gesellschaftsvertrags war klar: Wenn alle individuell rational handeln, also ihren Eigennutzen maximieren, erhält jeder einzelne weniger, als wenn ein starker Staat dafür sorgt, dass kollektiv rational gehandelt wird, also das Gemeinwohl angestrebt wird. Was das Gemeinwohl ist, lässt sich, wie auch die Mütter und Väter des *Grundgesetzes* wussten, nicht abstrakt festlegen. Das Gemeinwohl ist vielmehr das Ergebnis demokratischer Verfahren – des Zusammenspiels von Mehrheitsentscheidungen, partizipativen Verfahren, Güterabwägungen und der Möglichkeit gerichtlicher Überprüfungen. Im heutigen Verfassungsrecht ergibt sich das (All-)Gemeinwohl aus der sorgfältigen Abwägung aller öffentlichen und privaten Interessen unter Wahrung der Grundrechte und des Grundsatzes der Verhältnismäßigkeit (Bundesverfassungsgericht, Urteil vom 22. Februar 2011 – 1 BvR 699/06, Rdnr. 58 und Urteil vom 17. Dezember 2013 – 1 BvR 3139/08, Rdnr. 166).

Öffentliche Interessen ist ein Pluralwort. Wenn etwa eine Kommune einen Bebauungsplan aufstellt, sind nicht weniger als 71 verschiedene, in § 1 Abs. 6 des *Baugesetzbuches* aufgelistete öffentliche Interessen zu berücksichtigen, darunter soziale, kulturelle, ökologische und wirtschaftliche Ziele. Es ist eher die Regel als die Ausnahme, dass sich diese verschiedenen öffentlichen Interessen gegenseitig widersprechen. Deshalb schreibt § 1 Abs. 7 *Baugesetzbuch* vor, dass »die öffentlichen und privaten Belange gegeneinander und untereinander gerecht abzuwägen« sind, d. h. der Gesetzgeber erkennt an, dass es verschiedene, miteinander konfligierende öffentliche Interessen gibt. Diese werden übrigens auch nach § 4 *Baugesetzbuch* durch verschiedene Behörden und andere Träger öffentlicher Belange vertreten, d. h. dem Gesetzgeber ist die alte Erkenntnis der Organisationssoziologie bewusst gewesen, dass jede Organisationseinheit, die mit einem bestimmten Zweck betraut ist, dazu neigt, diesen Zweck zu verabsolutieren und nicht mehr das große Ganze des Gemeinwohls zu berücksichtigen. Die Abwägung der verschiedenen Interessen und

Stellungnahmen ist schließlich Aufgabe der gewählten parlamentarischen Vertretung, kann aber gerichtlich überprüft werden. Das Gemeinwohl ist also ein dynamisches Konstrukt, das in jedem Einzelfall durch die demokratisch legitimierten Gremien durch Abwägung verschiedener Interessen neu zu bestimmen ist. In diesem Abwägungsprozess werden Einzelinteressen, so berechtigt sie auch erscheinen mögen, relativiert.

Spätestens im 19. Jahrhundert ist der Gesellschaftsvertrag um eine weitere Komponente erweitert worden: Die Solidarität. Solidarität – Grundlage der Sozialpolitik – bedeutet, dass alle Mitglieder eines Gemeinwesens ihren Beitrag dazu leisten, andere zu unterstützen, wenn sie in Not geraten sollten. Im Gegenzug kann ich selbst auf Unterstützung zählen, falls ich einmal in Not geraten sollte. Der Sozialstaat ist somit eine Art Versicherungsvertrag auf Gegenseitigkeit.

Wir haben den Gesellschaftsvertrag aus gutem Grund an den Anfang der Bausteine der Demokratie gestellt, denn er ist die Grundlage für alles Weitere. Wer den Gesellschaftsvertrag nicht akzeptiert, ist prinzipiell antidemokratisch. Das lässt sich leicht bei Nationalisten, Rechtspopulisten, Querdenkern erkennen. Wer gegen die Europäische Union opponiert und insbesondere Partnerländern, die von einer Finanzkrise betroffen sind, Unterstützung verweigern will, ist unsolidarisch, denkt in Kategorien eines nationalen Egoismus und ist zudem kurzsichtig, denn die europäischen Stützungsmaßnahmen haben sich für alle als vorteilhaft erwiesen. Wer in einer Pandemie Atemschutzmasken und Impfungen verweigert, hat ebenfalls den Gesellschaftsvertrag gekündigt, der beinhaltet, dass jeder seine individuelle Freiheit hinter das Gemeinwohl zurückstecken muss. Wer nicht bereit ist, höhere Energiepreise zu entrichten, um eine aggressive Großmacht zu bändigen, die erst ihr unschuldiges Nachbarland angegriffen hat, um im nächsten Schritt womöglich auch Westeuropa zu bedrohen, ist ebenfalls gleichermaßen egoistisch und unsolidarisch wie kurzsichtig. Aber es kommt noch nicht einmal darauf an, ob die Europapolitik, die Pandemiepolitik und die Russlandpolitik sachlich richtig sind. Wenn diese Politiken demokratisch beschlossen worden sind – und dies jeweils mit überwältigenden Mehrheiten –, dann verlangt es der Gesellschaftsvertrag, dass man sich den Regelungen, die diese Beschlüsse beinhalten, unterwerfen muss. Alles andere ist überzogene Selbstgerechtigkeit.

Wie überzogen diese Selbstgerechtigkeit bzw. dieser Egoismus ist, zeigt sich daran, dass in der rechten Szene – vom AfD-Flügel bis zum »Demokratischen Widerstand« und »Widerstand 2000« – diskutiert wird, sich auf das Widerstandsrecht nach Art. 20 Abs. 4 GG zu berufen, nur weil man mit einigen Gesetzen und Regierungsmaßnahmen nicht einverstanden ist und nichts dagegen tun kann, weil man keine Parlamentsmehrheit erreicht. Erstens greift das Widerstandsrecht nur, wenn keine andere Abhilfe möglich ist. Diese Abhilfe ist aber immer gegeben – zum Beispiel durch eine Verfassungsbeschwerde (tatsächlich waren einige Klagen gegen Coronaschutzmaßnahmen erfolgreich). Zweitens ist das Widerstandsrecht im Jahr 1968 im Zuge der Notstandsgesetze in das *Grundgesetz* aufgenommen worden, um einem Widerstand eine legale Basis zu geben, der sich gegen einen Usurpator richtet, der die Notstandsgesetze nutzt, um autokratische Macht zu erlangen. Das Widerstandsrecht greift nur dann, wenn der demokratische Staat von Grund auf bedroht ist, also durch einen Staatsstreich. Der Staatsrechtler Josef Isensee nennt als Beispiele den Versuch, »die Alleinherrschaft einer Partei aufzurichten«, »den Rechtsstaat dem Gesetz der Scharia« zu unterwerfen oder eine »ökologische Diktatur zu errichten«. Unkorrektheiten bei einer Bundestagswahl, die Verletzung von Grundrechten durch die Regierung oder eine unrechtmäßige Auflösung des Bundestags durch den Bundespräsidenten reichen noch nicht aus, um das Widerstandsrecht auszulösen (Isensee 2013). Wenn rechte Gruppen und Parteien vom Widerstandsrecht fabulieren, weil sie mit Beschlüssen des Bundestags und des Bundesverfassungsgerichts nicht einverstanden sind, dann stellen sie damit die Souveränität des demokratischen Staats infrage und rufen zur Gewalt gegen diesen Staat auf. Wenn es irgendetwas gibt, das demokratiefeindliche Gesinnung zeigt, dann ist es der fahrlässige Umgang mit dem Widerstandsrecht.

3.2 Wider die Tyrannei der Mehrheit: Die Menschenrechte

Man stelle sich einmal einen Staat vor, in dem ein Parlament und eine Regierung gewählt werden, der also formell demokratisch ist. Und wo das Parlament mit Mehrheit Gesetze verabschiedet, die festlegen, dass bestimmte Bevölkerungsteile aufgrund irgendeines Kriteriums – Abstammung, Religion, Hautpigmentierung – zu bevorzugen und andere zu benachteiligen sind. Die Privilegierten beuten die Benachteiligten aus, die höhere Abgaben zahlen müssen und geringere staatliche Leistungen erhalten. Den Benachteiligten werden Rechte vorenthalten. Sie werden durch Verbote schikaniert. Weil die Mehrheit von der Benachteiligung der Minderheit profitiert, vermag sie ihr

Interesse an der Ungleichbehandlung der Bürgerinnen und Bürger dauerhaft durchzusetzen, denn ihre Parteien gewinnen jede Wahl. Ist das demokratisch?

Nein, denn Demokratie bedeutet wörtlich »Herrschaft des Volkes«. Damit das Volk herrscht und nicht beherrscht wird, sind gleiche Rechte aller Bürgerinnen und Bürger eine zwingende Voraussetzung für die Demokratie. Wird ein Teil der Bevölkerung ungleich behandelt, kann man *per definitionem* nicht von Demokratie sprechen. Ohne Gleichheit kann es keine Demokratie geben. Zweitens kann das Mehrheitsprinzip nicht so weit gehen, dass die Mehrheit, die sich bei den Wahlen durchsetzt, die unterlegene Minderheit unterdrückt. Dann haben wir ebenfalls keine Herrschaft des Volkes, sondern eine Tyrannei der Mehrheit. Volksherrschaft, also Demokratie, kann es nicht geben, wenn ein Teil der Bevölkerung unterdrückt, ausgebeutet, schikaniert oder terrorisiert wird. Demokratie setzt also zwingend voraus, dass das Mehrheitsprinzip beschränkt wird, d. h., dass es der Mehrheit nicht ermöglicht wird, der Minderheit bestimmte Rechte zu verweigern oder erheblichen Schaden zuzufügen.

Machen wir ein zweites Gedankenexperiment. Stellen wir uns einen Staat vor, in dem eine bestimmte Partei die Wahlen – durchaus knapp – gewinnt. Diese Partei kann jetzt ihre Mitglieder und Unterstützer mit Ministerämtern, Behördenleiterposten und anderen attraktiven Ämtern versorgen. Das wird von der politischen Opposition kritisiert. Die Partei möchte aber auch die nächsten Wahlen gewinnen. Was macht sie nun? Das von ihr beherrschte Parlament verabschiedet Gesetze, die die Regierung ermächtigen, eine Geheimpolizei aufzubauen, die die politische Opposition verfolgt. Die politische Tätigkeit der Opposition wird eingeschränkt, bestimmte Parteien werden komplett verboten und politische Gegner werden eingeschüchtert und erpresst. Die Meinungsfreiheit wird eingeschränkt, und die Medien werden einer Zensur unterworfen, die eine regierungskritische Berichterstattung verbietet. Und wer es gar zu bunt treibt, wird gleich ins Gefängnis geworfen. Und mancher verschwindet dort. Die Schwächung der Opposition wird dazu führen, dass die Partei von nun an jede Wahl gewinnt. Und sie beruft sich darauf, dass sie ja demokratisch legitimiert ist. Ist das demokratisch?

Natürlich nicht. Wenn eine Mehrheit genutzt wird, um die Opposition so zu schwächen, dass auch zukünftige Wahlen gewonnen werden, ist das nichts anderes als die Beseitigung der Demokratie. In einem solchen Land gibt es genau einmal eine demokratische Wahl – danach nutzt die siegreiche Partei ihre Macht, um sie dauerhaft zu erhalten und sich fortan einer echten demokratischen Kontrolle zu entziehen. Das Spiel kennt man aus vielen Ländern, wo Autokraten bei jeder Wahl traumhafte Ergebnisse erzielen, weil sie sich der Opposition entledigt haben. Demokratie erfordert Fairness für alle Parteien und gleiche Chancen für Regierungs- und Oppositionsparteien. Das Mehrheitsprinzip muss auch deshalb beschränkt werden; es darf nicht missbraucht werden, um die politische Opposition zu unterdrücken. Und ohne Freiheit auch für die Minderheiten kann es keine Demokratie geben:

> »Wird also die Freiheit der Minderheiten nicht geachtet, so würde nicht nur die erste Wahl ein für allemal festlegen, wer frei ist und wer nicht; auch die Freiheit derer, die bei dieser Gelegenheit für die Mehrheit gestimmt haben, wäre verloren, denn es wäre ihnen in der Praxis nicht erlaubt, ihre Meinung zu ändern. Damit wäre die erste Wahl die einzige wirkliche Wahl. Und das würde bedeuten, dass eine solche Demokratie im Augenblick ihres Beginns auch schon stirbt.« (Sartori 1997: 43)

Beide Gedankenexperimente, die keineswegs unrealistisch sind, wie der Blick in andere Länder und in die eigene Geschichte zeigt, verdeutlichen uns, dass Demokratie mehr ist als Wählen. Mehr noch, Demokratie erfordert sogar zwingend, das Prinzip der Mehrheitsentscheidung zu beschränken. Das erscheint zunächst kontraintuitiv, denn die meisten Menschen denken doch, dass Demokratie bedeutet, dass man abstimmt und dass der Wunsch der Mehrheit umgesetzt wird. Aber wir haben gesehen, dass das unlogisch ist. Das Mehrheitsprinzip, zumindest das unbeschränkte Mehrheitsprinzip, birgt in sich die Tendenz, die Demokratie zu beseitigen. Das Bollwerk gegen den Missbrauch des Mehrheitsprinzips waren bei den Alten Griechen die »Gesetze«, d. h. grundlegende Werte und Prinzipien. Heute wird das Bollwerk gegen den Missbrauch des Mehrheitsprinzips durch den Wesenskern der Verfassung gebildet, der nicht verändert werden darf, noch nicht einmal durch Zweidrittelmehrheiten in Bundestag und Bundesrat und auch nicht durch eine (vom *Grundgesetz* ohnehin nicht vorgesehene) Volksabstimmung.

Zu diesem Wesenskern gehören zum einen die Vorschriften, die eine Machtkonzentration in der Hand eines Staatsorgans verhindern und die Gewaltenteilung sicherstellen. Dazu kommen wir noch in späteren Kapiteln. Zum zweiten gehören zum unabänderlichen Wesenskern die in Art. 1 bis 19 *Grundgesetz* festgeschriebenen Grundrechte. Dabei lohnt es sich, unsere

Verfassung genau zu lesen. Art. 1 Abs. 2 *Grundgesetz* lautet wie folgt: »Das Deutsche Volk bekennt sich darum zu unverletzlichen und unveräußerlichen Menschenrechten als Grundlage jeder menschlichen Gemeinschaft, des Friedens und der Gerechtigkeit in der Welt.« Das Volk *bekennt* sich zu den Menschenrechten. Die Menschenrechte werden nicht erst durch das *Grundgesetz* definiert; sie existieren unabhängig davon, ob sie dort formuliert sind oder nicht. Und deshalb können sie auch nicht durch eine Änderung des *Grundgesetzes* abgeschafft werden. Das *Grundgesetz* verhält sich rein deklaratorisch zu den Menschenrechten, die unabhängig von seiner Verabschiedung gelten. Dass es universell gültige Menschenrechte gibt, also Rechte, die zu jeder Zeit, überall und für jeden Menschen gelten, und die gelten, gleich ob sie jemals beschlossen worden sind oder nicht, ist eine historisch recht junge Idee, die auch heute noch längst nicht von allen Ländern der Welt geteilt wird. Was sind die Ursprünge dieser Idee?

Es gab einmal ein kleines Bergvolk, das in der Nähe wichtiger Handelsstraßen lebte, dort, wo sich zwei Großreiche immer wieder begegneten. Dieses Bergvolk wurde mal von dem einen Großreich, Ägypten, mal von dem anderen Großreich, Assyrien, unterjocht. Zwischen 597 v. Chr. und 538 v. Chr. befand sich das Königreich Juda unter der Herrschaft Babylons, wobei ein großer Teil seiner Oberschichten sogar dorthin umgesiedelt wurde.

Üblicherweise übernahm damals ein Volk, das von einem anderen erobert wurde, auch den Glauben an dessen oberste Gottheit, die sich ja als siegreich und überlegen erwiesen hatte. Üblich war es auch, dass der jeweilige Herrscher als Abbild, Stellvertreter oder Inkarnation des obersten Gotts betrachtet wurde, was die absolute Macht über seine Untertanen legitimierte. Nicht so das Volk Juda. Es war wohl während des babylonischen Exils, als wesentliche Elemente der *fünf Bücher Mose* verfasst wurden, die den Glauben an den einen Gott Jahwe bekräftigten. Und das erste dieser Bücher, *Genesis*, enthält eine bemerkenswerte Aussage, die sich sogar an drei verschiedenen Stellen findet:

> »Und Gott schuf den Menschen nach seinem Bilde, zum Bilde Gottes schuf er ihn; und schuf sie als Mann und Frau.« (Gen 1,27; ähnlich Gen 5,1 und Gen 9,6)

Das war revolutionär. Denn der jeweilige mesopotamische wie auch der ägyptische König war allein das Abbild des höchsten Gottes, und jetzt sagten die

Juden, dass jeder Mensch Gottes Ebenbild sei! Die politischen Implikationen der dreifachen Formulierung im Buch Genesis wurden damals klar verstanden. Es gibt reichlich Belege, die dokumentieren, dass sich ägyptische und mesopotamische Könige als Ebenbilder Gottes sahen und daraus das Recht auf Willkürherrschaft ableiteten. Wenn dagegen jeder einzelne Mensch, also auch die Angehörigen der verschleppten und versklavten eroberten Völker, als Gottes Ebenbild erschaffen wurde und ihm damit Gottes Eigenschaften verliehen wurden, dann konnte jeder einzelne Mensch auch göttliche Rechte beanspruchen. Insbesondere liegt darin die Begründung der unteilbaren und unveräußerlichen Würde eines jeden Menschen, die ihm mit der Geburt verliehen ist (vgl. Joas 2019: 204 ff.). Was das praktisch bedeutete, wurde in Gen 9,5 f. deutlich gemacht: Jedem Menschen verlieh Gott das Recht auf Leben, was bedeutete, dass Menschen nicht berechtigt waren, andere Gotteskinder zu töten. Das Recht auf Leben, so prominent in Art. 2 Abs. 2 *Grundgesetz*, geht historisch auf die Gottebenbildlichkeit zurück.

Göttliche Eigenschaften zu haben, bedeutet aber auch, dass der Mensch in der Lage ist, moralische Urteile zu fällen, und über die Freiheit verfügt, sich für gutes oder böses Handeln zu entscheiden: »Dann sprach Gott, der HERR: Siehe, der Mensch ist wie einer von uns geworden, dass er Gut und Böse erkennt.« (Gen 3,22) Begründet die Gottebenbildlichkeit die Würde des Menschen, so folgt aus der Urteils- und Entscheidungsfähigkeit, einer göttlichen Eigenschaft, das Menschenrecht auf Freiheit, denn man kann seine Urteils- und Entscheidungsfähigkeit nur dann einsetzen, wenn man auch die *Freiheit* hat, zwischen verschiedenen Handlungsoptionen zu wählen.

Das *Neue Testament* bekräftigte die Idee der Gottebenbildlichkeit an mehreren Stellen in Paulus- und Petrusbriefen (1 Kor 15,49; 2 Kor 3,18; Kol 3,10; 2 Petr 1,4). Insbesondere wird aber im Handeln Jesu sehr deutlich, dass er Würde und Rechte allen Menschen zuspricht, gerade auch den Frauen, die sich bisher unter dem Radar der männerzentrierten antiken Philosophie befanden, und den gesellschaftlich Geächteten, den Aussätzigen, den Kranken, den Armen, den Bettlern, den Prostituierten, den Sündern und auch den verachteten Steuereintreibern, denen man die bürgerlichen Ehrenrechte versagte.

Der Rabbiner Jesus von Nazareth stand voll in der jüdischen Tradition und wollte die Kernelemente des Glaubens wieder zur Geltung bringen, die mitunter von einer im Grunde scheinheiligen, nach sozialer Überlegenheit haschenden, übertriebenen Befolgung äußerlicher Regeln zur alltäglichen Lebensführung verschüttet worden waren. Im 15. Kapitel des *Matthäusevangeliums* wird Jesus von Pharisäern und Schriftgelehrten kritisiert, weil seine Jünger die traditionelle Überlieferung missachten, insbesondere die Reinigungsgebote (Mt 15,1 f.). Er antwortet mit dem Vorwurf, dass sie, die scheinbar Frommen, Gottes Wort um der Überlieferung willen außer Kraft gesetzt hätten (Mt 15,6) und zitiert den Propheten Jesaja: »Dieses Volk ehrt mich mit den Lippen, sein Herz aber ist weit weg von mir. Es ist sinnlos, wie sie mich verehren; was sie lehren, sind Gebote von Menschen.« (Mt 15,8 f. zitiert Jes 29,13). In moderner Sprache würden wir sagen: Die Pharisäer handelten normorientiert, Jesus forderte jedoch zielorientiertes Handeln. Und er wischt sämtliche traditionellen Speise- und Reinigungsvorschriften mit einem Satz vom Tisch: »Nicht das, was durch den Mund in den Menschen hineinkommt, macht ihn unrein, sondern was aus dem Mund des Menschen herauskommt, das macht ihn unrein.« (Mt 15,11) Und weil Petrus nicht glauben kann, was er soeben gehört hat, muss Jesus auf Nachfrage erläutern: »Denn aus dem Herzen kommen böse Gedanken, Mord, Ehebruch, Unzucht, Diebstahl, falsche Zeugenaussagen und Verleumdungen. Das ist es, was den Menschen unrein macht; aber mit ungewaschenen Händen essen macht ihn nicht unrein.« (Mt 15,19 f.) Dieser kurze Text enthält mehrere Elemente, die für die Entwicklung des Konzepts der Menschenrechte ausschlaggebend waren:

1. Die Menschen sollen geschützt werden vor »bösen Gedanken, Mord, Ehebruch, Unzucht, Diebstahl, falschen Zeugenaussagen und Verleumdungen«. Kehrt man das um, haben die Menschen ein Recht auf würdevolle Behandlung, auf Leben, auf eheliche Treue, auf sexuelle Selbstbestimmung, auf Eigentum, auf Wahrheit und Rechtsstaatlichkeit, also auf Menschenrechte.
2. Entsprechend sind Handlungen zu verurteilen, die diese Rechte verletzen. Wenn man dies umgekehrt formuliert, können die Menschenrechte aus der »Goldenen Regel« abgeleitet werden. Wenn jeder Mensch seine Mitmenschen so behandelt, wie er oder sie selber behandelt werden möchte, werden die Menschenrechte gewahrt.
3. Das gesprochene Wort zählt bereits als Handlung. Die Achtung der Würde des Menschen ist das oberste Menschenrecht, und wenn ein »böser«, also beleidigender, herabwürdigender oder verleumdender Gedanke ausgesprochen ist, wird sie bereits verletzt. Das ist extrem wichtig, denn die Demontage der Demokratie beginnt meist mit grenzüberschreitenden Äußerungen, die aber meist mit dem Argument verharmlost werden, es

handele sich ja nur um Worte, nicht um (strafbare) Taten. Aber Worte bereiten den Boden für Taten.

4. Individuelle Rechte müssen auch vor Verletzungen durch formaljuristisch korrekte Handlungen geschützt werden, die aber aus arglistigen Motiven heraus entstehen.
5. Es wird unterschieden zwischen »einem göttlich fundierten und folgerichtig durch menschlichen Willen unabänderlichen Recht (Naturrecht), das jedem bestimmte Rechte und Pflichten gewährt und auferlegt« (Hernández 2011: 10), und den von Menschen gesetzten Rechtsvorschriften, die ungültig sind, wenn sie diesem Naturrecht – und dazu gehören die Menschenrechte – widersprechen. Menschenrechte lassen sich nicht durch gesetzgeberische Akte außer Kraft setzen.
6. Träger der Menschenrechte ist das einzelne Individuum und kein Kollektiv wie Familie, Sippe, Stamm oder Volksgemeinschaft.

Auch wenn Jesus sich ausdrücklich auf den alttestamentlichen Propheten Jesaja beruft, ist das von griechischen Mysterienkulten beeinflusste Christentum im Kontext des hellenistischen Denkens zu sehen. In einer Zeit, in der die patriarchalisch strukturierte Familie bzw. Sippe die zentrale gesellschaftliche Einheit darstellte und es die Pflicht des Sohnes war, für seine alten Eltern zu sorgen, verlässt Jesus seine Familie (die ihn deshalb für verrückt hält, Mk 3,21), fordert seine Jünger auf, das Gleiche zu tun und verzichtet selbst darauf, eine eigene Familie zu gründen. Dieser Individualismus war im damaligen Israel revolutionär, aber in der hellenistischen Lebenspraxis seit Jahrhunderten verbreitet. Der hellenistische Individualismus ergab sich aus der Stellung des Bürgers in der *Polis*.

Dass den Griechen individuelle Freiheit und Gleichheit wichtig waren, lässt sich schon bei Herodot finden, wenn er die Tyrannen kritisiert. Die aussagekräftigste Quelle für die individuellen Rechte, die in Athen galten, stellt jedoch die *Gefallenenrede des Perikles* dar, der in seiner Aufzählung der Vorzüge des athenischen Staats u. a. Folgendes erwähnt: »Nach dem Gesetz haben in den Streitigkeiten der Bürger alle ihren gleichen Anteil, der Geltung nach aber hat im öffentlichen Wesen den Vorzug, wer sich irgendwie Ansehen erworben hat, nicht nach irgendeiner Zugehörigkeit, sondern nach seinem Verdienst; und ebenso wird keiner aufgrund von Armut, wenn er für die Stadt etwas leisten könnte, durch die Unscheinbarkeit seines Namens behindert.« (Thukydides, 2,37,1)

Das ist nichts anderes als das Bürgerrecht auf Gleichheit – wir sagen »Bürgerrecht« und nicht »Menschenrecht«, weil die Alten Griechen diese Rechte nur Bürgern zugesprochen haben – also nicht Zugereisten, Sklaven und Frauen. Perikles fährt fort: »Genießen wir aber so als Bürger die volle Freiheit, so beschränken wir uns auch in unserem täglichen Tun und Treiben durch keine gegenseitige Beargwöhnung; wir betrachten unseren Mitbürger nicht mit Verachtung, wenn er frei seiner Neigung folgt, und verhängen über uns keine Bußen, die uns zwar an unserem Vermögen keinen Schaden tun, aber doch kränkend sind.« (Thukydides, 2,37,2)

Das ist eine andere Formulierung des Rechts auf freie Entfaltung der Persönlichkeit, das nicht nur den Grundpfeiler für das Recht auf Freiheit bildet, sondern zugleich das Grundprinzip des Individualismus: Jeder Bürger darf so leben, wie es ihm gefällt – sofern er dadurch nicht die Rechte anderer beeinträchtigt, was durch entsprechende Gesetze festgelegt wird. Perikles beschränkte sich darauf, die Bürgerrechte auf Gleichheit und Freiheit zu nennen; dass die athenischen Bürger über weitere Grundrechte verfügten, erschließt sich aus den historischen Quellen.

Dass den antiken Griechen die Freiheitsrechte von zentraler Wichtigkeit waren, hatten wir bereits bei den Ausführungen von Platon, Aristoteles und Polybios gesehen, die alle die Demokratie als Voraussetzung für die individuelle Freiheit betrachtet hatten. Die antiken Philosophen haben weitere Bausteine zur Idee der Menschenrechte beigesteuert, die zwei Jahrtausende später insbesondere von Immanuel Kant aufgegriffen werden sollten. Platon war davon überzeugt, dass es die Idee des Guten und des Gerechten gibt, die unabhängig von dem Denken der Menschen existiert. Bei Polybios waren das »die Gesetze der Götter«. Kant sollte das später »Naturrecht« nennen.

Bei Aristoteles war es ebenfalls die »Natur«, die den Menschen als vernunftbegabtes und soziales Wesen erschaffen hatte, und da die Natur nichts ohne Zweck tut, kann der Mensch sein Menschsein nur dann entfalten, wenn er die Freiheit hat, seine Vernunft zu gebrauchen. Bei Aristoteles liegt damit der Ursprung der vernunftrechtlichen Begründung der Menschenrechte, die ebenfalls von Kant aufgegriffen werden sollte. Allerdings versah Aristoteles das Recht auf Freiheit mit einigen Einschränkungen: Eine ausreichende Vernunft, um selbstbestimmt zu handeln, billigte er nicht jedem Menschen zu; er sah den Menschen verpflichtet, sich durch Bildung in die Lage zu versetzen, seine Handlungsfreiheit verantwortlich einzusetzen; er wollte die Freiheit auf die Handlungen beschränkt sehen, die zum Nutzen und nicht zum Schaden der Gemeinschaft sind; und er wollte das Recht auf Selbstentfaltung dadurch zum Ausdruck gebracht haben, dass der Mensch die eigenen Fähigkeiten zur Entfaltung bringt (Schmitt 2017).

Aristoteles war zwar ein kluger Kopf, der im Anschluss an seinen Lehrmeister Platon die Individualität des Menschen herausgearbeitet hat (Gerhardt 2000: 30 ff.), aber er war kein glühender Verfechter der Rechte, die wir heute als »Menschenrechte« bezeichnen. Im Gegenteil, Aristoteles war durch und durch aristokratisch geprägt, relativierte deshalb die Idee der Gleichheit und benutzte die Ansicht, dass die Vernunft bei den Menschen in unterschiedlichen Graden ausgeprägt ist, zur Rechtfertigung der Sklaverei. An sich sah Aristoteles den Menschen als vernunftbegabtes Wesen, das an Sprache und Vernunft teilhat und deshalb in der Lage ist, gut und schlecht, gerecht und ungerecht zu unterscheiden und als soziales Wesen am Staat Anteil zu haben. Allerdings gebe es Menschen, die selbst keine Vernunft besitzen und deshalb »Sklaven von Natur« seien: »Von Natur aus ist der ein Sklave, der einem anderen gehören kann und auch gehört und der nur insofern an der Vernunft teilhat, als er sie von anderen annimmt, sie aber nicht von sich aus besitzt.« (Aristoteles: Politik I,V) Aristoteles scheint sich selbst bewusst zu sein, dass seine Argumentation nicht wirklich überzeugend ist (allein deshalb, weil ja auch intelligente Menschen – wie es selbst Platon passiert ist – durch Krieg oder Piraterie versklavt werden konnten); allein, er biegt seine Argumentation so hin, dass Sklavenhaltung gerechtfertigt werden kann – aus dem durchsichtigen Motiv heraus, dass die antike Ökonomie darauf angewiesen war.

Fortschrittlicher, allerdings auch in einer Minderheitenposition, war sein Zeitgenosse Alkidamas, von dem ein denkwürdiger Satz überliefert ist (aus seiner Rede für die Messener, die von Sparta versklavt worden waren): »Gott hat alle Menschen freigelassen, die Natur hat niemanden zum Sklaven gemacht.« (Scholion zu Aristoteles: Rhetorik. A 13,2, 1373b18) Diese Worte, die wohl kurz vor 369 v. Chr. gesprochen wurden, stellen das altgriechische Pendant zur alttestamentlichen Gottebenbildlichkeit dar, erstens weil ausnahmslos allen Menschen, auch Sklaven, das Menschenrecht auf Freiheit zugebilligt wurde, und zweitens, weil Alkidamas dieses Recht ebenfalls durch göttlichen Ratsschluss begründet sah. Überhaupt hatten die Sophisten, zu denen Alkidamas gehörte, eine Debatte geführt, in der sie das (menschengemachte) Gesetz der (göttlichen) Natur nachordneten, also ein a priori geltendes Naturrecht postulierten, das durch die Schöpfer der Natur, die Götter, aufgestellt worden war.

Die Geistesgeschichte nennt noch weitere Stationen, die rückblickend zur Entwicklung der Idee der Menschenrechte beigetragen haben, etwa Augustinus oder Thomas von Aquin, der insbesondere die Philosophie des mittlerweile wiederentdeckten Aristoteles in die christliche Theologie einbrachte. Allerdings ging die Realgeschichte zunächst ganz andere Wege. Als christliche Herrscher an die Macht kamen, traten die ethischen und politischen Implikationen der Gottebenbildlichkeit in den Hintergrund, wurden aber nicht vollständig vergessen. Anfang des 14. Jahrhunderts betonte William von Ockham die Freiheit und Gleichheit der Menschen. Am 16. August 1550 bescheinigte der ehemalige Bischof von Chiapas (Mexiko), Bartolomé de Las Casas, in einem theologischen Rat, den der spanische König Karl I. einberufen hatte, den amerikanischen Ersteinwohner:innen, »Indios« genannt, dass sie vernunftbegabte Wesen mit einer unsterblichen Seele seien. Las Casas wandte sich damit gegen die bis dahin übliche Anwendung des unglückseligen aristotelischen Konzepts auf die »Indios«, nach dem es Sklaven von Natur gebe.

Noch konnte er sich nicht durchsetzen, gleichwohl erwiesen sich seine Reden und Schriften als einflussreich. Schon 1573 unternahm sein Landsmann Fernando Vázquez de Menchaca den wichtigen Schritt, die antike Vorstellung eines natürlichen, alle Staaten und Völker umfassenden Rechts (*ius gentium naturale* – Naturrecht) aus der Theologie herauszulösen. Dieses Naturrecht beinhaltet die Freiheit und Gleichheit aller Menschen, Volkssouveränität sowie Gütergemeinschaft. Auf Vázquez baute wiederum der Niederländer Hugo Grotius auf, der 1625 mit seiner Schrift *De iure belli ac pacis* (Über das Recht von Krieg und Frieden) nicht nur das Völkerrecht begründet, sondern wohl den ersten Menschenrechtskatalog der Geschichte aufstellt (Gellinek 2005).

Grotius verweist überhaupt nicht mehr auf Gott als Urheber des Naturrechts, auch nicht auf die Vernunft, sondern auf den Konsens, insbesondere unter den antiken Schriftstellern: »Zum Beweis dieses Rechtes habe ich auch die Zeugnisse der Philosophen, Dichter, ja selbst der Redner benutzt.« (Grotius: Über das Recht von Krieg und Frieden, Proleg. 40) Ihm ist klar, dass jeder einzelne Autor bestimmten Interessen und Denkrichtungen verpflichtet ist. »Aber wenn viele aus verschiedene Zeiten und allen Orten dasselbe als gewiss behaupten, muss dies auf einen allgemeingültigen Grund hinweisen.« (ebd.) Je größer die Zahl der Autoren verschiedener Kulturen und Epochen, die zu ähnlichen Ansichten gekommen sind, desto größer ist die

Wahrscheinlichkeit, dass das a priori, aufgrund von Plausibilitätsüberlegungen, entwickelte Prinzip auch wahr ist.

Grotius' Naturrechtslehre wurde von dem protestantischen Rechtsgelehrten Samuel von Pufendorf weiterentwickelt, für den an der Universität Heidelberg eigens eine Professur für Natur- und Völkerrecht geschaffen wurde. Zur Natur des Menschen gehörten die Seele, die Vernunft sowie die Urteils- und Entscheidungsfähigkeit. Und es seien diese Eigenschaften, die dem Menschen Würde verleihen. 1672 schrieb er: »Der Mensch ist von höchster Würde, weil er eine Seele hat, die ausgezeichnet ist durch das Licht des Verstandes, durch die Fähigkeit, die Dinge zu beurteilen und sich frei zu entscheiden, und die sich in vielen Künsten auskennt.« (Pufendorf: De jure naturae et gentium libri octo 2,1,§ 5)

Damit sprach Pufendorf dem Menschen eine zentrale Eigenschaft zu, die auch unseren Grundrechtskatalog anführt: Die Menschenwürde. Die Würde war bis dahin für »Würdenträger« reserviert, d. h. Menschen, denen aufgrund ihres hervorragenden Status – wie Monarchen, Adelige, Bischöfe – oder aufgrund herausgehobener Ämter – wie Diplomaten, Bürgermeister, Professoren – besondere Ehrenbezeugungen und besonderer Respekt zuteilwurde. Die Würde war vor der Aufklärung »ein elitärer und keinesfalls egalitärer Begriff« (Nowak 2018), auch wenn Cicero und Thomas von Aquin das Konzept der Würde benutzt hatten, um den Menschen vom Tier zu scheiden. Für die Idee der Menschenrechte war es deshalb von zentraler Bedeutung, dass Pufendorf die Würde allen Menschen zubilligte, also auch den Angehörigen der niederen Stände, den Leibeigenen, den Sklaven, denn damit impliziert der Begriff der Würde auch die fundamentale Gleichheit der Menschen und auch die Freiheit des Handelns, die sich aus Vernunft und Urteilskraft ergeben.

Indem der Mensch seine Handlungsfreiheit und seine Vernunft einsetzt, um seine Ziele zu erreichen, verwirklicht er seine Natur und erfüllt zugleich die Gesetze der Natur und den Willen Gottes, der die Natur geschaffen hat. Pufendorfs Weiterentwicklung der Naturrechtslehre sollte sowohl auf dem europäischen Kontinent, namentlich bei Rousseau und Kant, als auch in der angelsächsischen Welt einem enormen Einfluss entfalten, der sich insbesondere auf die *Amerikanische Unabhängigkeitserklärung* auswirken sollte. Mit dem göttlich gegebenen Naturrecht und der Würde des Menschen legte Pufendorf eine wichtige Basis für die Entwicklung der Menschenrechte, auch wenn er es selbst noch unterlassen hat, diese auszuformulieren (Müller 2000).

Dies sollte dem englischen Philosophen John Locke vorbehalten sein, der 1689 *Zwei Abhandlungen über die Regierung* veröffentlichte. Darin geht Locke (wie Thomas Hobbes) vom Naturzustand des Menschen aus. Im Unterschied zu Hobbes sieht Locke diesen Naturzustand aber nicht als Kampf aller gegen alle, sondern als einen Zustand völliger Freiheit, der aber bereits von der natürlichen Vernunft der Menschen geregelt ist:

> »Der Naturzustand verfügt über ein Gesetz der Natur, das ihn regiert, das einen jeden verpflichtet; und die Vernunft, die dieses Gesetz ist, lehrt die gesamte Menschheit, wenn man sie nur zu Rate ziehen will, dass, da alle gleich und unabhängig sind, niemand dem anderen an seinem Leben, seiner Gesundheit, seiner Freiheit oder seinem Besitz Schaden zufügen soll; denn da alle Menschen das Werk eines einzigen allmächtigen und unendlich weisen Schöpfers, alle die Diener eines einzigen unumschränkten Herrn sind, in die Welt gesandt auf seinen Befehl und zu seinen Zwecken, sind sie sein Eigentum, sein Werk, geschaffen, so lange zu dauern, wie es ihm, und nicht wie es einem anderen gefällt.« (Locke: Two Treatises of Government II, §6)

Da benennt Locke bereits die Menschenrechte auf Leben, auf Gesundheit (was sogar mehr ist als körperliche Unversehrtheit), auf Freiheit, auf Eigentum und auf Gleichheit, und er stellt klar, dass kein Herrscher in diese Grundrechte einzugreifen hat. Locke begründet die Gleichheit, die Freiheit und die anderen Rechte der Menschen damit, dass sie das Werk eines Schöpfers sind. An anderer Stelle hatte er bereits darauf verwiesen, dass dieser Schöpfer sie nach seinem Bild erschaffen hat (Locke: Two Treatises of Government I,§40). Zugleich sind die Menschenrechte aber auch unmittelbar einsichtig, wenn man die Vernunft zu Rate zieht (was das Programm der Aufklärung darstellte). Schöpfung, Natur und Vernunft setzt Locke, wie schon andere vor ihm, gleich. Das wird auch deutlich durch folgende Formulierung: »[…] es ist nichts offensichtlicher, als dass alle Menschen als Geschöpfe, die derselben Art und Klasse angehören und die unterschiedslos mit denselben natürlichen Vorzügen und Fähigkeiten geboren sind – untereinander gleich sind […]« (Locke: Two Treatises of Government II,§4)

Und gleich wiederholt Locke noch einmal, dass die Gleichheit aller Menschen »so offensichtlich« (*so evident in itself*) ist und »außer jeder Frage« steht (Locke: Two Treatises of Government II,§5). Locke liefert zwar noch eine religiöse Begründung der Menschenrechte – den Willen des Schöpfers –, zugleich aber auch eine rationalistische Begründung des Naturrechts, die auch ohne Theologie stichhaltig ist: Das fundamentale Recht des Menschen ist das Recht auf Leben. Dieses Recht anzunehmen und zu respektieren, gebietet bereits die Vernunft: Würden die Menschen dieses Naturrecht auf Leben nicht gegenseitig respektieren, dann würden sie sich gegenseitig abschlachten und das Überleben der Menschheit gefährden.

John Locke sollte sich als einer der einflussreichsten Philosophen aller Zeiten erweisen. Er hatte bereits die britische *Bill of Rights* beeinflusst, die 1689 immerhin die Meinungsfreiheit, freie Parlamentswahlen und eine Reihe von Rechtsstaatsprinzipien eingeführt hatte. Vor allem aber sind seine Ideen teilweise wörtlich in die erste verbindliche und bis auf den heutigen Tag gültige Menschenrechtserklärung der Welt eingegangen: die *Amerikanische Unabhängigkeitserklärung* vom 4. Juli 1776. Ihr zweiter Satz liest sich wie eine Zusammenfassung von Lockes Ideen, die teilweise seine eigenen Worte verwendet:

»Wir halten diese Wahrheiten für offensichtlich [self-evident], dass alle Menschen gleich geschaffen sind, dass sie von ihrem Schöpfer mit bestimmten unveräußerlichen Rechten ausgestattet sind, zu denen Leben, Freiheit und das Streben nach Glück gehören.«

Das »Streben nach Glück« kann als eine Vorstufe der modernen »Entfaltung der Persönlichkeit« angesehen werden. Diese unmittelbar auf Formulierungen von John Locke zurückgehende amerikanische Menschenrechtserklärung hat wiederum auf Revolutionen in Europa zurückgewirkt, die Grundrechtedeklarationen mit ähnlichen Inhalten, wenn nicht sogar ähnlichen Worten hervorgebracht haben. Dazu gehört insbesondere die Französische Revolution mit der Erklärung der Menschen- und Bürgerrechte vom 26. August 1789, die ihr Hauptautor, der Marquis de Lafayette, nach amerikanischem Vorbild verfasst hatte, das ihm aufgrund seiner Teilnahme am Amerikanischen Unabhängigkeitskrieg und seiner engen Freundschaft zu Thomas Jefferson wohlvertraut war (Dunn 1999).

Entscheidende Beiträge zur Grundlegung der Menschenrechte hat auch der Aufklärer Immanuel Kant beigesteuert, dessen Überlegungen bis heute einen extrem großen Stellenwert in der verfassungsrechtlichen Diskussion bis hin zu Urteilsbegründungen des Bundesverfassungsgerichts einnehmen (Will 2004; Luf 2017). Das »Menschenrecht«, wie Kant meist im Singular schreibt, nimmt in seinem Werk, das der Befreiung der Menschen aus der

Bevormundung durch Kirche, Fürsten und Gutsherren gewidmet ist, eine prominente Rolle ein. Die systematischste Darstellung findet sich in seiner Schrift *Über den Gemeinspruch*, die begründet, dass sich ein Staat auf die Geltung von Menschenrechten zu stützen hat. Kant erkennt drei Grundrechte, aus denen sich weitere Rechte ableiten: Freiheit, Gleichheit und Selbständigkeit (Kant: Gemeinspruch II).

Das Menschenrecht auf Freiheit definiert Kant mit folgenden Worten: »Niemand kann mich zwingen, auf seine Art (wie er sich das Wohlsein anderer Menschen denkt) glücklich zu sein, sondern ein jeder darf seine Glückseligkeit auf dem Wege suchen, welcher ihm selbst gut dünkt, wenn er nur der Freiheit anderer, einem ähnlichen Zwecke nachzustreben, die mit der Freiheit von jedermann nach einem möglichen allgemeinen Gesetze zusammen bestehen kann, (d.i. diesem Rechte des andern) nicht Abbruch tut.« Das liest sich wie die unmittelbare Vorlage zu der (etwas knapperen und etwas moderneren) Formulierung von Art. 2 Abs. 1 *Grundgesetz* (freie Entfaltung der Persönlichkeit).

Zur Gleichheit heißt es: »Jedes Glied desselben muß zu jeder Stufe eines Standes in demselben (die einem Untertan zukommen kann) gelangen dürfen, wozu ihn sein Talent, sein Fleiß und sein Glück hinbringen können; und es dürfen ihm seine Mituntertanen durch ein erbliches Prärogativ (als Privilegiaten für einen gewissen Stand) nicht im Wege stehen, um ihn und seine Nachkommen unter demselben ewig niederzuhalten.« Das lief auf die Abschaffung von Vorrechten des Adels hinaus. Das Recht auf Selbständigkeit ist das Recht auf demokratische Selbstbestimmung: »Hiezu aber ist kein anderer Wille, als der des gesamten Volks (da alle über alle, mithin ein jeder über sich selbst beschließt), möglich: denn nur sich selbst kann niemand unrecht tun.«

In seiner *Metaphysik der Sitten* begründet Kant das Konzept der Menschenwürde, indem er schreibt:

> »Ein jeder Mensch hat rechtmäßigen Anspruch auf Achtung von seinen Mitmenschen, und wechselseitig ist er dazu auch gegen jeden anderen verbunden. Die Menschheit selbst ist eine Würde; denn der Mensch kann von keinem Menschen (weder von anderen noch sogar von sich selbst) bloß als Mittel, sondern muß jederzeit zugleich als Zweck gebraucht werden, und darin besteht eben seine Würde (die Persönlichkeit), dadurch er sich über alle anderen Weltwesen, die nicht Menschen sind und doch gebraucht werden

> können, mithin über alle Sachen erhebt.« (Kant: Metaphysik der Sitten, Tugendlehre, Tugendpflichten, §38)

Die gegenseitige Achtung ist »die unhintergehbare Voraussetzung jeder normativen Interaktion«, wie es Heiner Bielefeldt – eine internationale Autorität in Sachen Menschenrechte – formuliert, also für jede Art von Vereinbarung, Abkommen oder Vertrag (Bielefeldt 2008: 12, Fn. 27). Ohne wechselseitige Achtung würde eine Gesellschaft nicht funktionieren. Dass Kant im gleichen Zusammenhang in komplizierten Worten fordert, dass Mitmenschen auch als »Zwecke« und nicht nur als Mittel betrachtet werden, bedeutet, dass Menschen nicht zu Objekten degradiert werden dürfen, sondern in ihrer Subjektivität anerkannt werden müssen – eine Konsequenz aus der Menschenwürde, die das Bundesverfassungsgericht bei seinen Entscheidungen nicht müde wird zu betonen.

Würde, Achtung, Subjektivität, Freiheit, Gleichheit, demokratische Selbstbestimmung sind die Grundelemente der Kant'schen Menschenrechtslehre, aus denen sich andere Menschenrechte (wie das Recht auf Eigentum, auf Berufsfreiheit etc.) ableiten. Und diese Menschenrechte sind dem Menschen allein dadurch gegeben, dass er Mensch ist. Sie sind ihm »angeboren«. Das bezeichnet Kant als »Naturrecht, das auf lauter Principien a priori beruht«, im Unterschied zum »positiven«, also »gesetzten« Recht, »was aus dem Willen eines Gesetzgebers hervorgeht«. Und Kant fährt fort: »Das angeborne Recht ist nur ein einziges. Freiheit (Unabhängigkeit von eines Anderen nöthigender Willkür), sofern sie mit jedes Anderen Freiheit nach einem allgemeinen Gesetz zusammen bestehen kann, ist dieses einzige, ursprüngliche, jedem Menschen kraft seiner Menschheit zustehende Recht.« (Kant: Metaphysik, Rechtslehre, Anhang, II, B, 2) Das Menschsein allein reicht aus, um über diese Rechte zu verfügen; man muss dafür nichts leisten. Sie sind jedem Menschen gleichermaßen – also unabhängig von Abstammung, Intelligenzgrad oder irgendetwas anderem – durch die Geburt mitgegeben (»Mitgifttheorie«).

Und diese Menschenrechte sind unveräußerlich oder, in Kants Sprache, »unverlierbar« (Kant: Gemeinspruch II). »Unverlierbar« bzw. »unveräußerlich« heißt, dass es unmöglich ist, dass ein Mensch aus freiem Willen einen Vertrag schließt, durch den er auf seine Menschenrechte verzichtet, sich also freiwillig in Sklaverei begibt. Kant argumentiert rein mit Logik: »[…] ein Vertrag aber, durch den ein Teil zum Vorteil des anderen auf seine ganze Freiheit Verzicht tut, mithin aufhört, eine Person zu sein, folglich auch keine Pflicht hat, einen Vertrag zu halten, […] in sich selbst widersprechend, d. i. null und nichtig ist.« (Kant: Metaphysik, Rechtslehre §30) Also: Wenn jemand seine Freiheitsrechte veräußern würde, wäre er kein verantwortlich handelnder Mensch mehr, sodass er nicht mehr an Verträge gebunden wäre. Also wäre ein solcher Vertrag nichtig. Wie begründet Kant diese a priori, von Natur aus geltenden Menschenrechte?

Erstens durch die Natur des Menschen als vernunftbegabtes Wesen. Die Logik gebietet es, »jedem vernünftigen Wesen, das einen Willen hat, notwendig auch die Idee der Freiheit leihen [zu] müssen, unter der es allein handle« (Kant: Metaphysik der Sitten, Kritik der reinen praktischen Vernunft, Freiheit als Eigenschaft des Willens). Der Mensch hat Vernunft und Willen; wenn er keine Freiheit hat, seiner Vernunft und seinem Willen gemäß zu handeln, kann er nicht Mensch sein.

Zweitens in funktionaler Hinsicht. Ein Herrscher, der die Menschenrechte nicht achtet, tut seinen Untertanen Gewalt an, worauf die Untertanen mit Gegengewalt antworten. Eine Tyrannis ist also nicht stabil. Dagegen gebietet die Vernunft, Menschenrechte anzuerkennen, und Kant ist so optimistisch, anzunehmen, dass »die menschliche Natur nicht so verunartet« ist, die Stimme des Rechts »nicht mit Ehrerbietung anzuhören« (Kant: Gemeinspruch II). Zum Argument, dass die Menschenrechte dazu beitragen, dass Gesellschaft überhaupt funktioniert, gehört auch die Goldene Regel, die bei Kant »Kategorischer Imperativ« heißt und wie folgt formuliert wird: »handle nur nach derjenigen Maxime, durch die du zugleich wollen kannst, daß sie allgemeines Gesetz werde.« (Kant, Metaphysik der Sitten, Grundlegung, II) Und die Mitmenschen nicht als bloße Objekte oder Instrumente, sondern als Zwecke zu behandeln, ist nur eine andere Formulierung des Kategorischen Imperativs: Denn so, wie ich mir selbst wünsche, von anderen behandelt zu werden, gehe ich auch mit anderen um. Der Kern dieser funktionalen Menschenrechtsbegründung ist also die Reziprozität menschlicher Interaktion, ohne die Gesellschaft nicht funktioniert.

Drittens führt Kant die Menschenrechte als moralisches Postulat an: Die individuelle Glückseligkeit für alle Menschen ist das höchste anzustrebende Gut. Damit alle Menschen ihre Glückseligkeit erreichen können, müssen alle Menschen dem Kategorischen Imperativ Folge leisten: »Das moralische Gesetz ist heilig (unverletzlich).« Kant ist sich bewusst, dass Menschen unvollkommen und unheilig sind. Wenn es aber im Interesse einer funktionierenden Gesellschaft erforderlich ist, dass Menschen moralisch handeln, so kann die Annäherung an den Idealzustand nur unter der Bedingung erreicht werden, dass die Seele unsterblich ist (Kant: praktische Vernunft. Unsterblichkeit, Freiheit, Gott). Die Vorstellung einer Unsterblichkeit der Seele motiviert die Menschen, zu Lebzeiten moralisch zu handeln.

Und wer hat vorgegeben, dass es die Bestimmung des Menschen als vernunftbegabtes Wesen ist, frei zu sein und über Würde zu verfügen? Wer hat vorgeben, dass der Mensch von Natur aus das Recht auf Freiheit hat? Oder: Wer hat das Naturrecht geschaffen? Die Ursache der Natur bzw. der Urheber ist niemand anders als Gott (Kant: Die Kritik der Urteilskraft. Gott, der einzig mögliche Erklärungsgrund). Kant definiert »Gott« nicht als christlichen Gott, sondern in abstrakter Weise als »ein Wesen, das durch Verstand und Willen die Ursache (folglich der Urheber) der Natur ist«. Auch ein Atheist, der an keinen Gott glaubt, sich aber dem moralischen Gesetz verpflichtet fühlt, kommt nicht umhin, »das Dasein eines moralischen Welturhebers, d.i. Gottes, anzunehmen.« (ebd.)

Gegenüber John Locke, der noch den biblischen Gott als Urheber der Menschenrechte sah, unternimmt Kant somit einen Abstraktionsschritt: Es reicht aus, einen intentional handelnden Schöpfer vorauszusetzen. Damit löst sich die Begründung der Menschenrechte von der jüdischen und christlichen Tradition und wird kompatibel mit anderen Religionen und Philosophien, sofern sie eine Schöpfung voraussetzen. Der Begriff der »Natur« scheint sogar überhaupt keine religiösen Bezüge mehr zu haben. Allerdings macht Kant klar, dass wir immer, wenn wir der Natur eine Intention, einen Sinn, ein Ziel oder gar Gefühle unterstellen, zumindest kryptoreligiös argumentieren. Wenn etwa die Ökologiebewegung der Natur Intentionen unterstellt (z. B. durch Wendungen wie »die Natur schlägt zurück« oder »gegen den Willen der Natur«), behandelt sie sie wie einen Schöpfergott, allerdings ohne diesen zu spezifizieren (wie es die Religionen tun).

Kant betonte immer wieder, dass Menschenrechte »a priori« gelten müssen, also nicht durch den Beschluss eine Gesetzgebers, sondern einem Beschluss über eine Staatsgründung und über eine Staatsverfassung vorausgehen müssen: »Diese Prinzipien sind nicht sowohl Gesetze, die der schon errichtete Staat gibt, sondern nach denen allein eine Staatserrichtung, reinen Vernunftprinzipien des äußeren Menschenrechts überhaupt gemäß, möglich ist.« (Kant: Gemeinspruch II) Der Parlamentarische Rat hat sich bei der Verabschiedung des *Grundgesetzes* für die Bundesrepublik Deutschland genau von diesem Prinzip leiten lassen, ebenso wie die Autoren der US-amerikanischen

Unabhängigkeitserklärung. Man geht davon aus, dass die Menschenrechte »offensichtlich« aus dem Menschsein resultieren und deshalb universell gelten, ohne dass Menschen darüber beschließen könnten. Deshalb kann auch keine doppelte Zweidrittelmehrheit von Bundestag und Bundesrat und auch keine Volksabstimmung die Menschenrechte außer Kraft setzen.

Eines Gesellschaftsvertrags bedarf es nach Kant übrigens nicht, »sondern es ist eine bloße Idee der Vernunft, die aber ihre unbezweifelte (praktische) Realität hat: nämlich jeden Gesetzgeber zu verbinden, daß er seine Gesetze so gebe, als sie aus dem vereinigten Willen eines ganzen Volks haben entspringen können, und jeden Untertan, so fern er Bürger sein will, so anzusehen, als ob er zu einem solchen Willen mit zusammen gestimmet habe.« (Kant: Gemeinspruch II) Die »Idee der Vernunft« reicht. Platon lässt grüßen.

Menschenrechtskataloge sind in verschiedene Staatsverfassungen aufgenommen worden. Aufgrund ihrer historischen Entwicklung erscheinen die Menschenrechte als eine Idee des Westens, wo jüdisches Denken, griechische Philosophie, Christentum und Aufklärung zusammengeflossen waren. Dies zeigte auch das Zustandekommen der *Allgemeinen Erklärung der Menschenrechte*, die am 10. Dezember 1948 von der Generalversammlung der Vereinten Nationen verkündet wurde. Nach der Phase des Faschismus, die den Zweiten Weltkrieg ausgelöst hat, und angesichts der sich verschärfenden Konfrontation mit dem Sowjet-Kommunismus kam die Initiative von den westlichen Siegermächten unter Führung der USA. Die 18-köpfige UN-Menschenrechtskommission, die die Charta erarbeitete, wurde von Eleanor Roosevelt, der Witwe des verstorbenen US-Präsidenten, geleitet. Die neu geschaffene Position des Menschenrechtsbeauftragten der Vereinten Nationen wurde mit dem Kanadier John Peters Humphrey besetzt. Wesentlich an der Abfassung des Entwurfs beteiligt waren der jüdische Franzose René Cassin (der für seine Entwurfsarbeit mit dem Friedensnobelpreis geehrt werden sollte), der christliche Libanese Charles Malik, der an amerikanischen Schulen und Hochschulen ausgebildet worden war, sowie aus der Republik China der Philosoph Peng Chun Chang, der in den USA studiert hatte, u. a. bei John Dewey, und der unter den alten chinesischen Philosophen Menzius (Mong Dsï, Mengzi) bevorzugte, der mit seiner Auffassung einer angeborenen und unveräußerlichen Menschenwürde sowie der Haltung, dass die Macht aller Herrscher vom Volk abgeleitet sei, das deshalb das Recht habe, autokratisch agierende Herrscher abzusetzen, dem westlichen Denken ziemlich nahestand. Immerhin wurde ein Antrag Brasiliens, die universelle Gültigkeit der Menschenrechte durch den Verweis auf die biblisch begründete Gottebenbildlichkeit zu untermauern, mit großer Mehrheit abgelehnt, um, wie Chang argumentierte, durch Vermeidung der Bezugnahme auf eine jüdisch-christliche Traditionslinie der Vielfalt der religiösen, weltanschaulichen und kulturellen Traditionen gerecht zu werden (nach Bielefeldt 2008: 105 f.).

Aber auch das Abstimmungsverhalten zeigte die Dominanz des Westens. Von den damals erst 58 Mitgliedsländern der Vereinten Nationen stimmten 48 für die *Allgemeine Erklärung der Menschenrechte*, die lediglich den Charakter einer Empfehlung und keinerlei Rechtsverbindlichkeit aufwies. Nicht dafür stimmten Südafrika, weil es seine Apartheid erhalten wollte, Saudi-Arabien, weil es das Recht, die Religionszugehörigkeit zu wechseln, ebenso wenig akzeptieren konnte wie gleiche Rechte für Mann und Frau in der Ehe, sowie die Ostblockländer unter der Führung der UdSSR mit der offiziellen Begründung, dass ihnen die Verurteilung des Faschismus nicht weit genug ging, aber in Wirklichkeit wohl eher, weil sie das Recht der Bürger:innen, ihr Land zu verlassen, nicht anerkennen wollten. Immerhin hatte die Mehrheit der islamisch geprägten Länder, die damals allerdings stark vom Westen abhängig waren, der Charta zugestimmt. Die Republik China, die ebenfalls zugestimmt hatte, war damals noch nicht kommunistisch geprägt.

Mit der weltweiten postkolonialen Bewegung wurde zunehmend die Dominanz des Westens unter der Vorherrschaft der USA infrage gestellt. Und damit wurden auch regionale Alternativen zum Konzept der Menschenrechte, das als Beispiel für den »Kulturimperialismus« des Westens herangezogen wurde, bedeutsamer. Nach der kommunistischen Kulturrevolution wandte sich China in Praxis und Rhetorik vollkommen von der Idee individueller Menschenrechte ab (Rüland 1996). Und auch die islamischen Länder begannen, die auf jüdische und christliche Wurzeln zurückgehenden Menschenrechte abzulehnen, insoweit sie der Scharia widersprechen, und legten 1990 mit der *Kairoer Erklärung* einen Gegenentwurf zur Menschenrechtsdeklaration der Vereinten Nationen vor (Mayer 2018). Die weltweite Akzeptanz der *Allgemeinen Erklärung der Menschenrechte* ist bröckelig geworden, wenn über drei Milliarden Menschen die Menschenrechte verweigert werden, weil ihre Regierungen oder ihre religiösen Führungen das Konzept der Menschenrechte als individuelle Freiheitsrechte einschließlich unbeschränkter Religions- und Meinungsfreiheit ablehnen.

Aber auch im Westen, insbesondere auch hier bei uns in Deutschland, ist die Akzeptanz der Menschenrechte als unveränderlicher Bestandteil der

Verfassung ins Schlingern geraten. Wir meinen hier nicht die Rechtspopulisten, denen die Grundrechte bei ihrem Bemühen, die Bundesrepublik in einen autokratischen Staat umzuwandeln, im Wege stehen. Wir meinen hier namhafte und durchaus konservative Verfassungsrechtler, die neuerdings an dem Fundament des gesamten Katalogs der Grundrechte rütteln, nämlich an ihrer naturrechtlichen Begründung.

Das *Grundgesetz für die Bundesrepublik Deutschland* ist am 23. Mai 1949 vom Parlamentarischen Rat beschlossen worden, nachdem es die meisten westdeutschen Landtage (bis auf Bayern) ratifiziert hatten. Allerdings ist es kein Geheimnis, dass die alliierten Siegermächte sowie drei der direkten Nachbarländer auf der Londoner Sechs-Mächte-Konferenz dem Parlamentarischen Rat einige inhaltliche Vorgaben machten, zu denen neben dem Föderalismus auch die Bezugnahme auf die *Allgemeine Erklärung der Menschenrechte* gehörte. Dem Parlamentarischen Rat fiel das nicht allzu schwer, hatten doch Samuel Pufendorf und Immanuel Kant eine Naturrechtslehre mit spezifisch deutschem Akzent begründet.

So beginnt das *Grundgesetz* ganz prominent in Art. 1 Abs. 1 damit, die Menschenwürde als seinen höchsten Wert zu bestimmen. Direkt danach bekennt sich das deutsche Volk in Abs. 2 zu unverletzlichen und unveräußerlichen Menschenrechten, deren naturrechtliche Existenz – wie bei Kant – vorausgesetzt wird und damit der Gründung eines Staats vorangeht. Der Parlamentarische Rat und die Landtage haben die Grundrechte nicht geschaffen, weswegen sie auch zu dem Wesensgehalt des Grundgesetzes gehören, den nach Art. 19 Abs. 2 keine parlamentarische Mehrheit und – hypothetisch – auch keine (möglicherweise in Zukunft zugelassene) Volksabstimmung antasten darf. Der philosophische Bezug auf die Naturrechtslehre ist dabei genauso offensichtlich wie der Bezug auf die kurz zuvor verabschiedete UN-Menschenrechtsdeklaration.

Die vernunftrechtliche Begründung der Menschenwürde hatte auch Günter Dürig, Mitherausgeber des Maunz/Dürig-Kommentars zum *Grundgesetz*, so gesehen, als er geschrieben hatte: »Jeder Mensch ist Mensch kraft seines Geistes, der ihn abhebt von der unpersönlichen Natur und ihn aus eigener Entscheidung dazu befähigt, seiner selbst bewusst zu werden, sich selbst zu bestimmen und sich und die Umwelt zu gestalten.« (Dürig 2002: Rdnr. 18) Dabei ist nicht die jeweilige Verwirklichung im konkreten Menschen entscheidend, also etwa der Umfang der intellektuellen Fähigkeiten, sondern die »abstrakte Möglichkeit« aller Menschen zum Selbstbewusstwerden, zur

Selbstbestimmung, zur Entscheidung und zur Gestaltung. Die Menschenwürde kommt damit allen Menschen zu, auch kleinsten Kindern, Menschen mit schwersten geistigen Behinderungen, Menschen, die im Koma liegen.

Dürig sah die Menschenwürde, obgleich selbst kein eigentliches Grundrecht, als »oberstes Konstitutionsprinzip allen Rechts« und somit quasi als »Mutter der Grundrechte«, die sich aus der Würde heraus entfalten. Für ihn war sie, wie bei Kant, vorpositives und damit unabänderliches Recht, das einerseits den Staatszweck bestimmt, nämlich Voraussetzungen für die Achtung der Würde und der Grundrechte zu schaffen, und das andererseits die Staatstätigkeit begrenzt, um würdeverletzende Staatseingriffe zu vermeiden. Wenn es um die Menschenwürde geht, kann es deshalb keinen Spielraum für Abwägungen, etwa gegen andere Rechtsgüter, geben. Für Rosemarie Will (2004) war das in der jungen Bundesrepublik *communis opinio*, also »allgemeine Auffassung«.

Als Günter Dürig verstorben war, wurde der Staatsrechtler Matthias Herdegen sein Nachfolger als Mitherausgeber des »Maunz/Dürig«, übrigens zusammen mit dem ehemaligen Bundespräsidenten und Präsidenten des Bundesverfassungsgerichts Roman Herzog. Herdegen war mehrfach Prozessvertreter der Bundesregierung (u. a. vor dem Bundesverfassungsgericht), was eine gewisse Nähe zur Exekutive vermuten lässt. Exekutiven neigen aber schon einmal dazu, Grundrechte einschränken zu wollen. Und in der Ausgabe des »Maunz/Dürig« von 2003 brach Herdegen mit der Vorstellung des Naturrechts:

> »Die im Parlamentarischen Rat herrschende Vorstellung, das Grundgesetz übernehme mit der Menschenwürdeklausel ›deklaratorisch‹ einen Staat und Verfassung vorgeordneten Anspruch ins positive Recht hat noch beachtliche Suggestionskraft. […] Für die staatsrechtliche Betrachtung sind jedoch allein die (unantastbare) Verankerung im Verfassungstext und die Exegese der Menschenwürde als Begriff des positiven Rechts maßgebend.« (Herdegen 2003: Rdnr. 17)

Mit seinem Wort »Suggestionskraft« verwies er die jahrtausendealte Vorstellung eines vorpositiven Naturrechts auf den Müllhaufen der Rechtsgeschichte und legte nahe, die noch verbliebenen Anhänger der Idee als vorwissenschaftlich zu disqualifizieren. Staatsrechtlich maßgebend sei allein das positive, also von den zuständigen verfassungsgebenden Gremien gesetzte Recht. Das ist keine theoretische Spitzfindigkeit der Rechtsbegründung gewesen, sondern nicht weniger als ein epochales »Rütteln am Fundament« des Verständnisses der Menschenwürdegarantie und damit an den Menschenrechten überhaupt, wie es der ehemalige Bundesverfassungsrichter Ernst-Wolfgang Böckenförde ausdrückte, der seine Philippika gegen Herdegens Neukommentierung mit dem Satz »Die Würde des Menschen war unantastbar« auf den Punkt brachte (Böckenförde 2003). Die Kritik war nicht übertrieben. Tatsächlich hatte Herdegen geschrieben: »Trotz des kategorialen Würdeanspruchs aller Menschen sind Art und Maß des Würdeschutzes für Differenzierungen durchaus offen, die den konkreten Umständen Rechnung tragen.« (Herdegen 2003: Rdnr. 50) »Differenzierungen« ist ein verschleierndes Wort für »Aufweichungen«.

Aber es gibt noch ernstere Konsequenzen. Wenn man die naturrechtliche Begründung zurückweist und die Menschenwürde und die Menschenrechte in rein dezisionistischer Weise zu Ergebnissen politischer Beschlüsse erklärt, gerät letztlich auch die in Art. 79 Abs. 3 festgelegte Unveränderlichkeit des Art. 1 ins Wanken. Wenn ein Parlamentarischer Rat und eine Mehrheit der Bundesländer das Grundgesetz beschlossen haben, warum soll nicht ein womöglich demokratisch noch besser legitimierter politischer Beschluss gefasst werden, der diese Unveränderlichkeit kippt? War das Grundgesetz nicht ohnehin nur ein Provisorium? Und war die Unveränderlichkeit nicht auf Druck der alliierten Siegermächte in das *Grundgesetz* gekommen? Und muss nicht überhaupt eine »lebendige Fortentwicklung des Rechts« möglich sein, erst recht, wenn inzwischen ein Dreivierteljahrhundert vergangen ist? – Das wäre in der Tat ein Epochenbruch, so wie ihn Böckenförde befürchtete.

Allerdings ließ sich das Bundesverfassungsgericht von Herdegens Kommentar nicht irritieren. Am 15. Februar 2006 verkündete es ein Urteil zu einer Verfassungsbeschwerde zum Luftsicherheitsgesetz, das als Reaktion auf den Terroranschlag auf die Türme des World Trade Center vom 11. September 2001 ermöglichen sollte, entführte zivile Flugzeuge abzuschießen, damit sie nicht als Waffen eingesetzt werden können, die möglicherweise Zehntausende von Todesfällen verursachen (beispielsweise wenn ein entführtes Flugzeug in ein vollbesetztes Stadion gelenkt wird). Im Kern ging es um die Frage, ob der Staat unschuldige Zivilisten töten darf, um das Leben einer größeren Zahl unschuldiger Menschen zu retten. Das Bundesverfassungsgericht erklärte diese Bestimmung für verfassungswidrig, weil es »mit dem Recht auf Leben nach Art. 2 Abs. 2 Satz 1 GG in Verbindung mit der Menschenwürdegarantie des Art. 1 Abs. 1 GG nicht vereinbar [ist], soweit davon tatunbeteiligte Menschen an Bord des Luftfahrzeugs betroffen werden« (Bundesverfassungsgericht: Urteil des Ersten Senats vom 15. Februar 2006, 1 BvR 357/05, Leitsätze).

Das Bundesverfassungsgericht blieb nämlich bei der Linie seiner langjährigen Rechtsprechung und sah die Menschenwürde immer noch, ganz in Übereinstimmung mit Dürig, »als tragendes Konstitutionsprinzip und obersten Verfassungswert« und das menschliche Leben als ihre »vitale Basis«. Und es ergänzte: »Jeder Mensch besitzt als Person diese Würde, ohne Rücksicht auf seine Eigenschaften, seinen körperlichen oder geistigen Zustand, seine Leistungen und seinen sozialen Status. Sie kann keinem Menschen genommen werden.« Es verwies ausdrücklich auf die naturrechtliche Begründung, denn es war »Vorstellung des Grundgesetzgebers, dass es zum Wesen des Menschen gehört, in Freiheit sich selbst zu bestimmen und sich frei zu entfalten, und dass der Einzelne verlangen kann, in der Gemeinschaft grundsätzlich als gleichberechtigtes Glied mit Eigenwert anerkannt zu werden« (ebd., Rdnr. 119 ff. m. w. N.).

Der Dichter Heinrich Heine hatte bereits 1830 mit poetischen Worten zum Ausdruck gebracht, dass man Menschenleben nicht gegen Menschenleben aufrechnen dürfe: »Aber ach! jeder Zoll, den die Menschheit weiterrückt, kostet Ströme Blutes; und ist das nicht etwas zu teuer? Ist das Leben des Individuums nicht vielleicht ebensoviel wert wie das des ganzen Geschlechtes? Denn jeder einzelne Mensch ist schon eine Welt, die mit ihm geboren wird und mit ihm stirbt, unter jedem Grabstein liegt eine Weltgeschichte.« (Heine: Reisebilder Dritter Teil. Reise von München nach Genua. Kap. 30).

Noch halten die Verfassungsorgane an der absoluten Gültigkeit der Menschenwürde und der Menschenrechte fest, aber wenn ein namhafter christdemokratischer (!) Verfassungsjurist daran rüttelt, ist das als Frühwarnung für eine mögliche Erosion ernst zu nehmen – auch wenn Herdegen seine Kommentierung inzwischen wieder etwas entschärft hat.

Der Absolutheitsanspruch der Menschenwürde und der Menschenrechte wird aber mitunter auch aus politisch-taktischen Gründen von Menschen infrage gestellt, die zu den Aktivisten der Menschenrechtsbewegung gehören. Heiner Bielefeldt forscht seit Langem zum Thema Menschenrechte und war mehrere Jahre lang UN-Sonderberichterstatter für Religions- und Weltanschauungsfreiheit, steht also mit beiden Beinen mitten in der internationalen Menschenrechtsdiskussion. Und in dieser Debatte haben die Verfechter der Menschenrechte das Problem, dass ihnen aufgrund der – unbestreitbaren – historischen Entwicklung der Menschenrechtsidee aus der jüdischen und christlichen Traditionslinie heraus Eurozentrismus und postkolonialer Kulturimperialismus vorgeworfen wird, wenn sie versuchen, die westliche Idee der Menschenrechte der ganzen Welt überzustülpen.

Also versucht Bielefeldt, die historischen Wurzeln der Menschenrechte zu relativieren (indem er betont, dass die Ideengeschichte der Menschenrechte »nur von rückwärts erzählt« werde): »Die tatsächlichen Durchsetzungschancen der Menschenrechte hängen auf Dauer nicht zuletzt von der Bereitschaft ab, die nach wie vor verbreiteten eurozentrischen Lesarten der menschenrechtlichen Ideengeschichte zu überwinden […]« (Bielefeldt 2008: 134) Wenn die naturrechtliche Begründung im Hinblick auf eine multireligiöse Anschlussfähigkeit aufgegeben wird, was tritt dann an ihre Stelle? Bielefeldts Lösung besteht darin, die Menschenrechte als Ergebnis »einer komplizierten Lerngeschichte, die im Übrigen auch im Westen nicht abgeschlossen ist«, zu betrachten (Bielefeldt 2008: 129). Menschenrechte haben sich zunächst im Westen in konflikthaften Lernprozessen entwickelt bzw. sind erstritten worden. In anderen kulturellen Kontexten fänden heute ähnliche Lernprozesse statt, deren Ausgang sich freilich »niemals mit Sicherheit prognostizieren« lässt (Bielefeldt 2008: 131).

Diese Argumentation, mit der man wohl versucht, das eine oder andere noch skeptische Land ins Lager der Menschenrechte zu ziehen, indem man die Ängste vor kultureller Vereinnahmung zu nehmen versucht, führt aber zur Konsequenz, dass der universelle Geltungsanspruch der Menschenrechte relativiert wird, wenn sie als Momentaufnahme innerhalb einer langfristigen historischen Entwicklung interpretiert werden.

Heiner Bielefeldt scheint seine eigene, hier: politisch-taktisch motivierte, Argumentation nicht ganz geheuer zu sein, wenn er sich selbst am Ende seines Aufsatzes warnt, »die kulturkritische Beunruhigung, die der menschenrechtlichen Freiheitsidee innewohnt, einer vordergründigen interkulturellen Ökumene zu opfern« (Bielefeldt 2008: 134 f.). Nur weil eine Idee aus einer bestimmten Weltregion kommt, muss sie nicht schlecht sein – zumal der Ursprung der Menschenrechtsidee im Vorderen Orient lag und erst von dort in den »Westen« gekommen ist, wo sie weiterentwickelt wurde. Die Vorstellung, dass der Mensch das Produkt einer Schöpfung und deshalb schutzwürdig ist, ist nicht nur auf die jüdische und christliche Religion beschränkt, sondern in vielen Religionen, Weltanschauungen und Philosophien zu finden – worauf auch schon Peng Chun Chang bei den Beratungen der UN-Menschenrechtskonvention hingewiesen hatte. Merkwürdigerweise publizierte Bielefeldt seine taktische Relativierung der Menschenrechtsidee nahezu zeitgleich mit einer anderen Studie, in der er aus dem von Kant entlehnten Achtungsanspruch folgerte, dass die »Achtung der Menschenwürde den Stellenwert einer unhintergehbaren Prämisse aller moralischen und rechtlichen Verbindlichkeiten innehat« und »daher den vernünftigen Grund der Rechtsordnung im Ganzen« bildet (Bielefeldt/Seidensticker 2008: 5). Im Übrigen ist die Idee der Menschenrechte gar nicht so eurozentrisch.

Das Konzept der Menschenwürde findet sich auch im *Koran*, ebenso wie das fundamentale Menschenrecht der Freiheit. Gott hat nämlich den Menschen geschaffen, um als sein Statthalter die Welt zu besiedeln (Koran, 11,61) und zu gestalten (Koran, 31,20). Er gibt ihm den Vorzug gegenüber den Engeln, die ihn lediglich lobpreisen, gerade, weil der Mensch über die Fähigkeit verfügt, sowohl Gutes wie Böses zu tun, also über die Fähigkeit zu urteilen und eigenverantwortlich zu handeln:

> »Und als dein Herr zu den Engeln sagte: ›Ich bin dabei, auf der Erde einen Statthalter einzusetzen‹, da sagten sie: ›Willst Du auf ihr etwa jemanden einsetzen, der auf ihr Unheil stiftet und Blut vergießt, wo wir Dich doch lobpreisen und Deiner Heiligkeit lobsingen?‹ Er sagte: ›Ich weiß, was ihr nicht wisst.‹« (Koran, 2,30).

Zu dieser Handlungsfreiheit gehört auch zu entscheiden, an wen oder was man glaubt: »Es gibt keinen Zwang im Glauben.« (Koran 2,256) Die Parallelen zum *Alten Testament* sind deutlich. Im biblischen Schöpfungsbericht erlangte der Mensch die Freiheit, Gutes und Böses zu tun, nachdem er vom Baum der Erkenntnis gegessen hatte. Aristoteles und westliche Philosophen wie Pufendorf oder Kant leiteten das Menschenrecht auf Freiheit genau aus dieser Fähigkeit des Menschen ab, eigenverantwortlich zu handeln. Und im Islam verleiht ihm diese Fähigkeit eine herausgehobene Stellung unter allen Geschöpfen einschließlich der Engel. Zur Urteilsfähigkeit gehört auch die Lernfähigkeit des Menschen, die ebenfalls besonders hervorgestellt wird:

> »Und Er lehrte Ādam die Namen alle. Hierauf legte Er sie den Engeln vor und sagte: ›Teilt Mir deren Namen mit, wenn ihr wahrhaftig seid!‹ Sie sagten: ›Preis sei Dir! Wir haben kein Wissen außer dem, was Du uns gelehrt hast. Du bist ja der Allwissende und Allweise.‹ Er sagte: ›O Ādam, teile ihnen ihre Namen mit!‹ Als er ihnen ihre Namen

> mitgeteilt hatte, sagte Er: ›Habe Ich euch nicht gesagt, Ich kenne das Verborgene der Himmel und der Erde, und Ich weiß auch, was ihr offenlegt und was ihr verborgen zu halten sucht?‹ Und als Wir zu den Engeln sagten: ›Werft euch vor Ādam nieder!‹ Da warfen sie sich nieder [...]« (Koran 2,31–34)

Gott hat die Menschen mit der Fähigkeit zur Erkenntnis ausgestattet, die selbst eine göttliche Eigenschaft ist, mit Lernfähigkeit und Handlungskompetenz, mit Handlungsfreiheit sowie mit der Fähigkeit, sich selbst zu reflektieren, zu beherrschen und zu richten (Sammak 2016). Dafür bedachte Gott den Menschen unter allen seinen Geschöpfen mit besonderer Gunst (Koran, 17,70). Die Vorstellung, dass der Mensch unter Gottes besonderem Schutz steht, ist also keineswegs auf die jüdische und christliche Religion beschränkt, sondern auch im Islam zu finden, wo der Mensch zwar nicht als Gottes Ebenbild, aber mit göttlichen Eigenschaften versehen und als Gottes Statthalter auf Erden bezeichnet wird, was ihm gegenüber allen anderen Geschöpfen (einschließlich der Engel) eine besondere Würde verleiht, die ihm kraft seines Menschseins zukommt. Die Menschenwürde sowie das Menschenrecht auf die Freiheit, seine Urteils- und Handlungsfähigkeit auch nutzen zu können, finden sich auch im Islam und genauso begründet wie im jüdischen, griechisch-antiken, christlichen und westlich-aufklärerischen Denken.

Allerdings lässt sich der blumig geschriebene Koran, der die gesellschaftlichen Verhältnisse auf der arabischen Halbinsel im frühen 7. Jahrhundert n. Chr. widerspiegelt, unterschiedlich interpretieren, ebenso wie auch die *Sunna* und die *Hadithe* Glaubensquellen darstellen, die eine patriarchalische Gesellschaftsstruktur reflektieren. Das Patriarchat ist aber mit Individualrechten wie freier Entfaltung der Persönlichkeit, Gleichheit, insbesondere Geschlechtergleichheit, oder Religionsfreiheit nicht vereinbar; und auch mit der Anerkennung der Menschenwürde haben Patriarchen Schwierigkeiten. In allen Religionen, die aus patriarchalischen Gesellschaftsstrukturen hervorgegangen sind, gibt es deshalb Gegensätze zwischen traditionalistischen Interpretationen, die die religiösen Texte wörtlich verstehen, und liberalen Auslegungen, die den Kerngehalt des Glaubens an moderne gesellschaftliche Kontexte anpassen.

Seitdem der westliche Imperialismus Ende des 19. Jahrhunderts zu einer globalen Dominanz des Westens geführt hat, haben konservative Varianten des Islam, gleichsam als Gegenbewegung, massiv an Boden gewonnen, bis hin zu dem in den 1920er-Jahren entstandenen Salafismus, einer ultrakonservativen, extrem traditionalistischen Auslegung. Solche konservativen islamischen Strömungen haben ein dreifaches Problem mit den Menschenrechten: Erstens, weil diese als Produkt des kulturimperialistischen Westens angesehen werden, zweitens, weil die Menschenrechte nicht mit den patriarchalisch-autoritären Gesellschaftsstrukturen kompatibel sind, und drittens, weil gegenwärtige autokratische Regime die Menschenrechte als politische Gefahr ablehnen.

Schon bei der Unterzeichnung der *Allgemeinen Erklärung der Menschenrechte* hatten islamische Länder Schwierigkeiten mit bestimmten Rechten, insbesondere mit der Religionsfreiheit (namentlich der Freiheit, eine Religion aufzugeben), aber auch mit der Gleichheit von Mann und Frau – von der Anerkennung der Freiheit sexueller Orientierung ganz zu schweigen. Das besonders konservative, wahabitische Saudi-Arabien hat sich deshalb enthalten, Ägypten nur unter Vorbehalt zugestimmt. Und im Jahr 1948 standen die arabischen Länder noch stark unter britischem, US-amerikanischem oder französischem Einfluss und auch unter sanftem Druck, die Konvention zu unterzeichnen.

Seit der Islamischen Revolution im Iran 1979 ist das Selbstbewusstsein der islamischen Welt und dementsprechend auch das Bedürfnis, sich vom Westen abzugrenzen, massiv gewachsen. Mit der *Kairoer Erklärung der Menschenrechte* im Islam aus dem Jahr 1990 haben die islamischen Staaten eine mehr als deutliche Abgrenzung von der *Allgemeinen Erklärung der Menschenrechte* vorgenommen. Sie ist derart radikal ausgefallen, dass sie auch nicht mehr als religiöse Variante der Allgemeinen Menschenrechtskonvention deklariert werden kann, denn fundamentale und unverzichtbare Menschenrechte werden massiv eingeschränkt. In den Worten des iranischen Vertreters bei den Vereinten Nationen sei die *Allgemeine Erklärung der Menschenrechte* »eine relativistische säkulare Interpretation der judäo-christlichen Tradition, die von Muslimen nicht ohne Bruch des islamischen Rechts befolgt werden könne« (Rajaie-Khorassani 1984).

Die *Kairoer Erklärung der Menschenrechte im Islam*, die am 5. August 1990 von der Organisation der Islamischen Konferenz verabschiedet wurde, ist der islamischen Scharia untergeordnet (Art. 24), die auch für die Auslegung aller in der Erklärung genannten Rechte und Pflichten heranzuziehen ist (Art. 25). Die Menschenwürde wird relativiert durch die Pflicht zur »Unterwerfung unter Gott« und ist an den »wahrhaften Glauben« gebunden (Art. 1a).

Das Bekenntnis zur Gleichheit der Menschen wird durch die Bestimmung relativiert, dass Menschen anderen Menschen »an Frömmigkeit oder guten Taten« »überlegen« sein können und deshalb »mehr von Gott geliebt« werden (Art. 1b). Auch wenn es verboten ist, religiöse Konversion durch Ausüben von Druck zu erzwingen (Art. 10), wird im gesamten Text der Erklärung klargemacht, dass sie davon ausgeht, dass der Islam die einzig wahre Religion darstellt. Das Recht auf Leben findet seine Grenze, wo die Scharia die Todesstrafe vorsieht (Art. 2a). Auch Verstümmelung wird gerechtfertigt, wenn sie durch die Scharia vorgeschrieben wird (Art. 2d). Das Bekenntnis zur Gleichstellung der Geschlechter (Art. 6a) wird relativiert durch die Pflicht des Ehemanns, »für den Unterhalt und das Wohl der Familie« zu sorgen (Art. 6b). Das Recht auf freie Meinungsäußerung wird mehrfach eingeschränkt; so dürfen wissenschaftliche, literarische, künstlerische oder technische Werke »nicht den Grundsätzen der Scharia widersprechen« (Art. 16); man darf keine Meinungen äußern, die »die Grundsätze der Scharia verletzen« (Art. 22a) oder um »die Heiligkeit und Würde der Propheten zu verletzen, die moralischen und ethischen Werte auszuhöhlen und die Gesellschaft zu entzweien, sie zu korrumpieren, ihr zu schaden oder ihren Glauben zu schwächen.« (Art. 22c).

Die Organisation für Islamische Zusammenarbeit, der 56 Mitgliedsstaaten angehören, lehnt damit die Menschenrechte, so wie sie in der *Allgemeinen Erklärung der Vereinten Nationen* festgeschrieben sind, ab. Die Rhetorik der *Kairoer Erklärung* scheint zwar zunächst grundlegende Menschenrechte wie Menschenwürde, Leben und körperliche Unversehrtheit, Gleichheit, Freiheit, Wissenschaftsfreiheit oder Meinungsfreiheit zu akzeptieren, schwächt diese dann aber durch präzisierende und einschränkende Bestimmungen wieder ab, abgesehen davon, dass der Wert der Erklärung ohnehin durch den Generalvorrang der Scharia relativiert wird.

Auf diese radikale Kriegserklärung an die Menschenrechte folgte im Jahr 2004 eine mildere *Arabische Charta der Menschenrechte*, die am 22.5.2004 von der Liga der Arabischen Staaten verabschiedet wurde. Die Präambel beginnt mit dem Verweis auf die »Würde der menschlichen Person, die Gott seit Beginn der Schöpfung erhoben hat«, um dann sogleich das Arabische Kernland als »Wiege von Religionen und Zivilisationen« zu feiern, »deren erhabene Werte das menschliche Recht bestätigen, ein annehmbares Leben zu führen, das sich auf Freiheit, Gerechtigkeit und Gleichheit gründet«, und zur Vernichtung des Staats Israel durch die Gleichsetzung von Zionismus mit Rassismus aufzufordern (unverhohlen in Art. 2 Abs. 3). Ferner verweist die

Präambel darauf, gleichzeitig die *Allgemeine Erklärung der Menschenrechte* zu bestätigen und die *Kairoer Erklärung* zu respektieren – was einen glatten Widerspruch darstellt.

Es finden sich zwar Lippenbekenntnisse zur Freiheit des Individuums, die aber immer wieder relativiert werden, so durch die Aufforderung zur Loyalität zum eigenen Land (Art. 1 Abs. 2), eine Generalklausel, die Rechte im Notstand außer Kraft zu setzen (Art. 4 Abs. 1), die Zulässigkeit der Todesstrafe (Art. 6), die Möglichkeit, die Religionsfreiheit per Gesetz einzuschränken (Art. 30 Abs. 1 f.), die Beschränkung der Meinungsfreiheit im Interesse des Ansehens anderer, der nationalen Sicherheit, der öffentlichen Ordnung, der öffentlichen Gesundheit oder Moral sowie die Unzulässigkeit gleichgeschlechtlicher Ehen (Art. 33 Abs. 1). Immerhin dürfen diese Einschränkungen nicht genutzt werden, um hinter internationale und regionale Menschenrechtskonventionen zurückzufallen, zu denen sich ein Land bekannt hat (Art. 43). Was freilich geschieht, wenn ein Land gleichzeitig die *Allgemeine Erklärung der Menschenrechte* und die *Kairoer Erklärung* anerkannt hat, die sich in einigen Punkten klar widersprechen, bleibt unklar, abgesehen davon, dass ein Schiedskomitee eingerichtet wird.

Zusammenfassend lässt sich festhalten, dass der Islam an sich die grundlegenden Vorstellungen von Menschenwürde und dem Menschenrecht auf Freiheit mit der westlichen Kulturtradition teilt und dass sich sogar erstaunliche Parallelen im Menschenbild und in der Begründung von Würde und Freiheit des Menschen zur jüdischen und christlichen wie auch zur hellenistischen Traditionslinie feststellen lassen. Wenn die *Allgemeine Erklärung der Menschenrechte* von bestimmten Staaten oder Organisationen abgelehnt wird, so ist dies einerseits auf eine extrem konservative Islamauslegung zurückzuführen, die sich seit Ende des 19. Jahrhunderts mit ausgeprägtem antikolonialistischen Impetus verbreitet hat, sowie auf politische Interessen: Die Menschenrechte werden wieder einmal auf dem Altar der Machtpolitik geopfert, und das postkoloniale Pochen auf eigenständige kulturelle Traditionen ist nichts als ein rhetorisches Alibi von autokratischen Staaten.

Das andere große Sorgenkind der Menschenrechtsbewegung heißt China. Das autoritäre Regime Chinas beruft sich gern auf Konfuzius, um die Unterordnung des Individuums unter das Kollektiv zu fordern. Tatsächlich lässt sich bei Konfuzius, der der »Harmonie« (sprich: Stabilität) der Gesellschaft oberste Priorität einräumte, ein kollektivistischer Grundzug finden, wenn vom Individuum verlangt wird, seine Stellung innerhalb der gesellschaftlichen und staatlichen Hierarchie zu akzeptieren und die daraus resultierenden Pflichten zu erfüllen: »Der Herrscher muss Herrscher sein, der Untertan muss Untertan bleiben. Der Vater sei Vater, der Sohn Sohn.« (Konfuzius: Gespräche XII,1) Freilich gehört dazu auch, dass Höherstehende ihre Untergebenen milde und gerecht behandeln – ein Aspekt der konfuzianischen Lehre, der seit der Machtübernahme durch Mao Zedongs Kommunisten in Vergessenheit geraten zu sein scheint: »Will man Gehorsam durch Gesetze und Ordnung durch Strafe, dann wird sich das Volk den Gesetzen und Strafen zu entziehen versuchen und alle Skrupel verlieren. Wird hingegen nach sittlichen Grundsätzen regiert und die Ordnung durch Beachtung der Riten und der gewohnten Formen des Umgangs erreicht, so hat das Volk nicht nur Skrupel, sondern es wird auch aus Überzeugung folgen.« (Konfuzius: Gespräche II,3)

Allerdings hat Konfuzius selbst, von dem nur knappe Sprüche überliefert sind, kein ausgearbeitetes Menschenbild entwickelt. Dies sollte seinem einflussreichsten Schüler überlassen bleiben, der latinisiert Mencius oder Menzius, in der heute meist gebräuchlichen englischen Transkription Mengzi oder in der klassischen deutschen Transkription Mong Dsï (»Meister Mong«) genannt wird und von 372 bis 289 v. Chr. gelebt hat. Menzius entstammte der konfuzianischen Schule und ist von einem Enkel und einem Urenkel des Konfuzius unterrichtet worden. Im Neo-Konfuzianismus gilt er als orthodoxer Konfuzianer, dem mitunter sogar mehr Einfluss zugeschrieben wird als Konfuzius selbst, auch weil sein aus Dialogen und Prosatexten bestehendes Werk deutlich detaillierter ist. Mit seinem Zeitgenossen Aristoteles teilte Menzius sowohl die Vorstellung, dass die Natur Gutes und Zweckmäßiges hervorbringt, als auch, dass die genetischen Anlagen des Menschen erst durch eine entsprechende Bildung ihr Potenzial voll zu entfalten vermögen. »Liebe, Pflicht, Schicklichkeit und Weisheit« gehören zu den »natürlichen Trieben«, die »den Keim zum Guten in sich« tragen; allerdings bringen die Menschen diese Anlagen nicht gleichermaßen zur Darstellung (Menzius: Gau Dsï VI,A,6).

Bemerkenswert ist, dass Menzius auch die Achtung vor der Würde der Mitmenschen zu den natürlichen, angeborenen Eigenschaften des Menschen zählt, die freilich durch negative Lebenserfahrungen verschüttet werden kann. Dass Menschen unterschiedliche Fähigkeiten aufweisen, führt Menzius auf unterschiedliche Bildungsanstrengungen zurück; von Natur aus sind die Menschen nämlich gleich: »Alle Dinge, die zur selben Art gehören, sind einander ähnlich, warum sollte man das allein beim Menschen bezweifeln? Die Heiligen sind von derselben Art wie wir.« (Menzius: Gau Dsï VI,A,7)

Dass selbst die Heiligen (d. h. erst recht die Fürsten) von derselben Art sind wie alle anderen Menschen, stellt eine ziemlich radikale Formulierung des Gleichheitsgrundsatzes dar. Die Differenzierung zwischen natürlichem, angeborenem Potenzial der Menschen und der tatsächlichen, bildungs- und sozialisationsabhängigen Ausformung entspricht Dürigs Kommentierung sowie der ständigen Rechtsprechung des Bundesverfassungsgerichts, wonach das menschliche Potenzial, die »abstrakte Möglichkeit« vernunftgeleiteten Handels die Menschenwürde und die Menschenrechte begründet, die allen Menschen gleichermaßen zukommen.

In zwei kurzen Sätzen formulierte Menzius sein Pendant zu Kants Kategorischem Imperativ, aber was Kant als moralische Verpflichtung formulierte (nämlich den Mitmenschen als »Zweck« zu betrachten und so zu handeln, wie man selbst behandelt werden möchte), erscheint bei Menzius als Element der menschlichen Natur: »Menschenliebe ist die natürliche Gesinnung des Menschen. Pflicht ist der natürliche Weg des Menschen.« (Menzius: Gau Dsï VI,A,11) Kants »Zweck« heißt bei Menzius »Menschenliebe«, und Kants »allgemeines Gesetz« »Pflicht«. Wenn Menzius mit Kant und anderen europäischen Vertretern des Naturrechts das Menschenbild teilt, dann ist es logisch, dass er sich mit diesen auch in der Frage der Menschenwürde einig ist, für deren Formulierung wir jetzt auf die pointierte Übersetzung von Heiner Roetz (1995) zurückgreifen:

»Der Wunsch nach Würde ist eine Ambition, die alle Menschen teilen. Aber jeder einzelne hat eine Würde in sich selbst, an die er nur nicht denkt. Was die Menschen im Allgemeinen als Würde schätzen, ist nicht die gute Würde. Denn wen ein Zhao Meng [ein Machthaber] würdigen kann, den kann er auch erniedrigen.« (Menzius: Gau Dsï VI,A,17) Die kurze Passage enthält gleich mehrere Gedanken:

1. Jeder Mensch verfügt über Würde kraft seines Menschseins, ob er sich dessen bewusst ist oder nicht.
2. Diese Würde ist den Menschen von Natur aus mitgegeben und deshalb unveräußerlich, während Satzungen von menschlichen Machthabern revidierbar sind – eine klare Parallele zu dem Wort des Propheten Jesaja, das Jesus zitiert.
3. Darüber hinaus teilen alle Menschen den legitimen Wunsch nach würdevoller Behandlung und Anerkennung.

Menzius war kein Außenseiter, sondern ein hoch anerkannter Philosoph der orthodoxen konfuzianischen Schule, der in China und anderen asiatischen Ländern bis auf den heutigen Tag gelehrt und geehrt wird. Manche chinesischen Kommentatoren zählen ihn zusammen mit Konfuzius zu den beiden größten chinesischen Philosophen, und es gibt Historiker, die ihn sogar für einflussreicher halten als Konfuzius selbst (Hucker 1978: 45). Und wenn dieser bis heute geachtete chinesische Philosoph im 4. Jahrhundert v. Chr. zu ganz ähnlichen Ideen kam wie ein alttestamentlicher Prophet im 8. Jahrhundert v. Chr. im fernen Juda, ein 12 Jahre älterer Philosoph im noch etwas ferneren Griechenland und ein reformfreudiger Rabbiner, der eine neue Weltreligion begründen sollte, drei Jahrhunderte später in Galiläa, ebenso wie zahlreiche christliche Denker des Mittelalters und der Aufklärung, dann entbehrt es jeder Grundlage, die Idee der Menschenwürde und der Menschenrechte als reines Produkt der jüdischen und christlichen Kulturtradition des Westens zu bezeichnen. Menschenwürde und Menschenrechte sind ganz offensichtlich humanistische Werte, die unabhängig voneinander in verschiedenen Regionen der Welt entwickelt worden sind und die die gesamte Menschheit betreffen. Multikulturelle Toleranz ist kein Grund, die Menschenrechte zu relativieren.

Wir neigen ohnehin dazu, etwas zu viel zu relativieren. Von der Treue zu Rechtsnormen unbelastete Philosophen wie Franz Josef Wetz (2005), Malte Hossenfelder (2004) oder Dieter Birnbacher (1995) haben das Konzept der Menschenwürde schon längst in Zweifel gezogen, teilweise inspiriert von dem alten Misanthropen Arthur Schopenhauer, der Kants »imponierenden Ausdruck ›Würde des Menschen‹« als »Schiboleth [Losungswort] aller rat- und gedankenlosen Moralisten« abqualifiziert hatte, die dahinter »ihren Mangel an einer wirklichen oder wenigstens doch irgendetwas sagenden Grundlage der Moral« versteckten (Schopenhauer: Ueber das Fundament der Moral §8). Teilweise erklärt sich die Kritik am Konzept der Menschenwürde daraus, dass sie in ethisch schwierigen Diskussionen etwa zum Thema Abtreibung oder zu bioethischen Problemen als Totschlagsargument verwendet wird, teilweise handelt es sich aber wohl auch »um Enttäuschung angesichts der Fallhöhe zwischen der großen Forderung und der recht kleinlauten Wirklichkeit und um Sorge um die normative Kraft des unverzichtbaren Prinzips angesichts seines inflationären und oft unbedachten Gebrauchs« (Schneider 2011: 19).

Gleichwohl besteht die Gefahr, dass alle – auch durchaus gutgemeinten – Beiträge zur Erosion der Grundlage der Menschenrechte Futter darstellen für die wirklichen Feinde der Demokratie, denen die Menschenrechte bei ihren autokratischen Herrschaftsambitionen im Wege stehen. Wer weiß, wie Rechtsradikale argumentieren, kann sich vorstellen, dass diese auch prominente linke oder liberale Autoren zitieren, wenn sie die Menschenrechte zu destruieren versuchen. Deshalb wird es gerade in unseren säkularen, skeptischen, kritischen, gern auch überkritischen Zeiten umso wichtiger, sich der Grundlagen der Menschenwürde und der Menschenrechte zu vergewissern, damit wir diese großen historischen Errungenschaften der Demokratisierung auch mit Überzeugung verteidigen können.

Es gibt unterschiedliche Möglichkeiten für die Begründung von Menschenrechten, die sich durchaus auch kombinieren lassen:

1. *Dezisionistisch bzw. positivistisch.* Das ist die schwächste Begründung. Menschenrechte seien nichts anderes als das Ergebnis politischer Entscheidungsprozesse, also positiver Setzungen. Wenn ein verfassungsgebendes Gremium Menschenrechte beschließt, so kann es diese genauso gut auch wieder abschaffen. Aber: »Eine Mehrheit, die Menschenrechte abschafft, möchten wir uns lieber nicht vorstellen.« (Seelmann 2017: 1 f.)
2. *Kontraktualistisch* (William von Ockham, Hobbes, Rousseau). Menschenrechte gehören zum Gesellschaftsvertrag zu gegenseitigem Nutzen. Wer in einen Staat hineingeboren wird oder einwandert, tritt automatisch in diesen Gesellschaftsvertrag ein.
3. *Diskurstheoretisch* (Habermas 1981). Menschenrechte wären die Rechte, die wir uns gegenseitig zuerkennen würden, wenn alle Betroffenen einen herrschaftsfreien Diskurs dazu führen würden. Davon abgesehen, dass ein herrschaftsfreier Diskurs illusionär ist, wäre ein Diskurs der Betroffenen immer zu sehr an die raum-zeitlichen Umstände gebunden, um Menschenrechte mit nur halbwegs universaler Geltung zu entwickeln.
4. *Konsenstheoretisch* (Grotius). Wenn zu unterschiedlichen Epochen, in verschiedenen Regionen der Welt, aus unterschiedlichen Religionen und Weltanschauungen heraus eine Vielzahl von Denkern verblüffend ähnliche Konzepte von Naturrecht, Menschenwürde und Menschenrechten entwickelt haben, dann spricht das für die Richtigkeit dieser Werte.
5. *Göttlich* (Judentum, griechische Antike, Christentum, Islam, William von Ockham, Las Casas, Locke, Kant). Der Schöpfer hat die Menschen geschaffen und mit besonderen Gaben, sogar mit göttlichen Eigenschaften versehen, sodass alle Menschen als Gotteskinder unter seinem

besonderen Schutz stehen und ihnen Menschenwürde und Menschenrechte zukommen.

6. *Naturrechtlich* (Jesaja, Platon, Aristoteles, Menzius, Polybios, Jesus, William von Ockham, Menchaca, Grotius, Kant). Menschenwürde und Menschenrechte sind von der Natur gegeben und stehen über menschlicher Rechtssetzung und gehen ihr voran.
7. *Vernunftrechtlich* (Genesis, Menzius, Koran, Pufendorf, Locke, Kant). Weil der Mensch fähig ist, frei, vernünftig und verantwortlich zu handeln, benötigt er die Menschenrechte, damit er seine angeborene Handlungsfähigkeit wahrnehmen kann, d. h. damit er Mensch sein kann.
8. *Funktionalistisch* (Judentum, Jesus, Locke, Kant, Bielefeldt). Die gegenseitige Achtung ist die Voraussetzung dafür, dass Menschen miteinander Tauschbeziehungen eingehen und Abkommen schließen können und überhaupt in Frieden miteinander leben können.
9. *Reziprok* (Judentum, Jesus, Locke, Kant). Menschenrechte und Menschenwürde ergeben sich aus der Logik. Wenn man selber gut behandelt werden will, behandelt man andere ebenso (Goldene Regel, Kategorischer Imperativ).
10. *Moralisch* (Kant). Wer anderen Menschen die Menschenwürde oder die Menschenrechte verweigert, will sich offensichtlich Vorteile zu Lasten anderer Menschen verschaffen. Dies ist egoistisch, unsozial und somit unmoralisch. Moral erzwingt, die Menschenrechte zu achten.
11. *Plausibilistisch* (Menzius, Locke, US-Unabhängigkeitserklärung). Es ist offensichtlich, dass Menschen gleich geboren sind und über Würde und Menschenrechte verfügen. Wer das nicht einsieht, sollte das Gegenteil beweisen (Beweislastumkehr).
12. *Ökonomisch*. Gesellschaften, in denen die Menschenrechte gewahrt werden, produzieren im Allgemeinen eine höhere Wohlfahrt als Gesellschaften, in denen Menschenrechte nicht respektiert werden.
13. *Empirisch*. Die Länder, in denen die Menschenrechte gelten, haben eine höhere Wohlfahrt erreicht, während die Abschaffung der Menschenrechte stets großes Unglück über die Menschen gebracht hat.
14. *Historisch-evolutionstheoretisch* (Bielefeldt). Die Menschenrechte sind ein Ergebnis der Evolution der Menschheit und stellen eine große Errungenschaft der Menschheitsgeschichte dar.

Es gibt viele – mal schwächere, mal stärkere – Möglichkeiten, die Existenz räumlich, zeitlich und kulturell universeller Menschenrechte zu begründen.

Wir haben eine derartige Vielzahl von Argumenten, die für universell gültige, unveräußerliche und unteilbare Menschenrechte sprechen, dass Menschen, die ganz unterschiedlichen Weltanschauungen, Philosophien oder Religionen folgen, sich einig darin werden können, die Menschenrechte für eine große Errungenschaft der Menschheitsgeschichte anzunehmen. Wer Menschenrechte ablehnt oder relativiert, muss sich fragwürdige Motive unterstellen lassen. Relativisten oder Skeptiker mögen jede Begründung der Menschenrechte bestreiten, aber wie könnte man nur annähernd so gut begründen, dass eine Gesellschaft ohne individuelle Menschenrechte nach ethischen Maßstäben besser sein sollte? Und warum sollten wir uns bei Machthabern anbiedern, die Schwierigkeiten damit haben, die Menschenrechte zu akzeptieren? Festzuhalten bleibt, dass eine Demokratie ohne Menschenrechte nicht denkbar ist. Wo es keine Freiheit gibt, sich in Opposition zu den Herrschenden zu begeben, dort nützen auch Wahlen nichts. Demokratien ohne Menschenrechte sind Scheindemokratien.

3.3 Die Gedanken sind frei: Freiheit von Meinung, Wissenschaft und Kunst

Demokratische Willensbildung erfordert, dass Wähler:innen hinreichend darüber informiert sind, wen sie wählen oder über was sie entscheiden. Wahlkampfwerbung reicht dafür nicht aus. Es bedarf einer öffentlichen Debatte mit Hinterfragen, mit Analyse, mit Faktenchecks, mit Kritik, mit Konfrontation, mit Rede und Gegenrede, um wirklich zum Vorschein zu bringen, worum es geht. Eine solche Debatte funktioniert nur mit einer Vielfalt an Meinungen und demokratische Willensbildung nur, wenn man die Wahl zwischen Alternativen hat, wenn alternative Politiker:innen, Parteien oder Entscheidungsvorschläge auch in die demokratische Debatte einbezogen werden können. Das Wort »alternativlos« gehört nicht in eine Demokratie. Das Erwägen von Alternativen erfordert, dass Meinungen frei geäußert werden dürfen, dass Minderheitsmeinungen auch zu Mehrheitsmeinungen werden können. Ohne die Möglichkeit, die eigene Meinung frei und ohne Angst vor Sanktionen äußern zu können, kann es keine Demokratie geben. Ein Land, in dem man zwar das Parlament und das Staatsoberhaupt wählen kann, in dem man aber nicht gefahrlos seine Meinung äußern kann, ist keine Demokratie.

Demokratie erfordert Meinungsfreiheit. Es reicht aber noch nicht aus, Meinungen frei äußern zu dürfen, sondern man muss sie auch in der Öffentlichkeit verbreiten können. Deshalb muss die Meinungsfreiheit durch die Pressefreiheit ergänzt werden, also das Recht, Meinungen und Informationen ohne das Risiko staatlicher oder gesellschaftlicher Verfolgung in der Öffentlichkeit zu verbreiten. Meinungs- und Pressefreiheit sind nach Art. 5 Abs. 1 *Grundgesetz* hohe Rechtsgüter, aber sie sind nicht vorbehaltlos. Art. 5 Abs. 2 ermächtigt den Gesetzgeber, diese Freiheiten einzuschränken (beispielsweise durch Pressegesetze), sofern dafür gute Gründe bestehen und die Einschränkungen verhältnismäßig sind (beispielsweise die Pflicht, Quellen zu nennen, oder bei unbestätigten Berichten darauf hinzuweisen). Es gibt aber besondere Formen der Meinungsfreiheit, die nach Art. 5 Abs. 3 vorbehaltlos sind und nicht vom Gesetzgeber eingeschränkt werden können, sondern nur Grenzen finden, wenn dadurch andere, gleich- oder höherrangige Grundrechte verletzt werden: Die Freiheit der Wissenschaft, Forschung und Lehre sowie der Kunst. Warum die Privilegierung der Wissenschafts- und Kunstfreiheit?

Wissenschaft ist ihrem Wesen nach politisch. Wissenschaft forscht nach Erkenntnis, und neue Erkenntnisse stellen das Bestehende infrage. Neue Erkenntnisse schaffen neue Möglichkeiten. Aus dem Widerspruch zwischen dem »Möglichen und dem Wirklichen« ergibt sich, wie es Theodor W. Adorno formulierte, dass Theorie »unabdingbar kritisch« ist (Adorno 1969: 82). Wenn wissenschaftliche Erkenntnisse eine Kritik des Bestehenden darstellen, wenn neue Erkenntnisse zu Innovationen auffordern, ist Wissenschaft zwangsläufig politisch. Das gilt für sämtliche wissenschaftliche Disziplinen.

Eine besonders politische Wissenschaft war Anfang des 17. Jahrhunderts die Astronomie. Bereits im Jahr 1543 hatte Nikolaus Kopernikus mit seinem Buch *De revolutionibus orbium coelestium* (»Über die Umschwünge der himmlischen Kreise«) aufgezeigt, dass sich die Planeten einschließlich der Erde um die Sonne bewegen und die Erde sich um ihre eigene Achse dreht. Das widersprach jedoch dem Weltbild der Katholischen Kirche, die damals über eine große politische Macht verfügte. Der Streit nahm Fahrt auf, als der Theologe Paolo Antonio Foscarini im Jahr 1615 behauptete, das kopernikanische Weltbild sei mit der christlichen Lehre vereinbar. Sein Buch wurde von der Kirche sofort verboten. Der Astronom Galileo Galilei, der von Kopernikus das heliozentrische Weltbild übernahm, wurde im Jahr 1633 zu lebenslanger Haft verurteilt, musste seiner Lehre abschwören und erhielt ein Verbot sämtlicher Lehrtätigkeit.

Nicht minder politisch war die Biologie, als Charles Darwin im Jahr 1859 seine mit zahlreichen empirischen Belegen untermauerte Evolutionstheorie vorlegte, die den biblischen Schöpfungsbericht widerlegte. Auch diese Erkenntnis löste eine heftige politische und religiöse Debatte aus, die bis heute nicht beendet ist, wie der vor allem in Nordamerika verbreitete Kreationismus beweist, der die Evolutionslehre aus dem Schulunterricht verbannt sehen will. Und noch mehr: Rasch wurden (fragwürdige) Analogien zum Prinzip der Selektion und Evolution im Bereich des Politischen und Gesellschaftlichen entwickelt, die als »Sozialdarwinismus« bezeichnet werden.

Erst recht politisch war die theoretische Physik. Nicht nur, dass Albert Einsteins berühmte Formel $E = mc^2$ die Grundlage für die Konstruktion der Atombombe darstellte; der renommierte Physiker empfahl dem US-amerikanischen Präsidenten in mehreren Briefen ausdrücklich, eine Atombombe zu entwickeln – und Franklin D. Roosevelt folgte der Empfehlung, mit den bekannten Folgen (die den Pazifisten Einstein dann jedoch erschrecken sollten).

Besonders wichtig für den politischen und gesellschaftlichen Fortschritt der Menschheit, insbesondere für die Entwicklung der Demokratie, waren Forschung und Lehre der politischen Philosophen und der, wie wir sie heute nennen, Politik- und Gesellschaftswissenschaftler:innen. Diese Sozialwissenschaftler:innen haben die herrschenden Zustände kritisch analysiert, sie haben Alternativen aufgezeigt und oft genug haben sie revolutionären und demokratischen Bewegungen das theoretische Rüstzeug geliefert. Und oft genug sind sie dafür von den Herrschenden, die sich zu Recht angegriffen fühlten, verfolgt worden, mitunter gnadenlos und grausam.

Die Art und Weise, wie sich Herodot über Tyrannen lustig gemacht hatte und wie er das Abdriften von Autokratie in Tyrannis analysiert hatte, hatte wohl in der gesamten griechischen Welt Demokraten ermuntert und ihnen Argumentationshilfen geliefert. Weil es verstorbene (und vielfach ausländische) Herrscher waren, die er angriff, brauchte er selbst keine Verfolgung zu befürchten und war hoch anerkannt. Anders erging es seinem Schüler Thukydides, der es wagte, den Demagogen Kleon zu entlarven, und der wohl auf Betreiben des Angegriffenen in eine zwanzigjährige Verbannung geschickt wurde (die freilich seiner Forschungstätigkeit gut bekam, weil er dadurch neutral wurde und Zugang zu Informationen beider Seiten erhielt). Sokrates wurde hingerichtet, weil man ihm vorwarf, mit seiner dialektischen Methode die Jugend zu verderben und gottlos zu sein. Trotz – oder gerade wegen – seines Todes hat Sokrates eine ungeheure Nachwirkung ausgelöst, weil sein Schüler Platon und dessen (widerspenstiger) Schüler Aristoteles Beiträge zur politischen Theorie und zur Demokratietheorie geleistet haben, die bis heute von unschätzbarem Wert sind. Nicht zuletzt haben die klassischen griechischen Staatsphilosophen die Grundlagen des Hochschulwesens gelegt, das sich nach dem Grundstück, auf dem Platon seine Philosophenschule betrieb, immer noch »akademisch« nennt.

Auch die europäische Aufklärung wurde im Wesentlichen durch Wissenschaftler vorangetrieben, die für ihre Ideen mitunter ebenfalls mit Verfolgung durch die Herrschenden »belohnt« wurden. Interessanterweise wurden einigen der innovativsten Denker gar keine Positionen im Wissenschaftsbetrieb gewährt, sondern sie veröffentlichten ihre Schriften als Außenseiter (u. a. Hobbes, Locke, Montesquieu, Rousseau, Marx, Engels).

Und dann war da diese Revolution, die im formalen Sinn gar keine war, weil sie mit keinem Regime- und Verfassungswechsel einherging. Und dennoch hat diese Revolution einen massiven Demokratisierungsschub und eine umfassende Liberalisierung der Gesellschaft bewirkt. Und was ist eine Revolution anderes als eine gravierende Umgestaltung von Gesellschaft und Politik, die sich nicht allmählich, sondern schubweise vollzieht? Diese Revolution ereignete sich in den Jahren um 1968, und zwar in der gesamten westlichen Welt. Es war die Zeit nach dem Zweiten Weltkrieg, und in vielen westlichen Ländern herrschte ein konservativ-spießbürgerlicher Geist. Politische und gesellschaftliche Fortschritte, die in den 1920er-Jahren erzielt worden waren, waren wieder verloren gegangen. In vielen Ländern wurden die in den Verfassungen niedergeschriebenen Menschenrechte nicht wirklich gewährt; so wurden etwa in den USA Afro-Amerikaner immer noch diskriminiert. Das war in Deutschland nicht viel anders. Die Bundesrepublik hatte zwar im Jahr 1949 ein wunderschönes *Grundgesetz* erhalten, aber nicht alles, was dort im Katalog der Grundrechte aufgelistet war, wurde wirklich gelebt.

Art. 1 Abs. 1 garantiert die Menschenwürde und Art. 2 Abs. 2 die körperliche Unversehrtheit. Aber bis weit in die 1970er-Jahre war an westdeutschen Schulen die entwürdigende und körperverletzende Prügelstrafe üblich und wurde sogar vom Bundesgerichtshof ausdrücklich für zulässig erklärt (Bundesgerichtshof, Urteil v. 4.5.1962, Az.: 4 StR 100/62, RdNr. 13 f.). Nach Art. 3 Abs. 2 sind Männer und Frauen gleichberechtigt. Aber bis 1977 waren Frauen gesetzlich auf die Führung des Haushalts verpflichtet und nur dann berechtigt, eine Erwerbstätigkeit aufzunehmen, »soweit dies mit ihren Pflichten in Ehe und Familie vereinbar ist«. Bei Streitigkeiten zwischen den Ehepartnern über Fragen der Kindererziehung hatte der Mann das letzte Wort. Nach Art. 2 Abs. 2 hat jede:r das Recht auf freie Entfaltung der Persönlichkeit, sofern man nicht die Rechte anderer verletzt oder gegen »das Sittengesetz« verstößt. Faktisch waren in den 1960er-Jahren weite Bereiche der Sexualität tabuisiert. Bis 1970 handelte ein Vermieter sittenwidrig, wenn er einem unverheirateten Paar eine Wohnung vermietete, bis 1973 hatte ein Hotelier strafrechtliche Maßnahmen zu fürchten, wenn er einem unverheirateten Paar ein Doppelzimmer überließ. Bis 1969 waren gleichgeschlechtliche Handlungen komplett verboten. Überhaupt wurde man bis 1975 erst mit 21 Jahren volljährig und wahlberechtigt, wurde aber schon ab 18 im Wehrdienst dafür ausgebildet, Menschen zu töten.

Und die Demokratie beschränkte sich darauf, dass man alle vier Jahre zwei Kreuze auf einen Stimmzettel machte. Der langjährige Bundeskanzler Konrad Adenauer war zwar demokratisch gewählt, wies aber ziemlich autokratische Züge auf. Der Kanzler, der zugleich auch Vorsitzender der Mehrheitspartei war, betrachtete die Abgeordneten des Deutschen Bundestags als eher lästig. In seiner launigen Art sagte er schon einmal, dass er es mit der Wahrheit nicht immer ganz genau nehme, dass ihn sein Geschwätz von gestern nicht kümmere, dass man mit dem Recht nicht pingelig sein solle und dass er eigentlich »diktatorisch« sei, »nur mit stark demokratischem Einschlag« (am 15.8.1949 vor der CDU-Bundestagsfraktion). Autoritär war der Regierungsstil Adenauers, autoritär waren Lehrer, Polizisten, Arbeitgeber und Behördenvertreter, autoritär waren auch die eigenen Eltern.

Es waren Wissenschaftler:innen, die die autoritäre Gesellschaft, die autoritäre Politik und die autoritäre Persönlichkeit zuerst kritisierten und Visionen einer freiheitlicheren Gesellschaft entwickelten: Sigmund Freud, Erich Fromm, Theodor W. Adorno, Max Horkheimer, Hannah Arendt, Herbert Marcuse u. a. Die Saat fiel auf fruchtbaren Boden. In den 1960er-Jahren formierte sich die »Studentenbewegung«, die mit Märschen und Demonstrationen ihren Forderungen nach einer Liberalisierung und Demokratisierung der Gesellschaft Nachdruck verlieh. Auch die Studierenden strebten einen Systemwechsel an. Der damalige Innenminister Ernst Benda (CDU) wurde explizit: Er sah im Sozialistischen Deutschen Studentenbund, der einflussreichsten Organisation der »Studentenbewegung«, eine verfassungsfeindliche Organisation, die »die revolutionäre Transformation der bestehenden Ordnung« anstrebe (Borowsky 2007). Ihren Höhepunkt erreichten die Proteste nicht nur in der Bundesrepublik Deutschland, sondern auch in Frankreich, den USA, dem Vereinigten Königreich und anderen Ländern im Sommer 1968. Der »spießbürgerliche Mief«, der sich durch die Nachkriegszeit zog, wurde durch den Sturm der Proteste fortgeweht wie ein bleierner Nebel. Ein Jahr später, am 28. Oktober 1969, sah die Welt anders aus. »Wir wollen mehr Demokratie wagen,« rief der frisch gewählte Bundeskanzler Willy Brandt bei seiner ersten Regierungserklärung.

Und tatsächlich: Es kam zu einer breiten Demokratisierungswelle in den Betrieben, in Schulen und Hochschulen, in der Stadtplanung und in vielen anderen Bereichen des gesellschaftlichen Lebens. Die Ostpolitik von Willy Brandt führte zu einer massiven Entspannung des Kalten Kriegs, und auch die USA beendeten schließlich ihren Vietnamkrieg, der eine ganze Generation traumatisiert hatte. Restriktive Gesetze gegen die sexuelle Selbstbestimmung wurden gelockert (§ 175 StGB gegen Homosexuelle in den Jahren 1969 und 1973, § 180 gegen Kuppelei 1969 und 1973, § 218 gegen Abtreibungen 1974 und 1976).

Wie hätte sich die Gesellschaft entwickelt, wenn die Wissenschaft damals nicht die Freiheit gehabt hätte, zu denken wie sie dachte? – Und es waren nicht nur Professorinnen und Professoren, die die Verhältnisse kritisierten und die Visionen einer besseren Welt entwickelten. Es waren insbesondere die Studierenden, die diese Kritik und diese Utopien zu politischen Forderungen machten und die sich aktiv und mutig für deren Realisierung einsetzten. Die Freiheit der Wissenschaft schließt auch die Studierenden ein.

Die 68er-Bewegung war nicht die erste und nicht die letzte Studierendenbewegung, die sich im In- und Ausland für Demokratisierung und Liberalisierung einsetzte – mehr oder minder erfolgreich. Studentische Protestbewegungen gab es u. a. von 1811 bis 1848 in Deutschland, 1919 in China, 1937 in der britischen Kronkolonie Burma (heute Myanmar), 1970 auf den Philippinen, 1973 in Äthiopien, 1989 noch einmal in China (Tian'anmen-Platz), 1998 in Serbien, 2005 in der Ukraine, 2011 in mehreren arabischen Ländern (»Arabischer Frühling), seit 2014 – allerdings erfolglos – in Hongkong. Immer wieder sind demokratische Bewegungen und demokratische Revolutionen von Hochschulen ausgegangen. Die Freiheit der Wissenschaft gehört zu den Grundprinzipien der Demokratie – und ohne eine freie Wissenschaft kann es keine wirkliche Demokratie geben.

Autokraten versuchen immer wieder, die Wissenschaft zu kontrollieren und für sich zu missbrauchen. An Herrscherhöfen waren Forschung und Lehre höchstens ausnahmsweise frei. Eine Idee, die den Machtanspruch des Herrschers infrage stellte oder die ihm einfach nicht gefiel, konnte den Kopf kosten – und im Laufe der Wissenschaftsgeschichte sind viele Köpfe von Wissenschaftlern gerollt. Andererseits mussten Historiker die Geschichte fälschen, um Herrscherhäuser und die Politik amtierender Machthaber zu legitimieren. Philosophen mussten Moralphilosophien entwickeln, die eine widerspruchslose Unterordnung der Beherrschten unter ihre Unterdrücker forderten. Naturwissenschaftler und Ingenieure mussten Waffensysteme erfinden. Biologen wurden gezwungen, die angebliche Überlegenheit einer sogenannten »Rasse« zu »beweisen«. Geografen mussten Gebietsansprüche rechtfertigen. Astronomen mussten zeigen, wie der Lauf der Gestirne politische Ereignisse erzwang.

Unabhängige Wissenschaftler:innen sind nötig, um Ideologien zu widerlegen, um Mythen zu entlarven, Unwahrheiten und Lügen aufzudecken. Sie sind nötig, um Missstände aufzuzeigen, um Probleme zu benennen, um politisches Handeln zu kritisieren, um Verbesserungen zu empfehlen, um Innovationen zu entwickeln, um Visionen und Utopien zu erdenken.

Unsere Wissenschaftskultur hatte ihren Ursprung in der griechischen Antike. Schon um 700 v. Chr. gab es bei Homer eine Szene, in der derjenige – wie wir es heute nennen würden – Rechtswissenschaftler üppig belohnt wurde, der den gerechtesten Urteilsspruch zu einem Streitfall fand (Homer: Ilias, 18, 497–508). Es ging darum, Fakten zu ermitteln (also empirische Forschung zu betreiben), Prinzipien (Theorien) zu erarbeiten, die Prinzipien auf den Fall anwenden, die Argumente abzuwägen, zu einer Schlussfolgerung zu kommen und diese zu kommunizieren. Die Szene beschreibt so etwas wie die Geburtsstunde der professionellen Wissenschaft. Überhaupt zeigen sich in den Werken von Homer schon erste Spuren von wissenschaftlicher Beobachtung, Systematisierung, Verallgemeinerung und theoretischer Erklärung auf den Gebieten der Astronomie, Medizin, Zoologie, Psychologie, Politikwissenschaft, Kosmogonie und Theogonie (Nestle 1975: 38–44). Homers Zeitgenosse Hesiod war nicht nur »der erste Theologe der Griechen« (Nestle 1975: 45), sondern wird auch als der »erste Ökonom« überhaupt bezeichnet, der sich mit dem Problem der Knappheit von Gütern befasste und die effiziente Allokation der Ressourcen Arbeit, Kapital, Rohstoffe und Zeit empfahl. Im 6. Jahrhundert v. Chr. kam es dann zu einer regelrechten Explosion der Wissenschaften in den griechischen Poleis. Thales, Anaximander (dem wir das Wort »Kosmos« für das Weltall verdanken), Pythagoras, Xenophanes (»Wenn die Pferde Götter hätten, sähen sie wie Pferde aus«). Eine Lawine war losgetreten, und viele andere begründeten Disziplinen wie Philosophie, Mathematik, Astronomie, Physik etc.

Noch nicht alle der antiken Philosophen waren in ihren Gedanken wirklich frei. Viele von ihnen wurden im Laufe ihres Schaffens wegen ihrer Werke verfemt, verfolgt, vertrieben, verbannt oder verurteilt, manche, wie Sokrates, sogar zum Tode. Aber das waren bereits die Folgen der Freiheit, die sie sich nahmen, ihre Gedanken zu entwickeln und zu verbreiten. Den meisten Philosophen gelang es, ihre Werke zu verbreiten, der Nachwelt zu hinterlassen und Schüler anzuleiten, die ihre Forschungen fortsetzten.

Einen Quantensprung der Wissenschaftsfreiheit fand im Jahr 387 v. Chr. statt, als Platon, der begabteste Schüler des Sokrates, ein Grundstück im »Akademeia« genannten Hain im Nordwesten von Athen kaufte, der dem attischen Heros Akademos gewidmet war. Er eröffnete dort eine Schule, nach der sich höhere Bildungseinrichtungen bis auf den heutigen Tag nennen. Platon siedelte seine Akademie mit Absicht außerhalb der Stadtmauer an, damit seine Gelehrten dort in Freiheit arbeiten konnten, verfolgten sie doch mitunter provokative Gedanken, redeten geschraubt, pflegten einen unkonventionellen Lebens- und Kleidungsstil. Mit Recht kann Platons Akademie als erste freie, politisch unabhängige Hochschule gelten. Die Akademie sollte knapp 300 Jahre lang wissenschaftliche Leistungen auf höchstem Niveau erbringen, bis sie von den Römern zerstört wurde, dann aber in der Spätantike noch einmal zum Leben erweckt werden sollte.

Platons begabtester Schüler Aristoteles, der – auch das gehört zur Freiheit der Wissenschaft – mit seinem Materialismus das exakte Gegenteil von Platons Idealismus lehrte, gründete seine eigene Schule am entgegengesetzten Ende der Stadt, die mit einer umfangreichen Bibliothek und einem großen Stab an wissenschaftlichen Mitarbeitern gut ausgestattet war, sodass schon in dieser frühen Phase eine gesunde Konkurrenz zwischen verschiedenen wissenschaftlichen Schulen entstand.

Der nächste Quantensprung geschah um 280 v. Chr. mit der Gründung des *Museions* in der hellenistischen Stadt Alexandria, die nicht in, sondern bei Ägypten lag. Auch wenn Alexandria von einer Monarchie regiert wurde, ermöglichte der hellenistische Geist der Gedankenfreiheit, der sich über Jahrhunderte entwickelt hatte, den Aufbau einer veritablen Hochschule mit staatlich besoldeten Gelehrten, Stipendien, Schulungsmöglichkeiten, einer bestens ausgestatteten Bibliothek und einer disziplinären Spezialisierung, wie sie auch im heutigen Wissenschaftsbetrieb zu finden ist. Indem Rom die

Großreiche der Diadochen zerstörte, erwies es sich als »Schutzmacht der Polis« (Demandt 1977: 31). Griechische Philosophen waren in Rom hochgeschätzt und wurden zu Vorbildern und Lehrmeistern lateinisch sprechender Wissenschaftler wie Cicero, Plinius dem Älteren und seinem Neffen Plinius dem Jüngeren, Tacitus etc., während die hellenistische Wissenschaft weiter blühte.

In der Spätantike endete das Zeitalter der Wissenschaftsfreiheit. Der Grund war, dass eine neue Religion zur Staatsreligion erhoben wurde: das Christentum. Als Kaiser Theodosius begann, ab 391 n. Chr. heidnische Kulte zu verbieten (darunter auch die Olympischen Spiele), wurde auch die Freiheit der Wissenschaft eingeschränkt, die aus einer nicht-christlichen, hellenistischen Tradition erwachsen war. Kaiser Justinian ließ 529 die neuplatonische Philosophenschule in Athen, also die Nachfolgeeinrichtung der »Akademie«, schließen, weil er sie als einen Hort heidnischer Philosophie ansah und um damit den Einfluss des Heidentums auf Wissenschaft und Bildung zurückzudrängen. Das lange Zeitalter der Dogmen hatte begonnen, gegen das sich tausend Jahre später die Aufklärung so vehement zur Wehr setzen sollte.

Aber gar so finster war das Mittelalter jedoch nicht. Und schon gar nicht die islamische Welt des Mittelalters. Es waren die drei großen Schriftreligionen, die in dieser Epoche die Gelehrsamkeit trugen. Das Judentum hatte den Tanach und den Talmud, das Christentum die Bibel, der Islam den Koran. Das waren drei gewaltige, in sich durchaus heterogene, widersprüchliche und interpretationsbedürftige Schriftwerke, die untereinander auch noch erhebliche Überschneidungen aufwiesen. Für die drei Religionen bedeutete dies, dass man Schriftkundige brauchte, die lesen und schreiben konnten, die die Texte deuteten und auf zeitgenössische Probleme anwandten. Das heißt, man benötigte religiöse Schulen und Zentren der Gelehrsamkeit – rabbinische Schulen, Klöster, Koranschulen.

Im Jahr 859 gründete Fatima al-Fihri, die Tochter eines reichen Kaufmanns aus Kairouan, in Fès, Marokko, eine Al-Qarawīyīn genannte Moschee mit angeschlossener Koranschule, aus der die Universität von Fès hervorgegangen ist, die deshalb heute als älteste kontinuierlich betriebene Bildungseinrichtung der Welt gilt. Die islamischen Philosophen Avicenna und Averroes trugen dazu bei, die Werke des Aristoteles vor dem Vergessen zu bewahren, gerieten allerdings in Konflikt mit dem orthodoxen Islam.

Auf christlicher Seite entwickelte sich das Bedürfnis nach qualifizierter Rechtsprechung in »beiden Rechten«, d. h. in göttlichem und weltlichem

Recht. Wie schon bei Homer, in der hebräischen Bibel und bei Herodot zu lesen, war wieder einmal das Bedürfnis nach Streitschlichtung Ursache für eine Innovation. Und so stand die Rechtswissenschaft am Anfang der Universitäten in Europa, bei denen die Wissenschaft »beider Rechte« häufig die einzige oder zumindest die einzige ernstzunehmende Fakultät darstellte (Rüegg 2003: 22, 56). Ab dem 11. Jahrhundert traten in den Städten Italiens zunehmend wandernde Magister und Scholaren auf, die zwar in den Dom- und Klosterschulen ausgebildet worden waren, dann aber vor allem im Rechtswesen Anstellungen fanden, denn mit der Gründung von Städten und der Zunahme des Handels wuchs der Bedarf an der Schlichtung von Rechtsstreitigkeiten. Zur Mitte des 11. Jahrhunderts hatten Scholaren in Bologna bereits einige private Rechtsschulen gegründet, in denen ein Magister oder *doctor* in seiner eigenen Wohnung einige Studenten unterrichtete und dafür Honorar erhielt.

Ein ganz entscheidender Schritt war die Vergabe des Doktorgrads, der *licentia ubique docendi*, also der »Erlaubnis, überall zu lehren«. Dieses Privileg war entscheidend für die Freiheit der Wissenschaft. Zunehmend entdeckten die wandernden Rechtsgelehrten das antike römische Recht. Und das machte sie für den Kaiser Friedrich I. Barbarossa besonders interessant, denn der 1055 zum Kaiser gekrönte Elsässer wollte mit der Erneuerung des römischen Rechts und durch die Berufung auf die römischen Caesaren seine kaiserliche Autorität zusätzlich legitimieren. Außerdem konnte er darauf zählen, die an den Rechtsschulen ausgebildeten Juristen in der kaiserlichen Reichsverwaltung verwenden zu können, da die Schulen von der Kirche unabhängig und ihre Schüler somit nicht seinem großen Konkurrenten um den Machtanspruch, dem Papst, verpflichtet waren.

Die Scholaren, die ihm deshalb so wertvoll erschienen, lehrten jedoch unter ungeklärten Verhältnissen und wurden immer wieder Opfer von Übergriffen seitens der Stadtbewohner. Als die *doctores* aus Bologna den Kaiser baten, ihnen Schutz zu bieten, gewährte er ihnen dieses Privileg deshalb nur zu gern. Bereits im Jahr 1058 erließ Kaiser Friedrich I. Barbarossa den Gelehrten die gewünschte Freiheit in Form der *Authentica Habita*, auch *Privilegium Scholasticum* genannt. Es lohnt sich, ausführlich aus diesem Erlass zu zitieren:

> »Nach hierüber eingehend durch Bischöfe, Äbte, Herzöge, Grafen, Richter und andere Größen Unseres kaiserlichen Palastes durchgeführter Prüfung begnaden Wir alle, die als Gelehrte der Studien wegen

> reisen, vornehmlich aber die Professoren der göttlichen und kaiserlichen Gesetze, mit dieser Wohltat unserer Gnade, dass sowohl sie selbst wie ihre Boten in den Orten, in denen wissenschaftliche Studien betrieben werden, kommen und dort wohnen dürfen. Für richtig halten Wir es nämlich, dass alle, die Gutes tun, unseres Lobes und Schutzes bedürfen, um so mehr diejenigen, durch deren Wissenschaft die Welt erleuchtet wird und die Untertanen zum Gehorsam gegen Gott und uns, Gottes Diener, geleitet werden, weshalb Wir sie mit besonderer Huld gegen jedes Unrecht verteidigen. […] Durch dieses allgemeine und für alle Ewigkeit geltende Gesetz verordnen Wir also, dass künftig niemand sich herausnehmen darf, irgendeinem Gelehrten Unrecht zu tun.«

Die *Authentica Habita* enthält einige bemerkenswerte Bestimmungen:

- Der Kaiser erwähnt explizit, dass er vor seinem Erlass geistliche, adelige und weltliche Autoritäten konsultiert hat. Dies verleiht dem Dokument eine zusätzliche Legitimation. Kurze Zeit später sollte auch der Papst selbst die *Authentica Habita* bestätigen.
- Der Kaiser betont, dass die Wissenschaftler nützliche und wertvolle Leistungen erbringen.
- Der Erlass gibt den Wissenschaftlern und ihren Mitarbeitern das Recht, sich innerhalb des Reichs frei zu bewegen und ihren Wohnsitz frei zu wählen (Freizügigkeit).
- Die Wissenschaftler werden unter besonderen Schutz gestellt. Ihnen darf kein Unrecht angetan werden.
- Noch aber sind die Wissenschaftler verpflichtet, Lehren zu verbreiten, die die Autorität der Kirche und des Kaisers nicht antasten.

Schließlich wird festgestellt, dass das Privileg »für alle Ewigkeit gelten« solle. Immerhin hat die Wissenschaftsfreiheit bis jetzt fast tausend Jahre überstanden – allerdings immer wieder mit Unterbrechungen.

Trotz des kaiserlichen Privilegs mussten die Gelehrten manche Konflikte mit den Einwohnern Bolognas aushalten. Um ihre Interessen wirkungsvoller zu vertreten, schlossen sich die Rechtsgelehrten zu einem *collegium doctorum legum* zusammen. Die Gesamtheit der Lehrenden und Studierenden wurde *universitas magistrorum et scholarium* genannt, die »Gesamtheit der

Lehrer und Schüler«. Durch den Zusammenschluss der Schulen einzelner Gelehrter war die *Universität* als Institution und Begriff entstanden, der die Gesamtheit von Dozenten und Studierenden bezeichnet. Eine Hochschule ist bis heute eine Art Verein, dessen Mitglied man wird – mit entsprechenden Selbstverwaltungsrechten. Der früheste Nachweis der Universität Bologna stammt mit der Erwähnung eines Rechtsgelehrten für das römische Recht aus dem Jahr 1088.

Was unterschied eine Universität von einer kirchlichen oder klösterlichen Schule? – Die Freiheit der Wissenschaftsausübung, die durch eine päpstliche oder kaiserliche Urkunde gewährt wurde, und die Selbstverwaltung der *unversitas* aus Lehrenden und Studierenden. An einer Universität konnte unabhängig von kirchlichen Weisungen geforscht und gelehrt werden. Die Universität von Bologna fand Nachahmer in ganz Europa. Zwischen 1150 und 1170 ist die Universität Paris gegründet worden, 1167 Oxford, 1209 Cambridge, 1218 Salamanca, 1220 Montpellier, 1222 Padua. Im Jahr 1328 gab es mindestens 31 Universitäten in Europa (Rüegg 2003: 56). 1386 wurde die erste Universität auf (heutigem) deutschen Boden in Heidelberg gegründet und zwei Jahre später die zweite zu Köln. Ein System der höheren Bildung war entstanden, das innerlich demokratisch strukturiert war, das seine Lehrpläne eigenständig entwickelte und seine Abschlüsse selbständig vergab, das unter staatlichem Schutz stand und weder von weltlichen noch kirchlichen Herrschern Weisungen erhielt.

Und die jungen Universitäten begannen unmittelbar, Gelehrte zu produzieren, die nicht nur innovatives, sondern geradezu revolutionäres Gedankengut erzeugten. Einer der wichtigsten Geister war William von Ockham, der um 1317 an der Universität Oxford seinen Abschluss als Bakkalaureus erwarb und im Anschluss an Aristoteles die wissenschaftstheoretischen Grundlagen für die »wissenschaftliche Revolution« legte, die sich im 15. und 16. Jahrhundert in den Fußstapfen von Denkern wie Paracelsus, Kopernikus, Kepler, Bacon, Newton, Galilei, Descartes und anderen ereignen sollte. Sein politiktheoretisches Werk postulierte die natürliche Gleichheit und Freiheit aller Menschen, die Souveränität des Volks, eine demokratisch begründete Monarchie, ein Individualrecht auf Rebellion gegen einen ungerechten Herrscher und die strikte Trennung von Staat und Kirche. Insbesondere war William ein aktiver Verfechter der Wissenschafts- und Meinungsfreiheit, und diese nahm er sich nicht nur theoretisch, sondern auch praktisch, indem er sich gegen eine Häresieanklage des

Papstes zur Wehr setzte, aus der Papststadt Avignon floh und sich unter den Schutz des Kaisers, des großen Gegenspielers des Papstes, begab. Seine Ideen, für die er so mutig eingetreten war, sollten für die Evolution der Demokratie wegweisend sein, denn viele Gedanken, die die politische Philosophie jahrhundertelang prägen sollten, stammen von ihm: Die Idee der Menschenrechte, der Meinungs- und Wissenschaftsfreiheit, der Volkssouveränität, des Gesellschaftsvertrags, des Widerstandsrechts, der Trennung von Kirche und Staat.

In der Londoner Bread Street, unweit der Kathedrale St. Paul's, befindet sich an einem modernen Bürogebäude, das nicht zu den Highlights der Gegenwartsarchitektur gehört, eine blaue Plakette, die darüber informiert, dass im Jahr 1608 in dieser Straße der Dichter und Staatsmann John Milton geboren wurde. Milton erwarb an der Universität Cambridge Bachelor- und Masterabschluss, verbrachte sieben weitere Jahre mit privaten Studien der Philosophie, Theologie, Geschichte, Politik, Literatur und Naturwissenschaften und unternahm eine »Grand Tour« durch Frankreich, Italien (wo er u. a. mit Galileo Galilei zusammentraf) und die Schweiz. Zwischenzeitlich verfasste er Gedichte, quasi als Vorübungen für sein später entstandenes Hauptwerk *Paradise Lost* (»Das verlorene Paradies«), das bis heute als eines der großartigsten poetischen Werke der englischen Literatur gilt.

Nach London zurückgekehrt, heiratete Milton im Jahr 1642, allerdings nur, um zu erleben, dass seine Ehefrau bereits nach einem Monat wieder zu ihrer Mutter zurückkehrte. Das veranlasste ihn, eine Reihe von Pamphleten zu verfassen, in denen er sich für die Zulassung der Ehescheidung aussprach, die damals auch von protestantischer Seite geächtet wurde. Obgleich er einen politischen Teilerfolg erreichte, bekam er Ärger mit der Zensur. Ein 1643 verabschiedetes Zensurgesetz veranlasste den rebellischen Geist, eine Streitschrift gegen die Zensur zu verfassen, die er *Areopagitica* betitelte, nach dem Athener Hügel, auf dem der Ältestenrat Gerichtsverfahren abgehalten und sich auch der Apostel Paulus gegen den Vorwurf verteidigt hatte, neuartige Lehren von einem fremden Gott zu verbreiten (Apg 17,16–34).

In dieser Schrift sagt Milton, dass konstruktive Kritik besser sei als heuchlerische Schmeichelei. Milton appelliert – ganz aufklärerisch – an die Vernunft der Parlamentarier. Wenn sie rational begründete Entscheidungen fällen, dann müssen sie auch zulassen, dass alle Argumente und Informationen veröffentlicht werden dürfen. Wenn Zensur dagegen dazu dienen soll, die Verbreitung von Schriften zu verhindern, die schlechte Verhaltensweisen propagieren, dann könne man genauso gut das ganze Leben kontrollieren: »Wenn wir anstreben, die Presse zu regulieren, um dadurch Verhaltensweisen zu korrigieren, dann müssen wir sämtliche Erholungs- und Freizeitaktivitäten regulieren, alles, was den Menschen erfreut.« Seinen rhetorischen Höhepunkt erreicht die Schrift mit folgender Passage:

> »Ein gutes Buch zu vernichten ist fast so wie einen Menschen zu vernichten; wer einen Menschen tötet, tötet ein vernunftbegabtes Wesen, Gottes Ebenbild; aber der, der ein gutes Buch zerstört, vernichtet die Vernunft selber, vernichtet das Bild Gottes […] ein gutes Buch ist das kostbare Lebenselixier eines meisterhaften Geistes, das konserviert und wie ein Schatz aufbewahrt wird, um über das Leben hinaus zu leben. […] Gebt mir die Freiheit zu wissen, mich zu äußern und frei nach meinem Gewissen zu argumentieren, das ist die wichtigste aller Freiheiten.« (Milton: Areopagitica)

John Milton argumentiert mit der Schöpfung und hebt auf die Gottebenbildlichkeit des Menschen ab, die klarstellt, dass der Mensch nicht nur Gottes Geschöpf ist, sondern auch göttliche Eigenschaften aufweist, sodass ihm natürliche Rechte – die Menschenrechte – zustehen, deren Verletzung einen Angriff auf Gott selbst darstellt. Eine dieser göttlichen Eigenschaften ist die Vernunft. Ein Buch ist nichts anderes als die dauerhaft konservierte Vernunft eines Menschen und damit auch Gottes. Wer ein Buch vernichtet, vernichtet damit die göttliche Vernunft und greift Gott selbst an, zerstört aber auch das in Worte geronnene Leben eines Menschen.

Für John Milton – Politikwissenschaftler, Dichter, später auch Politiker – war die Freiheit der Forschung, der Meinung, der Rede und der Publikation sogar die wichtigste aller Freiheiten. Gleichwohl sollte er das Parlament nicht überzeugen. Als die Republikaner aus dem Bürgerkrieg siegreich hervorgingen, übte Milton unter der Regierung von Oliver Cromwell ein Ministeramt aus und setzte sich mit zahlreichen Schriften weiter für Bürgerfreiheit und Demokratie ein. Gleichwohl musste er erleben, dass seine Bücher verbrannt wurden, als die Royalisten wieder ans Ruder kamen. Die Pressefreiheit wurde in England erst 1695 eingeführt.

Im Heiligen Römischen Reich Deutscher Nation wurden dagegen noch für längere Zeit sämtliche Veröffentlichungen der kaiserlichen Zensur unterworfen, die im Auftrag des Reichshofrats durch die Kaiserliche Bücherkommission in Frankfurt am Main erfolgte. Nach der Aufhebung des Kaiserreichs übernahmen viele deutsche Staaten die Zensurgesetze Napoleons. Ab 1809 gab es in jeder Stadt, die eine Buchdruckerei oder eine Buchhandlung aufwies, einen Zensor. Es nutzte auch nichts, dass die Pressefreiheit 1815 auf dem Wiener Kongress in die Deutsche Bundesakte aufgenommen wurde. 1819 führte der Deutsche Bund eine einheitliche Zensur ein, die 1830 sogar noch verschärft wurde. Im Vorwort zu *Deutschland. Ein Wintermärchen* (1844) beklagt Heinrich Heine bitter die Umarbeitungen und Ausmerzungen, welche ihm »die höhere Kritik« der überwachenden Behörden auferlegt hatte, nimmt sich aber die Freiheit, sich gleich im ersten Kapitel über die Zensur lustig zu machen.

Die *Weimarer Reichsverfassung* von 1918 garantierte erstmals die Freiheit der Meinungsäußerung in Wort, Schrift und Bild, aber schon im Jahr 1922 führte das *Republikschutzgesetz* schon wieder zu Einschränkungen. Ab 1933 verboten und verbrannten die Nationalsozialisten Bücher und schalteten Redaktionen gleich. Wissenschaftler wurden verfolgt, verjagt und ermordet. An den Universitäten wurden Lehrstühle, Dekanate und Rektorate mit regimetreuen Figuren besetzt. So wurde an der Universität Freiburg der (sozialdemokratische) Rektor zum Rücktritt gezwungen. Sein Nachfolger wurde bereits am 21. April 1933 der Philosoph Martin Heidegger, der ein bekennender Nationalsozialist war und in seiner Antrittsrede die »Größe und Herrlichkeit« der nationalsozialistischen Umwälzung des Hochschulwesens feierte, bevor er merkte, dass die Nationalsozialisten sein Engagement nicht wirklich goutierten, weil ihnen sämtliche Wissenschaftler:innen suspekt waren, selbst bekennende Nazis. Auch vor dem Hintergrund der nationalsozialistischen Zensur ist der hohe Stellenwert zu bewerten, den die Wissenschafts- und Kunstfreiheit im *Grundgesetz* genießt.

Der politische Charakter der Wissenschaft zeigt sich nicht nur an »wissenschaftlichen Revolutionen«, die ganze Weltbilder verändern (Kuhn 1967). Wissenschaft und Politik sind auch im Routinebetrieb eng miteinander verflochten. Jahr für Jahr vergeben die Bundesregierung, die Landesregierung und kommunale Einrichtungen Tausende von Forschungs- und Gutachteraufträgen an Wissenschaftler:innen aller möglichen Disziplinen, um wissenschaftliche Erkenntnisse für die Umsetzung politischer Ziele zu nutzen. Volkswirte, die dem Sachverständigenrat zur Begutachtung der gesamtwirtschaftlichen Entwicklung angehören (im Volksmund »Die fünf Wirtschaftsweisen« genannt), legen der Bundesregierung Gutachten vor, die Empfehlungen zur Wirtschaftspolitik enthält. Ingenieurwissenschaftler:innen beurteilen regelmäßig, ob Verschärfungen der Anforderungen an den energetischen Zustand von Gebäuden technisch möglich und wirtschaftlich vertretbar sind. Biolog:innen sollen die Auswirkungen von Mikroplastik auf die Gewässerfauna untersuchen. Informatiklehrstühle werden beauftragt, Software zu entwickeln, mit deren Hilfe ausländische Militäreinrichtungen ausgespäht werden. Erziehungswissenschaftler:innen bewerten Unterrichtsmethoden. Historiker:innen sollen z. B. erforschen, ob der Kronprinz des Deutschen Reiches und von Preußen die Nationalsozialisten unterstützt hat, um zu beurteilen, ob Entschädigungs- und Rückgabeforderungen der Familie Hohenzollern begründet sind. Die Liste ließe sich unendlich fortsetzen.

Bei jeder dieser Aktivitäten stellen sich den beteiligten Wissenschaftler:innen schwerwiegende Fragen: Inwieweit fließen die mit den Beauftragungen verbundenen Honorare oder sonstigen Vorteile in die wissenschaftlichen Erkenntnisse mit ein, bewusst oder unbewusst? Werden womöglich gar »Gefälligkeitsgutachten« erstellt? Werden Erkenntnisse, die politisch missliebig sind, unterschlagen oder gar manipuliert? Werden politisch erwünschte Erkenntnisse beschönigt, übertrieben oder gar konstruiert?

Die Anfälligkeit der Wissenschaften für politische Vereinnahmungsversuche ergibt sich daraus, dass es keine wertneutrale, »objektive« Erkenntnis gibt. Subjektive Interessen und politische Präferenzen der Wissenschaftler:innen und ihrer Auftraggeber fließen immer ein – in die Formulierung der Forschungsfrage, die Auswahl der Untersuchungsvariablen, die Methodik, die Interpretation der Ergebnisse. Und: Wissenschaft stellt bloß Hypothesen auf, die zwar widerlegt, aber niemals endgültig bewiesen werden können, denn es könnte ja in Zukunft eine Studie mit einer anderen Methodik durchgeführt werden, die zu anderen Ergebnissen kommt.

Wissenschaft hat deshalb bescheiden zu sein – wie schon der große Sokrates erkannt hatte: »Denn es mag wohl keiner von uns beiden etwas Rechtes wissen, aber jener glaubt, etwas zu wissen, obwohl er es nicht weiß; wenn ich dagegen etwas nicht weiß, glaube ich aber auch nicht, etwas zu wissen. Ich scheine also um dieses Wenige weiser zu sein als er, dass ich das, was ich nicht weiß, auch nicht zu wissen glaube.« (Platon, Apologie des Sokrates, 21d–e).

Hinzu kommt, dass der Wissenschaftsbetrieb selbst institutionalisiert und hierarchisiert ist – in Lehrstühle, Institute, Schule, Fachgesellschaften,

Paradigmengemeinschaften. Der Wissenschaftshistoriker Thomas Kuhn (1967) kam zu der Auffassung, dass die Normalwissenschaft stets im Rahmen eines allgemein anerkannten, gefestigten Paradigmas stattfindet, das Gegenstandsbereiche, Fragestellungen, Perspektiven, Theorien, Methoden, Sprach- und Diskussionsstile beinhaltet und das erst infrage gestellt wird, wenn eine wissenschaftliche Revolution ein neues Paradigma begründet. Wissenschaftliche Revolutionen kommen aber außerordentlich selten vor, auch weil sie von den angegriffenen Paradigmen bekämpft werden. Eine wissenschaftliche Revolution zu beginnen, ist ein außerordentlich riskantes Unterfangen, namentlich für junge Wissenschaftler:innen, die am Anfang ihrer Karriere stehen.

Der Wiener Wissenschaftstheoretiker Paul Feyerabend (1976) zeigte an vielen Beispielen aus der Wissenschaftsgeschichte, dass bedeutende wissenschaftliche Fortschritte gerade dann erzielt worden sind, wenn sich Wissenschaftler nicht an anerkannte wissenschaftliche Regeln gehalten haben. Und Karl Popper wollte eigentlich, dass die wissenschaftliche Revolution den Dauerzustand des Wissenschaftsbetriebs darstellen sollte, während er das Forschen im Rahmen von Paradigmen, was Kuhn als »Normalwissenschaft« bezeichnet hatte, einfach nur für schlechte Wissenschaft hielt. Popper schrieb:

> »Es gibt in der Tat eine ›Normalwissenschaft‹, wie sie Kuhn schildert. Es ist die Tätigkeit des nicht-revolutionären oder genauer: des nicht allzu kritischen Professionellen: des angehenden Wissenschaftlers, der das vorherrschende Dogma des Tages akzeptiert; der das Dogma nicht bezweifeln will; der eine neue revolutionäre Theorie nur dann akzeptiert, wenn sozusagen schon ein jeder bereit ist, sie zu akzeptieren, und wenn es Mode wird, sie zu akzeptieren, nachdem allzu viel Propaganda um sie herum gemacht wurde. Man braucht vielleicht ebensoviel Mut, einer neuen Mode Widerstand zu leisten, als man Mut dazu brauchte, die neue Mode einzuführen.« (Popper 1974: 52)

Den derart beschriebenen »Normalwissenschaftler« hielt Popper für eine »bemitleidenswerte Person« und grenzte sie ab von dem wahren, (wie er es nannte) »reinen« Wissenschaftler, den er fraglos idealisierte, weil der große Star der London School of Economics wohl die Nöte der jungen Wissenschaftler:innen verkannte, die ihre Karriere erst noch vor sich haben, und die sich sehr wohl in ein Paradigma einordnen müssen, wenn sie ihre Doktorarbeiten und Habilitationsschriften verfassen, in Fachzeitschriften mit *peer review* veröffentlichen wollen, Gutachter:innen von Forschungsanträgen überzeugen wollen, auf Professuren berufen werden wollen.

Angesichts der sozialen Struktur der *scientific community* ist es umso wichtiger, die Freiheit der Wissenschaft nicht nur als Freiheit des Systems Wissenschaft zu gewähren, sondern auch als individuelle Freiheit von Wissenschaftler:innen, die das Recht haben müssen, auch einmal das Gehäuse einer Denkrichtung, Schule oder Paradigmengemeinschaft verlassen zu können. Die Wissenschaftsfreiheit darf auch nicht materiell ausgehöhlt werden, indem missliebigen Wissenschaftler:innen die Wissenschaftlichkeit durch Gutachten, Evaluationen, *peer reviews* und ähnliche Instrumente abgesprochen wird.

Fassen wir die Grundsätze der Freiheit von Lehre und Forschung zusammen, wie sie vom deutschen *Grundgesetz* garantiert werden (vgl. auch Coelln 2021):

1. Träger:innen der Freiheit von Forschung und Lehre sind alle, die wissenschaftlich tätig sind, nicht nur Professor:innen, sondern auch Studierende und Wissenschaftler:innen, die außerhalb des akademischen Systems tätig sind.
2. Wissenschaft ist vom Bundesverfassungsgericht als jede Tätigkeit definiert, die nach Inhalt und Form als ernsthafter planmäßiger Versuch der Wahrheitsermittlung anzusehen ist. Zur Ernsthaftigkeit gehört, dass verschiedene Hypothesen zu prüfen sind, und zur Planmäßigkeit, dass wissenschaftlich anerkannte Methoden anzuwenden sind. Die Aufstellung von Verschwörungstheorien fällt nicht unter diese Definition und auch nicht die pseudowissenschaftliche Rechtfertigung von Propaganda, weil es in beiden Fällen an der Ernsthaftigkeit der Suche nach Wahrheit fehlt.
3. Unter die Wissenschaftsfreiheit fallen jedoch alle begründeten Schlussfolgerungen und Meinungen, auch wenn sie sich mit bestimmten politischen Positionen decken sollten, auch wenn sie extrem sind, wenn sie eine Minderheitsmeinung darstellen, wenn sie einzelne wissenschaftliche Mängel aufweisen, wenn sie provokant sind oder wenn sie die Interessen oder die Gefühle bestimmter Personengruppen verletzen sollten. Es kann kein Maßstab für Wissenschaft sein, dass einigen die Ergebnisse von Forschungsarbeiten nicht gefallen oder dass sie nicht mit dem

»Zeitgeist« kompatibel sind. Das »Canceln« von politisch missliebigen wissenschaftlichen Positionen stellt eine Menschenrechtsverletzung und eine Gefährdung der Demokratie dar.

4. Die persönlichen Eigenschaften der Wissenschaftler:innen sind unerheblich. Man darf auch zu einer Personengruppe forschen, der man selbst nicht angehört.
5. Die Wissenschaftsfreiheit verbietet nicht nur dem Staat beschränkende Maßnahmen (wie Verweigerung von Ressourcen, Lehr-, Forschungs-, Publikations-, Auftritts- und Veranstaltungsverbote, Drangsalierungen und Repressalien), sondern verpflichtet den Staat auch, Wissenschaftler:innen vor Einschränkungen ihrer Freiheit durch Dritte zu schützen.
6. Laut Art. 5 Abs. 3 Satz 2 GG entbindet die Freiheit der Lehre zwar nicht von der Treue zur Verfassung. Das bedeutet jedoch nicht, dass nicht bestimmte verfassungsrechtliche Regelungen kritisch diskutiert werden dürfen, untersagt aber böswilliges Verächtlichmachen und unsachliche Schmähkritik sowie Aufrufe zur Abschaffung der freiheitlich-demokratischen Grundordnung.
7. Das beamtenrechtliche Mäßigungsgebot darf nicht missbraucht werden, um Wissenschaftler:innen politisch relevante Meinungsäußerungen zu untersagen, wie das Verwaltungsgericht Berlin (Beschluss vom 16.9.1988) klargestellt hat: »Eine gemäßigte Wissenschaft könnte allzuleicht in eine mäßige Wissenschaft umschlagen. Es gehört zur Eigengesetzlichkeit der Wissenschaft, die unteilbare Wahrheit kompromißlos – ohne Rücksicht auf gesellschaftliche oder politische Akzeptanz – zu erforschen und unverfälscht auszusprechen.«
8. Ihre Schranken findet die Wissenschaftsfreiheit – wie jedes andere Grundrecht auch – nur dann, wenn andere Grundrechte verletzt werden, beispielsweise der Schutz der Menschenwürde (Art. 1 Abs. 1 GG) oder das Allgemeine Persönlichkeitsrecht (Art. 2 Abs. 1 GG), wenn etwa beleidigende Äußerungen getätigt werden. Gewisse Einschränkungen (z. B. Pflicht zur Durchführung von Lehrveranstaltungen, die für die Aufrechterhaltung des Lehrbetriebs erforderlich sind), die allerdings verhältnismäßig bleiben müssen, können auch aus den grundrechtlich abgesicherten Ausbildungsinteressen der Studierenden abgeleitet werden.
9. Wer die Wissenschaftsfreiheit nutzt, um extreme und aggressive Thesen zu verbreiten, muss sich auch Kritik daran gefallen lassen – ggf. auch in Form von Buhrufen im Hörsaal.

Die Freiheit der Wissenschaft wird heute aus verschiedenen Richtungen attackiert. Eine Angriffsfront kommt aus der »Identity Politics«-Bewegung. Der Begriff »Identity Politics« wurde geprägt durch eine Erklärung einer Schwarz-feministisch-lesbisch-sozialistischen Gruppe vom April 1977, die Identität, verstanden als Gruppenzugehörigkeit, zum Ausgangspunkt von politischer Interessendurchsetzung machte (Combahee River Collective 1977). Im Unterschied zum aufklärerischen Gleichheitsprinzip zielen *Identity Politics* nicht darauf ab, soziale Konstruktionen, die Unterschiede zwischen Menschen konstituieren (wie »Rasse«, Geschlecht, kulturelle Herkunft etc.), zu überwinden, sondern fordern Kompensationen für erlittene Diskriminierungen und Machtzuwächse für die benachteiligten Gruppen. Durch die Betonung von Identitäten werden solche Konstruktionen – sogar die biologisch längst widerlegte Kategorie der »Rasse« – allerdings sogar noch stabilisiert (Kurzwelly 2022).

Eines der Instrumente der *Identity Politics* nennt sich »cancel culture«, nach einem *Twitter*-Post der Aktivistin Suey Park vom März 2014, die gefordert hatte, eine Satire-Show abzusetzen (»cancel«), die ihrer Meinung nach einen rassistischen Witz gemacht hatte. Auch Wissenschaftler:innen sollen »gecancelt« werden, wenn sie in Forschung oder Lehre Auffassungen vertreten, die die Gefühle bestimmter Minderheiten verletzen können. In milderen Fällen kann das »Canceln« beinhalten, diese Wissenschaftler:innen zu ignorieren, ihre Lehrveranstaltungen zu boykottieren, sie nicht mehr zu wissenschaftlichen Tagungen einzuladen, sie von Vorträgen auszuschließen oder sie an Veröffentlichungen zu hindern. In härteren Fällen, wie bei der genderkritischen britischen Philosophin Kathleen Stock, kann es zu Entlassungsforderungen und Gewaltandrohungen kommen. Kathleen Stock hat ihre Professur tatsächlich aufgegeben, um ihre Familie zu schützen. Zustände, wie man sie bisher nur aus Diktaturen kannte.

Cancel-Forderungen können sehr schnell gewaltbewehrt sein. So hatte Anfang Juli 2022 das Präsidium der Humboldt-Universität Berlin einen angekündigten Vortrag der Biologin Marie Luise Vollbrecht abgesagt, nachdem eine studentische Gruppe verlangt hat, den Vortrag zu canceln. Die Universität begründete die Absage mit »Sicherheitsbedenken«, weil sie eine gewalttätige Demonstration erwartete. Nachdem sich der Universitätspräsident der berechtigten Kritik ausgesetzt sah, die Freiheit der Wissenschaft zu opfern, machte er alles noch schlimmer, indem er bei einer Diskussionsveranstaltung am 14.7.2022 ankündigte, Vorträge zu kontroversen Themen in Zukunft im Vorfeld zu zensieren (verklausuliert als »evaluieren«). Der Trick, um die Wissenschaftsfreiheit auszuhebeln: Man darf nur über Themen reden, zu denen man spezifisch forscht. Eine Biologin, die nicht spezifisch zum Geschlecht forscht, darf sich nicht zum biologischen Geschlecht äußern. Und wenn, wird zwischen »guter« und »schlechter« Wissenschaft unterschieden. Nur Wissenschaft mit »guten« Evaluationsergebnissen soll frei sein.

Überschießende Aktionen von Studierenden und Aktivist:innen mögen mit einem Überschwang der Gefühle erklärt – aber nicht entschuldigt – werden; problematischer ist es, wenn die Cancel Culture kalten Bluts intellektuell gerechtfertigt wird. Der Politikwissenschaftler Karsten Schubert schreibt – ausgerechnet – in der *Zeitschrift für Menschenrechte*, dass »Kunstfreiheit und Meinungsfreiheit [...] zentrale Argumente – oder besser: Waffen – des konservativen politischen Projekts geworden [sind], mit dem emanzipative Änderungen abgewehrt werden«. Er plädiert dafür, rassistische, sexistische oder transphobe Meinungen und Kunstwerke im Sinne einer »Politischen Korrektheit«, »Identitätspolitik« und »Cancel Culture« vom öffentlichen Diskurs auszuschließen. Allen Ernstes schreibt er, derartige Einschränkungen der Kunst- und Meinungsfreiheit trügen »zur inklusiveren Verwirklichung der Demokratie« bei. Die zentrale Begründung: Wenn bestimmte Bevölkerungsgruppen (Menschen mit Migrationsgeschichte, Frauen, Queere ...) in der Gesellschaft unterdrückt würden und andere Gruppen (»alte, weiße Männer« ...) »Privilegien« genössen, dann müsse dieses Ungleichgewicht beseitigt werden, indem herabsetzende Äußerungen der privilegierten Gruppen gecancelt werden. Eine Einschränkung der Kunst- und Meinungsfreiheit sei deshalb unproblematisch, weil »keine der emanzipativen Normsetzungen selbst hegemonial ist. Zwar gibt es Fortschritte und Machtgewinne der feministischen, antirassistischen und queeren Projekte, aber sie sind weit von gesellschaftlicher Hegemonie entfernt.« (Schubert 2020)

Es geht also um einen Machtkampf, der letztlich gesellschaftliche Hegemonie anstrebt. Bis diese erreicht ist, seien auch Aushebelungen von Grundrechten zulässig. Das erinnert an die klassische Taktik von Autokraten, man brauche eine Übergangszeit mit autoritären Maßnahmen, um die Gesellschaft von den Volksfeinden zu säubern, bevor dann ein tausendjähriges Reich von Freiheit und Wohlstand errichtet werden kann – das freilich nie einsetzt. Und die Einschränkung demokratischer Rechte erfolgt dann auch noch im Namen der Demokratie – Orwells »Neusprech« lässt grüßen.

Es versteht sich von selbst, dass ein »Canceln« von Wissenschaft verfassungswidrig, demokratiegefährdend und menschenrechtsverletzend ist, solange nicht andere Grundrechte ernsthaft beeinträchtigt werden. Es kann auch nicht dadurch gerechtfertigt werden, dass sich bestimmte Menschen durch wissenschaftliche Meinungen verletzt, bedroht oder »getriggert« fühlen, denn, wenn Grundrechte miteinander in Konflikt geraten, muss sorgfältig abgewogen werden, welche Grundrechtsverletzung im konkreten Fall schwerer wiegt. Die Freiheit von Forschung und Lehre ist ein hohes Grundrecht, und eine wissenschaftliche Aussage, die nicht beleidigend oder herabwürdigend ist, müssen wir ertragen, auch wenn wir die Sache anders sehen mögen.

Eine größere Gefahr für die Freiheit der Wissenschaft entwickelt sich zurzeit allerdings aus einer ganz anderen Richtung, nämlich aus einer positivistischen Wissenschaftspolitik. Die Freiheit von Forschung und Lehre ist unserer Wissenschaftspolitik wahrscheinlich nicht aus politisch-ideologischen Gründen ein Dorn im Auge, sondern aus ökonomischen. Obgleich die Ausstattung der Hochschulen seit den 1970er-Jahren, als wir die große Expansion des deutschen Hochschulwesens erlebten, in mehreren Wellen dramatisch gekürzt worden ist, meint die Politik immer noch, Wissenschaft sei zu teuer und viele Wissenschaftler:innen missbrauchten die Freiheit von Forschung und Lehre, um zu wenig Arbeitseinsatz zu zeigen

Der auf den Soziologen Auguste Comte zurückgehende Positivismus geht davon aus, dass man Fakten ganz schlicht erkennen könne, und schert sich nicht um mess- und erkenntnistheoretische Probleme. Eine positivistische Wissenschaftspolitik meint, dass man die Qualität von Forschung und Lehre entsprechend einfach messen (»evaluieren«) und daraus ein Hochschulranking nach US-amerikanischem Vorbild entwickeln könne. Außerdem meint sie, dass Wissenschaftler:innen nicht anders als Laborratten auf Anreize und Strafen reagieren: Wer das macht, was die Wissenschaftspolitik gerade will, erhält mehr Geld, und wer die Vorgaben nicht erfüllt, dem werden Ressourcen entzogen.

Die positivistische Wissenschaftspolitik ist nicht nur naiv, sondern wirkt mitunter auch kontraproduktiv. Einer der einflussreichsten Philosophen aller Zeiten, Georg Wilhelm Friedrich Hegel, hätte mit seinem schweren Dialekt, seiner schwerfälligen Sprechweise und seiner abstrakten, unverständlichen Art sich auszudrücken, miserable Evaluationsergebnisse erhalten. Hochschulleitungen neigen heute dazu, Professor:innen als Sachbearbeiter:innen zu betrachten, deren Kreativität sie mit administrativen Aufgaben lähmen.

Akkreditierungen, Evaluationen, leistungsorientierte Besoldung, Dienstanweisungen, Disziplinarmaßnahmen und Sanktionen sind Instrumente der positivistischen Wissenschaftspolitik, mit der das seit Kaiser Barbarossa verbriefte Ideal der unabhängigen, vor Repressalien geschützten Wissenschaftler:innen klammheimlich ausgehebelt wird. Ein prominentes Beispiel: Gegen den streitbaren (und umstrittenen) Virologen Alexander Kekulé, der während der Corona-Pandemie eine hohe Medienpräsenz erzielte und des Öfteren die Bundesregierung (in moderater Form) kritisiert hatte, wurde von der Martin-Luther-Universität Halle-Wittenberg eine vorläufige Dienstenthebung (als Vorstufe einer angestrebten Entfernung aus dem Beamtenverhältnis) ausgesprochen, angeblich wegen eines nicht durchgeführten Praktikums, das aber laut Kekulé gegen die Corona-Schutzmaßnahmen verstoßen hätte. Ob die Vorwürfe berechtigt sind oder nicht – es wäre in jedem Fall eine Kleinigkeit, die in keinem Verhältnis zur Schwere der Disziplinarmaßnahme stände. Fakt ist, dass es sich um einen schweren Eingriff in die Wissenschaftsfreiheit handelte, der mit geringfügigen Verstößen gegen das Dienstrecht begründet wurde. Kleinere Verstöße gegen das Dienstrecht sind im Alltagsbetrieb einer Hochschule angesichts der komplexen und tendenziell widersprüchlichen Aufgaben eine:r Hochschullehrer:in gar nicht vermeidbar, können aber offensichtlich wie ein Damoklesschwert genutzt werden, um missliebige Wissenschaftler:innen zu drangsalieren.

Ein zweites Beispiel: Der Volkswirt Bernd Lucke hatte die Büchse der Pandora geöffnet. Er hatte mit der AfD eine europakritische Partei gegründet, die erwartungsgemäß rasch weiter nach rechts rückte, als es Lucke gewollt hatte, und ihren eigenen Gründer nach kurzer Zeit wegmobbte. Immerhin schaffte es Lucke noch, als AfD-Kandidat in das Europäische Parlament gewählt zu werden. Seine Professur an der Universität Hamburg ruhte während seines Mandats.

Zum Wintersemester 2019/2020 endete Luckes Zeit als Abgeordneter und er musste wieder auf seine Professur zurückkehren, wo man ihn mit einer Pflichtveranstaltung betraute. Als die Studierenden Lucke gleich bei seiner ersten Vorlesung ausbuhten und nicht zu Wort kommen ließen, reagierte die Hochschule, indem sie Strafanzeigen gegen Studierende stellte, uniformierte private Sicherheitsdienste und eine Polizeihundertschaft in martialischer Schutzkleidung orderte. Studierenden, die für die Lehrveranstaltung nicht eingeschrieben waren, wurde die Teilnahme verwehrt. Es wurde eine Atmosphäre von Angst und Einschüchterung geschaffen.

Wie ist der Vorfall unter dem Aspekt der Freiheit von Forschung und Lehre zu bewerten? Die Leitung der Universität Hamburg vertrat die Auffassung, dass sie Störungen mit polizeilichen Maßnahmen zu unterbinden habe. Das Ausbuhen von Bernd Lucke hat die Universitätsleitung als »verbale Gewalt« eingestuft, eine Einschätzung, der sich auch die Wissenschaftssenatorin Katharina Fegebank (Bündnis 90/Die Grünen) angeschlossen hat. Ist damit auch ein Theaterpublikum gewalttätig, wenn es seinem Missfallen an einem Stück lautstark Ausdruck verleiht? Buhrufe sind genau wie ihr Gegenteil, die Akklamation, ein uraltes, seit der Antike übliches, bis heute legitimes demokratisches Ausdrucksmittel

Insbesondere nahm aber der Präsident der Universität Hamburg, Prof. Dr. Dr. h. c. Dieter Lenzen, den Lucke-Vorfall zum Anlass, seine Interpretation von Art. 5 Abs. 3 Grundgesetz zum Besten zu geben: »Was sie [Wissenschaftler und Wissenschaftlerinnen] äußern, sind Erkenntnisse und keine Meinungen. […] Deswegen sind Professoren und Professorinnen Beamte. Für sie gilt das Neutralitätsgebot. Also: Im Hörsaal und im Labor wird um Erkenntnisse gerungen und es wird keine Politik gemacht.« (Lenzen 2019)

Das ist Positivismus reinsten Wassers. Lenzen scheint wie einst Auguste Comte zu meinen, dass Erkenntnis etwas Objektives ist. Tatsächlich hat das Bundesverfassungsgericht in einem Grundsatzurteil zur Freiheit von Lehre und Forschung festgestellt, dass zur Wissenschaft auch die »Deutung« von Erkenntnissen gehört (Bundesverfassungsgericht: Urteil vom 1. März 1978 – 1 BvR 333/75, BVerfGE 47, 327, Rdnr. 149). Das bedeutet, dass wissenschaftliche Befunde Interpretationsspielräume aufweisen, was zu unterschiedlichen Deutungen und damit auch zu unterschiedlichen wissenschaftlichen Meinungen führt. Und wenn eine Wissenschaft wie die Volkswirtschaftslehre politisch relevante Themen untersucht, dann wird eine wissenschaftliche Meinung automatisch zu einer politischen Meinung. Ohne den Austausch dieser Meinungen wäre auch kein wissenschaftlicher Fortschritt möglich.

Es nützt dem Universitätspräsidenten auch nichts, auf das Beamtenrecht zu verweisen. Denn: »Wissenschaftliche Tätigkeit als solche unterliegt nicht der Mäßigungspflicht.« (Gärditz 2018) Und ein ehemaliger Verfassungsrichter stellt fest: »Keine verfassungsimmanente Schranke der Lehrfreiheit stellt […] dagegen ein wie auch immer interpretiertes Gebot der Neutralität oder Ausgewogenheit dar. Gute Lehre ist immer wertbezogen und damit nicht ›neutral‹« (Hufen 2019: 5). »Auch ›engagierte‹ Wissenschaft ist frei.« (Coelln 2021) Es muss lediglich ein Bezug zur eigenen Forschung vorhanden sein;

allgemeinpolitische Äußerungen unterliegen nicht der Wissenschaftsfreiheit, sondern »nur« der Meinungsfreiheit. Wenn ein Universitätspräsident in einer öffentlichen Stellungnahme der Ansicht ist, Wissenschaftler:innen sollten aus beamtenrechtlichen Gründen lediglich Erkenntnisse verbreiten, sich aber politischer Meinungen enthalten, dann ist das ein Frontalangriff auf die verfassungsrechtlich garantierte Freiheit von Forschung und Lehre, der, wie einem Universitätspräsidenten eigentlich geläufig sein müsste, im Gegensatz zur Rechtsprechung der Verfassungsgerichte steht.

Lenzen hatte schon kurze Zeit vorher verboten, einen prominenten Politiker auf Einladung einer studentischen politischen Gruppe einen Vortrag an der Universität halten zu lassen (es handelte sich um den FDP-Vorsitzenden Christian Lindner). Auch dies war eine massive Beschränkung der Freiheit von Forschung und Lehre, hier: der Freiheit der Studierenden, sich politische Vorträge anhören zu dürfen. Der Universitätspräsident beruft sich auch noch ausgerechnet auf eine sehr einseitig verstandene Wissenschaftsfreiheit, um genau diese Freiheit massiv einzuschränken. Das erinnert an die Taktik von Autokraten, die auch gern die Demokratie abbauen, um sie angeblich zu retten.

Also: Auch der Professor, der eine rechtspopulistische Partei gegründet hat, der Flüchtlinge als »sozialen Bodensatz« bezeichnet hat (Lucke 2013) und der sich in klassischer Täter-Opfer-Umkehr und Verharmlosung der Shoa mit den vom Nazi-Regime verfolgten Juden vergleicht (Lucke 2019), wird von Art. 5 Abs. 3 geschützt. Dass an einer Hochschule auch Professor:innen lehren und forschen, die extreme und fragwürdige Ansichten vertreten, ist der Preis, den wir für die Freiheit der Wissenschaft zahlen müssen. Aber die Studierenden haben die gleiche Freiheit der Wissenschaft, ihr Missfallen an den politischen Ansichten ihres Professors zum Ausdruck zu bringen. Und wir müssen diesen Professoren nicht unbedingt alternativlose Pflichtveranstaltungen zuweisen. Und wir müssen die Veranstaltungen dieser Lehrenden auch nicht mit Polizei und Sicherheitsdiensten schützen. Buhrufe muss man als Hochschullehrer:in aushalten können.

Was die Universitätsleitung, die Wissenschaftssenatorin und selbst der Bundespräsident, der ebenfalls glaubte, den Gründer der AfD in Schutz nehmen zu müssen (Steinmeier 2019), überhaupt nicht bedacht haben, war, dass die Freiheit von Forschung und Lehre nach Art. 5 Abs. 3 *Grundgesetz* auch für die Studierenden gilt. Das Bundesverfassungsgericht hat schon vor langer Zeit unmissverständlich festgestellt:

> »Solange und soweit sie an der Forschung und wissenschaftlichen Lehre teilnehmen, steht auch ihnen [den Studenten] das Recht aus Art. 5 Abs. 3 GG zu, so daß schon deshalb keine verfassungsrechtlichen Bedenken gegen ihre Mitsprache in der Wissenschaftsverwaltung bestehen. Mag auch nur ein verhältnismäßig kleiner Teil der Studenten zur aktiven Beteiligung am Wissenschaftsprozeß gelangen, so ist doch das Studium an der Universität auf solche Teilnahme hin angelegt. Die Studenten sind keine Schüler und nicht bloße Objekte der Wissensvermittlung, sondern sie sollen selbständig mitarbeitende, an den wissenschaftlichen Erörterungen beteiligte Mitglieder der Hochschule sein.« (Bundesverfassungsgericht: Urteil vom 29. Mai 1973 – 1 BvR 424/71 und 325/72, Rdnr. 157, bestätigt durch Beschluss vom 7.10.1980 – 1 BvR 1289/78, Rdnr. 124)

Wenn Studierende wissenschaftlich ausgebildet werden sollen, dann gehört dazu zwingend, dass sie sich auch durch die aktive Teilnahme in den Lehrveranstaltungen an der Diskussion der verschiedenen wissenschaftlichen Meinungen beteiligen. Ja, und diese Meinungsäußerung kann sich auch in Form von Buhrufen ausdrücken, wenn die Meinungen, die ein:e Lehrende:r vorträgt, extrem sind. Und was ist davon zu halten, dass die Universität Hamburg den Sicherheitsdienst angewiesen hat, nur die Studierenden in den Hörsaal zu lassen, die für die Lehrveranstaltung angemeldet waren? Zur Wissenschaftsfreiheit gehört auch, dass Lehrveranstaltungen, insbesondere Vorlesungen, grundsätzlich hochschulöffentlich sind. Es muss auch Studierenden anderer Semester, anderer Studiengänge und erst recht den gewählten Mitgliedern des AStA möglich sein, sich die Vorlesungen eines umstrittenen Professors anzuhören und, wenn sie es für geboten halten, ihr Missfallen zu äußern. Dies gehört zur intersubjektiven wissenschaftlichen Diskussion.

Aber der Präsident der Hochschule Hamburg sieht Professor:innen als Beamte an, die sich politischer Meinungen zu enthalten haben. Das wäre als vernachlässigbares individuelles Problem zu werten, wenn Dieter Lenzen nicht vom Centrum für Hochschulentwicklung und der *Financial Times Deutschland* zum »Hochschulmanager des Jahres« gekürt und von den Medien als »Mr. Exzellenz« tituliert worden wäre, weil unter seiner Ägide zwei Universitäten zu »Exzellenzuniversitäten« ernannt worden sind. Ist Dieter Lenzen mit seinem Verständnis von Wissenschaftsfreiheit der Prototyp des neuen, effizienzorientierten Hochschulpräsidenten? Dann ist die Freiheit von Forschung und Lehre gefährdet, und zwar nicht durch machthungrige Autokraten, sondern durch die Wissenschaft selbst – die sich nur zu gern politischen Wünschen nach Effizienz, Einwerbung von Drittmitteln, Anpassung an die Einheitsstandards der an der US-amerikanischen Ostküste herausgegebenen Journale und stromlinienförmiger »Exzellenz« unterwirft.

Spricht die Wissenschaft in besonderem Maße den Verstand an, so wirkt die Kunst primär über Gefühle. Auch Kunst kann kritisch, politisch, revolutionär sein – das gilt für praktisch alle Kunstgattungen wie Literatur, Satire, Kabarett, Comedy, Theater, Fotografie, Film, Musik, Malerei, Bildhauerei. Insbesondere die Musik, die, wie schon Platon wusste, »am tiefsten in das Innere der Seele eindringt und sie ergreift« (Der Staat III, 40), hat immer wieder eine große Rolle bei politischen Bewegungen gespielt. Die rebellische Jugendbewegung in den Jahren um 1968, die in allen westlichen Ländern einen umfassenden Liberalisierungs- und Demokratisierungsschub bewirkt hat, ist ganz wesentlich von ihrer Musik, der frechen, kultur- und gesellschaftskritischen und visionären Rockmusik getragen worden, die damals von der Jugend in viel breiterem Maße rezipiert wurde als die spröden Schriften der Frankfurter Schule, zumal sich manche Songtexte wie lyrische Verarbeitungen der soziologischen Analysen lesen (Eichener 2021). Auch zu anderen Zeiten und an anderen Orten der Welt sind politische Bewegungen durch traurige, aufrührende und stimulierende Lieder begleitet worden. Satire und politisches Kabarett sind Kunstgattungen, die explizit politisch sind – und dabei immer wieder die Grenzen an Kritik austesten, die die politischen Machthaber noch zuzulassen bereit sind.

Kunst wird vom Bundesverfassungsgericht in ständiger Rechtsprechung wie folgt definiert:

> »Das Wesentliche der künstlerischen Betätigung ist die freie schöpferische Gestaltung, in der Eindrücke, Erfahrungen, Erlebnisse des Künstlers durch das Medium einer bestimmten Formensprache zu unmittelbarer Anschauung gebracht werden. Alle künstlerische Tätigkeit ist ein Ineinander von bewußten und unbewußten Vorgängen, die rational nicht aufzulösen sind. Beim künstlerischen Schaffen wirken Intuition, Phantasie und Kunstverstand zusammen; es ist primär nicht Mitteilung, sondern Ausdruck und zwar unmittelbarster Ausdruck der individuellen Persönlichkeit des Künstlers.« (Bundesverfassungsgericht, Beschluss vom 24. Februar 1971 – 1 BvR 435/68, Rdnr. 47).

Kriterien für Kunst sind also erstens die Kreativität und zweitens die Formensprache innerhalb des jeweiligen Mediums (Literatur, bildende Kunst, Fotografie, Film …). Einer Umgehung der Kunstfreiheit, indem einem Kunstwerk der Kunstcharakter abgesprochen wird, hat das Bundesverfassungsgericht einen Riegel vorgeschoben: »Die Anerkennung von Kunst darf nicht von einer staatlichen Stil-, Niveau- und Inhaltskontrolle oder von einer Beurteilung der Wirkungen des Kunstwerks abhängig gemacht werden.« (Bundesverfassungsgericht, Beschluss vom 28. Januar 2019 – 1 BvR 1738/16, Rdnr. 16). Den Kunstschaffenden wird ein hohes Maß an Subjektivität und Irrationalität zugebilligt, was die Freiheit der Kunst weiter stärkt. Das gilt auch dann, wenn Kunst politisch wird, wie es der Bundespräsident Frank-Walter Steinmeier in Übereinstimmung mit der ständigen Rechtsprechung des Bundesverfassungsgerichts in seiner Rede zur Eröffnung der *documenta* am 18. Juni 2022 klargestellt hat: »Kunst ist nicht streitfrei zu haben. Eine demokratische Gesellschaft darf Künstler nicht bevormunden, erst recht nicht instrumentalisieren. Kunst hat keinen politischen Auftrag. Und Politik richtet nicht über die Qualität von Kunst.«

Die Kunstfreiheit erstreckt sich nicht nur auf das Kunstwerk selbst, sondern auch auf die Möglichkeiten, ein Kunstwerk der Öffentlichkeit vorzustellen, also beispielsweise auf Verlage, Ausstellungen, Vorführungen etc.: »Die Kunstfreiheitsgarantie betrifft in gleicher Weise den ›Werkbereich‹ und den ›Wirkbereich‹ künstlerischen Schaffens. Nicht nur die künstlerische Betätigung (Werkbereich), sondern darüber hinaus auch die Darbietung und Verbreitung des Kunstwerks sind sachnotwendig für die Begegnung mit dem Werk als eines ebenfalls kunstspezifischen Vorgangs. Dieser ›Wirkbereich‹ ist der Boden, auf dem die Freiheitsgarantie des Art. 5 Abs. 3 Satz 1 GG bisher vor allem Wirkung entfaltet hat« (Bundesverfassungsgericht, 13. Juni 2007 – 1 BvR 1783/05, Rdnr. 63). Die Kunstfreiheit stellt also ein hohes Gut dar, ist aber auch nicht vollkommen uneingeschränkt, wie das Bundesverfassungsgericht feststellt: »Die Kunstfreiheit ist in Art. 5 Abs. 3 Satz 1 GG zwar vorbehaltlos, aber nicht schrankenlos gewährleistet. Die Schranken ergeben sich insbesondere aus den Grundrechten anderer Rechtsträger, aber auch aus sonstigen Rechtsgütern mit Verfassungsrang.« (Bundesverfassungsgericht, Beschluss vom 28. Januar 2019 – 1 BvR 1738/16, Rdnr. 19) Dabei ist in jedem Einzelfall abzuwägen, welche Einschränkung schwerer wiegt – die der Grundrechte von Künstlern oder die der durch das Kunstwerk Betroffenen, insbesondere der Menschenwürde und des Schutzes vor

Diskriminierung, beispielsweise, wenn ein Kunstwerk einzelne Menschen oder Personengruppen schmäht, beleidigt oder verleumdet oder wenn ein Kunstwerk volksverhetzend wirkt oder gar zu Gewalt aufruft.

Einen Streitfall stellte das am 31. März 2016 vom Satiriker Jan Böhmermann in seiner Fernsehsendung vorgetragene Schmähgedicht dar, das den türkischen Staatspräsidenten Recep Tayyip Erdoğan in übler Weise beleidigte. Als klassischer Autokrat verlangte Erdoğan von den deutschen Behörden eine harte Bestrafung des Satirikers. Tatsächlich verfügte der türkische Staatspräsident über Erpressungspotenzial, um die deutsche Bundeskanzlerin zu zwingen, eine Ermächtigung zur Strafverfolgung nach dem inzwischen abgeschafften § 103 StGB (Beleidigung eines ausländischen Staatsoberhaupts) zu erteilen. Die Vorschrift stammte aus dem Jahr 1870, als Majestäten noch eine große Rolle spielten, und es war irgendwie vergessen worden, sie zu streichen.

Die zuständige Staatsanwaltschaft stellte das Ermittlungsverfahren jedoch ein, weil es sich um eine offensichtliche Satire mit »offensichtlichen Unsinnigkeiten und völlig übersteigerten Absurditäten« handele (Generalstaatsanwaltschaft Koblenz 2016: 17). Das presserechtliche Zivilverfahren führte jedoch zu einem Verbot der besonders ehrverletzenden Passagen des Gedichts, da die Herabwürdigung des Angegriffenen so heftig sei, dass sie nicht mehr durch die Meinungsfreiheit gedeckt sei. Auf die – weitergehende – Kunstfreiheit könne sich der Autor jedoch nicht berufen, da ein individuelles Erleben bei dem Schmähgedicht nicht zu erkennen sei, sondern »das Element der Stellungnahme im öffentlichen Meinungskampf« dominiere; außerdem könne es sich bei dem Gedicht aufgrund seiner »schlichten Machart« nicht um Kunst handeln (OLG Hamburg, Urteil vom 15.05.2018 – 7 U 34/17, Rdnr. 152) – eine Bewertung, die dann doch auf die eigentlich unzulässige »Stil- und Niveaukontrolle« eines Kunstwerks hindeutet. Die unterschiedliche straf- und zivilrechtliche Bewertung lässt erkennen, dass es sich hier um einen Grenzfall handelte, bei dem letztlich der persönliche Geschmack der entscheidenden Jurist:innen den Ausschlag gab. Das Bundesverfassungsgericht lehnte eine Verfassungsbeschwerde gegen das Urteil ohne weitere Begründung aufgrund zu erwartender Erfolglosigkeit ab. Der Satiriker hat offenbar getestet, wie weit er gehen konnte, und ist an die Grenze des Zulässigen gestoßen, ohne die Grenze zum Strafbaren überschritten zu haben.

Kurz nach der Eröffnung der Kasseler Kunstschau *documenta* im Frühsommer 2022 musste ein Kunstwerk – nämlich ein politisches Großbild der indonesischen Künstlergruppe Taring Padi im Agitprop-Stil – entfernt werden, das Darstellungen von Juden zeigte, die bösartig, herabwürdigend und entmenschlichend waren. Dabei wurde auch die Bildsprache der nationalsozialistischen Propagandazeitschrift *Der Stürmer* übernommen. Die Grenzen der Kunstfreiheit waren damit eindeutig überschritten, verletzte das antisemitische Kunstwerk doch die Würde (Art. 1 Abs. 1 GG) aller Menschen jüdischen Glaubens und in eklatanter Weise das rassistische und antisemitische Diskriminierungsverbot des Art. 3 Abs. 3 GG. Durch die entmenschlichende Darstellung von Juden und das Agitationsmotiv des gesamten Gemäldes lag das Bild mindestens nahe am Tatbestand der Volksverhetzung gemäß § 130 StGB Abs. 1 Nr. 1 (Aufstachelung zu Hass und Willkürmaßnahmen – wie Boykott, Diskriminierung und Sanktionen – gegenüber einer Bevölkerungsgruppe) und Nr. 2 sowie Abs. 2 Nr. 1c (Angreifen der Menschenwürde einer Bevölkerungsgruppe durch böswillige Verächtlichmachung).

Was die *documenta fifteen* zusätzlich belastete, war, dass es sich bei diesem Bild nicht um das einzige antiisraelische, antisemitische und gewaltverherrlichende Werk handelte. Das Kuratorenteam zeigte intensive Nähe zu Boykott-, Diskriminierungs- und Sanktionsaufrufen gegen Israel und hatte auch israelische Künstler:innen von der Ausstellung ausgeschlossen. Der Schutz der subjektiven Ausdrucksfreiheit der Kunst ist ein hohes Verfassungsgut. Er schließt ein, dass wir auch extreme, ordinäre, provokante, geschmacklose Kunstwerke ertragen müssen. Aber zum demokratischen Grundverständnis gehört auch, dass dabei eine Vielfalt solcher subjektiven Positionen dargestellt wird. Sonst degeneriert Kunst zur Propaganda – dabei war die Kunstfreiheit gerade deshalb eingeführt worden, um eine Instrumentalisierung der Kunst durch Staatspropaganda zu verhindern.

Und damit könnten wir bei einem anderen Umgang mit der Kunstfreiheit landen. In der Wissenschaft sollen subjektive Einflüsse auf den Erkenntnisprozess durch eine intersubjektive Überprüfung ausgeglichen werden. In der Kunst sollte im Zweifel statt auf Verbote (die dann meist einen »Streisand-Effekt« bewirken, nämlich dass das umstrittene Werk überhaupt erst breit wahrgenommen wird) auf Vielfalt gesetzt werden, auf Kontextualisierung (wie im Falle problematischer historischer Kunstwerke) und, wie im Falle der studentischen Reaktionen auf die Vorlesung des AfD-Gründers, auf die Mündigkeit des Publikums, dem man durchaus Raum für Reaktionen geben kann, die dann in einen demokratischen Diskurs münden.

3.4 Repräsentative Demokratie und beschränktes Mehrheitsprinzip

Die Alten Griechen wussten schon, dass sich das Volk schnell emotionalisieren und manipulieren lässt und deshalb zu Entscheidungen neigt, die ihm selbst Schaden zufügen können. Das schlagkräftigste Argument gegen die Direkte Demokratie ist die Tendenz zur Selbstabschaffung, für die es zahlreiche historische Beispiele gibt, die meist in Katastrophen geendet haben. Die ältesten historischen und archäologischen Belege für Demokratie künden deshalb bereits von der repräsentativen Demokratie, wie sie heute in den meisten Staaten der Welt zum Standard geworden ist – die Bänke aus geglätteten Steinen in Tel Dan oder Messene ebenso wie die Auswahl des besten Richters auf dem homerischen Schild. Bei den frühesten Volksvertretern handelte es sich um die Ältesten (denen man aufgrund ihrer Erfahrung das beste Urteil zutraute), um Aristokraten (wörtlich: »die Besten«, die ihre Leistungsfähigkeit unter Beweis gestellt hatten), um gewählte Delegierte (also diejenigen, denen man die höchste Kompetenz zubilligte) oder auch um per Los bestimmte Volksvertreter (um das Volk möglichst repräsentativ abzubilden), wobei Aristoteles nur die Auslosung als »demokratisch« bezeichnete, weil sie jedem Kandidaten exakt gleiche Chancen einräumt. Die Direkte Demokratie der athenischen Volksversammlung galt in der Antike – bei Platon, Aristoteles, Polybios – als abschreckendes Beispiel.

Die mittelalterlichen Städte übernahmen für ihre Räte und Senate das Prinzip der repräsentativen Demokratie mit Bestimmung der Abgeordneten durch Wahl oder – eher selten – das Los (immerhin entwickelte sich das Lotto-Spiel aus der Auslosung der Genueser Stadtverordneten). Montesquieu als der wohl einflussreichste Architekt der modernen Demokratie setzte ebenfalls auf das Repräsentationsprinzip. Durch sein Studium der antiken Demokratien und seine eigenen Erfahrungen war er skeptisch gegenüber der Direkten Demokratie und sprach sich für eine repräsentative Demokratie mit gewählten Volksvertretern aus, die als Berufspolitiker jene Fach- und Diskussionskompetenzen erwerben, an denen es den einfachen Bürgern mangelt: »Es ist vielmehr zweckmäßig, dass sich die Einwohner jedes bedeutenden Orts einen Repräsentanten wählen. Die Repräsentanten sind in der Lage, die Angelegenheiten zu erörtern. Das ist ihr großer Vorteil. Das Volk ist dazu durchaus nicht geeignet. Das ist eines der großen Gebrechen der Demokratie« (Montesquieu: Esprit II,6). Zwar stritt Montesquieu den einfachen Bürgern die Fähigkeit ab, komplexe politische Sachverhalte zu erörtern, aber keineswegs die Kompetenz, die Kandidaten für Parlamente zu beurteilen: »Zwar können nur wenige Menschen die Leistungskraft von Menschen genau ermessen, aber jeder ist imstande, im großen Ganzen zu erkennen, ob der Mann seiner Wahl besser beraten ist als die meisten anderen« (ebd.). Der Akt der demokratischen Wahl soll sich also auf die Auswahl der Abgeordneten beschränken, die dann allerdings nicht an ein imperatives Mandat gebunden sein sollen, sondern nach eigenem Ermessen und abhängig von der nicht immer vorhersehbaren Situation entscheiden sollen.

In der Bundesrepublik wählen wir heute die Mitglieder der Gemeinderäte bzw. Bezirksvertretungen, der Stadträte, der Kreistage, der Landtage, des Bundestages und des Europäischen Parlaments, wobei es zumeist eine Liste (faktisch also eine Partei) ist, die wir wählen; seltener eine konkrete Person. Der Vorteil der repräsentativen Demokratie ist, dass wir dadurch Berufspolitiker:innen erzeugen. Selbst wenn Abgeordnete (wie es auf der kommunalen Ebene üblich ist) weitgehend ehrenamtlich tätig sind, ermöglicht das Repräsentationsprinzip eine Qualifizierung und eine fachpolitische Spezialisierung. So wird bereits der politische Nachwuchs durch eine Fülle von Seminaren geschleust, kann sich erste Sporen in kleineren Parteiämtern verdienen, wird dann systematisch mit höheren Aufgaben betraut und aufgebaut. Früher oder später erfolgt eine fachpolitische Spezialisierung, die mit der Zugehörigkeit zu entsprechenden Ausschüssen und Sprecherfunktionen korrespondiert. Spätestens auf Landtagsebene werden Abgeordnete mit Mitarbeiter:innen ausgestattet, haben Zugriff auf Expertise in der Partei, durch die wissenschaftlichen Dienste der Parlamente, in Ministerien und Behörden, in Verbänden. Diese Professionalisierung hat zwei positive Effekte: Erstens sorgt sie für Fachkompetenz, auch komplexe politische Fragen zu durchschauen und beurteilen zu können. Und zweitens stellt sie einen Filter gegen Emotionalisierungen und Manipulationsversuche dar. Die Kehrseite der Professionalisierung mag darin bestehen, dass die Nähe zur Wählerklientel verlorengehen mag und dass Populisten die Berufspolitiker:innen als volksferne »Elite« diffamieren.

So werden die westlichen Demokratien in der aktuellen Debatte mit zwei Vorwürfen konfrontiert, die sich diametral widersprechen: Einerseits wird mit Begriffen wie »politische Klasse« (AfD-Wahlprogramm 2021), »Elite« oder »Deep State« suggeriert, dass sich die Parlamente vom Volk entfernt hätten (während die Populisten für sich das Monopol beanspruchen, »die« Volksmeinung zu kennen), und andererseits wird mangelnde Kompetenz der Volksvertretungen und mitunter auch der Regierungsmitglieder beklagt.

Die einen kritisieren, dass sich die Politik zu sehr von Expertengremien beeinflussen lässt (insbesondere in der Corona-Pandemie), die anderen fordern im Gegenteil stärkeren Einfluss von unabhängigen Fachleuten auf politische Entscheidungen. Auch damit werden wir uns noch intensiver befassen.

Jetzt kommen wir aber zu einem scheinbar einfachen Prinzip der Demokratie: Dem Mehrheitsprinzip. Aristoteles und Polybios hatten das absolute Mehrheitsprinzip bereits kritisch gesehen und empfohlen, dass Mehrheitsentscheidungen dort ihre Grenzen haben, wo unabänderliche Prinzipien in Gefahr sind – so wie in der modernen Demokratie die Wesenskerne der Grundrechte und der Demokratie im *Grundgesetz*, die auch durch Zweidrittelmehrheiten in Bundestag und Bundesrat nicht angetastet werden dürfen.

Der Demokratietheoretiker Giovanni Sartori hat darauf hingewiesen, dass ein absolutes Mehrheitsprinzip auf die Selbstabschaffung der Demokratie hinwirkt. Wenn nämlich der erste Gewinner eines demokratischen Wettbewerbs eine unbeschränkte Macht erreicht, die er benutzen kann, um seine Konkurrenten zu schwächen, dann »kann er sich als der dauernde Gewinner etablieren« und die Demokratie ist keine Demokratie mehr (Sartori 1997: 33, 43). Ohne Beschränkung des Mehrheitsprinzips würde sich die Demokratie auf genau eine Wahl erstrecken, auf die eine Scheindemokratie folgt, in der sich immer wieder die Gleichen durchsetzen – so wie wir das zurzeit z. B. aus Russland oder der Türkei kennen, wo immer wieder die gleichen Parteien und Kandidaten Wahlsiege feiern.

Mehrheitsentscheidungen dürfen deshalb nicht in die Grundlagen des politischen Wettbewerbs eingreifen. Tabu sind insbesondere Beschränkungen der Vereinigungsfreiheit, der Meinungs- und Pressefreiheit, Benachteiligungen politischer Gegner, Eingriffe in die Parteienlandschaft, Veränderungen der Parteienfinanzierung sowie schwere Eingriffe in das Wahlrecht (z. B. »Gerrymandering« – Veränderung der Zuschnitte von Wahlkreisen, Veränderung von Sperrklauseln, Veränderung der Wahlberechtigung). So hat beispielsweise der mit autokratischen Machtbefugnissen ausgestattete türkische Staatspräsident zum 31. März 2022 umfangreiche Wahlrechtsreformen vornehmen lassen, damit die ihn unterstützenden Parteien bevorzugt und oppositionelle Parteien benachteiligt werden. So sichert sich ein Autokrat auch dann noch parlamentarische Mehrheiten, wenn seine Popularität nachlässt.

Ferner muss ausgeschlossen werden, dass politische Mehrheiten Minderheiten benachteiligen. Besonders problematisch ist es, wenn sich eine Bevölkerung derart in Gruppen aufteilt, dass die Gruppenzugehörigkeit wichtiger ist als fachpolitische Interessen. Wenn ein Land in religiöse, ethnische, kulturelle, wirtschaftliche oder ideologische Gruppen gespalten ist, können formaldemokratische Mehrheiten benutzt werden, um Minderheiten zu unterdrücken, zu verfolgen oder gar auszurotten (Sartori 1997: 41). Dann organisieren sich Parteien nicht nach politischen Richtungen, sondern nach Gruppenzugehörigkeiten – mit der Folge, dass die Partei, die die größte Gruppe vertritt, jede Wahl gewinnt. Lord Acton, der als Katholik selbst Opfer der Unterdrückung einer religiösen Minderheit war, brachte es auf den Punkt: »Der sicherste Test, durch den wir beurteilen können, ob ein Land wirklich frei ist, ist der Grad der Sicherheit seiner Minderheiten.« (Acton 1877) Es muss durch die Verfassung ausgeschlossen sein, dass durch Mehrheitsentscheidungen Minderheitenrechte eingeschränkt werden.

Die Sorge vor einer Tyrannei der Mehrheit war der Grund, weshalb schon die antiken Philosophen wussten, dass die Demokratie ein Mindestmaß an gesellschaftlicher Homogenität erfordert. Bei schweren ethnischen oder religiösen Spaltungen wird das Mehrheitsprinzip komplett unbrauchbar; dann muss man mit Quoten oder paritätischer Besetzung der Gremien arbeiten (wie im Libanon zwischen Christen und Muslimen) oder den Staat föderalisieren (wie in Belgien). Häufig benötigen solche Länder, insbesondere wenn es zu Terrorismus, Aufständen oder Bürgerkrieg kommt, die Hilfe von Dritten, um Lösungen zu erreichen, die einen Interessenausgleich beinhalten. Denn: »Das demokratische Modell in seiner orthodoxen mehrheitsorientierten Form ist für die Beilegung schwerer Konflikte ungeeignet.« (Nordlinger 1972: 33)

Aber auch bei weniger scharfen Fragmentierungen der Gesellschaft kann es zu dauerhaften Benachteiligungen einzelner Bevölkerungsgruppen und zu Privilegierungen anderer Gruppen kommen, wenn sich immer wieder die gleichen Mehrheiten durchsetzen. Politische Systeme, in denen das unbeschränkte Mehrheitsprinzip gilt, sind in der Regel nicht in der Lage, ein »Pareto-Optimum« zu erreichen, d. h. Veränderungen vorzunehmen, die bestimmten Gruppen nutzen, ohne dabei gleichzeitig anderen zu schaden. Um einem Pareto-Optimum nahezukommen, müssten die Interessen aller Bevölkerungsgruppen berücksichtigt werden, auch der Wähler:innengruppen, die nicht die Mehrheit erreicht haben.

Das beste Mittel gegen Benachteiligungen politischer Minderheitsgruppen sind Vielparteiensysteme, in denen es zu wechselnden Koalitionen und wechselnden Mehrheitsverhältnissen kommt. Koalitionen von Parteien, die unterschiedliche Wählerklientele bedienen, führen nämlich zwangsläufig zu

Ausgleichsmechanismen wie Kompromiss, Kompensation, Ausnahmeregeln, Paketlösungen. Zwei-Kammern-Systeme tragen ebenfalls dazu bei, Klientelpolitik zu vermeiden. So haben auf Gesetze, die der Zustimmung des Bundesrats bedürfen, auch Oppositionsparteien im Bundestag Einfluss, wenn diese in Landesregierungen vertreten sind. Eine Rolle spielt auch die politische Kultur. In einer »Konkordanzdemokratie« (das Musterbeispiel ist die Schweiz) sind die konkurrierenden Parteien um Kooperation und Kompromissfindung bemüht, während politische Polarisierung (wie in den USA) zu einer Lagerbildung führt, die entweder das politische System lähmen kann (wenn es nicht zu klaren Mehrheiten kommt) oder zu brutaler Interessendurchsetzung der jeweils obsiegenden führt.

Ein Nebeneffekt eines demokratischen Systems, an dessen Entscheidungsfindung sehr viele Parteien, auch scheinbare Oppositionsparteien, beteiligt sind, besteht darin, dass die Wähler:innen oft den – durchaus zutreffenden – Eindruck haben, dass sich die Politik nach einer Wahl kaum ändert, sodass sie an der Bedeutung der Wahlen und damit an der parlamentarischen Demokratie insgesamt zu zweifeln beginnen. Auch abnehmende Wahlbeteiligung lässt sich daraus erklären, dass man seine Stimme nicht mehr abgibt, weil »sich ja ohnehin nichts ändert«. Verschärfend kommt hinzu, dass die Verhandlungen im Vermittlungsausschuss zwischen Bundestag und Bundesrat, wo die Paketlösungen geschnürt werden, sehr intransparent sind.

Teilweise begeben sich die Parteien aber auch selbst in die Falle, »rote Linien« und »heilige Kühe« opfern zu müssen, weil sie im Wahlkampf unrealistische Ziele versprechen. Das erschwert dann Kompromissfindungen und Koalitionen – mit der Folge, dass das Regierungssystem instabil wird (wie man es von zahlreichen Ländern mit Vielparteiensystemen kennt). Dabei ist ein interessanter Effekt zu beobachten: Kommt keine mehrheitsfähige Koalition zustande, werden Neuwahlen durchgeführt – die dann meist zu deutlich anderen Ergebnissen führen, obwohl sich in der kurzen Zeit zwischen den beiden Wahlen weder die Interessen der Wählerschaft geändert haben noch die Positionen der zur Wahl stehenden Parteien – auch das relativiert die Eindeutigkeit des »Wählerwillens«.

Eine Konsequenz aus dem Zwang zu Koalition und Kompromissfindung ist, dass die Wahlprogramme der Parteien unbedeutend werden. Häufig dienen Wahlprogramme dazu, die innerparteilichen Konkurrenzkämpfe zwischen den Flügeln einer Partei zu fixieren. Aber darauf, dass die im Programm enthaltenen Versprechungen auch wirklich umgesetzt werden, kann sich die

Wählerschaft nicht verlassen, selbst wenn die Partei an einer Regierungskoalition teilhaben sollte. Koalitionsverhandlungen und mitunter auch »Sachzwänge« führen dann zu ganz anderen Resultaten.

Das alles relativiert die Bedeutung des Wahlakts und hat den einflussreichen Politikwissenschaftler Robert A. Dahl dazu veranlasst, den Begriff der »Demokratie« für einen prinzipiell unerreichbaren Idealzustand zu reservieren und unsere faktischen Regierungssysteme stattdessen bescheidener als *Polyarchien* zu bezeichnen – wörtlich: »Herrschaft Vieler« –, was dem Wesenskern der Demokratie entspricht, Machtkonzentration zu verhindern, und zwar auch die Konzentration von Macht auf *gewählte* Staatsführer. Glücklicherweise hat sich Dahls Begriff nicht durchgesetzt – im Gegenteil, Dahls Kriterien für Polyarchien liegen heute den meisten empirischen Indexwerten zugrunde, mit denen der Grad der *Demokratisierung* eines Landes gemessen wird. Diese Kriterien lauten (Dahl 1989: 233):

1. Politische Entscheidungen werden von gewählten Amtsträger:innen getroffen.
2. Die Amtsträger:innen werden in relativ häufigen, fairen und freien Wahlen ohne Zwangsausübung gewählt und einmütig abgewählt.
3. Praktisch alle Erwachsenen verfügen über das aktive Wahlrecht.
4. Die meisten Erwachsenen verfügen auch über das passive Wahlrecht.
5. Die Bürger:innen haben ein wirksam durchgesetztes Recht auf freie Meinungsäußerung, darunter auch auf Kritik an Amtsträgern, der Regierung, dem geltenden politischen, ökonomischen und sozialen System und der vorherrschenden Ideologie.
6. Sie haben ebenfalls Zugang zu einer Vielfalt an Informationsquellen, die nicht durch die Regierung oder eine andere einzelne Gruppe monopolisiert sind.
7. Sie haben ein wirksam durchgesetztes Recht, sich zu unabhängigen Vereinigungen, auch politischen Vereinigungen wie politischen Parteien und Interessengruppen, zusammenzuschließen, die darauf abzielen, Einfluss auf die Politik zu erlangen, indem sie sich an Wahlen beteiligen oder andere gewaltfreie Mittel nutzen.

In dieser Liste findet sich das Kriterium, dass die Wählerschaft die politischen Entscheidungen direkt beeinflussen können sollte, *nicht* – es geht lediglich darum, wie die politisch Handelnden bestimmt werden. Demokratie ist also eine Frage des Verfahrens. Im Kern geht es darum, eine Konkurrenz zwischen Kandidat:innen bzw. Parteien zu erzeugen, die dem Wahlvolk Macht verleiht und erzwingt, dass die Führer die Interessen der Geführten berücksichtigen, weil sie wiedergewählt werden wollen (Sartori 1997: 165). Das heißt, dass der Wählerwille bereits zur Geltung kommt, bevor überhaupt erst gewählt wird. Der populistische Vorwurf, die repräsentative Demokratie entferne sich vom Wählerwillen, ist also unbegründet. Im Gegenteil, nichts transformiert den »allgemeinen Willen« (im Sinne Rousseaus) der Bevölkerung so gut in politisches Handeln wie ein komplexes Regierungssystem mit vielen Parteien, mehreren föderalen Ebenen und Kammern (wie Bundestag und Bundesrat) und entsprechenden Zwängen zum Ausgleich der Interessen – was allerdings zwangläufig zur Folge hat, dass sich diejenigen, die starke Partikularinteressen verfolgen, nicht ausreichend vertreten fühlen.

3.5 Gegen Machtkonzentration und Machtmissbrauch: Die mehrdimensionale Gewaltenteilung

Der Kern der Demokratie besteht nicht, wie viele Menschen glauben, darin, dass das Volk den Gesetzgeber wählt, und schon gar nicht darin, dass das Volk selbst politische Entscheidungen treffen würde. Der Kern der Demokratie besteht in der Gewaltenteilung. Das Wesen der Demokratie ist die Verhinderung von Machtkonzentration. Dass man einen Gesetzgeber und eine Regierung ertragen muss, die man nicht gewählt hat, passiert in einer Demokratie regelmäßig knapp der Hälfte der Wählerinnen und Wähler. Dass man einen Gesetzgeber hat, den man nicht will, und dass man eine Regierung hat, die nicht die eigenen Interessen vertritt, ist aber auch nicht allzu schlimm, wenn sichergestellt ist, dass beide Staatsorgane nicht zu viel Macht ausüben.

Wir sprechen von »Gewaltenteilung«, wenn wir eine Verteilung von Macht auf verschiedene Organe meinen. Der Begriff der »Staatsgewalten« ist in modernen, liberalen Demokratien etwas aus der Mode gekommen, sollte jedoch nicht vergessen werden. Staaten gibt es noch gar nicht so lange. Lange Zeit gab es in Europa (auf das wir uns hier beschränken wollen), keine Staaten, sondern allenfalls Territorien. Die Großreiche Alexanders, der Römer oder der Karolinger waren labile Gebilde mit permanentem Oszillieren zwischen Zentralregierung und dezentralen Verselbständigungstendenzen von Statthaltern und weltlichen und kirchlichen Feudalherren.

Den ersten Staat im modernen Sinn gründete dem Soziologen Norbert Elias (1969) zufolge Ludwig XIV., dem es gelang, gleichzeitig ein stabiles Gewalt- und ein Abgabenmonopol zu schaffen. Erst ein Gewaltmonopol nach innen und außen sichert das wichtigste Merkmal eines echten Staats: Die Staatssouveränität. Das Gewaltmonopol nach außen sichert das Staatsgebiet und das Staatsvolk gegen feindliche Angriffe, und das Gewaltmonopol nach innen sichert die Handlungsfähigkeit, also die Souveränität, der Regierung, weil es verhindert, dass sich Feudalherren selbständig machen oder gar die Macht des Zentralherren angreifen. Das Gewaltmonopol erfordert ein stehendes Heer, das finanziert werden will: Deshalb benötigt man zugleich ein Abgabenmonopol, um das erforderliche Steueraufkommen zu gewährleisten. Diese kann man nur dann eintreiben, wenn man in der Lage ist, etwaigen Widerstand mit Gewalt niederzuschlagen. Ein Gewaltmonopol und ein Abgabenmonopol bedingen sich also gegenseitig; erst, wenn beides gegeben ist, kann man von einem stabilen Staat sprechen. Dem Beispiel Ludwigs XIV. schlossen sich weitere Fürsten an, und so entstanden in ganz Europa immer mehr Staaten, die aber zunächst noch keine Nationalstaaten waren, weil ihre Bevölkerungen sich nicht als »Nation« verstanden und nicht selten unterschiedliche Sprachen verwendeten. Entscheidend für die Staatsbildung war nicht die Nation, sondern das Gewaltmonopol, das Stabilität und Souveränität sichert.

Weil das Gewaltmonopol so existenziell für einen Staat ist, sprechen wir von einem *failed state*, einem »gescheiterten Staat«, wenn das Gewaltmonopol nicht durchgesetzt werden kann und beispielsweise ein Bürgerkrieg tobt, Warlords über ihre Territorien herrschen, die Grenzen nicht sicher gegen Überfälle sind oder schlichte Anarchie herrscht. Und weil das Gewaltmonopol den Staat ausmacht, müssen wir auch bei uns darauf achten, dass es gegen Übergriffe verteidigt wird, die immer wieder vorkommen. So lehnen selbsternannte »Reichsbürger« die Bundesrepublik Deutschland und folglich auch deren Autorität ab. Nachdem Bundes- und Länderbehörden den »Reichsbürgern« zunächst mit Nachsicht begegnet waren, führte die Tötung eines Polizisten und die Verletzung zweier weiterer am 19. Oktober 2016 dazu, dass das staatliche Gewaltmonopol stärker verteidigt wird, etwa indem man den »Reichsbürgern« generell die waffenrechtliche Zuverlässigkeit abspricht und ihnen Waffenbesitz verbietet.

Bereits in den 1990er-Jahren warnte der Migrations- und Rechtsextremismusforscher Wilhelm Heitmeyer (1996), dass sich in bestimmten Migrantenquartieren »Parallelgesellschaften« entwickeln, die eigene institutionelle

Strukturen inklusiver einer durch Clan-Führer ausgeübten Paralleljustiz alternativ zu staatlichen Einrichtungen aufbauen. Als sich in einigen nordrhein-westfälischen Städten die Anzeichen für solche Parallelgesellschaften verdichteten (Landeskriminalamt NRW 2019) und zwei Polizeigewerkschaften vor »rechtsfreien Räumen« warnten, stellte die Landesregierung durch konsequentes Durchgreifen das staatliche Gewaltmonopol wieder her.

Letztlich muss der Staat mit Gewaltanwendung drohen (und die Effektivität dieser Drohung gelegentlich unter Beweis stellen), um das Gewaltmonopol aufrechtzuerhalten und somit für den inneren und äußeren Frieden zu sorgen. Das ist der historische Ursprung des Wortes »Staatsgewalt«, das in so friedfertigen Zeiten wie den unsrigen beinahe in Vergessenheit geraten ist. Und doch gründet sich die Souveränität eines Staats auf die Polizei, die für das innere Gewaltmonopol zuständig ist, und das Militär, das für die äußere Sicherheit sorgt. Wir wenden den Begriff »Staatsgewalten«, jetzt im Plural, nicht nur auf die Institutionen an, die unmittelbar Gewalt ausüben, sondern auch auf jene Staatsorgane, die über die Regeln für die Gewaltausübung befinden (gesetzgebende Gewalt oder Legislative), von denen die Kommandos für die Gewaltausübung ausgehen (ausführende Gewalt oder Exekutive) und die in Streitfällen über die Anwendung von Gewalt entscheiden (rechtsprechende Gewalt oder Judikative).

Wenn die Staatsorgane die Ausübung von Gewalt beschließen können, dann wünscht man sie sich nicht in falschen Händen. Werden die Staatsgewalten missbraucht, um aus niederen Motiven (z. B. um von anderen Problemen abzulenken oder sich als heroischer Führer darzustellen) einen Krieg anzufangen, wird großes Leid erzeugt, für die Bewohner:innen fremder Länder, aber auch für die eigene Bevölkerung. Richtet sich die Gewalt gegen die eigene Bevölkerung, so spricht man von »Polizeistaat«, »Faschismus«, »Schreckensherrschaft« oder »Tyrannei«.

Die Alten Griechen hatten genügend bittere Erfahrungen mit Tyrannen gemacht. Deshalb richteten sich die ersten Demokratisierungsschritte gar nicht einmal darauf, die Regierung dem Volkswillen zu unterwerfen, sondern die Macht des Regierenden zu begrenzen, indem sie auf mehrere Gremien aufgeteilt wurde. So wurde etwa der Monarch gezwungen, bei wichtigen Entscheidungen die Zustimmung eines (Ältesten-)Rats oder sogar der Volksversammlung einzuholen, sodass diesen Gremien zumindest eine Veto-Möglichkeit eingeräumt wurde. Später erhielten die Räte auch Antrags- und Entscheidungskompetenzen. Einige Stadtstaaten richteten später mehrere Räte ein, die sich gegenseitig kontrollierten. Auch wurde die Zahl der Staatsführer erhöht, um die Macht auf mehrere Köpfe zu verteilen. Solche Formen der Gewaltenteilung waren besonders ausgeprägt in Sparta, Dreros, Athen und in Messene, wo noch heute die Sitzbänke zweier Ratsversammlungen zu sehen sind, die in gegenüberliegenden Gebäuden untergebracht waren.

Aristoteles bezeichnete Verfassungen, bei denen die Macht auf mehrere Gremien und viele Köpfe aufgeteilt war, als »Politien«, d. h. als gemeinwohlorientierte Regierungsformen, bei denen viele Bürger:innen an der Willensbildung beteiligt sind. Herodot hatte schon zuvor den bis heute geltenden Dreiklang der Gewaltenteilung in Legislative, Exekutive und unabhängige Gerichtsbarkeit empfohlen (Herodot 3,80). Eine echte Theorie der Gewaltenteilung wurde von dem Historiker Polybios (um 200 – um 120 v. Chr.) am Beispiel der Römischen Republik erstellt, deren Verfassung er als vorbildlich ansah, weil sich die Macht auf mehrere Staatsorgane verteilte, die sich dadurch wechselseitig im Zaum hielten (Polybios: Historíai 6,15,1).

Wollte sich jemand zum Autokraten aufschwingen – damals wie heute –, musste er die Teilung der Gewalten wieder rückgängig machen und Macht auf sich konzentrieren. Autokraten fokussieren nicht nur die Macht der Exekutive auf sich, sondern bringen auch die Legislative unter ihre Kontrolle und missbrauchen die Justiz, um Kritiker und Opponenten aus dem Verkehr zu ziehen. Machtkonzentration beinhaltet jedoch stets die Gefahr von Machtmissbrauch. Machtmissbrauch liegt insbesondere dann vor,

- wenn die Macht benutzt wird, um sich an der Macht zu halten, indem man Kritiker (insbesondere Journalisten), Demonstranten und Oppositionelle mundtot macht, einschüchtert, einsperrt oder gar foltert und ermordet,
- wenn die Macht eingesetzt wird, um die Verfassung zu ändern und sich noch mehr Macht zuzulegen, d. h. die Gewaltenteilung rückgängig zu machen,
- wenn man die Macht benutzt, um sich persönlich zu bereichern oder Familienmitglieder oder Anhänger zu begünstigen,
- wenn man die Justiz unter seine Kontrolle bringt, das Recht beugt oder abschafft und die Bürger:innen willkürlich und ungerecht behandelt,
- wenn man dem Volk Schaden zufügt, durch Misswirtschaft, Unterdrückung, Ausbeutung, Terror oder Krieg.

Machtgier wurde auch noch 2000 Jahre später von dem englischen Philosophen John Locke als inhärente menschliche Schwäche angesehen, die ihn dazu veranlasste, die erste moderne Theorie der Gewaltenteilung in den Kapiteln elf bis 14 seiner zweiten *Abhandlung über die Regierung* zu entwickeln. Locke beginnt mit der Legislative, die Gesetze verabschiedet. Er sieht die Gefahr, dass die gleichen Personen, die die Macht haben, Gesetze zu erlassen, der »Verlockung der menschlichen Schwäche« der Machtgier erliegen, auch die Ausführung der Gesetze an sich zu reißen, sodass sie »das Gesetz, sowohl bei seiner Verabschiedung als auch bei seiner Ausführung, zu ihrem eigenen privaten Vorteil nutzen« und dass das Gemeinwohl privaten Einzelinteressen zum Opfer fällt. Deshalb sollte die Exekutive, also die Ausführung der Gesetze, nicht in der Hand derjenigen liegen, die sie verabschieden (Locke: Treatises II,12,§143).

Und ebenfalls von der Legislative getrennt sein soll die Judikative: »Die legislative oder höchste Gewalt kann nicht selber die Macht beanspruchen, durch willkürliche ad-hoc-Entscheide zu regieren, sondern ist der Rechtsprechung und Entscheidungen über die Rechte des Untertanen durch verkündete dauerhaft geltende Gesetze und anerkannte autorisierte Richter verpflichtet.« (ebd., §136) Damit war Locke der erste Aufklärer, der den klassischen Dreiklang der Gewaltenteilung forderte, nämlich die Trennung von Legislative, Exekutive und Judikative – die in den Zeiten des Königtums noch in der Hand einer einzigen Person gelegen hatten.

John Lockes Dreiklang ist von dem französischen Juristen und Universalgelehrten Charles-Louis de Secondat, Baron de La Brède et de Montesquieu, weiterentwickelt worden. Wie viele andere Staatstheoretiker sah auch Montesquieu den Menschen als »beschränkten Geist«, welcher »der Unwissenheit«, »dem Irrtum« und »tausenderlei Leidenschaften« ausgesetzt ist (Montesquieu: Esprit I,1). Pointiert hat er die Gefahren formuliert, die aus der Machtkonzentration erwachsen:

> »Sobald in ein und derselben Person oder derselben Beamtenschaft die legislative Befugnis mit der exekutiven verbunden ist, gibt es keine Freiheit. Es wäre nämlich zu befürchten, dass derselbe Monarch oder derselbe Senat tyrannische Gesetze erließe und dann tyrannisch durchführte. Freiheit gibt es auch nicht, wenn die richterliche Befugnis nicht von der legislativen und von der exekutiven Befugnis geschieden wird. Die Macht über Leben und Freiheit der Bürger

> würde unumschränkt sein, wenn jene mit der legislativen Befugnis gekoppelt wäre; denn der Richter wäre Gesetzgeber. Der Richter hätte die Zwangsgewalt eines Unterdrückers, wenn jene mit der exekutiven Gewalt gekoppelt wäre. Alles wäre verloren, wenn ein und derselbe Mann beziehungsweise die gleiche Körperschaft entweder der Mächtigsten oder der Adligen oder des Volkes folgende drei Machtvollkommenheiten ausübte: Gesetze erlassen, öffentliche Beschlüsse in die Tat umsetzen, Verbrechen und private Streitfälle aburteilen.« (Montesquieu: Esprit II,6).

Zu Montesquieus Zeiten kam es immer wieder vor, dass sich Fürsten oder Monarchen zu Despoten machten, indem sie die Gewaltenteilung abschafften: »Daher haben alle Herrscher, die sich zu Despoten machen wollten, stets mit einer Vereinigung aller Ämter in ihrer Hand den Anfang gemacht [...]« (ebd.). Die Trennung der drei Staatsgewalten Legislative, Exekutive und Judikative ist demnach zwingend, um despotische Herrschaft zu vermeiden.

41 Jahre vor der Französischen Revolution entwickelte Montesquieu bereits eine Theorie der repräsentativen Demokratie, die er mit seiner Theorie der Gewaltenteilung kombinierte. Insbesondere sah Montesquieu mit Sorgen auf die Legislative, die er, wie schon zuvor John Locke, als stärkste der drei Gewalten identifiziert hatte. Denn die Legislative könnte sich »alle erdenklichen Vollmachten selber [...] verleihen und so alle anderen Befugnisse zunichte [...] machen« und dadurch »despotisch« werden. Um zu vermeiden, dass der Gesetzgeber alle Macht an sich zieht, empfiehlt Montesquieu insbesondere, dass sich die Legislative auf zwei parlamentarische Kammern aufteilt, die über ein gegenseitiges Veto-Recht verfügen. Und auch die Exekutive soll über ein Veto-Recht bei der Gesetzgebung verfügen. Umgekehrt muss aber auch die Legislative über wirksame Instrumente verfügen, um eine Exekutive zu bändigen, die autokratisch zu werden droht: Die Exekutive soll der Legislative gegenüber rechenschaftspflichtig sein; die Legislative verfügt über das Haushaltsrecht, d. h. sie legt den jährlichen Plan vor, der den finanziellen Handlungsspielraum der Exekutive bestimmt, und sie verfügt über das Recht zur Auflösung des Militärs, des stärksten Instruments der Exekutive.

Diese Grundverfassung weist somit eine doppelte Gewaltenteilung auf: Erstens den Dreiklang von Legislative, Exekutive und Judikative und zweitens die Teilung der Macht zwischen zwei Kammern des Parlaments. Montesquieu war massiv besorgt, dass eine der Staatsgewalten zu mächtig werden könnte, und entwarf somit ein System mit wirksamen gegenseitigen Verhinderungsrechten. Die Gefahr einer Blockade sah er sehr wohl, aber er setzte auch auf die Kraft des dadurch bewirkten Zwangs zum Kompromiss.

Im Jahr 1748 zielte Montesquieu im Wesentlichen auf eine Begrenzung der Königsmacht ab. Was er nicht ahnen konnte, war, dass er *die* Blaupause für demokratische, gewaltenteilige Regierungssysteme geschrieben hatte, nach der sich zahlreiche Länder organisieren sollten, *nachdem* sie ihre Monarchien in demokratischen Revolutionen abgeschafft oder auf symbolische Repräsentationsfunktionen reduziert hatten. Dabei sind zahlreiche Modifikationen realisiert worden – so auch in der Bundesrepublik Deutschland. Montesquieu hatte noch nicht die Möglichkeit einer vertikalen Gewaltenteilung in Betracht gezogen, wie sie in föderativen Staaten (wie der Bundesrepublik Deutschland und den USA) realisiert ist.

Das Zwei-Kammer-System mit wechselseitiger Blockademöglichkeit ist in Reinkultur in den USA mit den beiden Häusern des Kongresses realisiert worden, während in der Bundesrepublik eine vertikale Gewaltenteilung mit dem Bundestag als erster Kammer und dem Bundesrat als zweiter Kammer existiert, deren Zustimmung bei rund 40 % aller Gesetzesvorhaben, darunter auch den besonders Wichtigen (wie Grundgesetzänderungen), zwingend erforderlich ist. Und eine starke Judikative, insbesondere in Form des Bundesverfassungsgerichts, wacht darüber, dass Legislative und Exekutive nicht die Verfassung verletzen.

Ein politisches System, das sehr nahe am Modell Montesquieus konstruiert wurde, ist die Verfassung der Vereinigten Staaten von Amerika aus dem Jahr 1787. Die USA entschieden sich für ein Präsidialsystem mit einem direkt vom Volk gewählten Präsidenten, der eine vergleichsweise starke Exekutive – mit Vetorechten gegenüber der Legislative – bildete. Allerdings waren die Väter der US-amerikanischen Verfassung eifrig darauf bedacht, dass sich der Präsident eben nicht die Machtbefugnisse eines Königs aneignen konnte. Alexander Hamilton schrieb, dass der König von Großbritannien »heilig und unverletzlich« sei, während der Präsident der Vereinigten Staaten »angeklagt [impeached], einem Gerichtsverfahren unterzogen und, nach Verurteilung aufgrund von Verrat, Bestechung oder anderen schweren Verbrechen oder Vergehen, aus dem Amt entfernt und danach strafrechtlich verfolgt und bestraft« werden könne (Federalist 69).

Um die Legislative nicht zu stark werden zu lassen, erhielt das US-amerikanische Parlament (*congress*) zwei Kammern: Das Repräsentantenhaus als Vertretung des Volks und den Senat als Vertretung der Bundesstaaten. Den meisten Gesetzgebungsvorhaben müssen beide Kammern zustimmen, obgleich für manche Angelegenheiten jeweils nur eine Kammer zuständig ist. Eine zusätzliche Dynamik erhalten die Kammern durch die *midterm elections*, die zur Mitte der Amtszeit eines Präsidenten für veränderte Mehrheitsverhältnisse sorgen können.

Die Verfassungsväter Alexander Hamilton oder James Madison installierten *checks and balances* (»Zügel und Gleichgewichte«) zwischen allen Staatsorganen, damit sich die verschiedenen Organe gegenseitig in Schach halten, denn sie gingen davon aus, dass Ehrgeiz und Machtstreben die Amtsträger:innen dazu verleiten, die ihnen verliehene Macht zu missbrauchen:

> »Wenn Menschen Engel wären, wäre keine Regierung nötig. Wenn Engel Menschen regieren würden, wären weder externe noch interne Kontrollen der Regierung erforderlich […] Wenn man eine Regierung gestaltet, in der Menschen über Menschen herrschen, liegt die große Schwierigkeit in Folgendem: Man muss zuerst der Regierung ermöglichen, die Regierten zu kontrollieren, und sie danach verpflichten, sich selbst zu kontrollieren. Eine Abhängigkeit vom Volk ist zweifellos die primäre Kontrolle der Regierung; aber die Erfahrung hat die Menschheit die Notwendigkeit ergänzender Vorkehrungen gelehrt. Diese Politik, den Mangel an besseren Motiven durch entgegengesetzte und rivalisierende Interessen auszugleichen, soll sich durch das gesamte System menschlicher Angelegenheiten, privater genauso gut wie öffentlicher, hindurchziehen. Wir erkennen es insbesondere in den untergeordneten Gewaltenteilungen, wo das beständige Ziel darin besteht, die verschiedenen Behörden aufzuteilen und so anzuordnen, dass jede die andere zügelt, so dass das persönliche Interesse jedes Einzelnen zum Wächter der öffentlichen Rechte wird.« (Federalist No. 51)

Menschen sind eben keine Engel, Menschen sind egoistisch. Und ihr Egoismus verführt sie, sich Macht anzueignen und zu missbrauchen. Und dieses Machtstreben kann sich darin niederschlagen, dass es zu einer Konzentration von Macht in einem Staatsorgan kommt, die sich in der Regel in kleinen, nahezu unmerklichen Schritten vollzieht – der sprichwörtlichen »Salamitaktik«. Machtkonzentration ergibt sich, wenn ein Staatsorgan – besonders anfällig ist dafür stets die Exekutive – die Unabhängigkeit anderer Staatsorgane angreift, um sie unter seine Kontrolle zu bringen. Und die Väter der amerikanischen Verfassung sahen es als menschlich an, dass es zu solchen Übergriffen kommen würde. Wie wichtig die Gewaltenteilung für die Demokratie ist, erkennt man auch daran, dass Autokraten als Erstes die Gewaltenteilung aufheben. Typischerweise bringen Autokraten die Justiz, insbesondere die Verfassungs- und Strafgerichtsbarkeit, unter ihre Kontrolle, indem sie die richterliche Unabhängigkeit aufheben, Richter:innen einschüchtern, entlassen, durch ihre eigenen Leute austauschen oder eine Paralleljustiz aufbauen, beispielsweise eine Militärgerichtsbarkeit. Autokraten, die meist die Rolle des Präsidenten einnehmen, entmachten auch das Parlament. Dazu gehört, dass sie sich ein Veto-Recht gegen Gesetze zulegen, per Dekret am Parlament vorbei gesetzgeberisch tätig sind, sich das Recht zulegen, das Parlament jederzeit aufzulösen und als Vorsitzende der Mehrheitspartei über die Karriere von Abgeordneten zu entscheiden.

Wie sehr Autokraten das Gefühl für eine Gewaltenteilung abgeht, hat der türkische Staatspräsident Erdoğan bewiesen, als er Ende September 2022 bei der Bundesregierung gegen den Bundestagsvizepräsidenten Wolfgang Kubicki wegen einer Äußerung, die er als beleidigend aufgefasst hat, protestierte und damit offenbar die Erwartung verband, Kubicki zu bestrafen und als Bundestagsvizepräsident abzulösen, wenn es in der Stellungnahme hieß, Kubickis Äußerungen »ziemten sich nicht für einen Vizepräsidenten des Bundestags«. Selbstverständlich hat die Bundesregierung, die vom Bundestag gewählt und kontrolliert wird, keinerlei Einfluss auf den Bundestag und seine Abgeordneten – was sich der türkische Autokrat anscheinend nicht vorstellen konnte.

Gewaltenteilung beschränkt sich nicht nur auf das Verhältnis zwischen Staatsorganen, sondern beinhaltet auch die Beschränkung der Macht der Bevölkerungsmehrheit. Das naive Verständnis von Demokratie beinhaltet, dass das Volk entscheidet, und zwar mit Mehrheit. Eine Mehrheit kann jedoch in der Lage sein, die Minderheit zu unterdrücken. Dann wäre Demokratie nichts anderes als eine Diktatur der Mehrheit. Auch dieses Problem wurde vom *Federalist No. 51* adressiert: »Es ist in einer Republik von großer Bedeutung, nicht nur die Gesellschaft vor Unterdrückung durch ihre Herrscher zu schützen, sondern auch einen Teil der Gesellschaft vor der Ungerechtigkeit des anderen Teils. […] Wenn eine Mehrheit durch ein gemeinsames Interesse geeinigt wird, sind die Rechte der Minderheit in Gefahr.«

Der *Federalist* – wahrscheinlich James Madison – sieht zwei Vorkehrungen gegen eine Diktatur der Mehrheit:

Erstens soll ein politischer Wille geschaffen werden, der von der Mehrheit der Gesellschaft unabhängig ist. Dieser politische Wille kann, so die Formulierung, »ererbt« sein. »Ererbt« bedeutet, dass eine verfassungsgebende Körperschaft die Grundlagen einer Demokratie definiert, die dann auch durch demokratische Mehrheiten nicht mehr oder nur mit mehrfachen sehr großen Mehrheiten verändert werden können. In den USA war es eine kleine Gruppe von Politikern, namentlich James Madison und Alexander Hamilton, die insbesondere auf der Basis der Schriften von Locke und Montesquieu den Verfassungstext entwarfen, allerdings im Rahmen eines breiten öffentlichen Diskurses, den sie selbst mit ihren *Federalist Papers* anstießen. Die Entstehungsgeschichte der US-Verfassung kommt damit Platons Ideal der »Philosophenkönige« durchaus nahe.

In der Bundesrepublik Deutschland stellen die wesentlichen und nicht änderbaren Elemente des *Grundgesetzes* einen solchen politischen Willen dar, der unabhängig von Mehrheiten ist; selbst mit Zweidrittelmehrheiten der gewählten Volksvertreter in Bundestag und Bundesrat sind diese Kernelemente nicht änderbar. Das ist erstaunlich, wurde doch das *Grundgesetz* lediglich vom Parlamentarischen Rat, einem Gremium, dessen Mitglieder von den Länderparlamenten entsandt wurden, und unter Aufsicht der westlichen Siegermächte verabschiedet. Weil sich das Deutsche Reich selbst zerstört hatte und von den Alliierten vollständig besetzt war, erfolgte die Gründung der Bundesrepublik Deutschland in Form eines neuen Staats faktisch durch die Siegermächte, die großen Einfluss auf die Formulierung des *Grundgesetzes* nahmen, insbesondere dafür sorgen wollten, dass eine bessere Gewaltenteilung als in Weimar ein erneutes Abdriften in die Diktatur verhindern sollte. Und diese Verfassung bildete gleichsam das in seinem Wesenskern unveränderliche Erbgut dieses neu gegründeten Staats. Heute wacht das Bundesverfassungsgericht darüber, dass die Wesenskerne des *Grundgesetzes* nicht angetastet werden.

Der zweite Schutz gegen eine Diktatur der Mehrheit ist die Pluralität der Gesellschaft. Platon und Aristoteles hatten noch gesellschaftliche Homogenität als Schutz gegen eine Diktatur der Mehrheit vorgesehen. Die amerikanischen Verfassungsväter setzten, im Gegenteil dazu, auf Vielfalt, die allerdings möglichst bunt zu sein hat. Denn je vielfältiger die Gesellschaft ist, je größer die Zahl und je kleiner der Umfang unterscheidbarer gesellschaftlicher Gruppen ist, desto geringer ist die Gefahr, dass eine Mehrheit zustande kommt, welche die Minderheit unterdrückt. Deshalb ist es für die Demokratie wesentlich, dass die Rechte auf gesellschaftliche Vielfalt geschützt werden. Für den *Federalist* war die Vielfalt von sozialen Klassen und Religionsgemeinschaften entscheidend; wenn wir heute von »Vielfalt« sprechen, meinen wir Geschlechter, Altersgruppen, Lebensformen, Lebensstile, soziale Schichten, soziale Milieus, Religionen, Weltanschauungen, kulturelle Hintergründe, Hautfarben und vieles mehr. Und diese Vielfalt stellt den wirksamsten Schutz der Rechte des Individuums dar: »Während alle [staatliche] Autorität aus der Gesellschaft abgeleitet wird und von ihr abhängig ist, wird die Gesellschaft selber in so viele Teile, Interessen und Schichten von Bürgern aufgebrochen, dass sich die Rechte von Einzelnen oder der Minderheit in geringer Gefahr durch Interessenkombinationen der Mehrheit befinden.« (Federalist No. 51)

Gesellschaftliche Vielfalt als Garant von Demokratie ist das Gegenteil des völkischen Denkens. Völkisches Denken bestreitet Vielfalt. Es beharrt auf der Illusion, dass es so etwas wie eine »homogene Volksgemeinschaft« gäbe. Wenn wir in der Politikwissenschaft oder im Staatsrecht von »Volk« reden, meinen wir ganz neutral die Gesamtmenge der Staatsbürger:innen und ihnen staatsrechtlich gleichgestellter Personen, ohne irgendeine weitere Annahme über diese Personenmenge zu treffen, die über ihren staatsrechtlichen Status hinausgeht. Dafür beinhaltet der Begriff des »Volks« ein demokratisches Element: Wenn wir von »dem Volk« oder gar von »dem einfachen Volk« sprechen, betonen wir die gleichen Rechte innerhalb der Bürgergemeinschaft und grenzen uns von Eliten ab, die in früheren Zeiten besondere Rechte und besondere Macht für sich zu beanspruchen pflegte.

Im völkischen Denken wird dagegen die Weltbevölkerung in verschiedene Völker aufgeteilt, denen jeweils unterschiedliche Eigenschaften zugesprochen werden. Um sich als ein Volk zu konstituieren, grenzt man sich gegenüber anderen Völkern ab, indem man sich selbst (wie auch die anderen Völker) in Bezug auf bestimmte Eigenschaften homogenisiert. Mit anderen Worten: Völker zu definieren, ist eine politische Strategie. Seit Jahrtausenden schließen sich Menschen zu Völkern oder Nationen zusammen, die ihren Zusammenhalt dadurch sichern, dass sie sich für besser halten als andere Völker oder Nationen (insbesondere als die direkten Nachbarn) und ihre eigene Identität feiern, indem sie nationalistischen Symbolen huldigen.

In Europa erreichte der Nationalismus seinen Höhepunkt, als Adolf Hitler die Deutschen als »Herrenvolk« titulierte, das die »Weltherrschaft« ausüben solle, weswegen er die Wehrmacht fast ganz Europa angreifen ließ. Nach 65 Millionen Todesopfern, die der Zweite Weltkrieg hinterlassen hatte (der ebenfalls aus nationalistischen Motiven angefangene Erste Weltkrieg hatte bereits 17 Millionen Tote gekostet), geriet der Nationalismus in Europa etwas aus der Mode. Im Gegenteil, am 16. März 1946 forderte der spätere deutsche Bundeskanzler Konrad Adenauer die Überwindung der Nationalstaaten zugunsten der »Vereinigten Staaten von Europa« (eine Formulierung, die bereits George Washington gebraucht hatte), was auch der damalige britische Premierminister Winston Churchill einige Monate später aufgriff. Das Zusammenwachsen der Länder Europas zur Europäischen Union sollte dann auch die längste Periode des Friedens auf dem Kontinent seit der *Pax Romana* bewirken. Und eine solche europäische oder generell internationale Kooperation setzt voraus, dass man auf den Gedanken verzichtet, dass es so etwas wie »Völker« gebe.

Der Begriff des »Volks« oder, etwas wissenschaftlicher formuliert, der »ethnischen Zugehörigkeit« ist für die meisten Konflikte verantwortlich, die heute auf der Welt existieren. Wenn man Völker oder ethnische Gruppen unterscheidet, schreibt man ihnen unterschiedliche Merkmale zu. Und das ist nichts anderes, als Vorurteile zu konstruieren. Eine verräterische sprachliche Form des Vorurteils ist der homogenisierende Singular: »der« Franzose, »der« Engländer, »der« Russe (zusätzlich ist der männliche Singular sexistisch). Vorurteile über andere Völker sind mit negativ bewerteten Eigenschaften verbunden, Vorurteile über das eigene Volk mit positiven, um sich für überlegen halten zu können. Wenn die Eigenschaften, die Völkern zugesprochen werden, durch genetische Abkunft begründet werden, wird das Volkskonzept rassistisch.

Noch schlimmer wird es, wenn ein Volk ein bestimmtes Territorium für sich beansprucht, denn daraus erwächst Terrorismus und Krieg. Je stärker sich die angeblichen Völker bzw. ethnischen Gruppen voneinander abgrenzen, desto schwerer wird es, Lösungen für die Konflikte zu finden. Einer der heftigsten und am schwersten lösbaren Territorialkonflikte seit dem Ende des Zweiten Weltkriegs ist der Konflikt zwischen Israel und Palästina, der in historischen, staatsrechtlichen und moralischen Kategorien nicht lösbar ist, weil wir mit der Würdigung ererbter Territorialansprüche in einen historischen Regress kommen, der nicht Anfang und Ende kennt, und weil es bereits zu einer langen Kette von wechselseitigen Gewaltakten gekommen ist, in der beide Seiten Unrecht begangen haben.

Die einzige Lösung bestände darin, die völkischen Kategorien aufzugeben und die Menschen, die in den umstrittenen Gebieten leben, einfach als individuelle Menschen zu betrachten und sie mit gleichen demokratischen Rechten zu versehen. Dabei hilft auch, die Bürgerschaft auf eine höhere internationale Ebene zu heben. Auf diese Weise sind andere Territorialkonflikte, die lange Zeit als ebenso wenig lösbar erschienen, bewältigt worden, insbesondere der Nordirlandkonflikt, zu dessen Lösung beitrug, dass sich Iren und irischstämmige wie britischstämmige Nordiren als Bürger:innen einer gemeinsamen Europäischen Union ohne Binnengrenzen verstehen konnten. Die europäische Integration hat auch geholfen, den Konflikt zwischen Basken und Spanien zu schlichten.

Das Denken in völkischen Kategorien birgt also das Potenzial für äußere Konflikte, die leicht in militärische Auseinandersetzungen übergehen können. Das völkische Denken ist aber auch nach innen gefährlich. Die Konstruktion eines »Volks« geht nämlich zwangsläufig mit einer Homogenisierung desselben einher. Will man das eigene Volk von anderen abgrenzen, so muss es mit Eigenschaften versehen werden, die sich in erkennbarer Weise unterscheiden. Und das geht nur, wenn man es homogenisiert.

Sprechen wir von Nationen, so ist jedoch ganz offensichtlich, dass sich die Menschen innerhalb von Staaten wie Deutschland, Österreich, der Schweiz, Frankreich oder den Niederlanden sehr viel stärker voneinander unterscheiden als der durchschnittliche Deutsche vom durchschnittlichen Österreicher, Schweizer, Franzosen oder Niederländer. Die Differenzen zwischen sozialen Milieus sind weitaus größer als nationale Unterschiede. Das war übrigens schon immer so. Deshalb pflegten die Angehörigen der europäischen Oberschichten eine gemeinsame *lingua franca* und verständigten sich nicht in ihren Muttersprachen. Der preußische König Friedrich der Große soll nach Beobachtungen des Voltaire-Biografen Jean Orieux sogar deutlich besser Französisch als Deutsch gesprochen haben.

Jahrtausendelang gab es auch eine nationenübergreifende europäische Kultur. In Berlin, Wien, Paris, London und St. Petersburg wurde die gleiche Musik gehört, man baute Schlösser im gleichen Stil, man engagierte die gleichen international bekannten Künstler, man trank die gleichen Weine, aß die gleichen Speisen, las die gleichen Philosophen, glaubte an den gleichen Gott. Eine der interessanten zeitgenössischen Darstellungen der nationenübergreifenden europäischen Kultur im 18. Jahrhundert findet sich in den Memoiren des Venezianers Giacomo Casanova, der im Laufe seines Lebens ganz Europa bereist hat und nicht nur in Venedig gelebt hat, sondern auch in Rom, Neapel, Turin, Paris, Amsterdam, Köln, London, Potsdam, St. Petersburg, Istanbul,

Madrid, Wien und in zahlreichen weiteren Städten. Gleich, wo er war – er fand sich überall und in jeder Hinsicht sofort zurecht und konnte seinen spezifisch urbanen Lebensstil gebildeter Schichten praktizieren.

Das Phänomen, das Kulturen die Grenzen von Ländern und Nationen überschreiten, ist von dem Magdeburger Philosophen Wolfgang Welsch (1992) mit dem Begriff »Transkulturalität« beschrieben worden. Er erklärte damit den Begriff der »Nationalkultur« für obsolet. In der Menschheitsgeschichte stellt der Nationalstaat eine äußerst kurzlebige Erscheinung dar. Als Napoleon Bonapartes Versuch, sich ein paneuropäisches Großreich zusammen zu erobern, gescheitert war, entstanden erstmals die Nationalstaaten, die ihre Existenzberechtigung beweisen wollten, indem sie den Nationalismus erfanden, der mit dem Völkischen eng verbunden ist. Um seine eigene Identität zu finden, baute man die Illusion von »Nationalkulturen« auf, die es nie gegeben hat.

Nehmen wir Deutschland. Vor 1871 gab es keinen deutschen Nationalstaat, sondern mehrere Dutzend kleinerer oder größerer Fürstentümer und Königreiche, in denen sich durchaus regionale Alltagskulturen und Dialekte behaupten konnten, übrigens bis in die Gegenwart. Als es dem Königreich Preußen gelang, das Deutsche Reich unter seiner Führerschaft zusammenzuschmieden, musste das neue Gebilde, dem insbesondere aus Bayern große Skepsis entgegengebracht wurde, ideologisch gerechtfertigt werden, indem man den »deutschen Nationalcharakter« und die »deutsche Kultur«, überhaupt das »Deutschtum« erfand – das es alles so nie gegeben hatte. Und es war genau dieser Nationalismus, der dafür verantwortlich war, dass Deutschland zwei Weltkriege anfing – mit desaströsen Folgen für Europa und insbesondere für das Land selbst.

Der Nationalismus bewirkte zumindest, dass sich sein Gegenteil durchsetzte: Nämlich eine westlich dominierte Transkultur, die inzwischen den gesamten Erdball umspannt. Überall auf der Welt hört man die gleiche (Pop-) Musik (die konservativen Oberschichten klassische Musik), sieht die gleichen Filme, kleidet sich gleich (die wenigen Ausnahmen bestätigen die Regel), trinkt die gleichen Getränke (Cola etc.) und isst die gleichen Speisen (Hamburger, Pizza, Sushi, Curry, Ceviche). Politisch ist der Nationalismus längst durch die Europäische Union überwunden, die mit ihren Regulierungen, die von den Mitgliedstaaten übernommen werden müssen, inzwischen eine Vielzahl von Lebensbereichen bestimmt, darunter so Wichtiges wie Währungspolitik, Gleichstellung, Verbraucherschutz, Umweltschutz oder Arbeitsrecht (Eichener 2000). Und mehr und mehr Entscheidungskompetenzen haben sich sogar auf internationale Organisationen verlagert – wie die Menschenrechte auf die Vereinten Nationen, die Bekämpfung von Pandemien auf die WHO oder die Entscheidung über Krieg und Frieden auf die NATO.

Rechtspopulistische und rechtsextreme, nationalistische Bewegungen sind rückwärtsgewandt und wollen diese kurze Phase des Nationalismus wieder zum Leben erwecken. Dabei ist vollkommen unklar, was sie eigentlich unter »Nationalkultur« verstehen: Glatzen, Tattoos, schwarze Lederjacken, Springerstiefel, Rechtsrock, Thor-Steinar-Jacken? Es lässt sich leicht nachweisen, dass das alles transkulturelle Phänomene sind.

Das Gefährliche am Völkischen nach innen ist aber, dass man eine Homogenität herstellen will, die in der Gesellschaft gar nicht existiert. Und dazu will man Vielfalt beseitigen – hauptsächlich, indem man Migration beschränken und Migranten am liebsten wieder in ihre Herkunftsländer (bzw. die Herkunftsländer ihrer Großeltern) zurückschicken will (glasklar bei Höcke 2018: 254). Aber auch »Inländer«, die »anders« sind (z. B. eine Variante von »queer«), sollen ausgesondert werden. Der auf demokratischem Weg an die Macht gekommene Adolf Hitler hat Minderheiten erst stigmatisiert, dann diskriminiert und ausgegrenzt und am Ende in seinen Gaskammern systematisch vernichten lassen. Diese historisch extremste Form der Tyrannei der Mehrheit war die logische Konsequenz des völkischen Denkens.

3.6 Bollwerk gegen populistische Politik: Der Beitrag des Berufsbeamtentums zur Teilung der Gewalten

Das Berufsbeamtentum als Garant der Demokratie? – Die Aussage mag überraschen, genießen Beamte doch nicht den besten Ruf und sind sie doch nur allzu häufig Zielscheibe von Spott, einschlägigen Witzen und handfestem Ärger über die Bürokratie. Und doch trägt gerade die vielgeschmähte Bürokratie zur Stabilität der Demokratie bei, und paradoxerweise oft gerade dann, wenn wir uns besonders über sie ärgern. Wie so oft erkennen wir den Wert von Dingen erst dann, wenn sie fehlen. Werfen wir einmal ein Blick in Zeiten, in denen es noch kein Berufsbeamtentum gab, und in Länder, in denen es keine Berufsbeamten gibt.

Im vordemokratischen Deutschland hatten die Landesherren beamtete Vertreter, die »Graf« (von byzantinisch-griechisch: *grapheus* = »Schreiber«), »Vogt« (von lateinisch: *advocātus* = »Herbeigerufener«) oder »Schultheiß«

(von: Schuld heischend) genannt wurden. Diese Vertreter hatten in ihrem Verwaltungsbezirk eine große Macht, war der Landesherr doch fern und kümmerte sich nicht um belanglose lokale Angelegenheiten. Da diese Ämter vielfach erblich wurden, spielte Qualifikation keine große Rolle. Stattdessen nutzten die Beamten ihre Macht, um ihr persönliches Vermögen zu vermehren. Ihre Entscheidungen waren häufig willkürlich oder von persönlicher Opportunität geprägt. Die Weltliteratur hat die Grausamkeit und Willkür feudalistischer Beamter immer wieder thematisiert (*Wilhelm Tell*, *Robin Hood* etc.).

In Ländern der Gegenwart, in denen es kein Berufsbeamtentum gibt, werden die Beamten, die Verwaltungsaufgaben erfüllen, ebenfalls selten nach fachlicher Eignung bestellt. Wo es Wahlbeamte gibt (beispielsweise örtliche Polizeichefs), unterwerfen diese sich gern den Interessen von Parteien, die Einfluss auf Wahlergebnisse ausüben können. Und da sie damit rechnen, das Amt nur vorübergehend auszufüllen, sehen sie zu, in der kurzen Zeit die Bestechungsgelder zu maximieren. Das Berufsbeamtentum soll dagegen dafür sorgen, dass Beamte fachlich qualifiziert, unabhängig, gerecht, regeltreu und unbestechlich sind.

Eine der frühesten Theorien des Berufsbeamtentums findet sich im fünften Buch von Platons Schrift *Der Staat*. Platons Idee war, die übliche Bürgerarmee durch eine Berufsarmee zu ersetzen. Die Berufsarmee sollte im Staat einen eigenen sozialen Stand bilden, den er als Stand der »Wächter« bezeichnete. Wenn wir vom kriegerischen Element abstrahieren, handelt es sich um nichts anderes als um ein Berufsbeamtentum, denn Platon beschreibt einen Stand, der sich professionell um das Gemeinwohl der Bürgerinnen und Bürger kümmert. Das wirklich Interessante waren aber seine Anforderungen an den Stand der Wächter:

- Der Wächterstand sollte sich aus Männern und Frauen rekrutieren, denn »die Anlagen sind unter die beiden menschlichen Geschlechter gleichmäßig verteilt; der Frau sind ihrer Natur nach sämtliche Berufe zugänglich ebenso wie dem Mann« (Platon: Der Staat V,455). Das war in der patriarchalen Gesellschaft der griechischen Antike in der Tat revolutionär!
- Die Wächterinnen und Wächter sollten eine umfassende Bildung erhalten, um für ihre Tätigkeit qualifiziert zu werden.
- Die Wächterinnen und Wächter oder, um es gleich beim Wort zu nennen, die Staatsbediensteten sollten selbst über kein Privateigentum verfügen, aber von der Bürgerschaft, also von Staats wegen, mit allem Nötigen

versorgt (alimentiert) werden. Das sollte gewährleisten, dass sie erstens unbestechlich wären und zweitens kein Interesse entwickeln würden, sich am Eigentum der Bürger zu vergreifen (Platon: Der Staat V,416 f.).

Mit seinen Ideen zum Wächterstand hat Platon eine Theorie der zentralen Grundlagen des Berufsbeamtentums entwickelt, die auch die Grundpfeiler des modernen Berufsbeamtentums darstellen:

- Der Staat beruft Beamte, die sich vollständig und lebenslang in den Dienst des Staats stellen, also Berufsbeamte sind.
- Diese Berufsbeamten werden fachlich sehr gut qualifiziert, damit sie ihre Aufgaben wahrnehmen können.
- Die Berufsbeamten sind dem Gemeinwohl verpflichtet und sollen sich als Beschützer und Helfer der Bürgerinnen und Bürger verstehen.
- Die Gemeinwohlverpflichtung bildet das zentrale Element der Berufsethik der Beamten. Die öffentliche Anerkennung, die sie für ihre Tätigkeit genießen, stellt die wichtigste Belohnung und Motivation dar. Den Beamten gebührt deshalb eine besondere Wertschätzung.
- Der Staat alimentiert seine Beamten so gut, dass sie keinen Bedarf haben, ihr Amt zu missbrauchen, um sich persönlich zu bereichern. Eine persönliche Bereicherung durch die Amtstätigkeit ist verboten.
- Die Alimentation ist verlässlich und wird lebenslang gewährt, sodass sich die Beamten darauf einlassen können, ihr Leben dem Staatsdienst zu widmen. Das Beamtenverhältnis ist, wenn nicht gravierendes Fehlverhalten vorliegt, unkündbar. Selbst ein würdevolles Begräbnis soll durch den Staat gewährleistet werden.
- Die Beamten sollen sich bewusst sein, dass es die Steuerzahler:innen sind, die sie ernähren und versorgen.
- Die Beamten sind dem Staat, der sie versorgt, gegenüber loyal. Die Loyalitätspflicht beinhaltet die Verpflichtung zur Mäßigung und zur untadeligen Lebensführung. Weil sich die Beamten nicht um ihre Alimentierung sorgen müssen, haben sie auch kein Streikrecht.

Für die reale Welt sollten Platons Ideen 2000 Jahre lang Utopie bleiben. Das Berufsbeamtentum wurde erst ab 1807 in Preußen eingerichtet, durch die Stein-Hardenbergschen Reformen, die ein hierarchisch gegliedertes Staatswesen schufen. Diese Reformen führten zu einer Entmachtung des Königs, der Befugnisse an Minister und damit letztlich an Bürokratien delegierte. Insofern stellte die Einrichtung des Berufsbeamtentums einen Demokratisierungsschritt dar. Und dieser Demokratisierungsschritt, der beinhaltete, persönliche Willkür durch rechtsstaatliche Verlässlichkeit zu ersetzen, stellte wiederum eine wichtige Voraussetzung für die Entwicklung des Kapitalismus dar, denn ein Investor ist nur dann bereit, sein Kapital zu investieren, wenn er sich auf rechtliche Rahmenbedingungen und ordnungsgemäßes Behördenhandeln verlassen kann.

Gut hundert Jahre nach der Einführung des Berufsbeamtentums durch die Stein-Hardenbergschen Reformen kam es auch zu einer Fortentwicklung von Platons Theorie des Berufsbeamtentums durch den Universalgelehrten Max Weber. Dieser hatte in seinem Hauptwerk *Wirtschaft und Gesellschaft* eine Typologie von Herrschaftsmodellen aufgestellt, in der die legale, rechtsgebundene Herrschaft als höchste Entwicklungsstufe der Rationalisierung der gesellschaftlichen Beziehungen hervorragte. Die legale Herrschaft funktioniert Weber zufolge mithilfe eines bürokratischen Verwaltungsstabs, der folgende Elemente aufweist (Weber: Wirtschaft und Gesellschaft 1,3, §3 f.):

1. Die legale Herrschaft wird durch ein Rechtssystem legitimiert, das unabhängig von Personen Geltung hat. Regierung und Verwaltung sind an Regeln gebunden. Damit wird persönliche Willkür ausgeschlossen; das Handeln der Verwaltung wird verlässlich und kalkulierbar.
2. Privatvermögen und Amtsvermögen sind strikt voneinander getrennt; die persönliche Inbesitznahme des Amts durch seine Inhaber ist ausgeschlossen. Die Verwaltungs- und Beschaffungsmittel sind im öffentlichen Eigentum, und die Beamten, die sie verwalten, sind über ihre Verwendung rechenschaftspflichtig.
3. Es gibt eine klare Ordnung von Zuständigkeiten. Ihre Systematik bezeichnet Weber als »Behörde«.
4. Es gibt eine Hierarchie von Kontrolle, Aufsicht, Berufungs- und Beschwerdemöglichkeiten, die gewährleistet, dass Fehler aufgedeckt und korrigiert, Willkür und Korruption ausgeschlossen werden.
5. Die Verwaltung erfolgt durch geschulte Fachbeamte, die die Regeln kennen und anwenden können.
6. Es gilt das Prinzip der Schriftlichkeit und Aktenmäßigkeit, damit das Handeln der einzelnen Beamten nachvollzogen und überprüft werden kann.

7. Die Beamten gehorchen ausschließlich ihren sachlichen Amtspflichten (und nicht etwa persönlichen Willen), sind in eine feste Amtshierarchie eingebunden, operieren im Rahmen klar definierter Zuständigkeiten und unterliegen einer Amtsdisziplin und Kontrolle.
8. Die Beamten werden aufgrund nachgewiesener Fachqualifikation ausgewählt, werden angestellt (nicht: gewählt), erhalten feste Gehälter, die nach ihrem hierarchischen Rang, der Verantwortlichkeit ihrer Stellung und nach dem Prinzip der Standesgemäßheit gestaffelt sind, üben ihr Amt hauptberuflich aus und haben Aussicht auf eine Laufbahn mit Beförderungen.

Weber bezeichnete die bürokratische Verwaltung als »Herrschaft kraft Wissen«, was ihr einen rationalen Charakter verleiht. An die Stelle subjektiver Einschätzungen rückt die sachliche Beurteilung nach vorgegebenen Kriterien. Ob man ein Haus bauen darf, wird nicht mehr danach entschieden, ob dem zuständigen Beamten die eigene Nase passt. Man plant entsprechend den Vorgaben der Landesbauordnung und der technischen Regeln, auf die sie verweist, und reicht bei der zuständigen Behörde einen Antrag auf Baugenehmigung ein, über den nach vorgegebenen sachlichen Kriterien entschieden wird. Gegen einen abschlägigen Bescheid kann man Einspruch einlegen und, falls dieser keinen Erfolg hat, beim Verwaltungsgericht klagen und gegebenfalls auch noch in Berufung gehen.

Aus der Sicht der Bürgerinnen und Bürger stellte die Bürokratie, die diesen Prinzipien folgte, einen gewaltigen Fortschritt gegenüber der Willkür der Vögte und Schultheiße dar. Man war zwar Regeln unterworfen, die vielleicht umfassender, mitunter strenger als früher, aber bekannt waren. Wenn man sich an diese hielt, hatte man nichts zu befürchten. Meinte man, dennoch ungerecht behandelt zu werden, konnte man Einspruch oder Beschwerde einlegen. Die Aktenmäßigkeit half dabei, die eigenen Rechte einzuklagen.

Bei Weber findet sich zwar die Alimentierung der Beamten, nicht jedoch deren Unkündbarkeit. Die Unkündbarkeit der staatlichen Beamten ist aber aus drei Gründen unverzichtbar: Erstens stellt die Unkündbarkeit einen Wert dar, der Abstriche beim Gehalt, bei den Arbeitsbedingungen und bei den Amtspflichten kompensiert. Wenn die Besoldung nicht mit den Verdienstmöglichkeiten in der Wirtschaft mithalten kann, muss die Sicherheit des Arbeitsverhältnisses mitunter den Ausschlag geben. Zweitens ist die Unkündbarkeit der Ausgleich für die Loyalitätspflicht gegenüber dem Dienstherrn. Loyalität ist stets reziprok. Drittens, und das ist aus demokratietheoretischer

Sicht der wichtigste Grund, sichert die Unkündbarkeit die Unabhängigkeit des Beamten. Das wirksamste Instrument, einen Beamten zu einer bestimmten Handlung zu zwingen, ist die Drohung, ihn zu entlassen. Ein Beamter, der nicht entlassen werden kann, kann illegitimem Druck viel besser widerstehen.

Der Preis des Berufsbeamtentums ist bekannt: Wenn Beamte sich ihrer Rechte, ihrer Alimentierung und ihrer Pension sicher sind, sinken die Möglichkeiten, sie unter Druck zu setzen. Das gilt für illegitimen genauso wie für legitimen Druck, der nötig werden kann, um ihre Leistungsbereitschaft zu steigern. Einen Beamten, der zwar korrekt, aber langsam arbeitet, kann man nur schlecht zwingen, seine Leistung zu steigern, denn das äußerste Mittel, die Entlassung, scheidet aus, wenn er sich keines gravierenden Fehlverhaltens (z. B. unerlaubte Abwesenheit vom Dienst) schuldig macht. Das ist die Quelle unzähliger Beamtenwitze. Aber die Witze stellen auch nur die halbe Wahrheit dar: Das Beamtenrecht verhindert zwar die ultimative Abstrafung, enthält aber durchaus Motivations- und Sanktionsmöglichkeiten, beispielsweise die Versetzung als Sanktionsmöglichkeit oder Zulagen und Beförderungen als Motivationsinstrumente – wenngleich hier noch deutlich Luft nach oben gegeben ist.

Der Preis der Bürokratie ist ebenfalls bekannt: Unübersichtliche Zuständigkeiten (eine direkte Folge der Arbeitsteilung), komplizierte Anträge (eine direkte Folge der detaillierten Regeln), hohe Anforderungen an formale Korrektheit (eine Folge der Aktenmäßigkeit), langwierige Verfahren (der Preis der Sorgfalt), mangelnde Berücksichtigung persönlicher Umstände und Notlagen (eine Folge der Sachlichkeit).

Warum ist das Berufsbeamtentum für die Demokratie so wichtig? – Weil das Berufsbeamtentum zur Gewaltenteilung beiträgt. Autokraten sind meist bemüht, den Verwaltungsapparat unter ihre Kontrolle zu bringen, für die Stabilisierung ihrer eigenen Macht und für die Ausschaltung von Kritikern und Oppositionellen zu missbrauchen. Wenn es kein Berufsbeamtentum gibt, ist es leicht, die Beamten durch Androhung ihrer Entlassung – im Extremfall ohne Pensionsanspruch – gefügig zu machen und/oder widerständige Beamte durch eigene Anhänger auszutauschen (beides hat der türkische Staatspräsident Erdoğan getan).

Berufsbeamte, die unkündbar und unabhängig sind, können politischem Druck besser widerstehen. Sie sind gemäß Max Webers Bürokratiemodell der Rechtsordnung und den darin niedergelegten Regeln verpflichtet, und die einzige Gefahr für ihren Status resultiert aus der Verletzung dieser Regeln.

Ein Berufsbeamter wird eher politischen Druck ertragen als sich einer Regelverletzung schuldig zu machen. Dazu zwei Beispiele.

Im ersten Beispiel wird einem Bürger durch eine kommunale Behörde aus guten Gründen eine Genehmigung versagt. Der Antragsteller wendet sich erbost direkt an den Ministerpräsidenten, der, um sich für den nächsten Wahlkampf als bürgernah zu profilieren, einen Mitarbeiter beauftragt, den Kommunalbeamten zum Überdenken seiner Entscheidung zu veranlassen: »Der Ministerpräsident wünscht aber persönlich, dass Sie Ihren Ermessensspielraum in diesem Fall zugunsten des Antragstellers auslegen!« Der Kommunalbeamte, der an Recht und Gesetz gebunden ist und der im Rahmen der kommunalen Selbstverwaltung nicht den Weisungen der Landesregierung unterliegt, antwortet auf das unsittliche Begehren mit den Worten: »Dann mache ich es erst recht nicht!«

Dieser Beamte ist das Musterbeispiel eines aufrechten Demokraten. Er hat sich politischem Druck widersetzt, rational und verantwortungsvoll gehandelt und im Sinne des Berufsbeamtentums die Öffentlichkeit vor der persönlichen Willkür eines Politikers geschützt.

Dass diese Beamtenlogik weder weit hergeholt noch trivial ist, zeigt das zweite Beispiel. Am 24. Juli 2010 fand in Duisburg die Loveparade statt. Sie wurde auf einem Gelände ausgerichtet, das offenkundig nicht geeignet war, um einen sicheren Zustrom und Abfluss der erwartbaren Besuchermassen zu gewährleisten. Es kam zu einem Unglücksfall, der 21 Todesopfer und 652 Verletzte forderte. Die Katastrophe war absehbar gewesen. Warum hat man dennoch ein ungeeignetes Gelände ausgewählt?

Es war ein enormer politischer Druck ausgeübt worden, die Loveparade im Jahr 2010 aus Gründen politischen Imagegewinns im Ruhrgebiet stattfinden zu lassen. Auch der Duisburger Oberbürgermeister, der später die moralische (nicht: rechtliche) Verantwortung für den Unglücksfall übernehmen sollte, übte gewaltigen Druck aus, trotz der frühzeitig geäußerten Sicherheitsbedenken aus seiner eigenen Stadtverwaltung. In einer Sitzung lehnte der Baudezernent die Zuständigkeit und die Verantwortung für die Planung ab. Daraufhin erklärte der Ordnungsdezernent, »dass der OB die Veranstaltung wünsche und dass daher hierfür eine Lösung gefunden werden müsse. Die Anforderungen der Bauordnung, dass der Veranstalter ein taugliches Konzept vorlegen müsse, ließ er nicht gelten.« Stattdessen forderte der Dezernent das Bauordnungsamt, das nur eine Kontrollfunktion hat, auf, »an dem Rettungswegekonzept konstruktiv mitzuarbeiten« (WDR vom 27.7.2010). Im Klartext: Der Dezernent, als politischer Beamter, hat im

Auftrag des Oberbürgermeisters die ausführende Verwaltung zum Rechtsbruch aufgefordert.

Die Verwaltung gab dem politischen Druck nach und genehmigte schließlich die Veranstaltung mit den katastrophalen Folgen. Im Nachgang wurden u. a. sechs Angehörige der Stadtverwaltung wegen fahrlässiger Tötung angeklagt, darunter auch die Leiterin des Bauamts, die massive Bedenken gegen die Veranstaltung hatte, sich aber dem politischen Druck beugte. Der Ordnungsdezernent und der Oberbürgermeister, die den Druck ausgeübt hatten, landeten nicht auf der Anklagebank, weil sie mit dem Genehmigungsverfahren nicht direkt befasst waren.

Das Gerichtsverfahren wurde zwar eingestellt, weil die Schuld der einzelnen Angeklagten gering war, allerdings werden tausende von Beamten das Verfahren beobachtet und daraus die Lehre gezogen haben, sich in Zukunft nicht von politischem Druck beirren zu lassen, sondern nach Recht und Gesetz zu handeln. Ein Jahr vor dem Unglück hatte das bereits der Bochumer Polizeipräsident erkannt, als er die Oberbürgermeisterin überzeugen konnte, die in Bochum geplante Loveparade aufgrund ähnlicher Sicherheitsbedenken abzusagen: »Was denken sich eigentlich Politiker und Journalisten, die die Metropole Ruhr als Monstranz ihrer Popularität vor sich hertragen, wenn es um die Verantwortung derer geht, die als Amtsträger für die Folgen ihres Handelns persönlich haften? Die mit ihrem Tun die öffentliche Sicherheit zu gewährleisten haben?« (Wenner 2009). Es ist auch das oft geschmähte Berufsbeamtentum, das uns gegen Machtmissbrauch von gewählten Politiker:innen schützt.

3.7 Lobbyismus oder Pluralismus? Organisierte Interessen als Medium der Interessenvertretung

Das L-Wort ist ein Dauerbrenner in den deutschen Medien. »Lobbyismus«, »Lobbygruppe« oder, die für die Kennerschaft so typische saloppe Abkürzung »Lobby«, sind Wörter, die der deutsche Journalismus stets mit dem Ausdruck des Abscheus verwendet. Was als kritisch für die Demokratie gesehen wird, sind Versuche organisierter Interessen, Einfluss auf politische Prozesse zu nehmen. Dass das Lobbying kritisch gesehen wird, ist in mehrfacher Hinsicht überraschend.

Beginnen wir mit der Herkunft des Wortes »Lobby«. Lobbies sind die Vorhallen vor den Sitzungsräumen im Britischen Parlamentsgebäude, wo man früher Abgeordnete vor und nach den Sitzungen treffen konnte. Diejenigen, die Zugang zu den Lobbies fanden, bezeichnete man schon 1777 als »Lobby-Members«. Rasch wurde der Ort des Geschehens zum Synonym sowohl für die Tätigkeit, die dort stattfand, nämlich den Versuch der Einflussnahme auf Abgeordnete, als auch für die Gruppen, die sich dort herumtrieben. Heute sind die Vorhallen der Parlamentsgebäude nicht mehr die einzigen Orte, um Abgeordnete zu treffen, auch wenn beispielsweise der Deutsche Bundestag oder das Europäische Parlament immer noch Hausausweise ausstellen, die Interessenvertretern ständigen Zugang zum jeweiligen Parlamentsgebäude gewähren. Darüber hinaus kann man Abgeordnete während ihrer Bürgersprechstunden in ihren Wahlkreisbüros aufsuchen, sie auf Fachveranstaltungen treffen oder zu solchen Veranstaltungen einladen, mit ihnen telefonieren, Videokonferenzen durchführen, ihnen schreiben und ihnen Informationsmaterial zukommen lassen.

Das Parlament des Vereinigten Königreichs hat sogar eine Website, auf der eine Anleitung »How do I lobby my MP or a member of the Lords?« zu finden ist, beispielsweise durch Senden von Briefen oder e-Mails, durch Einbringen einer Petition oder Umfrage, durch Bereitstellung von Informationen oder Forschungsergebnissen oder durch Einladung des oder der Abgeordneten zu einem Treffen oder einer Veranstaltung. Es gibt Hinweise, wie man Massen-Lobbys mit einer großen Zahl von Teilnehmer:innen organisieren kann. Aus Sicht des wohl ältesten Parlaments der Welt ist das Lobbying also ein ausdrücklich erwünschtes Element der Interessenartikulation der Bürgerschaft gegenüber den politisch Verantwortlichen. Lobbying ist, neben den Wahlen, ein weiterer Kanal, durch den Informationen und Interessen aus der Gesellschaft in den politischen Prozess eingespeist werden. Das ist zunächst einmal positiv zu sehen.

Dass es weniger Einzelpersonen, sondern Gruppen – mithin als organisierte Interessen – sind, die Lobbying betreiben, steigert das Gewicht und damit die Legitimität dieser Einflussnahmen. Dass Lobbying durch Interessengruppen verwerflich sein sollte, ist ebenfalls nicht nachvollziehbar. Gerade die Deutschen sind ein Volk von Vereinsmitgliedern. Im Jahr 2021 gab es in Deutschland 620 000 eingetragene Vereine mit 50 Millionen Mitgliedern – beides mit langfristig steigender Tendenz. Hinzu kommen die Religionsgemeinschaften, die zusätzlich rund 50 Millionen Mitglieder haben. Es gibt Sportvereine, Autofahrervereine, Radfahrervereine, Wohlfahrtsorganisationen, Gewerkschaften, Wirtschaftsverbände, Verbraucherverbände,

Umweltgruppen, Selbsthilfegruppen, Hobbyvereine, Berufsverbände und vieles mehr. Die Mitglieder eines Vereins teilen in aller Regel ein gemeinsames Interesse, und es ist natürlich, dass man dieses Interesse gegenüber dem politischen System artikuliert. Und diese Interessenartikulation ist viel spezifischer als beim Wählen einer Partei, wo man ja nur eine grobe politische Richtung zum Ausdruck bringt.

Organisierte Interessen sind Vereinigungen von natürlichen Personen oder Körperschaften mit gleichen Interessen. Sie sammeln in der Regel finanzielle Mittel durch Mitgliedsbeiträge, Spenden, öffentliche Fördermittel oder auch wirtschaftlichen Geschäftsbetrieb. Sie bieten ihren Mitgliedern bestimmte Dienstleistungen. Gemeinnützige Organisationen erbringen aber auch Dienstleistungen für die Allgemeinheit (gemeinnützige Zwecke). Sie erfüllen mitunter staatliche oder kommunale Aufgaben (beispielsweise Wohlfahrtsverbände). Manche Organisationen stellen Regelwerke auf (berufsständische Verbände für die Berufsausübung, Berufsgenossenschaften Unfallverhütungsvorschriften, technische Verbände technische Regeln und Normen). Sie betreiben Öffentlichkeitsarbeit und vertreten die Interessen ihrer Mitglieder im politischen System.

Wodurch hat das Lobbying seinen schlechten Ruf erworben? – Zum einen liegt das daran, dass insbesondere in großen Teilen des Journalismus zwischen »guten« und »bösen« Interessengruppen differenziert wird. Die bösen werden als »Lobbys« gebrandmarkt, die guten dagegen als »NGOs« (*non-governmental organisations*) gefeiert. Die moralische Bewertung der Interessen wird meist daran festgemacht, inwieweit ein Interesse das Gemeinwohl verfolgt oder ein egoistisches Motiv, insbesondere das Gewinnstreben von Unternehmenseignern. Aus demokratietheoretischer Sicht sind allerdings all diese Interessen partikular und einseitig, weil jeder Interessenverband dazu neigt, das von ihm vertretene Interesse über alle anderen Interessen zu stellen.

Die Theorie des Pluralismus geht davon aus, dass jedes organisierte Interesse eine bestimmte Richtung und eine bestimmte Stärke hat. Manche Interessen sind bei bestimmten Fragen direkt gegeneinander gerichtet, beispielsweise die Interessen der Verbände der Wohnungswirtschaft und des Mieterbundes, wenn es um das Mietrecht geht. In anderen Fragen können aber diese Interessen auch gleichgerichtet sein, beispielsweise, wenn es um die Förderung des sozialen Wohnungsbaus geht. Treffen nun diese teilweise widerstreitenden, teilweise konformen Interessen in einer politischen Arena aufeinander, dann ergibt sich das Gemeinwohl – wie in einem Kräfteparallelogramm –

als Resultante dieser divergierenden Einzelinteressen. Die Organisation spezifischer gesellschaftlicher Interessen in Verbänden, die funktionale Repräsentation dieser Interessen in den Interessengruppen und die Artikulation dieser Interessen gegenüber dem politischen System ist in der Theorie des Pluralismus also ein Beitrag zur Produktion des Gemeinwohls.

Die Theorie des Pluralismus setzt allerdings voraus, dass alle gesellschaftlichen Interessen über die gleichen Chancen verfügen, sich (a) überhaupt zu organisieren und (b) Druck auf politische Entscheidungsprozesse auszuüben. Der politische Soziologe Claus Offe (1969) hatte jedoch darauf hingewiesen, dass gesellschaftliche Interessen in unterschiedlichem Maße organisations- und konfliktfähig sind. So sind insbesondere die Interessen, die von sehr vielen Bürgerinnen und Bürgern geteilt werden, meist wegen des »Trittbrettfahrerproblems« kaum organisationsfähig: Warum sollte ich Mitglied eines Verbraucherverbands werden und die entsprechenden Beiträge bezahlen, wenn dieser Verband über seine Lobbyarbeit ohnehin politische Erfolge erzielt, die auch Nichtmitgliedern zugutekommen? Nach dieser Logik müsste auch das Interesse am Umweltschutz unter geringer Organisationsfähigkeit leiden. Konfliktfähig sind Interessen, wenn sie in der Lage sind, der Gesellschaft wichtige Ressourcen zu entziehen. Die Gewerkschaften sind konfliktfähig, weil sie Streiks organisieren können. Die Wirtschaftsverbände sind konfliktfähig, weil sich ihre Mitglieder mit Investitionen zurückhalten oder ins Ausland abwandern könnten. Mit welchem Ressourcenentzug könnte dagegen ein Verband psychisch erkrankter Menschen drohen?

Die Politikwissenschaftler Joshua Cohen und Joel Rogers (1995) haben deshalb das pluralistische Konzept zu dem erweitert, was sie »assoziative Demokratie« nennen. Danach soll der Staat nicht nur passiv die Versuche der Artikulation organisierter Interessen entgegennehmen, sondern er soll aktiv in die Gesellschaft eingreifen, um die weniger organisations- und konfliktfähigen Interessen durch Organisations- und Finanzhilfen zu unterstützen. Dies ist spätestens seit den frühen 1960er-Jahren in Deutschland gängige Praxis. Zur Artikulation der besonders schwer organisierbaren Verbraucherinteressen tragen sowohl die Verbraucherzentralen als auch die Stiftung Warentest bei, die aus öffentlichen Mitteln finanziert werden. Diese Einrichtungen sollen die Verbraucher:innen nicht nur mit Informationen und Dienstleistungen versorgen, sondern auch die Verbraucherinteressen gegenüber dem politischen Prozess artikulieren. Dafür werden sie auch mit besonderen Beteiligungsrechten versehen. Auch Umweltverbände und Sozialverbände erhalten öffentliche

Finanzmittel, teilweise durch Förderung von Projekten, teilweise direkt durch institutionelle Förderung.

Es gibt Beispiele dafür, dass vom Staat sogar die Initiative zur Gründung von Interessenverbänden ausging, um sich Ansprechpartner zu schaffen. So hat der damalige Bundesinnenminister im Jahr 2006 die Deutsche Islamkonferenz ins Leben gerufen, weil es keine umfassende Interessenvertretung der verschiedenen muslimischen Gruppen gegeben hatte. Der Staat brauchte aber einen Ansprechpartner, um mit diesem bestimmte die Muslime betreffende politische Maßnahmen (u. a. interreligiöser Dialog, Ausbildung von Imamen, islamische Theologie an Universitäten, integrative Moscheen) zu vereinbaren und die Legitimation dieser Maßnahmen in der Adressatengruppe sicherzustellen. Der Staat ist nicht nur passive »Zielscheibe« von *pressure groups*, sondern er bedient sich aktiv organisierter Interessen, um Politik sachgerechter zu gestalten und Legitimation zu erzeugen.

Das gilt umso mehr, als der Staat nicht homogen ist. So spricht § 1 Abs. 7 *Baugesetzbuch* von »öffentlichen Belangen« im Plural, die nicht nur gegenüber den privaten Belangen, sondern auch untereinander abzuwägen sind. Zuvor werden Dutzende öffentlicher Belange aufgelistet, die potenziell miteinander konfligieren. In unserem staatlichen System werden die unterschiedlichen öffentlichen Interessen durch die verschiedenen Ressorts und Behörden repräsentiert, die dann in Planungs- oder Gesetzgebungsvorhaben durchaus widerstreitende Anforderungen einbringen. Ähnliches gilt für die parlamentarische Ebene, wo es auch innerhalb einer Partei unterschiedliche Fachpolitiker:innen gibt, die sich in Fachgruppen und Fachausschüssen organisieren, manchmal sogar parteiübergreifend. In der Fach- und Ressortkonkurrenz kann es durchaus dazu kommen, dass einzelne Fachpolitiker:innen und Behörden, bisweilen auch einzelne Ministerialabteilungen oder bloße Fachreferate, fachliche und politische Unterstützung aus dem Kreis der organisierten Interessen suchen. Das kann so weit gehen, dass Fachbeamte und Fachpolitiker selbst an der Gründung von Interessenverbänden mitwirken, um politische Unterstützung gegen die Spitze des zuständigen Ministeriums zu mobilisieren – die Gründung eines Interessenverbands als Instrument staatlicher Politik ist geradezu umgekehrter Lobbyismus (Eichener/Schmid 1992).

Der Staat muss gesellschaftliche Interessen mit geringer Organisations- und Konfliktfähigkeit aber nicht unbedingt selbst gründen und fördern. Das Trittbrettfahrerproblem kann auch anders gelöst werden:

- Der soziale Austausch innerhalb einer Organisation macht die Mitgliedschaft attraktiv.
- Interessenverbände machen eine Mitgliedschaft attraktiv, indem sie ihren Mitgliedern exklusive Serviceleistungen bieten (z. B. Pannenhilfe des ADAC, Rechtsberatung der Mietervereine, Streikgeld der Gewerkschaften).
- Es gibt eine emotionale oder moralische Motivation, sich in einer Interessenorganisation zu engagieren (z. B. bei Umwelt- und Sozialverbänden).
- Es finden sich »Anwälte« (z. B. aus der Wissenschaft), die kaum organisationsfähige Interessen vertreten (z. B. von Kindern).
- Es wird finanzielle Unterstützung durch Stiftungen, Lotterien oder Gerichtskassen geleistet (z. B. Lebenshilfe, Aktion Mensch).

So zeugen zahlreiche mitglieder- und finanzstarke und äußerst aktionsfähige Umweltverbände davon, dass sich das Interesse am Umweltschutz sehr wohl gut organisieren lässt, obwohl die Umwelt ein öffentliches Gut darstellt. Offensichtlich unterschätzen Theorien, die den Menschen als rationales, ökonomisch kalkulierendes Wesen sehen, die Kraft von Werten und Engagement. Konfliktfähigkeit ist in der Regel eine Konsequenz der Organisationsfähigkeit. Um Einfluss auf Politik zu nehmen, muss ein Verband nicht in der Lage sein, »harte« Ressourcen zu entziehen – wie es gewerkschaftlich organisierte Arbeitnehmer:innen durch Streiks, Verbraucher- oder Umweltverbände durch Boykotts tun können (die zwar selten, dann aber durchaus effektiv durchgeführt werden) oder wie es Wirtschaftsverbände durch Verlagerung von Produktionsstandorten können. Konfliktfähig ist man auch, wenn man die »weiche« Ressource Legitimation entzieht oder gewährt. In einer parlamentarischen Demokratie, in der es bei Wahlen auf jeden Prozentpunkt ankommt und in der manchmal wenige Wählerstimmen entscheidend für den Wahlausgang sein können, kann auch Öffentlichkeitsarbeit politisch effektiv sein.

Lobbying, also die Einflussnahme auf Parlamente und Behörden, kann verschiedene Formen annehmen. Klassisch sind Maßnahmen der Öffentlichkeitsarbeit, von Medienpräsenz über Bereitstellung von Information und Studien bis hin zu Demonstrationen. Wirkungsvoller sind personelle Verflechtungen mit Akteuren in Politik und Wirtschaft. In den Kurzbiografien der allermeisten Bundestagsabgeordneten (auf der Website des Deutschen Bundestags und auf ihren Homepages) finden sich Informationen über Mitgliedschaften und Ehrenämter in den verschiedensten Interessengruppen. Wenn dies transparent gemacht wird, ist daran nichts Ehrenrühriges. Es gehört zu einer politischen Gesamtpersönlichkeit, nicht nur einer Partei anzugehören, sondern sich auch in Interessenorganisationen zu engagieren. Wählerinnen und Wähler können solche Engagements leicht herausfinden, wenn sie nicht ohnehin offen kommuniziert werden. Und sie können diese interessenpolitischen Verflechtungen bei ihren Wahlentscheidungen berücksichtigen.

In Gesetzgebungsverfahren werden organisierte Interessen systematisch eingebunden. Wenn ein Ministerium einen sogenannten Referentenentwurf vorbereitet, lädt es häufig Interessengruppen ein, schriftliche und mündliche Stellungnahmen abzugeben. Besonders intensiv praktiziert dies auch die Europäische Kommission, die häufig sogenannte »Grünbücher« publiziert, also Diskussionspapiere, die das Ziel haben, eine öffentliche, fachliche und wissenschaftliche Diskussion herbeizuführen. Organisierte Interessen werden ausdrücklich zu Stellungnahmen aufgefordert, die dann anschließend in einem »Weißbuch« zusammengefasst werden, bevor das eigentliche legislative Verfahren beginnt.

Der Deutsche Bundestag und die Landtage betrauen nach der ersten Lesung eines Gesetzentwurfs in der Regel den zuständigen Fachausschuss, der häufig eine Sachverständigenanhörung durchführt, bei der Sachverständige aus der Wissenschaft, aus Behörden und aus Interessenorganisationen schriftliche und mündliche Stellungnahmen zum Gesetzentwurf abgeben. Diese Sachverständigenanhörungen wie auch die eingereichten Stellungnahmen und die Protokolle der mündlichen Statements und Befragungen sind grundsätzlich öffentlich und können auf den Websites des Bundestags und der Landtage eingesehen werden. Bei besonders relevanten Themen berichten auch Medien über diese Sachverständigenanhörungen. Die Sachverständigen werden von den verschiedenen Fraktionen nominiert, sodass eine Vielfalt und Ausgewogenheit der Interessenstandpunkte gewährleistet wird.

Solche Anhörungen sind institutionalisierte und transparente Formen des Lobbying. Was immer wieder Kritik hervorruft, sind Kontakte und Einflussnahmen, die sich hinter den Kulissen abspielen. Selbstverständlich steht es allen Abgeordneten frei, beliebig viele Gespräche mit beliebigen Partnern zu führen; wenn aber alle Bundestagsfraktionen in großer Zahl Hausausweise ausstellen, die es Lobbyisten ermöglichen, praktisch täglich ohne Formalitäten das Abgeordnetenhaus zu betreten, erweckt das den Verdacht einer möglicherweise hohen Intensität von Einflussnahmen, die eine öffentliche Kontrolle sinnvoll erscheinen lässt.

Eine gewisse Transparenz können Lobby- oder Transparenzregister schaffen, wie sie in zahlreichen Ländern sowie bei der Europäischen Union z. T. schon seit Jahren üblich sind. In Deutschland haben einige Lobbyismus-Skandale dazu geführt, dass erst zum 1.1.2022 ein Lobbyregister für den Deutschen Bundestag eingeführt worden ist, das zudem im internationalen Vergleich relativ schwache Regelungen enthält. Die wesentliche Anforderung ist, dass sich Lobbyisten in dem Register identifizieren müssen und dass sie Auftraggeber, Politikbereiche und die Finanzierung offenlegen müssen – dies ist besonders wichtig bei Einzelpersonen, Anwaltskanzleien oder ähnlichen Akteuren, bei denen nicht auf Anhieb zu erkennen ist, in wessen Auftrag sie Lobbyarbeit betreiben. Deshalb sind Nachbesserungen in der Diskussion. Insbesondere wird eine höhere Informationstiefe (insbesondere im Hinblick auf finanzielle Fragen) gefordert, eine Einbeziehung des Lobbyings bei den Fachreferaten der Ministerien, eine Dokumentation der Kontakte sowie das Anlegen einer »Lobby-Fußspur«, d. h. einer Dokumentation sämtlicher Einflussnahmen auf Gesetzentwürfe, insbesondere bei den Ministerien, die Gesetzentwürfe vorbereiten.

Einen weiteren kritischen Punkt stellen Nebentätigkeiten von Abgeordneten dar, wenn diese persönlich davon profitieren, dass sie durch ihre politische Tätigkeit ihrem Auftraggeber einen Vorteil verschaffen. Auch hier sind wirksame Transparenzregeln erforderlich, um auch nur den Anschein von Korruption auszuschließen. Immer wieder problematisiert wird auch das Auftreten ehemaliger Amtsträger:innen als Lobbyisten. Das prominenteste Beispiel ist der ehemalige Bundeskanzler Gerhard Schröder, der sich nach dem Ausscheiden aus dem Amt noch fast zwei Jahrzehnte lang mit großer Intensität als Lobbyist für russische Gaslieferanten und den russischen Staatspräsidenten betätigte – und dies auch noch mithilfe eines großzügigen Büros, das aus Steuermitteln finanziert wurde. Der im Lobbying äußerst aktive Verband der Automobilindustrie heuerte eine ehemalige Staatsministerin im Bundeskanzleramt und Vertraute der Bundeskanzlerin als Präsidentin an, um deren politische und persönliche Netzwerke für Einflussnahmen auf politische Prozesse zu nutzen. Auch der ehemalige Bundeswirtschaftsminister, Außenminister und Vizekanzler Sigmar Gabriel nahm nach Ablauf der 18-monatigen Karenzzeit zahlreiche Lobbyingmandate in Wirtschaftsunternehmen an, was ihm den Vorwurf einbrachte, er habe bereits während seiner Amtszeit als Minister einem Unternehmen im Vertrauen auf spätere Belohnungen unberechtigte Vorteile eingeräumt. Das Bundeskartellamt entlastete den ehemaligen Minister, der sich bitter über die gegen ihn erhobenen Vorwürfe mit dem Argument beklagte, dass er die Regeln befolgt habe, die eigentlich dazu gedacht sind, Korruption zu verhindern, aber auch Rechtssicherheit zu schaffen und Politiker im Ruhestand vor genau solchen Vorwürfen zu schützen, mit denen man ihn überzogen hat: »Wozu machen wir eine Cooling-down-Phase, in der man als Ex-Politiker nichts machen darf, wenn man danach noch so behandelt wird, als sei man im Amt?« (Gabriel 2020)

Dass manche Interessenverbände und Einzelunternehmen sich Ex-Politiker:innen einkaufen, um deren Kontakte für Lobbying zu nutzen, ist erstens problematisch, weil das Gewicht der eingekauften Ex-Politiker:innen und damit die Qualität der Kontaktnetzwerke auch von der Höhe der Honorare, die man dafür zahlen kann, abhängt. Und zweitens besteht die Gefahr, dass Amtsträger:innen bestimmten Unternehmen oder Verbänden bereits während ihrer Amtszeit Vorteile gewähren, weil sie nach ihrem Ausscheiden aus dem politischen Leben dafür entschädigt werden. Die 18-monatige Karenzzeit kann diese Art von politischer Korruption nur bedingt verhindern, weil die Beziehungen zwischen Politiker:innen und bestimmten Interessengruppen häufig sehr langfristiger Natur sind. Eine Lösung könnte darin bestehen, die Nebentätigkeitsvorschriften – auch für ehemaliger Politiker:innen, die Ruhegehälter beziehen – zu verschärfen und im Gegenzug die Bezüge aus öffentlichen Kassen zu verbessern, damit das politische Amt aus sich heraus attraktiv ist und seine Attraktivität nicht aus den Einnahmemöglichkeiten als späterer Lobbyist erwächst. Anhebungen von Politikergehältern sind allerdings extrem unpopulär, obgleich man sich fragen muss, ob es verhältnismäßig ist, wenn die Einkünfte eines oder einer Bundeskanzler:in den Bruchteil der Vergütung eines Sparkassenvorstands betragen.

Das Lobbying stellt also einerseits einen zusätzlichen Kanal für die Artikulation von Interessen aus der Bürgerschaft dar und steigert somit die demokratische Legitimation politischer Entscheidungen, wenn der Staat im Zuge einer »assoziativen Demokratie« für annähernd gleiche Organisations- und Einflussnahmechancen sorgt. Andererseits neigt das Lobbying aber auch dazu, Graubereiche zu entwickeln, in denen illegitime Einflussnahmen vorkommen. Die demokratietheoretische Lösung lautet, das Lobbying nicht als einen potenziell illegitimen Nebenweg des politischen Meinungsbildungs- und Entscheidungsprozesses aufzufassen, sondern es im Gegenteil anzuerkennen und durch die Schaffung von Arenen funktionaler Repräsentation und Transparenzregeln zu institutionalisieren. Die internationale Entwicklung in den westlichen Demokratien bewegt sich schon seit Längerem in diese Richtung, und die Bundesrepublik Deutschland folgt auf diesem Weg, wenngleich, wie so oft, mit kleineren und langsameren Schritten.

Dabei hat die Integration organisierter Interessen in Deutschland eine besondere, beinahe jahrtausendealte Tradition. Schon im Mittelalter haben Korporationen von Gewerbetreibenden wie Zünfte oder Gilden zahlreiche selbstregulative Aufgaben übernommen, die gewerbepolizeilicher, sozialer und kultureller Natur waren. Diese korporatistische Selbstregulierung stellte ein wichtiges Element der demokratischen Emanzipation der städtischen Bürgerschaft von der Adels-, Kirchen- und Klosterherrschaft dar.

Gewisse Elemente dieses klassischen Korporatismus leben noch heute fort, in Form von Handwerksinnungen und -kammern, also berufsständischen Körperschaften. Insbesondere die Kammern regeln heute noch umfangreiche Angelegenheiten des Berufs- und Gewerberechts, der Berufsausbildung, der Qualitätskontrolle, der Berufsethik und anderer Fragen in Eigenverantwortung, auch wenn dies unter dem Schirm einer staatlichen Aufsicht erfolgt.

Das Modell der korporatistischen Selbstregulierung hat sich so sehr bewährt, dass es auf zahlreichen weiteren Feldern übernommen wurde, was in der Politikwissenschaft heute als »Neokorporatismus« bezeichnet wird. Typisch für neokorporatistische Selbstregulierung ist, dass der Staat lediglich einen formalen Rahmen bereitstellt, innerhalb dessen die materielle Ausgestaltung durch organisierte Interessen erfolgt.

Ein ganz wesentlicher Bereich der Selbstregulierung ist die Tarifautonomie, d. h. die Aushandlung von Tarifen und Arbeitsbedingungen durch die Arbeitgeberverbände und die Gewerkschaften. Auch der gesetzliche Mindestlohn wird durch eine Kommission festgelegt, die von den Sozialpartnern paritätisch besetzt wird. Ähnliche neokorporatistische Aushandlungsprozesse gibt es im Gesundheitswesen. Mietspiegel werden zwar von den Kommunen veröffentlicht, im Wesentlichen aber von Verbänden der Mieter und Vermieter ausgehandelt.

So wichtige Regelungsbereiche wie technische Sicherheit, Arbeitsschutz, Verbraucherschutz oder Umweltschutz werden im Wesentlichen durch korporatistische Selbstregulierung gesteuert, sowohl in der Bundesrepublik Deutschland als auch auf der Ebene der Europäischen Union (Eichener 2000). Typischerweise beschränken sich staatliche Gesetze auf die Verwendung unbestimmter Rechtsbegriffe wie »Stand der Technik«, »Regeln der Technik« oder »anerkannte Regeln« der Technik, die auf technische Regeln verweisen, die von organisierten Interessen aufgestellt werden – deutschen, europäischen und internationalen Normungsorganisationen (wie DIN, CEN/CENELEC, ISO), berufsständischen Vereinigungen (wie dem Verein Deutscher Ingenieure) oder auch den Berufsgenossenschaften, also den von den Sozialpartnern getragenen Unfallversicherungsträgern. So heißt es beispielsweise in den Bauordnungen der meisten Bundesländer: »Anlagen sind so anzuordnen, zu errichten, zu ändern und instand zu halten, dass die öffentliche Sicherheit und Ordnung, insbesondere Leben, Gesundheit und die natürlichen Lebensgrundlagen, nicht gefährdet werden [...] Die der Wahrung der Belange [...] dienenden allgemein anerkannten Regeln der Technik sind zu beachten.« (hier: § 3 *Bauordnung NRW*) Dieser lapidare Satz verweist auf ein Regelwerk, das zehntausende Druckseiten von DIN-Normen und technischen Regeln umfasst.

Wohin es führen kann, wenn der Staat selbst versucht, komplexe technische Angelegenheiten selbst zu regeln, hatte die Europäischen Union im Jahr 1977 mit der 77 Druckseiten langen *Richtlinie zur Angleichung der Rechtsvorschriften der Mitgliedstaaten über Umsturzschutzvorrichtungen für land- und forstwirtschaftliche Zugmaschinen auf Rädern* demonstriert, die technische Details wie »Rundlitzenseile mit Hanfseele, Bauart 6 X 19 mit 13 mm Durchmesser« beschrieb. Diese Richtlinie galt nicht nur lange Jahre als Musterbeispiel für die ausufernde Brüsseler Regelungsbürokratie, sondern steht auch für eine scheindemokratische Legitimation, denn die demokratischen Organe, die solche Machwerke verabschieden, sind überhaupt nicht in der Lage, diese zu beurteilen. Auch der Bürokratie, die solche Gesetzentwürfe ausarbeitet, fehlt es an technischer Kompetenz und Personal, sodass sich hier Einfallstore für intransparentes Lobbying ergeben. Prinzipiell unbefristete gesetzliche Regelungen hinken schon bald hinter der technischen Entwicklung her und entsprechen meist schon zum Zeitpunkt ihrer Kodifizierung nicht mehr dem Stand der Technik. Die Europäische Union ist deshalb bald danach dem deutschen Vorbild gefolgt, sich auf die Verwendung unbestimmter Rechtsbegriffe zu beschränken und die Ausgestaltung der technischen Details den Normungsverbänden zu überlassen.

Damit werden materielle – und mitunter bedeutende – politische Entscheidungen, von denen Menschenleben oder Umweltstandards abhängen, in Normenausschüsse verlagert. Wie steht es um die demokratische Legitimation dieser Normenausschüsse? Normenausschüsse werden besetzt mit Expert:innen, die von den »interessierten Kreisen« entsandt werden. Unter diesen dominieren typischerweise die Technikhersteller, aber sind in der Regel auch einschlägige Forschungseinrichtungen, Umweltinteressen, Verbraucherinteressen (dafür ist eigens der staatlich finanzierte Verbraucherrat im DIN eingerichtet worden) und öffentliche Interessen durch Delegierte der zuständigen Fachministerien repräsentiert. Zusätzlich hat die allgemeine Öffentlichkeit die Möglichkeit, Normentwürfe einzusehen und Einsprüche dazu einzureichen. Die Einspruchsführer nehmen an der entscheidenden Sitzung des Ausschusses teil. Entschieden wird grundsätzlich nach dem Konsensprinzip und nicht nach den Mehrheitsverhältnissen im Ausschuss. Die Rolle der staatlichen Vertreter:innen im Ausschuss ist in der Regel sehr stark, weil sie stets damit drohen können, eine Norm, die die öffentlichen Interessen nicht ausreichend berücksichtigt, nicht als Regel der Technik anzuerkennen – was diese Norm unwirksam werden ließe. Überhaupt hängt das Damoklesschwert einer staatlichen Regelung über allen neokorporatistischen Selbstregulierungen, weil der Staat die Regelungskompetenz jederzeit an sich ziehen kann, falls es den Ergebnissen der Selbstregulierung an demokratischer Legitimation und an hinreichender Berücksichtigung politischer Ziele mangeln sollte.

Aus demokratietheoretischer Sicht führt neokorporatistische Selbstregulierung bei zahlreichen Regelungsmaterien zu materiell besseren Ergebnissen als die parlamentarische Gesetzgebung oder ministerielle Verordnungen, sie ist auch mit höherer Legitimation durch die betroffenen Kreise ausgestattet, sie ermöglicht es den Betroffenen auch besser und direkter, ihre Interessen in den Regulierungsprozess einzubringen, als es der parlamentarische Arm der Demokratie vermag. Aber auch solche neokorporatistischen Arrangements bedürfen faktisch gleicher Beteiligungschancen, einer hinreichenden Transparenz, klarer Verfahrensregeln, die Fairness gewährleisten, einer staatlichen Aufsicht und einer rechtlichen Kontrollmöglichkeit, und sie bedürfen des Damoklesschwerts eines staatlichen Regelungsvorbehalts, um demokratietheoretische Mindestanforderungen zu erfüllen.

Die »assoziative Demokratie« ist nicht nur ein Gedankenspiel zweier US-amerikanischer Politikprofessoren – sie ist längst eine tragende Säule der westlichen Demokratien. Lobbying ist besser als sein Ruf. Der Staat ist kein passives Opfer von *pressure groups*, sondern greift aktiv in die pluralistische Landschaft organisierter Interessen ein und gestaltet sie. Er trägt dazu bei, dass sich auch schlecht organisationsfähige Interessen organisieren können, er unterstützt die schwächeren Interessengruppen mit Finanzhilfen, und er verschafft unterrepräsentierten Interessengruppen Einflussmöglichkeiten. Die Anliegen kleiner und kleinster, kaum organisationsfähiger Gruppen, die keine

Chance haben, Eingang in Parteiprogramme und Wahlkämpfe zu finden, werden durch organisierte Interessen in das politische System hineingetragen, die dafür sorgen, dass wirklich niemand verloren geht (und wenn doch, ist das ein Anlass, einen neuen Verband zu gründen). Der Staat richtet Foren ein, in denen sich organisierte Interessen in den Prozess der Politikgestaltung einbringen können, und er delegiert Aufgaben an Interessengruppen, die unter staatlichem Dach eine Selbstregulierung vornehmen. Die parlamentarische und die assoziative Säule der Demokratie stehen sich nicht konträr gegenüber, sondern sind institutionell und personell miteinander verflochten, wobei der Primat stets auf der parlamentarischen Säule liegt.

Die parlamentarische Säule der Demokratie ermöglicht den Wählerinnen und Wählern, durch die Wahl einer Liste – in der Regel einer Partei – eine politische Richtungsentscheidung vorzunehmen. In begrenztem Umfang – Erststimme bei der Bundestagswahl, Direktwahl von Bürgermeistern in den meisten Flächenländern, Kumulieren und Panaschieren bei den Kommunalwahlen in einigen Ländern – kann auch auf die personelle Zusammensetzung der Gremien Einfluss genommen werden.

Die assoziative Säule der Demokratie ermöglicht es Bürgerinnen und Bürgern, aber auch Körperschaften und Unternehmen, sich in funktionalen Interessengruppen zusammenzuschließen, die dann ein spezifisches Interesse in den politischen Prozess einbringen oder bestimmte Angelegenheiten selbst regeln. Formen und Umfang der assoziativen politischen Leistungen werden aber durch die parlamentarische Säule festgelegt.

Die parlamentarische Demokratie ist mit ihren Organen im *Grundgesetz* präzise geregelt, während zur assoziativen Säule lediglich Art. 9 GG die Vereinigungs- und Koalitionsfreiheit gewährt. Art. 9 gewährt auch die Tarifautonomie, allerdings ohne staatliche Regelungen des Arbeitsrechts komplett auszuschließen. Immerhin hat das Bundesverfassungsgericht festgestellt, dass die Festlegung von Tarifen »aus Sachgründen am besten von den Tarifvertragsparteien geregelt werden kann, weil sie nach den Vorstellungen des Verfassungsgebers die gegenseitigen Interessen angemessener zum Ausgleich bringen als der Staat« (Bundesverfassungsgericht, Beschluss v. 27.4.1999 – 1 BvR 2203/93, 897/95, Rdnr. 57).

Die assoziative Säule der Demokratie zeigt, dass sich die Demokratie um weitere Elemente entwickeln kann, auch wenn dies nicht explizit im *Grundgesetz* vorgesehen ist. Die Sachverständigenanhörungen der Bundestagsausschüsse werden einfach durch die *Geschäftsordnung des Deutschen*

Bundestages geregelt, die Beteiligung der Verbände an der ministeriellen Erarbeitung von Gesetzentwürfen durch die *Gemeinsame Geschäftsordnung der Bundesministerien*. Die neokorporatistische Selbstregulierung erfolgt i. d. R. im Rahmen gesetzlicher Ermächtigungen oder schlicht und einfach der Spielräume, die der Staat dafür – *häufig explizit* – gewährt. Das zeigt, dass unsere Demokratie flexibel ist. Sie kann ohne weiteres um weitere Elemente der Willensbildung und Entscheidungsfindung erweitert werden und den politischen Diskurs in andere Arenen verlagern, solange der Primat der Verfassungsorgane bestehen bleibt.

3.8 Die Bausteine der komplexen Demokratie

Demokratie ist mehr als Wählen. Mit dem Ankreuzen einer Liste oder eines Namens auf dem Stimmzettel ist nur ein sehr grober und sehr geringer Einfluss auf die politische Entscheidungsfindung verbunden. Das liegt nicht nur daran, dass die einzelne Stimme bei den Bundestagswahlen rechnerisch nur weniger als ein Sechzigmillionstel (bei den Europawahlen sogar nur ein Vierhundertmillionstel) ausmacht, sondern auch daran, dass mit der Stimmabgabe faktisch nur eine Partei gewählt wird, die dann auch noch in aller Regel mit anderen Koalitionspartnern Kompromisse aushandeln muss. Aber immerhin sorgt die Stimmabgabe dafür, dass sich die politische Richtung durchsetzt, die von der Mehrheit der Bevölkerung bevorzugt wird. Und oft genug haben Wahlen durchaus epochale Kurswechsel bewirkt, denken wir an die Bundestagswahl von 1969, die die Verkrustungen der Nachkriegsgesellschaft zugunsten eines nachhaltigen Liberalisierungs- und Demokratisierungsschubs ablöste, der Staat und Gesellschaft auf Dauer modernisieren sollte. Die wichtigste Funktion der Wahlen besteht jedoch darin, dass sie verhindern, dass sich das politische Handeln allzu weit vom Willen der Bevölkerung entfernt, weil in diesem Fall die Wiederwahl gefährdet wäre.

Direktdemokratische Elemente sind im politischen System der Bundesrepublik Deutschland aus guten Gründen nur schwach ausgeprägt; im Wesentlichen sind sie auf der Ebene der Kommunen und der Länder zu finden, dort aber stets nur als Ausnahmen.

Die Wahlen sind auch nicht das einzige Element, das dazu beiträgt, den Willen der Bürgerschaft in die Politik hineinzutragen. Die pluralistische, im Rahmen einer »assoziativen Demokratie« auch staatlich moderierte

Interessenartikulation und die neokorporatistische Selbstregulierung stellen weitere Kanäle dar, wie spezifische gesellschaftliche Interessen im politisch-administrativen System berücksichtigt werden.

Im Gegensatz zu den antiken Demokratien sind unsere modernen Demokratien liberal, weil sie die Menschenrechte und insbesondere die Freiheit von Meinung, Wissenschaft und Kunst respektieren. Eine Demokratie ohne diese Freiheiten ist keine Demokratie, selbst wenn es dort Wahlen geben sollte, denn bei Wahlen ohne Freiheit der Meinungsäußerung und ohne Freiheit der politischen Betätigung hat man keine echte Wahl.

Die Gewaltenteilung ist inzwischen viel weiter vorangetrieben. Bei Herodot war es noch der klassische Dreiklang von Legislative, Exekutive und Judikative. Polybios plädierte zusätzlich für die Aufteilung der legislativen Macht auf mehrere Organe, was Montesquieu durch zwei legislative Kammern realisiert wissen wollte. Ein föderaler Staatsaufbau, zu dem sich inzwischen die europäische Ebene gesellt, verteilt die Macht weiterhin. Unabhängige Zentralbanken schützen die Währung vor einem Missbrauch durch die Politik. Durch das Berufsbeamtentum ist die Verwaltung gegen politische Vereinnahmung gepuffert. Auf der substaatlichen Ebene stellen die Selbstverwaltung der Kommunen, die organisierten Interessen, die Tarifautonomie, die Medien und die Wissenschaft Bereiche dar, die dem unmittelbaren staatlichen Zugriff entzogen sind. All diese Elemente der Gewaltenteilung sorgen dafür, dass gesellschaftliche Interessen breit berücksichtigt werden, und sie stellen auch Widerstandsbereiche gegen etwaige autokratische Machtdurchgriffe dar. Eine charismatische Führungspersönlichkeit mit autokratischen Ambitionen hätte in diesem gewaltenteiligen System Schwierigkeiten, die absolute Macht zu ergreifen, selbst wenn seine Partei in Wahlen satte Mehrheiten erzielen sollte. Deutschland hat aus der Hitlerzeit gelernt und eine robustere Verfassung erhalten, als es die *Weimarer Verfassung* war.

Die komplexe gewaltenteilige Demokratie wird manchmal von Bürgerinnen und Bürgern als frustrierend empfunden, weil sie das Gefühl haben, dass ihre Interessen nicht ausreichend gehört und berücksichtigt werden. Die Partei, von der man erwartet, dass sie das eigene Anliegen erfüllt, mag in der Opposition landen oder sie mag genau dieses Anliegen in Koalitionsverhandlungen opfern. Oder das Anliegen trifft auf den Widerstand von organisierten Interessen oder wird von der Ministerialbürokratie verwässert. Oder der Bundesrat verweigert sich oder das Bundesverfassungsgericht oder der Europäische Gerichtshof kassieren die Regelung ein. Dass sich nicht jeder

Bürgerwunsch durchsetzen kann, ist ein Fluch der Gewaltenteilung – aber manchmal ist es auch ein Segen.

Gleichwohl haben die Bürgerinnen und Bürger in der komplexen Demokratie sehr viele durchaus niedrigschwellige Möglichkeiten, ihre Anliegen zu Gehör zu bringen:

- Sie können die Partei wählen, die ihr Anliegen vertritt.
- Sie können Mitglied einer Partei werden und darin für ihr Anliegen werben.
- Sie können sich in einem Interessenverband engagieren, der das Anliegen in das politisch-administrative System trägt.
- Sie können Politiker:innen persönlich ansprechen, sei es in einer der Bürgersprechstunden (die erstaunlich wenig genutzt werden) oder am Rande einer politischen Veranstaltung.
- Sie können ihr Anliegen auf einer Veranstaltung artikulieren – einer Bürgerversammlung, einer Wahlkampfveranstaltung, einer öffentlichen Diskussion.
- Sie können in den Medien für ihr Anliegen werben – durch die Sozialen Medien war dies noch nie so einfach wie heute.
- Sie können eine Petition einreichen, entweder individuell oder mithilfe einer Petitionsplattform (»virtuelle Unterschriftenliste«) kollektiv.
- Sie können sich einer Bürgerinitiative anschließen oder eine solche gründen.

Ob dies Erfolg hat, hängt davon ab, auf wie viel Zustimmung und Ablehnung man stößt. Aber Demokratie hat nie bedeutet, dass jede:r seinen oder ihren Willen bekommt, sondern dass sich der kollektive Wille durchsetzt. Dass wir alle unsere individuellen Interessen hinter dem allgemeinen Willen zurückstellen, ist der Wesenskern des Gesellschaftsvertrags, den wir zwar nicht förmlich unterschrieben, den wir aber ererbt haben, mit allen Rechten und Pflichten.

4. WIE DEMOKRATIEN STERBEN

»Wenn wir wollen, dass die Demokratie gedeiht,
werden wir für sie kämpfen müssen.«
Barack Obama am 5.7.2022

4.1 Mord oder Selbstmord?

Es gibt drei Arten, wie Demokratien sterben können: durch Mord, Selbstmord oder schleichende Vergiftung. Den Mord an der Demokratie gibt es in verschiedenen Varianten. Neben der Eroberung durch ein feindliches Land mit anschließender Auflösung der Staatsorgane unterscheidet man den *Staatsstreich*, wenn ein Staatsorgan (meist die Regierung) ein anderes Staatsorgan (meist das Parlament) absetzt, den *Putsch*, wenn Akteure, die den Staatsorganen nicht angehören (meist das Militär), diese stürzen, und den *Umsturz*, wenn eine größere Bewegung aus der Bevölkerung die Staatsorgane gewaltsam beseitigt oder auch ohne Gewaltausübung zum Abdanken zwingt. Von *Revolution* spricht man im Allgemeinen im umgekehrten Fall, d. h. wenn ein autokratisches Regime durch eine Demokratie ersetzt wird, wobei es sich allerdings oft um Etikettenschwindel handelt, wenn sich im Folgenden keine Demokratie, sondern eine andere (oft sogar noch schlimmere) Form der Autokratie etabliert. Zu den Morden darf man auch Verfassungsänderungen zählen, die durch Manipulation zustande kommen.

Der Selbstmord ist die bewusste Selbstentmachtung der Demokratie, die in der Regel durch eine formal korrekte und von einer Mehrheit getragene Verfassungsänderung erfolgt. Als der Senat Roms Ende Januar / Anfang Februar des Jahres 44 v. Chr. Gaius Iulius Caesar zum Diktator auf Lebenszeit ernannte, handelte es sich um einen klassischen Selbstmord einer

Demokratie, ebenso die französische Volksabstimmung im November 1804, durch die Napoleon Bonaparte mit einer Mehrheit von 99,9 % (bei einer Wahlbeteiligung von 47,2 %) zum Kaiser auf Lebenszeit wurde. Auch das *Ermächtigungsgesetz vom 24. März 1933*, mit dem sich der Reichstag selbst entmachtete und dem Reichskanzler Adolf Hitler die Vollmachten eines Diktators in die Hand gab, stellte einen Selbstmord dar, weil auch demokratische Parteien für ihre Selbstentmachtung stimmten. Kein Selbstmord war das türkische Verfassungsreferendum vom 16. April 2017, das die Gewaltenteilung weitgehend abschaffte und den türkischen Staatspräsidenten Recep Tayyip Erdoğan mit autokratischen Vollmachten ausstattete: Es war glatter Mord, weil die ohnehin sehr knappe Mehrheit nur durch Wahlbetrug zustande gekommen war (Klimek et al. 2017).

Bei der schleichenden Vergiftung stirbt die Demokratie durch ein langsam wirkendes Gift, das ihr über einen längeren Zeitraum in kleinen Dosen verabreicht wird, die ihr teils untergeschoben werden, teils in selbstmörderischer Weise selbst eingenommen werden. Typisch ist die kontinuierliche Verschlechterung des Gesundheitszustands, auf den die Demokratie durch weitere Gifteinnahme reagiert, bis sie ihren Geist endgültig aufgegeben hat. Aus der Sicht des Mörders, d. h. des angehenden Autokraten, kann die schleichende Vergiftung auch als »Salamitaktik« bezeichnet werden, weil er die Demokratie scheibchenweise abschafft.

4.2 Demokratiemüdigkeit als Nährboden für Populismus

Den Nährboden, auf dem demokratiefeindliche Bewegungen gedeihen, bildet die Demokratiemüdigkeit. Und sie lässt die Widerstandskräfte der Demokratie gegen feindliche Angriffe erlahmen. Nach Polybios ist das Aufkommen von Demokratiemüdigkeit ein zyklischer Prozess, der auftritt, wenn die Erinnerung an die Schrecken der Autokratie verblasst. Ergänzend muss man hinzufügen, dass es auch bei politischen Akteuren und Institutionen zu Abnutzungserscheinungen kommt, die in der Bevölkerung zunehmende Kritik an der Demokratie provozieren.

Indikatoren für Demokratiemüdigkeit in Deutschland – wie auch in den meisten anderen westlichen Ländern – gibt es reichlich. So lässt sich ein langfristiger Trend des Rückgangs der Wahlbeteiligung feststellen, bei den Bundestagswahlen von 91 % im Jahr 1972 auf 77 % in 2021. Bei den

Landtags- und Kommunalwahlen sind die Rückgänge noch stärker, so bei den nordrhein-westfälischen Landtagswahlen von 86 % in 1975 auf 56 % im Jahr 2022; bei den Kommunalwahlen, bei denen einem Themen und Kandidat:innen sogar besonders nah sind, nimmt inzwischen oft weniger als die Hälfte der Wahlberechtigten an den Abstimmungen teil.

Bewusste Nichtwähler:innen – darunter auch manche Prominente wie der Sozialpsychologe Harald Welzer, die Philosophen Peter Sloterdijk und Richard David Precht oder der Journalist Gabor Steingart – argumentieren, die Demokratie sei erschlafft, die Parteien würden sich kaum noch unterscheiden oder sie könnten nicht mehr als das »kleinere Übel« *wählen* (Wissenschaftliche Dienste 2016: 8 f.). Was die Nichtwähler:innen übersehen, ist, dass sie mit ihrem Verzicht auf Ausübung des Wahlrechts die demokratiefeindlichen Kräfte stärken. Das ist ein schlichter mathematischer Effekt. In dem Maße, in dem die demokratischen Parteien vom Rückgang der Wahlbeteiligung betroffen sind, steigt der Stimmenanteil der antidemokratischen Parteien, die Protestwähler:innen mobilisieren oder anderen Parteien Wähler:innen abwerben. Wer nicht wählt, macht die demokratiefeindlichen Parteien in den Parlamenten stark. Die Nichtwähler:innen sorgen dafür, dass der Anteil Sitze, die die AfD in den Parlamenten hält, höher ist als der Anteil ihrer Anhänger:innen in der Bevölkerung.

Das Interesse, noch direkter auf Politik Einfluss zu nehmen, indem man selbst Mitglied einer Partei wird, hat ebenfalls stark nachgelassen. Zwischen 1990 und 2022 hat sich die Zahl der Menschen, die Mitglieder einer im Bundestag vertretenen Partei sind, glatt halbiert – von 2,4 auf 1,2 Millionen. Und die starke Überalterung der Parteimitgliedschaften lässt erwarten, dass sich dieser Trend in Zukunft fortsetzen wird. Umgekehrt heißt das: Für die einzelne Bürgerin und den einzelnen Bürger steigen die Chancen, Einfluss auf die Politik zu nehmen. Man muss sich nur engagieren.

Zur Demokratiemüdigkeit trägt paradoxerweise auch die Pluralisierung der Parteienlandschaft bei. Zwar steigen die Wahlmöglichkeiten, wenn sich seit den 1970er-Jahren die Zahl der Parteien verdoppelt hat, die realistische Chancen haben, in den Bundestag zu kommen. Zugleich ist aber auch die Regierungsbeteiligung schwieriger geworden, wenn sich, wie 2017 bei dem gescheiterten Versuch, auf Bundesebene eine sogenannte Jamaika-Koalition zu schmieden, bis zu vier Parteien auf eine Koalition einigen müssen. Die Pluralisierung führt dazu, dass jede Partei Kernziele verfolgt bzw. »rote Linien« setzt, um ihre Wählerklientel zufriedenzustellen, was die

Kompromissfindung erschwert. Mehrparteienkoalitionen haben eine höhere Wahrscheinlichkeit zu zerbrechen, dann kommt es zu Blockaden, Minderheitsregierungen und häufigeren Neuwahlen. Aus Parteiensicht ist die »rote Linie« das eine Übel der Politikunfähigkeit, während das Eingehen von Kompromissen und Kuhhandeln das andere Übel des Verrats der Interessen ihrer Wählerklientel ist.

Was auf den ersten Blick wie ein Zugewinn an Demokratie aussieht – Orientierung am Wählerwillen, intensive Aushandlungsprozesse, häufigere Regierungswechsel, häufigere Wahlen – goutiert das Wahlvolk allerdings überhaupt nicht. Schon heute sind Chatforen von Mainstream-Medien zu beliebigen politischen Themen voll von Beschwerden über Parteiengezänk, Egoismus von Parteien und Politiker:innen und Blockadehaltungen. Auch repräsentative Befragungen haben ergeben, dass insbesondere Nichtwähler:innen häufig die Meinung vertreten, dass Politik »nicht auf die eigenen Bedürfnisse« eingehe, dass es keinen Sinn habe zu wählen, weil die Parteien und Politiker doch machen würden, was sie wollen, dass sich keine Partei für die »wichtigen Dinge« einsetze, dass die Politiker »kein Ohr mehr für die Sorgen der kleinen Leute« hätten, dass es den Politikern »nur um ihre eigene politische Karriere« gehe und dass in der Politik »zu viel getrickst und getäuscht« werde (Wissenschaftliche Dienste 2016). Das Resultat ist das Gefühl, dass die eigene Wählerstimme nichts bewirken könne, und somit eine fundamentale Unzufriedenheit mit dem demokratischen politischen System. Mit dieser Unzufriedenheit steigt auch die Sensibilität für angebliches oder tatsächliches Fehlverhalten von Politiker:innen in Form von Korruption oder Begünstigung von Lobbyisten. Die Medien bedienen nur allzu gern das Bedürfnis des Publikums nach Skandalen und überziehen ihre Rolle als kritische Wächter mitunter so sehr, dass sie das Vertrauen in die Demokratie an sich destruieren. Als sich die Medien auf ein Bobby-Car stürzten, das die Ehefrau eines Bundespräsidenten als Zugabe zu einem Leasingfahrzeug erhalten hatte, fühlte sich der Schweizer Kollege Michael Ziesmann bemüßigt, dies als »Hyänen-Journalismus« zu rügen (Ziesmann 2014).

Diese Demokratiemüdigkeit erfasst nur Teile der Bevölkerung, die aber größer werden. Demokratiemüdigkeit kann auch unterschiedliche Ausdrucksformen annehmen: Eher passive Gleichgültigkeit, Desinteresse und Wahlabstinenz, eher aktive Artikulation von Unzufriedenheit, Protestwahlverhalten (man wählt eine radikale Partei, um »denen da oben eins auszuwischen«, oder stimmt bei einem Volksentscheid gegen die von der Regierung präferierte Option) oder schließt sich gar einer populistischen Bewegung an.

Der Begriff des Populismus (von lat. *populus* = »Volk«), der wie eine lateinische Version von »Demokratie« klingt, hat im Laufe der Zeit eine Bedeutungsverschiebung erfahren. Wie es für »-ismen« typisch ist, verabsolutiert der Populismus das »Volk« und den angeblichen »Volkswillen«. Populisten gehen davon aus, dass das Volk homogen ist (bzw. sie wollen, dass das Volk homogen wird, insbesondere mit Maßnahmen gegen Migration), dass es einen einheitlichen und eindeutigen Willen hat und dass sie die einzigen sind, die diesen Volkswillen vertreten, während Parlamente und Regierungen von dubiosen »Eliten« beherrscht würden, die nur ihre eigenen Interessen oder, schlimmer noch, die Interessen irgendwelcher Verschwörer im Blick hätten. Der Politikwissenschaftler Jan-Werner Müller von der Princeton University beschreibt den Populismus mit folgenden Worten:

> »Populisten präsentieren sich als die einzigen wahren Volksvertreter. Die Elite bezeichnen sie als korrupt und nur an den eigenen Pfründen interessiert. Ihr stellen sie ein vermeintlich reines, homogenes, sozusagen unverdorbenes Volk entgegen. […] Populisten stellen sich als einzig legitime Stimme des Volkes dar. Ihren politischen Gegnern werfen sie nicht etwa vor, die falschen programmatischen Punkte oder auch Werte hochzuhalten, sie sprechen ihnen viel fundamentaler die politische Legitimität als solche ab.« (Müller 2018)

Und, als ob sie den Politikwissenschaftler bestätigen wolle, schreibt die AfD in ihrem Wahlprogramm 2021: »In unserem Land hat sich aber eine politische Klasse herausgebildet, deren vordringliches Interesse ihrer Macht, ihrem Status und ihrem materiellen Wohlergehen gilt. […] Sie hält die Schalthebel der staatlichen Macht, der politischen Bildung und des informationellen und medialen Einflusses auf die Bevölkerung in Händen.«

Der Populismus ist fundamental demokratiefeindlich. Die Populisten beanspruchen nämlich, dass ihre eigenen partikularen Interessen die Interessen des gesamten Volks seien und bestreiten die Legitimität anderer Interessen. Sie lassen Meinungsvielfalt nicht gelten und lehnen die repräsentative Demokratie ab. In der Spielart der »Querdenker« missachten sie die Regeln, die von demokratisch legitimierten Organen wie Parlamenten, Regierungen und

Verfassungsgerichten aufgestellt bzw. bestätigt worden sind. In der Spielart der »Reichsbürger« missachten sie den gesamten Staat.

Populisten verwenden – übrigens ebenso wie viele Autokraten – die komplette Umkehrung der Begriffe, wie schon George Orwell in *1984* beschrieben hat. Sie meinen, der Staat werde von irgendwelchen »Eliten« regiert, was vollkommener Unsinn ist, wenn wir die fein abgestuften politischen Rekrutierungsmechanismen von den Bezirksvertretungen und Gemeinderäten über Stadträte und Kreistage bis hin zu den Landtagen und dem Bundestag betrachten. »Elite« (von lat. *eligere* = »auswählen«) bezeichnet eine klar umrissene Gruppe von Auserlesenen (wie bei einer militärischen Eliteeinheit). Der Elitenbegriff taugt deshalb nicht als soziologischer oder politikwissenschaftlicher Begriff. Wo soll »die politische Elite« beginnen? Bei Mitgliedern von Bezirksvertretungen? Ausschussvorsitzenden des Bundestags? Beigeordneten, Landesminister:innen, Bundesminister:innen? Europaabgeordneten? Abgeordneten von Koalitionsfraktionen oder auch von Oppositionsparteien? Ähnliches gilt für die »intellektuelle Elite« (wer soll zu ihr gehören außer natürlich man selbst?) oder für die »wirtschaftliche Elite« (ab welcher Betriebsgröße und Managementfunktion soll man dazu gehören?). Keine Elitenstudie hat es bisher geschafft, klar abgrenzbare Eliten zu identifizieren; stattdessen nehmen sie willkürliche Abgrenzungen vor, die bisweilen zirkulären Charakter aufweisen (Reitmayer 2022). Tatsächlich wird der Elitenbegriff als Kampfbegriff (auch gern von »Elitenforschern«) gebraucht, um Verschwörungstheorien zu konstruieren (die angeblichen »Eliten« bilden kleine Zirkel von Mächtigen), mitunter aber auch als verführerische Selbstbeschreibung (»intellektuelle Elite«).

Die Populisten benutzen den Elitenbegriff, um ein dichotomes Politik- und Gesellschaftsmodell zu begründen (»die da oben«, »deep state«) und eine Verschwörungstheorie zu konstruieren, nach der die Mitglieder dieser »Eliten« fremdgesteuert seien, im Zweifel durch eine »jüdische Weltverschwörung«. Tatsächlich ist es genau umgekehrt: Die Verschwörungstheoretiker und »Querdenker« beanspruchen für sich, die einzigen, die die Welt durchschauen würden – also die wahre »Elite« zu sein. Wer »Wir sind das Volk« skandiert, beansprucht das Monopol, zu wissen, wie die Bevölkerung denkt. Populisten wollen die Demokratie beseitigen, damit sie – als zahlenmäßig durchaus kleine – »Gegenelite« ohne Rücksichtnahme auf Wahlen, Parlamente und Gerichte im Rahmen eines autokratischen Systems ihre politischen Visionen durchsetzen können. Der thüringische Spitzenkandidat der AfD hat es klar eingestanden, indem er sagt, dass die parlamentarische Demokratie durch »eine fordernde und fördernde politische Elite, die unsere Volksgeister wieder weckt«, ersetzt werden soll (Höcke 2018: 286).

Eine weitere Orwell'sche Begriffsverdrehung besteht darin, dass Populisten gern die Demokratie im Namen der Demokratie diskreditieren. »Eine der große Ironien beim Sterben von Demokratien besteht darin, dass ausgerechnet die Verteidigung der Demokratie oft als ein Vorwand für ihre Zersetzung genutzt wird.« (Levitsky/Ziblatt 2018: 92). Die AfD schreibt in ihrem Grundsatzprogramm allen Ernstes, dass das gegenwärtige Regierungssystem dem »Bruch von Recht und Gesetz, der Zerstörung des Rechtsstaats« diene. Im Wahlprogramm 2021 wird das »Gebaren der Regierungspolitiker« als »autoritär und teilweise totalitär« beschrieben. Wie kommt man darauf? Weil der Deutsche Bundestag mit Mehrheit Gesetze verabschiedet hat, weil die von einer Bundestagsmehrheit getragene Bundesregierung mit Ermächtigung des Bundestages Rechtsverordnungen verabschiedet hat, weil die Landtage und Landesregierungen ebenfalls demokratisch legitimierte Beschlüsse gefasst haben, die aber der AfD nicht in den Kram passen. Man vertritt diese Auffassung, obwohl das Bundesverfassungsgericht und die Obergerichte der Länder diese Maßnahmen weitgehend bestätigt haben und obwohl unterschiedliche repräsentative Umfragen stets große Bevölkerungsmehrheiten ausgewiesen haben, die diese Maßnahmen befürwortet haben. Und man sagt es, obgleich einflussreiche Funktionsträger der eigenen Partei, wenn sie in Büchern »wohltemperierte Grausamkeit« sowie »menschliche Härten und unschöne Szenen« fordern, selbst Visionen eines Staats verbreiten, der autoritär und totalitär sein soll (Höcke 2018: 254).

Und schließlich nutzen die Feinde der Demokratie die demokratischen Mechanismen, um an die Macht zu kommen: »Das tragische Paradoxon des Weges zum Autoritarismus, der über Wahlen führt, ist, dass die Mörder der Demokratie die Institutionen der Demokratie selber nutzen, um sie zu töten – in kleinen Schritten, unmerklich und sogar legal.« (Levitsky/Ziblatt 2018: 8). Sie nutzen nicht nur formaldemokratische Elemente wie den Parteienstatus (einschließlich der Wahlkampfkostenerstattung) und das Wahlverfahren, sondern sie nutzen auch die Toleranz der Demokratie gegenüber Andersdenkenden aus (die sich u. a. in extrem hohen Hürden gegen Parteiverbote ausdrückt), sie nutzen die Meinungsfreiheit aus, sie lassen sich von der Polizei und der Justiz gegen Gegendemonstranten schützen, sie haben sogar die Unverfrorenheit, Verletzungen des Rechts auf freie Meinungsäußerung zu reklamieren, wenn ihnen einmal der demokratische Wind entgegenbläst, obwohl sie doch die Meinungsfreiheit sofort abschaffen würden, wenn sie erst einmal an der Macht wären. Man versucht also, über Wahlergebnisse Parlamentssitze zu erreichen, um dort die Mehrheit zu erlangen oder wenigstens über eine Koalition Einfluss auf Gesetzgebung und Regierung zu erringen.

Zumindest aber verbessern Wahlerfolge die Chancen, die Wahlbevölkerung zu erreichen, indem man die Wahlkampfkostenerstattung zur Steigerung der eigenen kommunikativen Stärke einsetzt, indem über einen in den Medien berichtet wird, indem man politische Ämter (z. B. Ausschussvorsitze, Vizepräsidentenposten in Parlamenten) erhält. Es ist auch kein Zufall, dass die AfD in ihrem Grundsatzprogramm mehr »Volksentscheide in Anlehnung an das Schweizer Vorbild« fordert. Wenn eine Partei bei Wahlen gerade einmal 10 % der Stimmen erhält, dann sucht sie die Chance, vielleicht bei einer Volksabstimmung eine Mehrheit für eine von ihr unterstützte Option zu erreichen. In anderen Ländern haben Volksabstimmungen immer wieder einmal zu Niederlagen für die amtierenden Regierungen geführt, denen man einen »Denkzettel« erteilen wollte. Und kein politisches Verfahren öffnet der Demagogie im gleichen Maße Tür und Tor wie Volksabstimmungen. Auch deshalb sollten wir nie vergessen, dass die Direkte Demokratie aus historischer und demokratietheoretischer Sicht keine Form der Demokratie ist, die dem Hauptzweck der Demokratie dient, nämlich der Vermeidung von Machtkonzentration und Machtmissbrauch.

Demokratiemüdigkeit ist der Nährboden, auf dem antidemokratische Ressentiments gedeihen, die sich zu populistischen und demokratiefeindlichen Bewegungen entwickeln können. Sind diese Bewegungen stark genug geworden, schlägt die Stunde derjenigen, die die Demokratie in kleinen, häufig kaum merklichen Schritten zersetzen, um sich selbst zu Autokraten aufzuschwingen. Dazu braucht es drei Zutaten:

1. Einer autokratischen Persönlichkeit, der Charisma zugesprochen wird, sodass sie eine Anhängerschaft findet, und die rücksichtslos genug ist, alles, was sich ihr bei ihrem Aufstieg in den Weg stellt, beiseite zu räumen – seien es politische Gegner, Kritiker oder demokratische Institutionen.
2. Einer Bevölkerung, in der diese autokratische Persönlichkeit genügend Rückhalt findet. Dafür reicht schon eine Minderheit der Bevölkerung, insbesondere dann, wenn die demokratisch gesinnte Mehrheit keinen entschlossenen Widerstand leistet.

3. Einer Strategie der Machteroberung, für die man auf wohldokumentierte Rezepte zurückgreifen kann, die sich in zweieinhalbtausend Jahren immer wieder bewährt haben und die heute immer noch mit Erfolg angewendet werden.

Damit sind wir bei der autokratischen Persönlichkeit, denn meist ist es eine Person, die die absolute Macht anstrebt, auch wenn sie sich dazu einer Partei bedient.

4.3 Charismatiker und Psychopathen: Die Faszination der autokratischen Persönlichkeit

In der Politikwissenschaft sind personalistische Erklärungen verpönt. Die Politikwissenschaft möchte politische Prozesse aus strukturellen Bedingungen erklären, nicht aus dem Wirken bestimmter Personen. Wenn es aber um Autokraten geht, d. h. um Personen, die ganz allein schwerwiegende Entscheidungen treffen und durchsetzen können, kommen wir nicht umhin, auch den persönlichen Faktor zu berücksichtigen. Der Verlauf des Zweiten Weltkriegs und die Weltordnung, die danach geschaffen wurde, lassen sich definitiv nicht ohne Rückgriff auf die spezifische Person Adolf Hitler erklären. Aber wir sind Politikwissenschaftler genug, um erklären zu wollen, welche strukturellen Bedingungen dazu führen, dass es bestimmte Persönlichkeits*typen* sind, die autokratische Macht erlangen, und welche Handlungsstrategien diese Typen dann verfolgen. Fangen wir ganz vorn an.

> »Sie werden es lieben, ein Diktator zu sein. Und warum sollten Sie es nicht sein? Spielen Sie Ihre Trumpfkarten richtig, und es ist der beste Job auf Erden. Denken Sie darüber nach: Gibt es etwas Reizenderes als ungezügelte Macht, unbegrenzte wirtschaftliche Möglichkeiten und das Vergnügen, diejenigen zu zermalmen, die sich Ihnen entgegenstellen? Duftet die Morgenluft nicht süßer, wenn Sie wissen, dass Ihre Feinde erniedrigt, verkrüppelt oder tot sind, und wenn der Wohlstand Ihrer Nation in Ihrer persönlichen Willkür liegt? Und gibt es ein befriedigenderes Ziel als unentbehrlich für den Zusammenhang von Regierung, Wirtschaft und Gesellschaft Ihres Landes zu sein, zu steuern, auszuwählen und Ihren Schnitt zu machen? Und sind Sie

> ein Familienmensch? Dann wollen Sie sicherstellen, dass Ihr Sohn oder Ihre Tochter in Ihre Fußstapfen tritt, wenn Sie älter werden, um das Familienvermögen zu bewahren und ihr Erbe fortzuführen. Und schließlich, lassen Sie uns ehrlich sein: Fühlt es sich nicht gut an, wie ein Halbgott verehrt zu werden? Natürlich tut es das.« (Wood/DeLuca 2012: iv)

Bei diesen Worten handelt es sich natürlich um eine makabre Satire, und die Autoren des *Dictator's Handbook: a practical manual for the aspiring tyrant* (»Diktatoren-Handbuch: ein praktisches Nachschlagewerk für den aufstrebenden Tyrann«) bitten gleich ihre gelehrigen Leser, sie »an einem Teil ihrer Beute teilhaben zu lassen« und sie nicht »in ein bodenloses Loch zu werfen« – wissen sie doch, dass Autokraten gute Gründe haben, sich als erstes ihrer Unterstützer zu entledigen, die sie an die Macht gebracht haben. Das wusste bereits um 475 v. Chr., wie Xenophon berichtet, der Tyrann von Syrakus, Hieron, der aus eigener Erfahrung sprach: »Und es ist eine Tatsache, dass Komplotte oder Verschwörungen gegen despotische Herrscher am häufigsten durch diejenigen angezettelt werden, die am meisten vortäuschen, ihn zu lieben. […] Tag und Nacht […] lebt er wie derjenige, der durch das allgemeine Urteil der Menschheit dazu verurteilt ist, für seine Schandtaten zu sterben.« (Xenophon, Hieron, I,47; VII,17)

Oder wie hatte es Ivan Stambolić, der starke Mann Serbiens, ausgedrückt: »Wenn jemand 25 Jahre lang deinen Rücken sieht, ist es verständlich, dass er den Wunsch entwickelt, irgendwann ein Messer in ihn zu stechen.« (Stambolić 2006) Der Messerstecher war ausgerechnet sein alter Studienfreund und langer Weggefährte Slobodan Milošević, der ihn erst stürzte und dann auch noch ermorden ließ. Autokraten leben, weil sie selbst so despotisch agieren, in ständiger Angst vor Ermordung oder Umsturz. Der Tyrann von Syrakus verblüffte den Schriftsteller Simonides, der ihn interviewte, mit der Aussage: »Tatsache ist, dass der Despot viel weniger Freuden genießt als Menschen einfacheren Standes und dass seine Qualen nicht nur bei weitem mehr sind, sondern auch heftiger.« (Xenophon, Hieron, I,12). Vergnügungen, die normale Menschen genießen können – Ausgehen, zu einer Party gehen, ein Konzert besuchen, in den Urlaub reisen – bleiben dem Autokraten versagt, der sich ständig mit Leibwächtern umgeben und Menschenansammlungen meiden muss. Die Luxusgüter, derer er sich bemächtigt, kann er nicht genießen. Vor allem aber ist der Autokrat einsam. Er hat keine Freunde und keine Vertrauten. Machiavelli sollte fast 2000 Jahre später schreiben, dass es schwer für einen Herrscher sei, gleichzeitig geliebt und gefürchtet zu werden, und gab den Rat, es sei »viel sicherer, gefürchtet zu werden, als geliebt« (Il Principe, Kap. 17).

Demokratisch gewählte Staatsführer können dagegen, wenn sie nichts grob Unanständiges angestellt haben, nach dem Ausscheiden aus ihrem Amt ein gutes Leben führen. Sie werden meist durch stattliche Pensionen versorgt, verdienen mit Vortragsreisen und Buchhonoraren gutes Geld, bekleiden bei Stiftungen oder internationalen Organisationen ehrenvolle Ämter und genießen als *elder statesmen* häufig mehr Anerkennung als zu ihren Regierungszeiten.

Autokraten sterben dagegen selten im Bett. Meist enden sie erbärmlich. Gaius Iulius Caesar starb während einer Senatssitzung im Pompeiustheater an Messerstichen, die ihm eine Menge von über 60 republikanisch gesinnten Politikern zugefügt hatte. Als seine tyrannische Herrschaft einen Aufstand provoziert hatte, verbrachte Nero seine letzten Lebenstage in panischer Flucht und ließ sich in letzter Minute von seinem letzten Vertrauten einen Dolch in die Kehle stechen, um einer Hinrichtung zu entgehen. Napoleon Bonaparte verbrachte seine letzten Jahre todkrank auf einer elenden Vulkaninsel, über 8000 Kilometer von seiner Heimat entfernt. Mussolini war, wie Nero, bereits auf der Flucht, als er gefasst und hingerichtet wurde. Hitlers letzte Monate im Bunker waren von Nervenzusammenbrüchen und Tobsuchtsanfällen geprägt, bis er sich schließlich vergiftete, um einer Gefangennahme und Verurteilung zu entgehen. Saddam Hussein hatte sich in einem Erdloch verkrochen, bevor er gefasst und nach seiner Verurteilung gehängt wurde. Muammar al-Gaddafi wurde aus einem Abwasserrohr gezerrt und, trotz Bettelns um Gnade, von Rebellen zu Tode misshandelt. Wladimir Putin soll sich Gaddafis Sterbevideo immer wieder in obsessiver Weise angesehen haben und seitdem in ständiger Angst leben, ein ähnliches Schicksal zu erleiden (Ioffe 2018).

Angesichts einer überzeugenden Ahnenreihe von Autokraten, die kein gutes Ende genommen haben, sollte es eigentlich, ganz im Gegensatz zu der oben zitierten makabren Satire, eine schlechte Idee sein, wenn ein demokratisch gewählter Staatsführer beginnt, ein Terrorregime aufzubauen, Kritiker und Oppositionelle zu eliminieren, sich an öffentlichem Eigentum hemmungslos zu bereichern und das eigene Volk zu unterdrücken – zumal man, wie Hieron bereits erkannt hat, rasch den *point of no return* erreicht, wo man nicht mehr umkehren und nichts mehr rückgängig machen kann, weil man immer mehr Terror braucht, um sich der vielen Feinde zu erwehren, die man sich bereits geschaffen hat.

Wenn es offenkundig irrational ist, Autokrat zu werden, ist die Psychiatrie gefragt. Die Psychiatrie beschäftigt sich mit Persönlichkeitsstörungen. Es gibt mehrere Arten von Persönlichkeitsstörungen, die häufig bei Autokraten anzutreffen sind. Typischerweise haben sie vier Effekte: Erstens können sie dazu führen, dass Menschen nach der absoluten Macht greifen, weil es für sie unwiderstehlich ist und weil die Störung eine realistische Einschätzung der Risiken, die damit verbunden sind, verhindert. Zweitens erleichtern diese Störungen den Betroffenen, sich rücksichtslos durchzusetzen und sich – wenn die Vorkehrungen und Widerstände dagegen zu schwach sind – zum Autokraten aufzuschwingen. Drittens sorgen diese Störungen dafür, dass die Autokraten, wenn sie erst an der Macht sind, schlecht regieren, ihre Völker unterdrücken und meist in den Untergang führen. Und viertens sind diese Störungen für das jämmerliche Ende der meisten Autokraten verantwortlich, das bedrohte Alleinherrscher, wenn sie vernünftig sind, vermeiden können – beispielsweise durch demokratische Zugeständnisse oder einen rechtzeitigen Rücktritt.

Die am 1. Januar 2022 in Kraft getretene elfte Version der *Internationalen Klassifikation der Krankheiten* (ICD-11) hat die bisherige, fein säuberliche Kategorisierung verschiedener Persönlichkeitsstörungen in »Schubladen« (paranoid, schizoid, dissozial, histrionisch, narzisstisch …) aufgegeben, weil typischerweise Komorbidität vorliegt – im Fachjargon: »Man kann Zecken und Flöhe zugleich haben.« Autokraten haben typischerweise Zecken, Flöhe und häufig auch noch Wanzen. Die typischen Elemente Autokratie-affiner Persönlichkeitsstörungen sind:

- *Pathologischer Narzissmus*, also die Überzeugung, allen anderen Menschen überlegen zu sein. Man meint deshalb, einen Anspruch auf absolute Macht zu haben und die Mission zu haben, das Land wieder großartig zu machen oder gar die halbe oder die ganze Welt beherrschen zu müssen. Zum Größenwahn gehören pompöse Auftritte, die Überzeugung, unfehlbar zu sein, Beratungsresistenz, Verächtlichmachen anderer. Hemmungsloses Eigenlob und Prahlerei sowie das Zwingen von Unterstützern, Lobeshymnen bis hin zur Vergötterung zu singen, können in der Bevölkerung den Eindruck erwecken, der (angehende) Autokrat verfüge tatsächlich über Charisma, also besondere Eigenschaften, die ihn über alle anderen Politiker:innen hinausheben.

- *Empathiefreiheit.* Extreme Narzissten streben nichts als ihr eigenes Wohlergehen an, andere Menschen und deren Gefühle und Bedürfnisse sind ihnen gleichgültig. Das macht sie ausbeuterisch: Sie nutzen andere, um ihre eigenen Ziele zu erreichen (schmücken sich auch gern mit fremden Federn), lassen diese aber fallen wie heiße Kartoffeln, wenn sie ihnen nicht mehr nützlich sind oder sogar gefährlich werden könnten. Der Autokrat hat keine Hemmungen, ehemalige Partner, Verbündete, Unterstützer, Mitarbeiter gnadenlos zu beseitigen, nachdem er sie ausgebeutet hat. Der empathiefreie Narzisst verlangt absolute Loyalität von seiner Entourage, ist selbst aber vollkommen illoyal. Die Empathiefreiheit ermöglicht es dem (angehenden) Autokraten, sich in der politischen Konkurrenz rücksichtslos durchzusetzen. Ihre Kaltherzigkeit verleitet sie zum Einschüchtern und Demütigen anderer Menschen und zur Grausamkeit gegenüber Gegnern und Konkurrenten bis hin zu Alltagssadismus wie Angriffen *ad hominem* (also gegen die Person und nicht gegen die Sache), Freude an der Erniedrigung oder Zerstörung anderer, öffentlichem Abkanzeln, Zelebrieren von Siegen über Gegner, Nachtreten gegenüber Wehrlosen und bereits Besiegten.
- *Dissozialität* (Soziopathie, Psychopathie). Man ist gefühlskalt, hartherzig, gewissenlos und akzeptiert keinerlei gesellschaftliche Normen. Man setzt die Lüge habituell als Instrument ein, um eigene Ziele zu erreichen. Man hat auch keine Hemmungen, Rechtsnormen zu verletzen. Bestrafung führt weder zu Reue und Einsicht, noch zu Verhaltensänderung. Man hat eine geringe Frustrationstoleranz und eine niedrige Schwelle für aggressives, auch gewalttätiges Verhalten, eine Neigung, andere zu beschuldigen oder vordergründige Rationalisierungen für das eigene verbrecherische Verhalten anzubieten. Man empfindet selbst kaum Emotionen, ist aber in der Lage, die Emotionen anderer zu analysieren und sie zu nutzen, um andere zu manipulieren. Einschüchterung, Demütigung, Folter und Mord gehören zum Repertoire von Autokraten, die keine Gewissensbisse haben, diese Methoden zur Sicherung ihrer Macht einzusetzen.
- *Machiavellismus.* Man folgt dem Leitspruch: »Der Zweck heiligt die Mittel«. Um seine Ziele zu erreichen, gibt es für den Machiavellisten keine Grenzen. Andere Menschen werden allenfalls als Instrumente angesehen, um die eigenen Ziele zu erreichen, die man rational,

kalkulierend,rücksichtslos und gewissenlos verfolgt. Machiavellisten sind Meister der Manipulation – durch maskenhafte Freundlichkeit, übertriebene Verwendung unehrlicher Komplimente, Benutzung auswendig gelernter Floskeln aus dem Rhetorik-Seminar, systematisches Täuschen, habituelles Lügen, Instrumentalisierung anderer Menschen, strategisches Wechseln zwischen Schmeicheln, Loben, Begünstigen und Protegieren sowie Verunsichern, Herabwürdigen, Demütigen, Kaltstellen, Feuern und Beseitigen, Verlangen nach absoluter Loyalität, übertriebene Belobigung und Protektion von Günstlingen in Verbindung mit genauso übertriebener Herabwürdigung und Bestrafung vermeintlich illoyaler oder unfähiger Mitarbeiter, abrupten Entzug der Gunst, wenn Günstlinge plötzlich und ohne erkennbaren Grund in Ungnade fallen. Die Leistungen anderer werden als eigene Erfolge deklariert, während man eigene Fehler leugnet, indem man Dritten die Schuld zuweist. Eigenes Fehlverhalten wird als Normalität dargestellt und andere werden beschuldigt, die gleichen Strategien zu verfolgen, wie man selbst (z. B. beschuldigt ein habitueller Lügner die Ehrlichen der Lüge).

- *Paranoia*. Menschen mit paranoider Persönlichkeitsstörung fühlen sich von Feinden umgeben und interpretieren auch neutrale oder sogar gutartige Handlungen anderer als feindselig. Sie neigen häufig zum Narzissmus (Komorbidität), sind extrem misstrauisch, empfindlich, schnell beleidigt oder gekränkt, neigen zu Rechthaberei und aggressivem Verhalten. Sie beschuldigen andere auch für eigene Fehler, vertrauen niemandem und neigen dazu, andere zu überwachen und zu kontrollieren. Typisch sind auch Rachefeldzüge gegen Menschen, die einem irgendwann einmal vermeintliche Niederlagen zugefügt haben. Paranoide Autokraten verfolgen gern das Narrativ, ihr Land sei von feindseligen Mächten umgeben, sei in der Geschichte gedemütigt worden und müsse wieder zu der ihm zustehenden Größe geführt werden – und sei es mit militärischen Mitteln. Paranoiker sind auch gut darin, ihre Macht mithilfe von Spionage-, Überwachungs-, Kontroll- und Schutzsystemen zu stabilisieren. Dazu können auch mehrere Geheimdienste und Leibgarden gehören, die sich gegenseitig kontrollieren.
- *Wahn*. Wahnhafte Störungen sind Denkstörungen, die zu objektiv falschen, mit der Realität nicht zu vereinbarenden Auffassungen führen, die vernünftigen Gegenargumenten nicht mehr zugänglich sind. Insbesondere in Verbindung mit der paranoiden Selbstisolierung (und der Bestrafung

der Überbringer schlechter Nachrichten, die den Autokraten fortan an nur noch mit Informationen versorgen, die er hören will) können diese Störungen dazu führen, dass man sich eine Parallelwelt konstruiert, innerhalb der man scheinbar rational zu agieren glaubt. Autokraten mögen Wahnvorstellungen entwickeln, dass sie bedroht werden, was dann häufig zu Vernichtungskampagnen führt. Kriegführende Autokraten überschätzen gern ihre militärische Stärke und erkennen sich ankündigende Niederlagen zu spät, sodass sie die *exit ramp* verpassen, die ihnen einen gesichtswahrenden Ausstieg ermöglichen würde. Ebenso werden Rebellionen unterschätzt.

- *Alkohol- und Drogenmissbrauch.* Schon Alexander der Große hatte bei einem seiner häufigen Alkoholexzesse seinen engsten Vertrauten erdolcht, Hitler erhielt von seinem Leibarzt Dr. Theodor Morell täglich im Wechsel Methamphetamin (Crystal Meth) und Barbiturate, und selbst der Muslim Saddam Hussein veranstaltete nach Augenzeugenberichten, »mit Drogen und Alkohol zugedröhnt«, bis zu dreimal wöchentlich seine berüchtigten »Folterpartys«. Zu den Drogenmissbrauchsfolgen gehören reduzierte Impulskontrolle, Gewalttätigkeit, mangelnde Realitätswahrnehmung, Verstärkung von narzisstischen und paranoiden Wesenszügen, im Extremfall Alkoholpsychosen mit Wahnvorstellungen.

Wir haben oben gesagt, dass man Zecken, Flöhe und Wanzen zugleich haben kann. Kommen Narzissmus, Machiavellismus und Psychopathie zusammen, spricht man von der »dunklen Triade« – einer Kombination von Persönlichkeitsstörungen, die autokratische Karrieren begünstigt. Die Persönlichkeitsstörungen von Autokraten sind dabei vom malignen, also bösartigen Typus.

Für maligne Narzissten und Psychopathen sind eine ganze Reihe von Berufen attraktiv, die ihnen die Möglichkeit verschaffen, im Mittelpunkt zu stehen, bewundert zu werden, andere Menschen zu manipulieren, einzuschüchtern, zu demütigen, Konkurrenten aus dem Weg zu räumen und Macht auszuüben. Die *Great British Psychopath Survey* hat bei rund 700 000 Menschen, die einen Online-Fragebogen beantwortet haben, einen Psychopathie-Index gemessen, der ursprünglich für die Diagnostik von Kriminellen entwickelt worden war. Da die Befragten ihre Berufe angaben, konnten auf repräsentativer statistischer Basis die Anteile der Psychopathen in verschiedenen Berufsgruppen ermittelt werden.

Die wenigsten Psychopathen finden sich erwartungsgemäß in den Pflege-, Heil-, Sozial- und Erziehungsberufen. Diese Berufe sind für Psychopathen wenig attraktiv, und Psychopathen sind, mangels Empathie, in diesen Berufen auch nicht gut. Genau umgekehrt verhält es sich bei den Berufen mit den höchsten Psychopathenanteilen: Unternehmensleiter (CEOs), Anwälte, Medienpersönlichkeiten, Verkäufer, Chirurgen (ganz anders als die übrigen medizinischen Fachrichtungen), Journalisten, Polizisten, Geistliche (die Macht der Kanzel ist verführerisch), Küchenchefs, Staatsbeamte (Dutton 2013) – wobei allerdings auch in diesen Berufsgruppen die Psychopathen in der Minderheit bleiben. Aber es handelt sich um Berufe, in denen einen Härte im Umgang mit anderen weiterbringt, in denen man im Rampenlicht steht, in denen man Macht ausüben kann. Es gibt kriminelle Psychopathen, die Gangsterbanden anführen, es gibt aber auch – und das ist bei Weitem die Überzahl – funktionelle Psychopathen, denen ihre Persönlichkeitsstruktur hilft, Karriere zu machen:

> »Sie sind selbstsicher, schieben nichts auf, fokussieren sich aufs Positive, nehmen Dinge nicht persönlich und machen sich keine Vorwürfe, wenn etwas nicht geklappt hat. Sie bleiben cool, wenn sie unter Druck stehen. Sie sind furchtlos, charmant und gewissenlos. Psychopathen beschäftigen sich nicht mit einem möglichen Scheitern. Sie fokussieren sich immer nur auf die gewünschte Belohnung. Dadurch werden sie automatisch selbstsicherer und überzeugender.« (Dutton 2013)

Auch politische Karrieren sind für Narzissten und Psychopathen attraktiv – und erst recht die Aussicht auf autokratische Herrschaft. »Das Bild eines idealen Kandidaten«, schreibt Kevin Dutton, Professor für Psychopathologie an der Universität Oxford, über die Ergebnisse seiner Forschungsarbeiten,

> »war das einer charmanten, überzeugenden, selbstsicheren Person, die, falls nötig, rücksichtslos sein kann und die auch Gegenwind vertragen kann: er oder sie ist in der Lage, auf Kurs zu bleiben, einen kühlen Kopf zu bewahren und unter Beschuss Leistung zu bringen. In den Kategorien unseres Mischpults für Persönlichkeit wäre die beste Kombination hoch bei allen Reglern für Furchtlose Dominanz, variabel beim Regler für Kaltherzigkeit und niedrig bei den Reglern

> für Ichbezogene Impulsivität. Anders ausgedrückt erscheint Politik als eine Profession, in der eine Lieferung mit einer legalisierten, präzise adjustierten Psychopathie ziemlich gelegen kommen würde […] bestimmte psychopathische Merkmale – einschließlich mentaler Robustheit, sozialer Dominanz und Furchtlosigkeit – erscheinen sehr nützlich bei Führungsrollen und können Führungspersönlichkeiten helfen, beträchtlichen Erfolg zu haben.« (Dutton 2016)

Das trifft bereits auf demokratische Politiker:innen zu. Will man Autokrat werden, braucht man bei der dunklen Triade noch etwas extremere Werte. Ferndiagnosen und post-mortem-Diagnosen gelten zwar eigentlich als unzulässig, aber sind mangels Kooperationsbereitschaft der Betroffenen häufig alternativlos – und angesichts der Macht, die (angehende) Autokraten ausüben, unverzichtbar. Und häufig liegen derart umfangreiche Dokumente, Videos (die mitunter sogar zu Lehrzwecken eingesetzt werden) und Augenzeugenberichte vor, dass Persönlichkeitsstörungen ziemlich zuverlässig diagnostiziert werden können. Dutton hat das *Psychopathic Personality Inventory (Revised)* angewandt, um historische und lebende Politikerpersönlichkeiten anhand biografischer und medial verfügbarer Daten zu analysieren. Ab einem Wert von 155 gilt der dabei ermittelte Index als pathologisch. Top-Ergebnisse auf der Psychopathie-Skala erreichten Saddam Hussein mit einem Wert von 189, Heinrich XIII. (178), Idi Amin (176), Adolf Hitler (169) und – damals noch als Präsidentschaftskandidat – Donald Trump mit einem Indexwert von 171 (Dutton 2016).

Dutton stand mit seiner Diagnose nicht allein. Auch andere namhafte Psychiater haben Trump Anzeichen für Persönlichkeitsstörungen attestiert, insbesondere für »malignen Narzissmus« (Kuntzman 2017 und nicht weniger als 37 renommierte Expert:innen in Lee 2019). Und dass Trump Autokraten bewunderte, teilweise beneidete, und nie einen Zweifel gelassen hat, dass auch er unbeschränkte, autokratische Macht auf Lebenszeit anstrebt, bestätigt, dass er mit seinen Persönlichkeitsstörungen durchaus in die Reihe berüchtigter Autokraten passt.

Dem russischen Präsidenten Wladimir Putin hat der französische Präsident Emmanuel Macron nach über 20 Gesprächsstunden wiederholt Paranoia unterstellt, was mit Angela Merkels Aussage, er lebe »in einer anderen Welt«, Aussagen aus seinem Umfeld und zahlreichen Experteneinschätzungen korrespondiert, beispielsweise mit einer Ferndiagnose zweier renommierter

Psychiater in einer pazifistischen Zeitschrift, die ihre Analyse mit den Worten schließen »wir hoffen, wir irren uns« (Strozier/Terman 2022). James Fallon, Professor für Psychiatrie an der University of California, hat Putins Persönlichkeit außerordentlich gründlich analysiert, anhand von dessen Autobiografie, Interviews mit seinen Biografen und Interviews mit zahlreichen Menschen, die Putin persönlich sehr gut kennen. Anhand anerkannter wissenschaftlicher Kriterien charakterisiert er ihn als Psychopathen und zugleich als malignen Narzissten mit sadistischen Zügen (Fallon 2022).

Einen systematischen, quantitativen Ansatz verfolgte eine Studie, die anhand von Experteneinschätzungen Persönlichkeitsprofile von 157 hochrangigen Politikern erstellte, darunter 14, die als autokratische Persönlichkeiten eingestuft wurden. Das Ergebnis lautete: »Das durchschnittliche Profil von Autokraten unterscheidet sich konsistent – und oft substanziell – von dem Profil von Nicht-Autokraten. […] Versuchspersonen, die als ›Autokraten‹ identifiziert wurden, haben signifikant höhere Werte als Nicht-Autokraten bei den drei Merkmalen der Dunklen Triade, und insbesondere bei Psychopathie […]« (Nai/Toros 2020). Verglichen wurden die Persönlichkeitsprofile von Nicht-Autokraten, die der politischen Mitte, der Rechten und der Linken zugeordnet wurden, mit Autokraten, die sämtlich der Rechten zuzurechnen waren. Obwohl auch systematische Unterschiede nach politischer Ausrichtung festzustellen waren, wichen die Persönlichkeitsmerkmale der Autokraten bei folgenden Merkmalen stark vom Rest des Feldes – auch von den rechtsgerichteten Nicht-Autokraten – ab:

- Hohe Werte bei Extraversion
- Niedrige Werte bei Verträglichkeit (Rücksichtnahme, Kooperationsbereitschaft, Empathie)
- Niedrigere Werte bei Gewissenhaftigkeit (Pflichtbewusstsein)
- Besonders niedrige Werte bei emotionaler Stabilität
- Extrem hohe Werte bei Narzissmus (Größenwahn, Überlegenheit, Anspruchsdenken)
- Sehr stark überdurchschnittliche Werte bei Psychopathie (geringe Empathie, Aggression, Impulsivität)
- Sehr stark überdurchschnittliche Werte bei Machiavellismus (Manipulation, Täuschung)

Persönlichkeitsmerkmale von Autokraten im Vergleich zu Nicht-Autokraten (Skala von 0 = sehr gering bis 4 = sehr hoch), n = 157

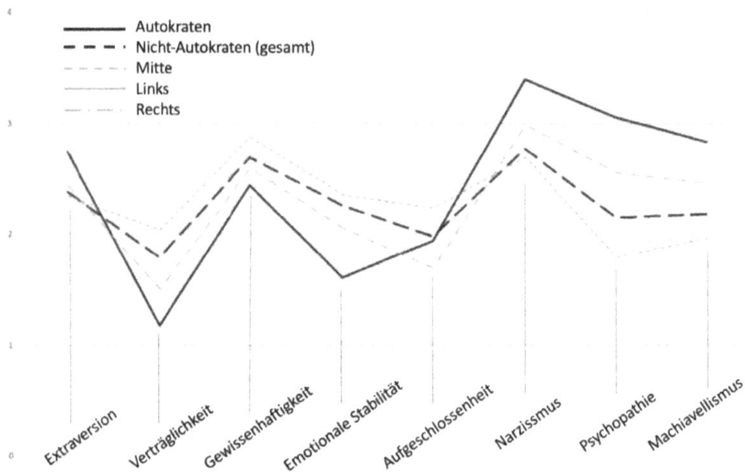

Quelle: Nai/Toros 2020, eigene Bearbeitung.

James Fallon (2022) schreibt über Wladimir Putin und Psychopathen überhaupt:

> »[…] Psychopathen suchen stets, wie Schlägertypen, nach Schwächen ihrer menschlichen Opfer. […] Sie sind sehr gut darin, die Emotionen und Absichten anderer Menschen zu lesen, obwohl sie für sich selbst nichts Derartiges empfinden. In anderen Worten: Ihnen fehlt emotionale Empathie. Aber sie verfügen typischerweise über eine exzellente kognitive Empathie, so dass sie wissen, was du empfindest, was deine Ängste sind, deine emotionalen Auslöser und Wünsche, und sie manipulieren diese, um das zu bekommen, was sie von ihrem Opfer wollen: Eine physische Reaktion, Geld, Sex – oder einfach aus der Lust, ›jemanden zu besitzen‹. […] Und sie glauben wirklich, dass sie Menschen besitzen. […] Wenn du eine unbedeutendere, schwächere Person bist, verachten sie dich völlig. Das gilt für Schlägertypen, Psychopathen und Diktatoren, die soziopathisch oder psychopathisch sind. Und dieses Verhalten ist rational, in Putins Kopf.«

Putin, wie auch berüchtigte Diktatoren der Vergangenheit wie Stalin oder Hitler, handeln durchaus überlegt, kaltblütig und rational. Sie verfolgen ihre Ziele – sich einen Platz in den Geschichtsbüchern als überragende Herrscher zu sichern – und setzen ihre Mittel kalkuliert ein: Die Schwächen von Gegnern gnadenlos ausnutzen, Feinde rücksichtslos zu beseitigen, ein Überwachungs- und Terrorregime aufzubauen, das Gegner einschüchtert und Widerstand im Keim erstickt. Dass sie trotzdem am Ende meist scheitern, liegt daran, dass sie sich selbst überschätzen, insbesondere, dass sie nicht einkalkulieren, dass sich irgendwann fast die gesamte Welt gegen sie verbündet.

Psychopathen und maligne Narzissten sind nicht leicht zu erkennen, schon gar nicht für Wählerinnen und Wähler, weil sie außerordentlich charmant sein können. Weil sie selbst nur über ein eingeschränktes emotionales Spektrum verfügen, sind sie in der Lage, ihren Habitus nach Bedarf blitzschnell umzuschalten. Der Psychopath gibt seinem Schergen einen Mordbefehl und tätschelt eine Minute später mit gespielter Herzlichkeit ein Baby, wenn er den Kameras das Bild des fürsorglichen Staatschefs liefern will. Hitler konnte voller Charme in einer Abendgesellschaft plaudern, während er zeitgleich grausamste Völkermorde anordnete. Wir erinnern uns an Platon, der sagte, dass sich der angehende Tyrann freundlich gibt, solange er noch auf die Zustimmung durch die Bevölkerung angewiesen ist.

Wer narzisstisch, psychopathisch, paranoid und machiavellistisch ist, neigt dazu, nicht nur in (politische) Spitzenämter zu kommen, sondern auch nach autokratischer Macht zu greifen, wenn es irgend möglich ist. Diese Eigenschaften helfen auch, die Bevölkerung zu belügen, sich brutal gegen Konkurrenten durchzusetzen und sich durch Verletzung von Normen an die Macht zu bringen. Aber genau diese Eigenschaften verhindern auch, dass man gut und weise regiert. Bestimmte Bevölkerungsgruppen mögen sich davon beeindrucken lassen, dass sich »starke Führer« mit klarem Ziel und harter Hand an die Macht durchboxen – aber das böse Erwachen kommt, wenn diese Typen die Macht in Händen halten und sie zum Nachteil auch derjenigen einsetzen, die sie gewählt und unterstützt haben. Das ist einerseits eine unmittelbare Konsequenz von Egozentrik, Empathiemangel, Bösartigkeit und Größenwahn, andererseits aber auch, wie wir schon bei Xenophon lesen können, die Folge der Logik der Autokratie.

Autokraten können einfach nicht gut regieren. Das liegt an dem, was in der Managementliteratur als »Peter-Prinzip« bekannt ist: Die Kompetenzen, die man benötigt, um in eine bestimmte Position aufzusteigen, sind nicht diejenigen, die man dann in dieser Position braucht (Peter/Hull 2001). Und das gilt seit Jahrhunderten, wie schon William Shakespeare wusste, auch für Tyrannen: »Der Triumph des Tyrannen gründet sich auf Lügen und betrügerische Versprechen, die sich um die gewaltsame Ausschaltung von Rivalen spinnen. Die raffinierte Strategie, die ihn auf den Thron bringt, enthält kaum eine Vision für das Reich, noch hat er Ratgeber um sich geschart, die ihm helfen könnten, eine solche zu formulieren.« (Greenblatt 2019: 84 f.)

Autokraten können niemals gute Staatsmänner sein, denn um an die Macht zu kommen, müssen sie extrem destruktive Qualitäten zeigen: sie müssen lügen, betrügen, zerstören, drohen, einschüchtern, beseitigen, womöglich morden. Sie müssen egoistisch sein, kompromisslos, empathiefrei, schamlos, illoyal, aggressiv, grausam und gewalttätig. Wer aber destruktiv ist, kann keinen Staat führen. Um einen Staat zu führen, muss man gemeinwohlorientiert sein, kompromissfähig, ausgleichend, loyal, besonnen, gütig und gerecht, damit man konstruktiv agieren kann.

Deshalb ruinieren Autokraten, wenn sie erst einmal an die Macht gekommen sind, ihre Länder regelmäßig. Entweder, sie stürzen sie ins Chaos (im Extremfall Bürgerkrieg) oder sie zetteln, wie es Platon diagnostiziert hat und wie es Hitler und Putin praktiziert haben, Kriege gegen andere an. Der Autokrat kann nur zerstören (das beherrscht er perfekt), er *kann* aber nicht aufbauen. Der Autokrat ist an die Macht gekommen, weil er zeit seines Lebens aggressiv war; diese Aggressivität steckt in ihm und die wird er, sobald er an der Macht ist, gegen andere Ziele richten, nach innen wie nach außen. Die Persönlichkeitsstrukturen, die Autokraten typischerweise aufweisen, insbesondere die narzisstische Komponente, lassen sie meist an sich selbst scheitern:

- Der narzisstische Größenwahn bewirkt, dass sich Autokraten Ziele setzen, die sie nicht mehr erreichen können, und dann grandios scheitern. Das gilt insbesondere dann, wenn Autokraten – wie Hitler, Saddam oder Putin – Eroberungskriege anfangen, die sie nicht gewinnen können.
- Die schwache Seite von Autokraten ist meist die Risikoeinschätzung. Um an die Macht zu kommen, müssen sie Hasardeure sein und in der richtigen Situation alles auf eine Karte setzen. Wenn sie an der Regierung sind und weiterhin große Risiken eingehen, werden sie früher oder später scheitern. Nach dem Zeugnis des ehemaligen KGB-Agenten Sergej

Schirnow (2022) habe ein interner KGB-Bericht Putin in seiner Agentenzeit ein »psychologisches Problem« attestiert, weil »er die Folgen seiner Entscheidungen und Handlungen nicht abzuschätzen vermöge« und »kein Gefühl« für Gefahren habe. Dies hat sich im Ukraine-Krieg bestätigt.

- Die Kombination aus Narzissmus und Psychopathie führt dazu, dass Autokraten die Überbringer schlechter Nachrichten bestrafen, sodass sie nur noch mit den Informationen versorgt werden, die sie hören wollen. Putin wurde von seinem eigenen Geheimdienst vor dem Angriff auf die Ukraine mit Falschinformationen versorgt, weil die Generäle Repressalien fürchteten, falls sie ihm die unangenehme Wahrheit überbracht hätten. Weil Putin es so hören wollte, haben seine Untergebenen behauptet, die russische Armee würde die Ukraine binnen »Minuten« besiegen (Chodarenok 2022) – und er hat es wirklich geglaubt, mit den bekannten Folgen. Auch aus dem Umfeld von Margaret Thatcher wurde berichtet, dass sie den EU-Vertrag, der es erstmals ermöglichte, das Vereinigte Königreich zu überstimmen, unterzeichnete, weil ihre Mitarbeiter es nicht wagten, sie über die entsprechende Passage in dem umfangreichen Vertragswerk aufzuklären.
- Das Verlangen nach absoluter Loyalität produziert taktische Heuchelei – wie bei Lindsey Graham, der aus taktischen Gründen, nicht aus Überzeugung, zum Unterstützer Trumps wurde. Auch der alte Hieron wusste, dass die größten Schmeichler des Tyrannen in Wirklichkeit seine ärgsten Feinde sind, die dann irgendwann eine Palastrevolution anzetteln.
- Psychopathen lieben es, Gegner zu besiegen, und Narzissmus lässt den Wunsch wachsen, gegen möglichst starke Gegner die Oberhand zu behalten. Als Staatschefs begeben sich Autokraten gern in Zweikämpfe mit besonders mächtigen Gegnern – am liebsten US-Präsidenten –, die sie, zumindest auf dem psychologischen Feld, besiegen wollen. Saddam Hussein legte sich mit George H. W. Bush an, und Wladimir Putin meinte, das Psychospiel gegen den alternden und von ihm als schwach eingeschätzten US-Präsidenten Joe Biden zu gewinnen. In beiden Fällen haben sie ihren Gegner unterschätzt.
- Narzissmus führt auch dazu, sich selbst zu überschätzen. Wenn ein Krieg nicht gut läuft, beginnt ein Autokrat (der bekanntlich alles besser weiß und besser kann), auf der Ebene eines Obersten oder Brigadegenerals militärische Mikrobefehle zu erteilen – auch wenn er keine militärische

> Ausbildung hat. Hitler hat das getan und Putin auch – mit der Folge dramatischer militärischer Verluste, weil aussichtslose Offensiven befohlen wurden und strategisch sinnvolle Rückzüge verboten wurden.

Es kann keinen »guten Diktator« geben, keinen »gemeinwohlorientierten Autokraten«, denn die Eigenschaften, die einen an die Macht bringen, lassen einen das Land, das man beherrscht, zerstören. Autokraten können, wenn sie an die Macht kommen, allenfalls kurzfristige Strohfeuereffekte erreichen, beispielsweise, indem sie mit autoritären Maßnahmen in die Wirtschaft eingreifen. Aber früher oder später kommt es zu Einbrüchen, es kommt zu gravierenden Fehlentscheidungen, und im schlimmsten Fall kommt es zu Krieg – der meist verloren wird.

4.4 Verlockende Autokratie: Warum Menschen immer wieder auf Autokraten hereinfallen

Einer der scharfsinnigsten Analysten der Logik der Autokratie war gar kein politischer Philosoph oder Politikwissenschaftler, sondern ein Dramatiker: William Shakespeare hat zahlreiche Theaterstücke verfasst, durch die er seinem Publikum vor Augen führte, mit welchen Methoden Tyrannen an die Macht kommen, warum sie sich an der Macht halten können, und wie sie die Länder, die sie regieren, in den Untergang führen. Shakespeare musste Zensur und Verfolgung fürchten – man konnte damals schon mal eine Hand oder seine Ohren verlieren, wenn man die Königin kritisierte –, sodass er seine Stücke über historische Autokraten verfasste, deren Methoden allerdings insofern zeitlos waren, als sie immer wieder – und das bis heute – angewendet werden. Der Anglist Stephen Greenblatt (2019) hat die politikwissenschaftlichen Essenzen aus Shakespeares Dramen herausgearbeitet und, ohne dessen Namen zu nennen, die Parallelen historischer Tyrannen zur Politik des US-Präsidenten Donald Trump aufgezeigt.

So trägt der englische König Richard III. die typischen Züge einer narzisstisch gestörten, psychopathischen Persönlichkeit. Er liebt nur sich selbst, hat ein groteskes Anspruchsdenken und, unbeschränkte Macht auszuüben, ist für ihn die größte Freude. Er ist autoritär, schikanös, grausam, sadistisch, empathiefrei, verlogen und manipulativ. Er ist ein Spezialist darin, Schwäche zu erkennen, und gut im Verspotten, Verhöhnen und Beleidigen. Er hat keinen Sinn für Demut, Anstand und menschliche Werte. Er respektiert kein Gesetz und es befriedigt ihn sogar, Gesetze zu brechen. Aber wieso findet eine derart deformierte – und letztlich zum Regieren ungeeignete – Person wie Richard III. Menschen, die ihn unterstützen und nicht stürzen, wie es moralisch anständig und rational geboten wäre? Greenblatt (2019: Kap. 5) liefert gleich acht Erklärungen, warum die Menschen auch vollkommen charakterlose Autokraten unterstützen:

1. Die Naiven lassen sich tatsächlich täuschen, indem sie seine Lügen glauben.
2. Dann gibt es die, die sich derartig einschüchtern lassen und machtlos fühlen, dass sie sich ihm unterwerfen.
3. Es gibt Menschen, die nicht glauben können, dass Richard wirklich so schlecht ist, wie er erscheint. »Sie fühlen sich unwiderstehlich dahingezogen zu normalisieren, was nicht normal ist.« (Greenblatt 2019: 67)
4. Eine andere Gruppe hält zwar Richard für ein misslungenes Exemplar von Mensch, glaubt aber, dass es immer genug Erwachsene im Zimmer gibt, damit Versprechen und Bündnisse eingehalten werden, Institutionen respektiert werden und alles seinen normalen Gang geht. Die Vorstellung, dass »die Erwachsenen im Zimmer« den infantilen Autokraten zügeln werden, war auch typisch für den Beginn der Amtszeit von Donald Trump.
5. Tragische Figuren sind diejenigen, die sich selbst einreden, sie könnten aus Richards Aufstieg zur Macht persönliche Vorteile gewinnen. Diese unterschätzen jedoch das Ausbeuterische des narzisstisch Gestörten: Sobald dem Narzissten ein Zuarbeiter nicht mehr nützlich ist, lässt er ihn fallen. Für Narzissten ist Loyalität eine Einbahnstraße – eigentlich ist es eine Schwäche der Anständigen, die man auszunutzen versteht. Donald Trump hatte eine schier endlose Reihe von Zuträgern, die er erst gelobt und gefördert, dann aber mitleidslos gefeuert hat.
6. Die Opportunisten führen einfach die Befehle des Autokraten aus, manche zögerlich und nur, um Ärger zu vermeiden, andere dagegen mit vollem Herzen, wollen sie doch schauen, ob dabei nicht ein paar Krümel für sie selbst abfallen, und wieder andere empfinden sogar großes Vergnügen daran, sich an den Grausamkeiten der Vernichtung anderer zu beteiligen. »Der aufstrebende Tyrann,« schreibt Greenblatt, »hat niemals einen Mangel an solchen Leuten, nicht bei Shakespeare und, von dem, was ich weiß, nicht im Leben.« (Greenblatt 2019: 68)

7. Viele Menschen, gerade auch im Volk, ertragen den Autokraten, weil sie glauben, dass die Alternativen auch nicht besser sind.
8. Und schließlich gibt es die – und davon nicht wenige –, die sich von der Schamlosigkeit des Tyrannen, von seiner Missachtung jeglichen menschlichen Anstands, von seiner offensiv zur Schau gestellten Arroganz der Macht geradezu faszinieren lassen, sodass auch alle Lügen wirken, obwohl die Menschen wissen, dass es sich um Lügen handelt: »Etwas in uns genießt jede Minute dieses grässlichen Aufstiegs zur Macht.« (Greenblatt 2019: 83)

Geschichte wiederholt sich bekanntlich nicht, aber sie reimt sich. Die menschlichen Schwächen, die Richard III. für sich nutzte, werden auch heute noch von Autokraten und solchen, die es werden wollen, ausgebeutet. Erstens meint man, einen aggressiven, destruktiven, starken Führer zu benötigen. Man bildet sich innere (Migranten!) oder äußere (Nachbarstaaten!) Gefahren ein, für deren Bewältigung man die gemäßigten, kompromissbereiten Politiker für zu schwach hält. Zu was die destruktive Energie des Autokraten führen wird, kann man sich in seinen kühnsten Träumen ebenso wenig vorstellen wie die Schrecken eines Krieges oder einer Gewaltherrschaft. Zweitens ist man entschlossen, auf die von Platon aufgezeigten Versprechungen des angehenden Autokraten hereinzufallen, dass er gar kein Autokrat werden will, dass er nichts Schlimmes anstellen wird und dass er in seinem Herzen ein gütiger und wohlmeinender Mensch sei. »Künstliche Tränen«, ein »zu jeder Gelegenheit passender Gesichtsausdruck« und »Lächeln, wenn ich morde«. Die durchschaubaren Lügen des aufsteigenden Autokraten sind somit Hilfen zum Selbstbetrug. Drittens meint man, selbst von der destruktiven Aggressivität des Autokraten profitieren zu können. Endlich kann man selbst Denunziant und Blockwart spielen und seine unsympathischen Nachbarn in der Morgendämmerung abholen lassen. Endlich kann man in der Partei Titel und Ehrenzeichen erlangen und sogar auf Posten kommen, für die die eigenen Qualifikationen nie gereicht hätten. Viertens reicht die menschliche Fantasie nicht aus, sich vorzustellen, welches Unheil der Autokrat als Regierungschef alles anrichten wird. Gerade wenn man lange Zeit in Frieden und Wohlstand gelebt hat, denkt man, das alles sei selbstverständlich, würde irgendwie automatisch ablaufen und könne gar nicht kaputt gemacht werden. Und fünftens ist es diese Faszination des Bösen, das einem selbst so irreal vorkommt wie Graf Dracula im Horrorfilm. Man sieht sich den Film an und genießt den kalten Schauer, der einem über den Rücken läuft, weil man genau weiß, dass es nur ein Geschehen auf dem Bildschirm ist. Und wenn man den Autokraten wählt, von dem man weiß, dass er Grausamkeiten begehen wird, meint man doch, dass sie in der Ferne geschehen und man selbst davon nicht betroffen sein wird.

Das alles erklärt, warum viele Deutsche Hitler gewählt haben, warum noch mehr Amerikaner Trump gewählt haben und warum ein noch größerer Anteil der Türken Erdoğan ermächtigt hat und warum gewaltige Mehrheiten der Russen immer wieder Putin wählen und die Verfassung, die ihm nutzt, billigen. Dass Millionen evangelikaler, strenggläubiger amerikanischer Frauen einen Mann zum Präsidenten gewählt haben, der sich damit gebrüstet hat, dass er seine Prominenz nutzt, um Frauen an ihre Geschlechtsteile zu fassen, ist mit den gleichen Mechanismen zu erklären, die sich bereits Richard III. zunutze gemacht hatte: »Das war ja nur ›Umkleidekabinengerede‹«, »Hunde, die bellen, beißen nicht«, »die anderen sind noch schlimmer«, »so schlimm ist das doch gar nicht«, »er ist der einzige, der unser Land wieder groß machen kann, da müssen wir so etwas in Kauf nehmen«, und: »Das zeigt, dass er wenigstens ein richtiger Mann ist, und genau den brauchen wir jetzt.« Dass es ihm half, dass sich seine politischen Gegner zu fein waren, sich wirklich über die Verletzung sämtlicher demokratischer Spielregeln zu empören, können wir ebenfalls schon bei Shakespeare lesen.

Autokraten kommen nicht aus dem Nichts an die Macht. Sie lassen sich normalerweise von einer Bewegung hochspülen, an deren Spitze sie sich setzen und die Rolle des charismatischen Anführers einnehmen. Die Bewegung trägt die Partei, die dann in den Parlamenten eine beherrschende Rolle einnimmt und den Autokraten ermächtigt (wozu sie, wie das Beispiel der NSDAP zeigt, mitunter noch nicht einmal eine Mehrheit benötigt). Aus der Bewegung rekrutiert der Autokrat aber auch seine Spitzel, Propagandisten, Schlägertrupps und Milizen sowie die vielen Schergen, mit denen er Schlüsselpositionen in Politik, Gesellschaft, Justiz, Wirtschaft, Militär und anderen Bereichen besetzt.

Demokratiemüdigkeit und Populismus begünstigen das Aufkommen antidemokratischer Bewegungen und Parteien. Rechtspopulistische Parteien sind keine normalen Parteien. »Normale« Parteien versuchen, die Interessen ihrer Wählerklientel in politische Entscheidungen zu transformieren, beispielsweise die Interessen an einer bestimmten Sozialpolitik, Wirtschaftspolitik oder Umweltpolitik. Es ist auch »normal«, wenn eine Partei anstrebt, die Gesellschaft zu verändern, also beispielsweise eine Gesellschaft zu schaffen, in der konservative, liberale, soziale oder ökologische Werte stärker verankert sind als bisher. »Normale« Parteien sind konstruktiv, sie wollen Verbesserungen für ihre Wählerinnen und Wähler – was freilich im Rahmen von Verteilungskämpfen manchmal auch zu Lasten anderer Wählergruppen gehen kann, als unvermeidliche Begleiterscheinung der Durchsetzung von Interessen.

Die rechtspopulistischen Parteien wollen etwas Anderes. Sie sind aggressiv und destruktiv. Sie wollen die Demokratie abschaffen und durch das Führerprinzip ersetzen. Sie wollen bestimmte Bevölkerungsgruppen bekämpfen, Menschen mit Migrationsgeschichte – auch wenn es vor drei oder vier Generationen war – unter Einsatz »wohltemperierter Grausamkeit« aus Deutschland vertreiben. Sie wollen, wie es der starke Mann der AfD, Björn Höcke, im Sommer 2022 formulierte, im Jahr 2024 »die Machtfrage stellen«. Wer ist Björn Höcke?

Als enger Vertrauter des Vordenkers der Neuen Rechten Götz Kubitschek ist Björn Höcke der ideologische Kopf der AfD oder zumindest ihres rechtsextremen Flügels. Er ist Spitzenkandidat der AfD in Thüringen und im dortigen Landtag Fraktionsvorsitzender. Auf Funktionen auf Bundesebene hat er, aus rein taktischen Gründen, bisher verzichtet. Dafür trat er auf dem AfD-Bundesparteitag vom Juni 2022 in Riesa als »der wahre Chef« der Bundes-AfD auf, indem er, mit den Stimmen der starken ostdeutschen Landesverbände im Rücken, erst das Vorsitzendenpaar installierte, dieses dann aber in praktisch jeder Sachabstimmung überstimmte (Der Spiegel 41/2022). Seine Ambitionen auf das Kanzleramt hat er am Rande eines Interviews klargemacht (Höcke 2019). Und dieser Björn Höcke hat ein Buch veröffentlicht, das selbst seine Parteifreunde nicht von Hitlers *Mein Kampf* unterscheiden konnten. Hitler hat *Mein Kampf* sechs Jahre vor der Machtergreifung veröffentlicht. Seine Weltanschauung und seine Ziele hatte Hitler darin schon längst klargestellt – ernstgenommen wurde das Buch nicht, auch nicht von den bürgerlichen Parteien, die dem *Ermächtigungsgesetz* zustimmen sollten, darunter auch der spätere Bundespräsident Theodor Heuss. Höckes Buch ist zurückhaltender, vorsichtiger formuliert, lässt aber dennoch hinsichtlich seiner Zielvorstellungen keine Klarheit vermissen:

- »[…] neben dem Schutz unserer nationalen und europäischen Außengrenzen wird ein groß angelegtes Remigrationsprojekt notwendig sein. Und bei dem wird man, so fürchte ich, nicht um eine Politik der

›wohltemperierten Grausamkeit‹, wie es Peter Sloterdijk sagte, herumkommen. Das heißt, dass sich menschliche Härten und unschöne Szenen nicht immer vermeiden lassen werden.« (Höcke 2018: 254)

- »Ansonsten wird ein neuer Karl Martell vonnöten sein, um Europa zu retten.« (Höcke 2018: 252)
- »Ein paar Korrekturen und Reförmchen werden nicht ausreichen. Aber die deutsche Unbedingtheit wird der Garant dafür sein, daß wir die Sache gründlich und grundsätzlich anpacken werden. *Wenn einmal die Wendezeit gekommen ist, dann machen wir Deutschen keine halben Sachen.* Dann werden die Schutthalden der Moderne beseitigt, denn die größten Probleme von heute sind ihr anzulasten.« (Höcke 2018: 257 f.)
- »›Brandige Glieder können nicht mit Lavendelwasser kuriert werden‹, wusste schon Hegel«. (Höcke 2018: 254)
- »Es braucht eine starke Persönlichkeit und eine feste Hand an langer Leine, um die zentrifugalen Kräfte zu bändigen und zu einer politischen Stoßkraft zu bündeln.« (Höcke 2018: 231)
- »Die Sehnsucht der Deutschen nach einer geschichtlichen Figur, welche einst die Wunden im Volk wieder heilt, die Zerrissenheit überwindet und die Dinge in Ordnung bringt, ist tief in unserer Seele verankert, davon bin ich überzeugt.« (Höcke 2018: 161)
- In einem Interview mit dem Wall Street Journal hat Höcke noch nicht einmal davor zurückgeschreckt, die Boshaftigkeit eines Adolf Hitler zu relativieren: »Sie wissen, das große Problem ist, dass man Hitler als absolut böse darstellt. Aber selbstverständlich wissen wir, dass es in der Geschichte kein Schwarz und kein Weiß gibt. Und dass es viele Schattierungen von Grau gibt. […] Aber es ist auszuschließen – rein durch Logik, rein philosophisch ist es auszuschließen – dass ein Mann ausschließlich dunkel ist.« (Höcke 2020)

Höcke will die parlamentarische Demokratie abschaffen, stattdessen eine Diktatur errichten – offenbar mit sich selbst als neuem Führer – und eine Schreckensherrschaft praktizieren, deren Grausamkeit er schon ankündigt. Das Buch ist frei verkäuflich, und Medien haben darüber berichtet. Später wird niemand sagen können, man habe es nicht ahnen können. Und man wird auch nicht sagen können, Höcke sei nicht repräsentativ für die AfD. Sein 2015 verkündeter Zehnjahresplan ist bis zum Sommer 2022 weitgehend aufgegangen. Autokraten kommen nicht unbedingt über die »Ochsentour«

in Spitzenpositionen, sondern sie sorgen dafür, dass Chaos entsteht, in dem dann der Ruf nach einem starken Führer erschallt. Höckes Plan verläuft bisher lehrbuchmäßig. Aber warum erreicht eine Partei, deren Schattenführer ein Terrorregime errichten will, bei Landtagswahlen bis zu einem Viertel der Wählerstimmen und auch bei Bundestagswahlen zweistellige Prozentanteile? Was verleitet Menschen, eine solche Partei zu wählen oder gar, ihr beizutreten?

Sozialwissenschaftler:innen, deren Berufsbiografie noch geprägt ist von der Marx'schen These des Primats der Ökonomie, neigen dazu, nach ökonomischen Gründen zu suchen. Es seien »Modernisierungsverlierer«, die zum Rechtspopulismus neigten. Tatsächlich zeigen alle Studien, dass die unteren Einkommensschichten eher zum Populismus und zur Wahl der AfD neigen als die oberen. Noch stärker ist aber der Zusammenhang mit dem Bildungsniveau, wenn etwa nach dem *Populismusbarometer 2018* des Wissenschaftszentrums Berlin und der Bertelsmann-Stiftung 41 % der Befragten mit maximal Hauptschulabschluss populistisch eingestellt sind, aber nur 16 % der Befragten mit Fachhochschul- oder Hochschulreife (Vehrkamp/Merkel 2019: 34). Das ist eine durchaus starke, aber keineswegs perfekte Korrelation. Es gibt auch in den sozialen Mittel- und Oberschichten beträchtliches Potenzial für Rechtspopulismus. Es ist auch nicht so, dass rechtspopulistische Parteien gute Ergebnisse durchweg in strukturschwachen Regionen erzielen. Im Ruhrgebiet, in Bremen und im Saarland ist die AfD keineswegs stark, und ihre Stärke in den Neuen Bundesländern ist auf andere Gründe zurückzuführen als auf wirtschaftliche Probleme – zumal die AfD genau dann erstarkt ist, als Städte wie Dresden, Leipzig, Erfurt, Magdeburg den ökonomischen Wendepunkt *überschritten* hatten und zu Wachstumszentren wurden.

Armut lässt Menschen nicht zu Rechtspopulisten werden. Vielversprechender als ökonomische Erklärungen ist die Kombination von psychologischen und soziologischen Erklärungen. Beginnen wir mit der Psychologie. Im Jahr 1950 hatte Theodor W. Adorno zusammen mit einem Forscher:innenteam in den USA mithilfe einer empirischen Studie eine »autoritäre Persönlichkeit« identifiziert, die durch hohe Korrelationen zwischen Konservatismus, Ethnozentrismus, Antisemitismus sowie antidemokratischen und faschistoiden Tendenzen geprägt war und ebenso mit geringer Bildung und niedriger Intelligenz einherging (Adorno et al. 1950). Diesen Persönlichkeitstyp gibt es heute noch, und es gibt ihn auch bei uns.

Eine repräsentative Studie der Abteilung für Medizinische Psychologie und Medizinische Soziologie der Universität Leipzig hat im Jahr 2018 die Parteipräferenz mit bestimmten Persönlichkeitsmerkmalen korreliert (Yendell et al. 2018). Bei sämtlichen Indikatoren für Autoritarismus lagen die Wählerinnen und Wähler der AfD deutlich vorn, so bei den Aussagen »Gegen Außenseiter und Nichtstuer sollte in der Gesellschaft mit aller Härte vorgegangen werden«, »Gesellschaftliche Regeln sollten ohne Mitleid durchgesetzt werden« oder »Unruhestifter sollten deutlich zu spüren bekommen, dass sie in der Gesellschaft unerwünscht sind«. Spitzenwerte erzielten die AfD-Anhänger:innen aber auch auf der Narzissmus-Skala, d. h. bei den Aussagen »Ich ziehe viel Kraft daraus, eine ganz besondere Person zu sein«, »Mit meinen besonderen Beiträgen schaffe ich es, im Mittelpunkt zu stehen«, »Ich will, dass meine Konkurrenten scheitern« und »Die meisten Menschen sind ziemliche Versager«. Bei den Narzissmus-Indikatoren »Ich habe es verdient, als große Persönlichkeit angesehen zu werden« und »Ich reagiere genervt, wenn eine andere Person mir die Schau stiehlt«, lagen die AfD-Wähler:innen knapp hinter den Wähler:innen der Linkspartei, die einen Populismus linker Spielart vertritt, der sich offenbar ebenfalls aus Narzissmus speist, aber ohne Autoritarismus auskommt.

Eine deutsch-schweizerische Studie hat die Thematik noch differenzierter untersucht und den Narzissmus noch einmal in narzisstische Bewunderung und narzisstische Rivalität unterteilt. Bei erfolgreichen Narzissten sind beide Dimensionen miteinander verknüpft: Sie genießen die Bewunderung durch andere und das Gefühl der eigenen Großartigkeit, während sie gleichzeitig arrogant und feindselig gegenüber anderen sind, denen sie sich überlegen fühlen. Es gibt aber auch gescheiterte Narzissten, denen es nicht gelingt, bewundert zu werden, deren Bemühungen um sozialen Aufstieg und soziale Anerkennung nicht von besonderem Erfolg gekrönt waren, die vielleicht im Bildungssystem gescheitert waren, ihren Arbeitsplatz verloren haben, vielleicht sogar nach der deutschen Wiedervereinigung aus einer hohen Position, die mit ihrer Mitgliedschaft im Kader zusammenhing, abgestürzt waren. Diese können bei der Dimension »Bewunderung« keine hohen Werte erzielen. Wenn die eigene Überlegenheit über andere Menschen nicht erreicht werden kann, verteidigt man sein Ego durch Rivalität, d. h. durch aggressive Abwertung von Menschen, die man als andersartig und minderwertig ansieht, beispielsweise von Migranten, von Menschen mit anderer Hautfarbe, von Angehörigen bestimmter Religionen. Soweit die Theorie.

Welche Zusammenhänge zwischen Persönlichkeitsmerkmalen und Einstellungen zeigen sich in der Empirie? Das Forscherteam hat Befragungen von 2827 Deutschen zwischen 18 und 70 Jahren ausgewertet, die 2015 und 2016 durchgeführt worden sind.

Dabei ergab sich, dass sowohl narzisstische Bewunderung als auch narzisstische Rivalität Einfluss auf rechtspopulistisches Wahlverhalten haben, wobei rechter Autoritarismus und soziale Dominanz, insbesondere aber die Ablehnung von Migranten wichtige vermittelnde Faktoren darstellen. Im Einzelnen ergaben sich folgende statistische Zusammenhänge:

1. Wer Anerkennung erhält (narzisstische Bewunderung), wählt tendenziell weniger rechtspopulistisch und ist tendenziell toleranter gegenüber Migranten. Umgekehrt gilt, wer die Anerkennung vermisst, neigt zur Ausländerfeindlichkeit und zum Rechtspopulismus.
2. Wer arrogant und feindselig gegenüber anderen ist (narzisstische Rivalität), neigt auch stark zur Ablehnung von Migranten. Es gibt auch einen klaren direkten Zusammenhang zwischen narzisstischer Rivalität und Rechtspopulismus.
3. Narzisstische Rivalität geht auch mit rechtem Autoritarismus einher und dieser wiederum mit der Ablehnung von Migranten.
4. Soziale Dominanz, also das Denken in sozialer Ungleichheit, in Hierarchien, und das Bemühen, selbst die Alpha-Position einzunehmen, ist ebenfalls mit der Ablehnung von Migranten verbunden.
5. Die Ablehnung von Migranten ist also umso größer, je weniger Anerkennung man genießt, je feindseliger man gegenüber anderen ist, je autoritärer man ist und je stärker man in Kategorien von Über- und Unterordnung denkt. Und die Ablehnung von Migranten weist dann wiederum einen sehr starken Zusammenhang auf mit der Wahrscheinlichkeit, rechtspopulistisch – also AfD – zu wählen.

Es gibt also direkte Effekte der Persönlichkeitsstruktur auf rechtspopulistisches Wahlverhalten, die verstärkt werden durch indirekte Effekte, mit der Ablehnung von Migranten als zwischengeschalteter Variable. Die Intoleranz gegenüber Migranten ist selbst das Ergebnis einer Persönlichkeitsstruktur, bei der sich übersteigerter Narzissmus mit dem Gefühl mischt, nicht genug Anerkennung von anderen zu erhalten.

Kausalmodell mit Korrelationen zu den Zusammenhängen zwischen Persönlichkeitsmerkmalen, politischen Einstellungen und rechtspopulistischem Wahlverhalten

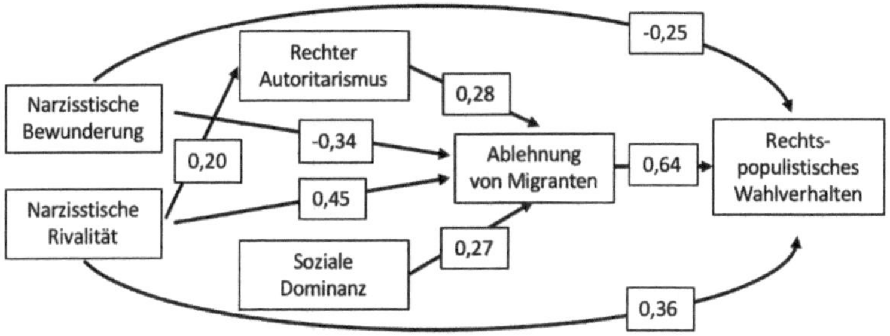

Quelle: Mayer et al. 2020: Fig 2., eigene Übersetzung, eigene Bearbeitung

Übersetzen wir die Ergebnisse der psychologischen Studie in gängigeres Deutsch, so lässt sich der typische Wähler rechtspopulistischer Parteien wie folgt charakterisieren: Hält sich selbst für den Größten und Besten, weiß alles besser, will alles haben, fühlt sich aber benachteiligt und nicht ausreichend in seiner Großartigkeit gewürdigt. Blickt auf andere Menschen herab, sieht in ihnen Versager und Feinde, die man vernichten muss. Verlangt klare hierarchische Strukturen mit Über- und Unterordnung sowie Autorität und Härte im Umgang mit anderen. Macht Migranten dafür verantwortlich, dass man nicht das erhält, was man verdient. So eine Persönlichkeitsstruktur ist unmittelbar anfällig für »Querdenkerei« und Verschwörungstheorien. Und sie ist anfällig für eine politische Partei, von der man glaubt, sie würde die gesellschaftlichen Verhältnisse so umkehren, dass man dann selbst in Machtpositionen kommt, in denen man dann endlich bewundert und gefürchtet wird. In der Nazi-Zeit konnte man Parteifunktionär oder zumindest Blockwart werden.

Auf den Punkt gebracht, sind es nicht die erfolgreichen Narzissten, die rechtspopulistisch wählen, sondern die gescheiterten Narzissten, die ihr Ego dadurch zu schützen versuchen, dass sie andere Bevölkerungsgruppen, insbesondere Migranten, abwerten. Wer selbst gescheitert ist, sucht sich Menschen, auf die er noch herabblicken kann. Diese aggressive Attitüde geht einher mit Autoritarismus, Law-and-Order-Vorstellungen, mit hierarchischem Denken, aber auch mit machiavellistischen Taktiken der Manipulation und Ausbeutung anderer sowie mit einer Weltsicht, die die Welt als Dschungel sieht, wo man den Kampf um Macht und Ressourcen gewinnen muss (Bardeen/Michel 2019).

Es sind also nicht bestimmte Ereignisse – wie die Flüchtlingszuwanderung 2015/16, die Pandemie-Schutzmaßnahmen 2020/21 oder die Energiepreissteigerungen 2022/23 –, die Menschen veranlassen, rechtspopulistisch zu wählen, sondern ein Teil der Bevölkerung ist aufgrund der Persönlichkeitsstrukturen in Verbindung mit seiner sozialen Situation potenziell anfällig für rechtsradikale Politik, und wenn es einer Partei gelingt, den Menschen mit diesen Persönlichkeitsstrukturen eine politische Perspektive zu bieten, wird diese Partei auch entsprechende Wahlerfolge erzielen.

Diese Erklärung ist nur zur Hälfte psychologischer Natur; zur anderen Hälfte ist sie soziologisch. Ob ein Narzisst oder eine Narzisstin erfolgreich ist oder scheitert, liegt auch an den gesellschaftlichen Verhältnissen. Erfolgreiche Narzisst:innen sind im persönlichen Umgang unangenehm genug und sie können in Führungspositionen massiven Schaden anrichten – Autokraten rekrutieren sich aus dieser Gruppe –, aber ihr politisches Wahlverhalten ist nicht gefährlich. Gefährlich sind die gescheiterten Narzissten, die ihre übersteigerten Ansprüche an sich selbst nicht zu erfüllen vermögen. Die Psychologie des Rechtspopulismus erklärt, warum er bei bestimmten Typen in spezifischen Situationen Nahrung findet:

- Da gibt es die (durchaus auch jüngeren), die sich auf dem Schulhof und in der Clique für die Größten halten, dann aber bei Prüfungen und im Beruf nichts zuwege bringen, keine Erfolge mehr zu feiern haben, dafür aber auf Migranten und andere Minderheiten herabblicken. Das erklärt die Korrelation mit dem Bildungsniveau.
- Da gibt es die (überwiegend älteren), die sich eingestehen, dass sie immer seltener im Mittelpunkt stehen, weil sie vom Tempo der gesellschaftlichen, wirtschaftlichen und kulturellen Modernisierung überholt worden sind und sich zunehmend abgehängt fühlen. Das erklärt, warum Rechtspopulisten so rückwärtsgewandt sind und sich überschaubare, sozial homogene Gemeinschaften (zurück-)wünschen.
- Extrem häufig finden sich gescheiterte Narzissten unter ehemaligen Angehörigen der SED-Kader, die zu DDR-Zeiten Macht und Ansehen genossen, nach der Wiedervereinigung aber ausgegrenzt wurden. Die Erfahrung, durch die Transformation zu scheitern, erklärt die Wahlerfolge der AfD insbesondere in den neuen Bundesländern.

In Verbindung mit den sozio-ökonomischen Merkmalen niedriges Bildungsniveau, geringes Einkommen und niedrige Berufsposition bzw. Arbeitslosigkeit entpuppen sich die typischen Anhänger:innen von rechtspopulistischen Parteien wie der AfD als erfolglose Narzissten. Die Forschung hatte sich bisher auf die erfolgreichen Narzissten konzentriert, die in wirtschaftliche, gesellschaftliche und politische Spitzenfunktionen gelangen und die das Rüstzeug mitbringen, zum Autokraten zu werden, wenn noch die nötige Dosis Psychopathie und Machiavellismus hinzukommt. Aber hier handelt es sich um Narzissten, die sich für besser halten als andere Menschen, die stets im Vordergrund stehen wollen und die Sonderrechte für sich beanspruchen – die aber in Schule und Beruf gescheitert sind. Wie passt das zusammen?

Der französische Soziologe Didier Eribon (2016) beschrieb den Prototypen dieses Persönlichkeitstyps am Beispiel seines eigenen Vaters: Beruflich ein »ziemlicher Versager«, führte er aber innerhalb seiner Familie das große Wort, wusste alles und konnte alles. In das Bild passt, dass er bei den Wahlen unvermittelt von den Kommunisten zum rechtsextremen Front National wechselte. Ein Modernisierungsverlierer muss man jedoch nicht sein, um anfällig für rechtspopulistische Parteien zu werden. Narzissten haben extrem hohe Ansprüche, und es reicht für sie aus, wenn man ihnen diese nicht gewährt. Deshalb finden sich auch Angehörige der Mittel- und Oberschichten unter den Rechtspopulisten. Vor diesem psychologischen Hintergrund sind die Mobilisierungsthemen der Rechtspopulisten erklärbar:

- Die AfD begann mit dem Protest gegen die Unterstützung der europäischen Partnerländer, die von der Finanzkrise betroffen waren. Wenn man sich selbst für überlegen hält und die »meisten anderen für ziemliche Versager«, dann will man den Ländern, die in Not geraten sind, die Solidarität verweigern (auch wenn sich diese Solidarität für Deutschland als außerordentlich profitabel erweisen sollte).
- Die Proteste gegen die Aufnahme von Flüchtlingen sind analog erklärbar – durch die narzisstische Überlegenheit der eigenen Gruppe in Verbindung mit der Unmenschlichkeit und Härte des Autoritarismus.
- Die Corona-Schutzmaßnahmen stellten aus der Sicht einer narzisstisch übersteigerten Anspruchshaltung unzumutbare Härten dar. Zugleich fand das narzisstische »Ich-bin-besser-als-alle-anderen« seinen Ausdruck im Querdenkertum und der Anfälligkeit für Verschwörungstheorien.

- Die Proteste gegen die Energiepreissteigerungen als Ergebnis der Sanktionen gegen Russland sind ebenfalls wieder Ausdruck des eigenen Anspruchsdenkens.

Erfolglose Narzissten hat es immer gegeben, zu jeder Zeit und in jeder Gesellschaft. Sie haben an den Stammtischen und auf Familienzusammenkünften über die Ungerechtigkeit der Welt genörgelt und sich über die Unfähigkeit der Politiker:innen ereifert. In vielen historischen Situationen bleibt diese Ereiferung individuell und privat. Es gibt aber auch Situationen, in denen daraus eine rechtspopulistische Bewegung entstehen kann.

Der Bielefelder Soziologe Wilhelm Heitmeyer (2002–2011) hat über zehn Jahre hinweg unter dem Titel *Deutsche Zustände* die Verbreitung rechtspopulistischer, rechtsextremer und autoritaristischer Einstellungen in der Bevölkerung untersucht. Das Ergebnis lautete, dass es ein relativ zeitstabiles rechtspopulistisches Potenzial gibt, das zwischen 10 und 20 % der Bevölkerung ausmacht, je nachdem, wie man den Schwellenwert definiert. In der Geschichte der Bundesrepublik hat es immer wieder Parteien gegeben, die dieses Potenzial zu mobilisieren versuchten. Aber NPD und Republikaner haben es selten geschafft, über die Fünf-Prozent-Hürde zu kommen, und dann auch zumeist nur regional und kurzzeitig. Dazu trug auch bei, dass interne Streitigkeiten (eine logische Folge, wenn sich viele Narzissten in einer Partei zusammenfinden) die Parteien immer wieder schwächten und dass charismatische Führungspersönlichkeiten fehlten. Die erste rechtspopulistische Partei, die in Deutschland nachhaltige Wahlerfolge erzielen konnte, war die AfD.

Bei dem Versuch, den Aufstieg der AfD zu erklären, kommen wir nicht umhin, die frappanten Unterschiede der AfD-Wahlergebnisse in den alten und den neuen Bundesländern zur Kenntnis zu nehmen. So lag der Zweitstimmenanteil der AfD bei der Bundestagswahl 2021 in den alten Bundesländern im Mittel bei 8,0 %, in den neuen Bundesländern bei 21,1 %. In anderen postkommunistischen Ländern wie Ungarn oder Polen sind die Rechtspopulisten noch stärker. Man kann das auf das postkommunistische Desillusionierungssyndrom zurückzuführen, d. h. enttäuschte Erwartungshaltungen nach der Loslösung von der Einflusssphäre der Sowjetunion und dem Übergang zur Marktwirtschaft und Demokratie. Der aus Rostock stammende Soziologe Steffen Mau (2019) hat plastisch beschrieben, wie die Ostdeutschen, denen »blühende Landschaften« versprochen worden waren, durch die harsche Realität von Treuhandanstalt, Arbeitslosigkeit und einer Transformation enttäuscht wurden, die nahezu sämtliche Institutionen der DDR, auch die besseren (wie die Kinderbetreuung), durch westdeutsche ersetzte. In Verbindung mit narzisstisch überzogenen Anspruchshaltungen erwuchs daraus ein Potenzial für populistische Radikalisierung, von der zunächst die linkspopulistische SED-Nachfolgepartei PDS/Die Linke profitierte und später dann die AfD.

Der Autoritarismus, der AfD-Wähler:innen kennzeichnet, hatte in der DDR eine lange Tradition, in der der Klassenkonflikt betont und die »Diktatur des Proletariats« zur Staatsdoktrin gemacht worden war. Auch das erklärt, warum in Befragungen AfD-Anhänger:innen menschenfeindlichen Statements (»mit aller Härte«) so bereitwillig zustimmen. Die Studien legen nahe, dass ihnen soziale Werte wie Mitmenschlichkeit, Mitfühlen, Mitleid und Solidarität fremd sind, was u. a. dazu führt, dass sie keine moralischen Skrupel haben und keine Gewissensbisse verspüren, wenn sie grausam mit Migranten, insbesondere Geflüchteten, umgehen. Der Mangel an Empathie kann so weit gehen, dass man das Recht auf Leben anderer Menschen nicht achtet. Wenn man meint, es geschehe Flüchtlingen recht, wenn sie im Mittelmeer ertrinken, dann ist es nur noch ein kleiner Schritt, sie zu erschießen, wenn sie etwa versuchen sollten, eine geschlossene Grenze zu überqueren. Grausamkeit, die irgendwann nicht mehr »wohltemperiert« ist. Das ist keineswegs neu. Die Nationalsozialisten kannten ebenfalls weder Mitmenschlichkeit noch Respekt vor dem Leben, wenn sie Menschen jüdischen Glaubens, »nichtarischer« ethnischer Herkunft, anderer politischer Überzeugung oder mit Behinderung im industriellen Maßstab ermordeten. Mitmenschlichkeit war auch den Funktionären in SED und Stasi fremd, die Schießbefehle gaben und Dissidenten foltern ließen. Ein ehemaliges Regierungsmitglied der DDR forderte die Verstaatlichung der Banken und bewunderte gleichzeitig den US-Präsidenten George W. Bush, weil dieser die Todesstrafe unbarmherzig praktizierte.

Die fehlende Wertebasis erklärt auch, warum die AfD in den neuen Bundesländern überdurchschnittlich viel Zulauf erhält. »Du sollst nicht töten«, »liebe deinen Nächsten wie dich selbst« und »liebe deine Feinde« sind Werte, die tief in die europäische Kultur eingeflossen sind und auch von Menschen akzeptiert werden, die sich nicht oder nicht mehr als gläubig bezeichnen, dafür aber humanistische ethische Überzeugungen haben. Der DDR war es jedoch gelungen, diese Wertekultur systematisch zu zerstören, ohne sie durch alternative sozialistische Werte ersetzen zu können, die von der Bevölkerung als leere Phrasen wahrgenommen wurden, weil sie von den eigenen Funktionären nicht gelebt wurden. Wenn die SED von »Solidarität« redete, waren das hohle Phrasen, wie schon der leiernde Tonfall verriet, mit dem sie die verschiedenen Staatsratsvorsitzenden und andere Funktionsträger vortrugen. Was dagegen sehr gepflegt wurde, waren das ebenfalls von Marx und Engels geprägte Denken in Feindbildern (Arbeit vs. Kapital, Kommunisten vs. Imperialisten etc.) und seine Folgen: der Militarismus und die Bereitschaft zum Töten von Menschen, auch aus so nichtigem Anlass wie dem Versuch, das Land zu verlassen.

So kommt es zu einer weiteren Orwell'schen Umkehrung der Verhältnisse: PEGIDA etc. berufen sich scheinbar auf das »Abendland«, ihnen ist aber die religiöse Wertbasis ersatzlos verlorengegangen. Dementsprechend haben sich sowohl die Deutsche Bischofskonferenz als auch die Evangelische Kirche in Deutschland klar von der AfD distanziert. Populismus ist weder mit christlichen noch mit humanistischen Werten vereinbar. Es gibt auch eine klare Korrelation zwischen dem Anteil Konfessionsloser und der Stärke der AfD in den Bundesländern.

Anteil Konfessionsloser (2011) und Anteil AfD-Wähler:innen bei der Bundestagswahl 2021 nach alten und neuen Bundesländern

	Anteil Konfessionsloser	Anteil AfD-Wähler
alte Bundesländer	23,4 %	8,2 %
neue Bundesländer	74,0 %	20,5 %
Korrelationskoeffizient	0,79	

Quelle: Zensus 2011, Bundeswahlleiter, eigene Berechnungen

Das Selbstbild der AfD-Anhänger:innen ist von Selbstgerechtigkeit geprägt: »Wir sind nach der Wiedervereinigung von der Regierung benachteiligt worden, obwohl wir Besseres verdient gehabt hätten!« Infolge dessen verurteilt man die Regierung und nach mehreren Regierungswechseln, die nichts Grundlegendes verändert haben, die parlamentarische Demokratie insgesamt. In der Studie der Universität Leipzig waren es wiederum die Wählerinnen und Wähler der AfD, die die höchsten Zustimmungswerte zu den Aussagen aufwiesen, nach denen man sich starke Führer wünscht: »Wir brauchen starke Führungspersonen, damit wir in der Gesellschaft sicher leben können«; »Menschen sollten wichtige Entscheidungen in der Gesellschaft Führungspersonen überlassen« (Yendell et al. 2018).

Von einer Demokratie erwartet man, dass sie Gerechtigkeit hervorbringt. Aber was ist Gerechtigkeit? Im Kern stellt Gerechtigkeit ein soziales, ein solidarisches Ziel dar, das aus der Goldenen Regel und aus den Menschenrechten auf freie Entfaltung der Persönlichkeit und auf Gleichheit abgeleitet werden kann. Gerechtigkeit bezieht sich darauf, dass Menschen gleiche Chancen haben, immaterielle und materielle Ressourcen zu erlangen – von sozialer Anerkennung über Bildung bis hin zu Einkommen und Vermögen. Das Schwierige an diesem Postulat besteht darin, dass es verschiedene Kriterien gibt, auf die sich die geforderte Gleichheit beziehen kann. Es gibt *Tausch-* bzw. *Vertragsgerechtigkeit*, die bedeutet, dass beide Vertragspartner über die gleichen Verhandlungsmöglichkeiten verfügen, um einen fairen Vertrag abzuschließen. *Leistungsgerechtigkeit* bedeutet, dass den Menschen entsprechend ihrer persönlichen Leistung Ressourcen zustehen. *Bedarfsgerechtigkeit* heißt, dass Menschen mit Ressourcen versorgt werden, die ihren Bedarfen entsprechen. *Chancengerechtigkeit* bedeutet, dass jeder Mensch die gleichen Chancen hat, in Positionen zu kommen, die ihm den Zugang zu Ressourcen ermöglichen. *Verfahrensgerechtigkeit* bedeutet, dass Verfahren so gestaltet sind, dass alle gleich behandelt werden, insbesondere, dass alle vor dem Gesetz gleich sind. Unter *Diskursgerechtigkeit* verstehen wir, dass Verteilungsregeln dann gerecht sind, wenn sie durch einen demokratischen und herrschaftsfreien Diskurs zustande gekommen sind, in dem alle Beteiligen über die gleichen Chancen verfügten, ihre legitimen Interessen einzubringen.

Da jedes Gerechtigkeitskonzept seine Schwächen aufweist und zu inakzeptablen Ergebnissen führen kann, kann »Gerechtigkeit« kein absoluter Begriff sein: Weil es unterschiedliche Formen von Gerechtigkeit gibt, können wir niemals vollständige Gerechtigkeit erreichen. Stattdessen kombinieren wir in der Regel die verschiedenen Gerechtigkeitskonzepte: Vertragsgerechtigkeit versuchen wir, durch Arbeitsrecht, Verbraucherschutz und Mieterschutz sowie durch die Tarifautonomie zu erreichen; Leistungsgerechtigkeit liegt Bewertungssystemen im Bildungssystem und in Tarifverträgen und Gehaltsordnungen zugrunde; Bedarfsgerechtigkeit erzeugen wir mit Umverteilungselementen im Steuer- und Abgabenrecht sowie mit sozialpolitischen Transferleistungen; die Herstellung von Chancengerechtigkeit ist ein Ziel der Bildungspolitik und sozialpädagogischer Maßnahmen; Verfahrensgerechtigkeit ist ein Grundsatz des Rechtsstaatsprinzips; und Diskursgerechtigkeit ist ein Ergebnis demokratischer Entscheidungsprozesse.

Das Verhältnis zwischen diesen Gerechtigkeitskonzepten ist das Ergebnis von Marktprozessen, von Verhandlungen, von Interessenkonflikten, von Machtbalancen und von politischen Kräfteverhältnissen, Entscheidungen und Kompromissen. Es ist immer fluktuierend und immer umstritten. Das bedeutet, dass man die Verhältnisse immer als ungerecht kritisieren kann. Es bedeutet aber auch, dass man sich damit abfinden muss, dass es vollkommene und unumstrittene Gerechtigkeit prinzipiell nicht geben kann.

Und jetzt kommen wir zur *Selbstgerechtigkeit*. Gerechtigkeit ist sozial und solidarisch, Selbstgerechtigkeit ist egoistisch und unsolidarisch. Selbstgerechtigkeit bedeutet, dass man nur für sich selbst Verbesserungen verlangt, was in der Regel zu Lasten anderer geht, da Selbstgerechtigkeit auch mit Arroganz, dem Gefühl, anderen überlegen zu sein, und Rechthaberei einhergeht.

In Interviews, die wir im Rahmen eines Seminars mit (westdeutschen) AfD-Anhänger:innen geführt haben, die verschiedenen Geschlechtern, allen Altersgruppen, allen Bildungsschichten und Statusgruppen angehörten, haben wir Selbstgerechtigkeit bei 100 % der befragten AfD-Anhänger:innen angetroffen. Typische Erscheinungsformen der Selbstgerechtigkeit waren:

- Anspruchsdenken. Man hat extrem hohe Ansprüche. Alles muss perfekt sein. Kleinste Abweichungen vom Idealzustand werden kritisiert. Man hat kein Verständnis dafür, dass Kompromisse eingegangen werden müssen und dass staatliche Leistungen begrenzt sein müssen. Der Kommunalpolitiker Jörg Höhfeld hat das auf den Punkt gebracht, als er durch Gespräche mit Bürgerinnen und Bürgern erfahren hat, dass manche Menschen allein deshalb AfD wählen, weil sie meinen, dass die öffentlichen (hoch subventionierten) Busse zu selten fahren. Seine Antwort darauf: »Deshalb muss man doch nicht gleich Faschisten wählen!«
- Das Gefühl, selbst zu wenig abzubekommen. In Verbindung mit Egoismus führt überzogenes Anspruchsdenken zwangsläufig dazu, dass man meint, selbst benachteiligt zu sein – gleich, wie viel man tatsächlich hat. Der Egoist ist unersättlich; sogar wenn er großzügige Transferzahlungen erhält (die von anderen finanziert werden), meint er, nicht genug zu bekommen. Selbst der Multimillionär fühlt sich vom System ungerecht behandelt, weil er Steuern zahlen muss. Analytisch scharf hat Mary Trump, die Nichte von Donald Trump, das Buch über ihre Familie mit den Worten *Zu viel und nie genug* betitelt (Trump 2020).

- Arroganz. Die AfD-Anhänger:innen fühlen sich besser als andere Menschen, woraus sie für sich Sonderrechte ableiten. Als Deutsche wollen sie besser behandelt werden als Migranten. Als Arbeitnehmer blicken sie herab auf Arbeitslose. Wenn sie selbst arbeitslos sind, fühlen sie sich als Opfer ungerechter Behandlung, weil sie sich besser fühlen als der »Abschaum«.
- Missgunst gegenüber Schwächeren. Sie missgönnen Schwächeren, z. B. Sozialhilfeempfängern oder Flüchtlingen, die sie als »Schmarotzer« brandmarken, die Unterstützungsleistungen, die ihnen der Staat gewährt. Dabei spielt es keine Rolle, ob sie selbst mit ihren Steuern zur Finanzierung der Sozialleistungen beitragen oder nicht. Allein, dass Menschen Sozialleistungen gewährt werden, ist verdammenswert. Aber wenn sie selbst Transferleistungen in Anspruch nehmen, dann sind diese selbstverständlich zu gering, weil sie ja »Anspruch« auf diese Leistungen haben.
- Neid gegenüber Reicheren. Auch Reichen missgönnt man ihren Reichtum, sofern sie wohlhabender sind als man selbst. Denn der Reichtum kann sich ja nur auf Betrug und Ausbeutung gründen.
- Verdächtigungen. Alle, die man ablehnt, verdächtigt man. Flüchtlinge und Migranten seien kriminell, und wenn statistische Zahlen das Gegenteil beweisen, sind diese »gefälscht«. Wohlhabende haben ihren Reichtum ebenfalls mit unlauteren Methoden erwirtschaftet. Politiker:innen sind korrupt – und zwar alle (bis auf die eigenen Leute). Intellektuelle sind unehrlich und werden von fremden Mächten instrumentalisiert.
- Aggressivität. Diejenigen, die man verachtet, denen man Sozialleistungen missgönnt, denen man ihren Erfolg neidet, begegnet man mit hoher Aggressivität, die potenziell mörderisch sein kann. Es beginnt mit verbaler Rohheit und Beleidigungen, es geht über den Beifall, den man Schlägern zollt, führt über Forderungen, Flüchtlinge doch ertrinken zu lassen, und erreicht dann irgendwann den Punkt, selbst physische Gewalt anzuwenden. Auch wenn man selbst (noch) nicht physisch gewalttätig wird, ermuntert man aber andere, physische Gewalt auszuüben. Die Abstufung der Aggressivität ist uns wohlbekannt aus der Zeit der NS-Diktatur, wo »Mitläufer« die SA-Schlägertrupps angefeuert haben und die Deportierung Unschuldiger in Konzentrationslager, aus denen sie nie wiederkehrten, mit beifälligem Nicken quittiert haben, wenn nicht ihre Denunziation dafür verantwortlich gewesen war. Und ähnliche Muster haben wir bei PEGIDA-Demonstrationen beobachten müssen.

- Rechthaberei. Man meint, alles zu wissen und immer Recht zu haben. Man meint, über Geheimwissen zu verfügen, das Menschen mit anderen politischen Einstellungen, die manipuliert werden, nicht zugänglich ist. Wenn man mit anderslautenden Fakten konfrontiert wird, sind diese Fakten eben gefälscht (»Lügenpresse«). Indem man Tatsachen zu Meinungen erklärt, kann man einfach auf seiner Meinung beharren, auch wenn diese nichts als eine Lüge ist. Man argumentiert sich in einen Rausch – unter Missachtung aller Regeln der Logik (Logikfehler sind typische Elemente von Verschwörungstheorien).

Ein weiteres Profilelement ist Überforderung durch Komplexität und das Gefühl von Kontrollverlust. Es ist schon erstaunlich, warum Menschen Politiker wählen, die autokratische Ambitionen haben, handelt es sich bei denen doch üblicherweise um instabile, narzisstische, psychisch gestörte, bösartige Persönlichkeiten ohne moralische Skrupel und ohne Gewissen. Die ganze Welt wusste, dass Hitler ein wahnsinniger Psychopath war, und doch wurde er von einem beachtlichen Teil der Deutschen und Österreicher gewählt und unterstützt. Gleiches galt für Mussolini oder Stalin, und es trifft immer noch für Donald Trump zu. Warum können solche Typen demokratische Mehrheiten finden?

Eine große Metanalyse von 88 Befragungen von 22 818 Personen in 12 Ländern ergab, dass das Bedürfnis nach rechtem Autoritarismus, dominanten Führern und politischem Konservatismus durch eine Reihe psychologischer Variablen erklärt werden kann, nämlich (in der Reihenfolge ihrer statistischen Stärke): Angst vor dem Tod, Wahrnehmung von Systeminstabilität, Dogmatismus, geringe Offenheit für neue Erfahrungen, geringe Toleranz gegenüber Ungewissheit, Bedürfnis nach Ordnung, Struktur und Geschlossenheit, Ablehnung von Integration, Angst vor Bedrohungen und Verlusten, niedriges Selbstbewusstsein (Jost et al. 2003). Es sind also tendenziell unsichere und ängstliche Menschen, die sich nach klaren Strukturen, nach Ordnung und nach starken Führern sehnen, die sie vermeintlich vor allen möglichen tatsächlichen und eingebildeten Gefahren schützen (sie dann aber in Wirklichkeit umso größeren Gefahren aussetzen).

Im Vorfeld der US-amerikanischen Präsidentschaftswahl im Jahr 2016 hat man Amerikaner:innen nach ihrer Präferenz für Hillary Clinton oder Donald Trump gefragt, wobei sich herausstellte, dass Clinton klar über mehr Prestige als Trump verfügte, während umgekehrt Trump mehr Dominanz zugesprochen wurde. Die Analyse der Zusammenhänge zwischen zahlreichen berücksichtigten Variablen ergab: Selbst wenn man alle übrigen Variablen einschließlich der politischen Einstellung kontrollierte, verblieb ein eigenständiger Effekt der ökonomischen Unsicherheit: Je größer die Unsicherheit in der eigenen Region, desto eher wollte man einen Kandidaten wählen, der dominant auftrat (Kakkar/Sivanathan 2017).

Diese US-amerikanischen Erkenntnisse wurden dann weltweit anhand von 138 323 Befragten aus 69 Ländern überprüft, die im Rahmen des World Values Survey angeben konnten, ob sie »einen starken Führer, der sich nicht mit Parlamenten und Wahlen herumschlagen muss«, bevorzugen. Wiederum wurde die ökonomische Unsicherheit anhand objektiver Indikatoren ermittelt sowie der Grad an persönlicher Kontrolle über das eigene Leben, der auf einer Skala von 1 bis 10 angegeben wurde. Und diese Variable sollte sich als ausschlaggebend erweisen.

Zusammenhang zwischen ökonomischer Unsicherheit und Präferenz für einen autokratischen Führer, differenziert nach geringer und hoher persönlicher Kontrolle über das eigene Leben

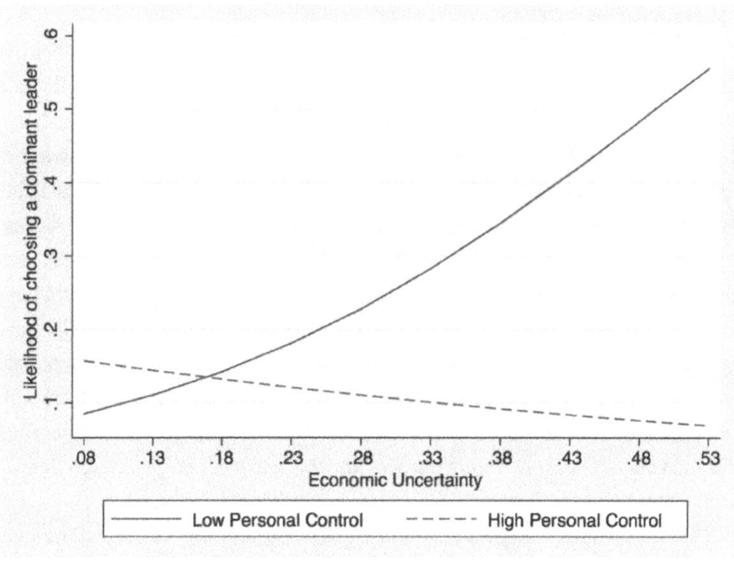

Quelle: Kakkar/Sivanathan 2017: Fig. S1.

Beginnen wir mit denen, die ihr Leben im Griff haben. Bei ihnen ist der Hang zu einem autokratischen Führer generell sehr gering ausgeprägt. Und je kritischer die ökonomischen Verhältnisse sind, desto eher wünschen sie sich eine politische Führung, die demokratisch, konsensorientiert, integrativ, kompetent und warmherzig ist. Das ist rational. In einer Krise braucht man eine besonders gute Regierung. Wenn die Arbeitslosigkeit hoch ist, ist es besonders wichtig, eine integrative Politik zu verfolgen, die die Betroffenen mit sozialen Maßnahmen abfedert und die nicht spaltet, sondern solidarische Hilfe mobilisiert. Man benötigt auch eine konsensorientierte Wirtschaftspolitik, um Akteure zusammenzubringen, »um die Karre wieder aus dem Dreck zu ziehen«. Man braucht Kompetenz und Stabilität, damit Investoren und Konsumenten wieder Vertrauen fassen. Das letzte, was man in einer ökonomischen Krise braucht, ist ein dominanter Politiker, der beschimpft, bedroht, spaltet, Öl ins Feuer gießt und durch erratische Sprunghaftigkeit Investoren verschreckt. Man kann rational an eine Krise herangehen, d. h. die Ursachen der Krise analysieren und die Stellschrauben bewegen, die zu ihrer Überwindung führen, wenn man handlungsfähig ist. Wenn man Kontrolle über sein Leben hat, ist man optimistisch, persönlich die Krise zu überstehen und vertraut auf Politiker:innen, die die Kompetenz haben, das Land aus der momentanen Situation herauszuführen.

Das ist bei den Menschen, die eine geringe persönliche Kontrolle über ihr Leben empfinden, anders. Wenn die ökonomischen Verhältnisse stabil sind, haben auch sie kein Interesse an autoritärer Politik. Aber je größer der Grad der ökonomischen Unsicherheit ist, desto stärker fühlen sie sich bedroht. Ihnen fehlt die Handlungskompetenz, sich mit eigenen Mitteln gegen die Folgen der Krise zu schützen. Sie fühlen sich hilflos und sie haben Angst. Und sie haben Wut. Wut ist die Reaktion auf Ohnmacht. Das Gefühl der Ohnmacht entsteht, wenn man meint, das Opfer der Machenschaften überlegener Mächte zu sein. Wut erzeugt Aggression, die man in allerlei Richtungen lenkt, gegen vermeintliche Sündenböcke, gegen Schwächere, denen man sich überlegen fühlt, gegen Migranten, gegen »Schmarotzer«, die Ressourcen erhalten, die man selber gerne hätte, und vor allem gegen die Regierung, die man für die Misere verantwortlich macht, wenn nicht gegen den demokratischen Staat überhaupt.

Wir haben damit begonnen, Studien darzustellen, die übereinstimmend gezeigt haben, dass rechtspopulistische antidemokratische Tendenzen mit bestimmten Persönlichkeitseigenschaften – Narzissmus und Autoritarismus – einhergehen. Solche psychologischen Faktoren werden aber erst dann zu manifester Demokratiefeindlichkeit, wenn bestimmte soziologische Bedingungen hinzukommen. Dabei sind aber weniger objektive Probleme entscheidend als vielmehr die subjektive Wahrnehmung von Kontrollverlust. Und damit sind wir wieder bei der Soziologie.

Der Soziologe Niklas Luhmann betrachtet Gesellschaft als »autopoietisches« (= sich selbst erfindendes) Kommunikationssystem, dessen Teilsysteme sich eigendynamisch ausdifferenzieren, sodass einerseits die gesellschaftliche Komplexität zunimmt, es andererseits aber auch zu einer Entkoordinierung der Teilsysteme kommt, was wiederum die wechselseitige Irritation fördert. Das Resultat ist eine »permanente Selbstirritation der Gesellschaft« (Luhmann 1998: 794). Die »sich selbst hyperirritierende Gesellschaft« (Luhmann 1998: 800) reagiert darauf mit Insulationsprozessen von Teilen der Bevölkerung, beispielsweise in Form von Ethnizität und religiösen Fundamentalismen. Heute, ein Vierteljahrhundert nach Luhmanns Tod, müssen wir die Szenen von Verschwörungstheoretikern, Querdenkern, Rechts- und Linkspopulisten ergänzen. Diese Selbstisolierung sorgt in Zeiten hoher Irritationen für neue Selbstgewissheit und partielle Abschottung gegenüber den verunsichernden Irritationen. Man demonstriert dadurch Unirritierbarkeit, im Extremfall unter Einsatz von Gewalt. Zum Widerstand gegen äußere Irritationen gehört das Insistieren auf absoluten Werten (Religion, Ethnizität, Ideologie). Absolute Werte beinhalten bereits ihre Gegnerschaft: Wer meine Werte nicht teilt, ist mein Feind und muss bekämpft werden, auch mit Gewalt (Luhmann 1998: 795–801).

Funktional differenzierte Gesellschaften haben ein Werteproblem. In funktional differenzierten Gesellschaften, die aus lauter Teilsystemen bestehen, *können* kaum noch generalisierte Werte realisiert werden. Eine Antwort auf diese Werteerosion versuchen Protestbewegungen zu liefern. Früher waren soziale Bewegungen, z. B. die Arbeiterbewegung oder die Frauenbewegung, außerparlamentarische politische Initiativen einzelner Bevölkerungsgruppen, um ihre Partikularinteressen durchzusetzen. In der Gegenwartsgesellschaft äußern soziale Bewegungen den »Protest der Gesellschaft gegen die Gesellschaft« (Luhmann 1998: 849).

Protestbewegungen ermöglichen es ihren Anhängern, die Welt anders zu sehen und sich dadurch für besser zu halten als andere Menschen. Die Protestbewegungen benutzen nicht die normalen politischen Kanäle, sondern tun so, als ob sie außerhalb der Gesellschaft ständen. Die Peripherie protestiert, das Zentrum soll sie hören. Der Protest bemüht sich nicht um Erkenntnis, sondern um rasche Reaktionen. Im Interesse publikumswirksamer Aktionen lehnt man die Gesamtverantwortung für die Entwicklung der Welt aber ab (Luhmann 1998: 855).

»Der ein Thema herausgreifende Protest ist ihre Erfindung, ihre Konstruktion.« (Luhmann 1998: 860) Die Protestbewegung erfindet ein Thema und die dazu gehörige Vorgeschichte, um ein Narrativ zu erschaffen, dass sie das Thema gar nicht erfunden hat. Protestbewegungen müssen, um erfolgreich zu sein, Komplexität reduzieren. Denn: »Gegen Komplexität kann man nicht protestieren.« (Luhmann 1998: 861) Deshalb müssen die Protestbewegungen die Verhältnisse »plattschlagen«, also komplexe Zusammenhänge durch einfache (am besten dichotome) Schemata ersetzen.

Luhmann hatte, als er seine Theorie der Protestbewegungen entwickelte, hauptsächlich Fundamentalismen im Blick. Seine Theorie erklärt aber auch perfekt, wie insulare Querdenker-, Verschwörungstheoretiker- und Populistenbewegungen entstehen: Als Verinselungen in einer Gesellschaft, deren Komplexität kognitiv nicht mehr bewältigt werden kann und die sich selbst permanent hyperirritiert. In komplexen Situationen sucht man nach einfachen Lösungen: Wir gegen Euch, zurück zum Vorgestern, hin zur völkischen Homogenität, Schluss mit Vielfalt, Unterwerfung unter einen starken Führer. 22 Jahre später kommt die Historikerin und Osteuropa-Kennerin Anne Applebaum zu einem ähnlichen Ergebnis: »Unter den passenden Bedingungen kann sich jede Gesellschaft gegen Demokratie wenden« (Applebaum 2020: 14). Und mit Berufung auf die Politik-Psychologin Karen Stenner: »Die Menschen fühlen sich oft zu autoritären Ideen hingezogen, weil sie sich durch Komplexität gestört fühlen. Sie mögen keine Uneinigkeit. Sie bevorzugen Einigkeit. Ein plötzlicher Ansturm von Vielfalt – Vielfalt von Meinungen, Vielfalt von Erfahrungen – erweckt deshalb ihre Wut. Sie suchen Lösungen in einer neuen politischen Sprache, durch die sie sich sicherer und geborgener fühlen. […] Der Lärm der Auseinandersetzung, das konstante Rauschen von Meinungsverschiedenheiten – all das kann Menschen irritieren, die es bevorzugen, in einer Gesellschaft zu leben, die durch ein einziges Narrativ zusammengebunden ist.« (Applebaum 2020: 106, 109)

Ein konventioneller Ansatz besagt, dass die Menschen, die rechtspopulistische Parteien wählen, Opfer der »Verführungskünste« von Populisten werden, die sich »besonders perfider Techniken« bedienen (Hartleb 2011: 67 f.). Tatsächlich müssen rechtspopulistische Parteien die Menschen gar nicht verführen, um sie für sich zu gewinnen – sie müssen lediglich ihre Bedürfnisse erfüllen, nämlich ein Narrativ bereitstellen, das die komplexe Welt simplifiziert, das erklärt, warum sie, die sich selbst für so großartig halten, gescheitert sind, das ihnen Sündenböcke liefert, das ihnen eine Perspektive bietet, einst wieder großartig zu werden. Und damit kommt die letzte Komponente der populistischen Strategie ins Spiel: Die Ideologie.

Die Alternative für Deutschland hat ihren Namen geschickt gewählt. Die erfolglosen Narzissten, diejenigen, deren übersteigerte Anspruchshaltung nicht erfüllt wird, die sich von Fremden und Feinden umzingelt fühlen, suchen nach einer Alternative zu dem Staat, von dem sie enttäuscht sind. Und das ist der real existierende Staat, der liberal und demokratisch ist. Sie wollen eine Alternative, die nicht liberal ist und die nicht demokratisch ist. In ihrem Orwell'schen »Neusprech«, dessen sie sich auch bedienen, um nicht als offensichtlich verfassungsfeindlich eingestuft zu werden, erscheint es umgekehrt: Die Demokratie ist angeblich keine wirkliche Demokratie und sie seien die Einzigen, die die wahre Demokratie einführen wollen, bei der aber eine Einheitspartei, ein starker Führer und »wohltemperierte Grausamkeit« eine eindeutige autoritäre Sprache sprechen. Nun ist die liberale Demokratie, wie wir gesehen haben, das Ergebnis einer dreitausend Jahre währenden Evolution.

Und obwohl es nicht richtig ist – einige der frühesten Quellen von Menschenrechten und Demokratie lagen im Alten Israel –, wird die liberale Demokratie gern als Produkt des Westens angesehen, schärfer noch, als Produkt angelsächsischen Denkens. Das ist zwar historisch falsch, aber vielleicht hat sich unter den Rechtspopulisten das Narrativ festgesetzt, die liberale Demokratie sei eine angelsächsische Erfindung, weil es England war, wo sich der Parlamentarismus entwickelte, und weil es die Vereinigten Staaten von Amerika waren, in denen die erste moderne Demokratie auf nationaler Ebene entstand. Und ebendiese Angelsachsen hätten als Siegermächte das deutsche *Grundgesetz* diktiert, das schließlich auch den neuen Bundesländern aufgezwungen worden sei (so als ob sie nicht freiwillig der Bundesrepublik Deutschland beigetreten wären). Und sind nicht alle dekadenten Strömungen der Gegenwart angelsächsischen Ursprungs – Ökologiebewegung, Gleichstellung, Diversity, Gender Mainstreaming, LGBTQIA+, Identity Politics? Schon die amerikanischen Bezeichnungen sind verräterisch.

Narzisstische Rivalität sucht sich ihre Gegner. Alles, was anders ist, ist feindlich. Das gilt für Menschen mit Migrationsgeschichte, und es gilt auch für die angelsächsische Welt, die uns nach dem Zweiten Weltkrieg unterjocht habe – ökonomisch, politisch, militärisch, kulturell. Das Übel ist umso leichter zu identifizieren, als es durch Ozeane getrennt ist. Die britischen Inseln gehören halt nicht zu Kontinentaleuropa, und Nordamerika erst recht nicht. Die Wurzel der Dekadenz liegt jenseits des Meeres.

Es war der nationalsozialistische Staatsrechtler Carl Schmitt, der die Welt in »Großräume« aufgeteilt wissen wollte. Und Armin Mohler, der aus der Schweizer Armee desertierte, um sich der Waffen-SS anschließen zu können, übernahm Schmitts Weltbild, um zum Vordenker der Neuen Rechten zu werden, der schon einmal für die rechtspopulistischen »Republikaner« textete und zum geistigen Ziehvater von Götz Kubitschek wurde, dem Paten der neurechten Ideologie und engen Vertrauten von Björn Höcke. Carl Schmitt und Armin Mohler haben aber nicht nur die deutsche neurechte Bewegung beeinflusst, sondern auch den russischen Nationalismus, dessen bedeutendster Ideologe Alexander Dugin ist. Der russische Nationalismus, der in einen aggressiven Imperialismus mündet, und die deutsche rechtspopulistische Bewegung haben exakt die gleichen ideologischen Wurzeln.

Von Carl Schmitt übernahm Dugin die Idee eines »Großraums«, einer »Zivilisation«, die die Grenzen der Nationalstaaten überwinden müsse. Gegen die angloamerikanischen »Thalassokratien« (= Seemächte) müsse eine »eurasische« »Tellurokratie« (= Landmacht) positioniert werden. Das passt auch in das Weltbild der deutschen Rechtspopulisten: Die jenseits des Meeres angesiedelten Angelsachsen als Wurzel allen Übels, von denen sich die Kontinentaleuropäer emanzipieren müssen, um nicht im Sumpf der Dekadenz zu versinken.

Bei Dugin geht es weiter – und auch bei Wladimir Putin, der zumindest aus den gleichen Quellen schöpft wie Dugin (Umland 2007): Ein noch zu schaffender »eurasischer« Großraum, den Wladimir Putin wiederholt zumindest als Wirtschaftsraum skizziert hatte, der »von Lissabon bis Wladiwostok« reichen solle, solle sich einerseits gegen die »angelsächsische Dekadenz« und andererseits gegen den »ostasiatischen Primitivismus« Chinas durchsetzen. Im Kampf Russlands gegen die unipolare geostrategische Dominanz der USA könne Deutschland als Brückenkopf auf dem europäischen Kontinent dienen.

Zumindest in Dugins (2014) Vision einer veränderten Weltordnung könne Deutschland von einer Partnerschaft mit Russland profitieren. Deutschland müsse sich von der Beeinflussung der Amerikaner emanzipieren. Überhaupt: »Die Welt muß sich selbst vom Joch des Liberalismus befreien.« Und: »Wenn die Deutschen sich über ihr eigenes Dasein bewußt werden und sich aus dem transatlantischen Albtraum verabschieden, rückt ›Eurasien‹ bedeutend näher. Denn ohne die Deutschen kann das westlich-liberale Projekt EU nicht existieren.« Auf die Frage eines neurechten Journalisten, ob man die Geburt »Eurasiens« in Berlin oder Moskau feiern solle, antwortet Dugin (2014): »Warum nicht in Königsberg?« Vor lauter Faszination für die »blitzenden blauen Augen« des Ideologen ist dem (neurechten) Journalisten die Symbolik nicht aufgefallen, die darin liegt, dass die Stadt Immanuel Kants nach dem Zweiten Weltkrieg annektiert und vollständig russifiziert wurde – eine Vorankündigung für das, was Westeuropa drohen könnte, wenn das »eurasische« Imperium unter Moskauer Führung Wirklichkeit werden würde?

Ob Putin tatsächlich auf Dugin (der häufig als russischer »Chefideologe« bezeichnet wird) hört oder selbst von Schmitt und Mohler beeinflusst ist – für ihn sind solche Großraum-Fantasien ein willkommenes Narrativ, um militärische Aktionen zu begründen, die auf die Wiederherstellung des durch den Zusammenbruch der Sowjetunion verlorengegangenen russischen Großreichs abzielen. Reicht Russlands militärisches Potenzial aus, um kleinere Nachbarländer wie Georgien, Tschetschenien oder Kasachstan anzugreifen, so zeigte bereits die indirekte Unterstützung der Ukraine durch die NATO die Grenzen der militärischen Kapazität auf. Russland könnte es nie wagen, NATO-Staaten anzugreifen.

Stattdessen setzt Russland auf eine uralte Strategie, für die es angesichts der von ihm unterstellten westlichen Dekadenz gute Ansatzpunkte sieht: Zersetzung. Das Ziel ist, die Demokratie in den westlichen Ländern zu zersetzen. Das hätte für den russischen Machthaber einen doppelten Vorteil: Erstens festigt es seine innenpolitische Autorität als unumstrittener Machthaber, wenn er die Verfallserscheinungen der Demokratie aufzeigen kann. Und zweitens könnte die Förderung rechtsextremistischer, antidemokratischer und russlandfreundlicher Kräfte in den westlichen Staaten vielleicht doch noch dazu führen, dass diese sich von den USA abwenden und freiwillig unter den russischen Schutzschirm begeben. Zumindest aber kann die Handlungs- und Entscheidungsfähigkeit des westlichen Bündnisses unterminiert werden. Teilweise war ihm das bereits gelungen, als die USA unter Donald Trump kurz vor dem Austritt standen, der französische Präsident die NATO vorübergehend als »hirntot« bezeichnete und ein Teil der Bundesregierung, der immer noch große Sympathien für Russland hegte, sich zunächst gegen harte Sanktionen und die Lieferung wirksamer Waffen an die Ukraine sperrte.

Russland unterstützt folglich rechtsextremistische und rechtspopulistische

Bewegungen in der gesamten westlichen Welt. Der Bericht des US-Sonderermittlers Robert Mueller (2019) hat aufgewiesen, wie sehr russische Trolle und Bots auf den US-Wahlkampf im Jahr 2016 Einfluss genommen hatten, die schließlich zur Wahl des Rechtspopulisten Donald Trump führten, Moskaus Wunschkandidat. Ein Bericht des britischen Parlaments zeigt auf, wie russische Dienste versucht hatten, das schottische Unabhängigkeitsreferendum und den »*Brexit*« zu beeinflussen (Intelligence and Security Committee of Parliament 2020). Marine Le Pens rechtspopulistischer Front National wurde 2014 durch eine russische Geldspritze von 9 Millionen Euro vor dem Bankrott gerettet; und Le Pen hat immer wieder mit ihren guten Kontakten zu Wladimir Putin geworben. Valérie Pécresse, Präsidentschaftskandidatin der rechtsgerichteten Partei Soyons libres, setzte sich als Praktikantin in der französischen Botschaft in Moskau dafür ein, dass der KGB-Spion Sergej Schirnow ihre Hochschule ENA, die einen großen Teil der politischen und administrativen Elite Frankreichs ausbildet, ausspionierten konnte (Magro 2022). Auch der rechtsextreme Präsidentschaftskandidat Eric Zemmour hat Putin »bewundert«.

Die deutschen Neurechten fasziniert an Putin die kompromisslose Art, mit der er Führung demonstriert (Weiss 2017: 199). Gesellschaftlicher Konservatismus, Nationalismus, Intoleranz, Homophobie, hartes Durchgreifen gegenüber Kritikern sind auch nach ihrem Geschmack. Russland gilt in ihren Augen – auch dank Putin – noch nicht als verweichlicht, dekadent und von liberalistischen angelsächsischen Werten beeinflusst. Die »Eurasien«-Ideologie ermöglicht es ihnen, sich vom Atlantik loszusagen und sich stattdessen Russland anzuschließen. Geleakte E-Mails belegen, dass die europäische Rechte (u. a. Lega Nord, Front National, FPÖ, Partij voor de Vrijheid) und insbesondere auch die AfD enge Kontakte zu Alexander Dugin und dem russischen Oligarchen Konstantin Malofejew unterhalten, wobei Gianluca Savoini, die rechte Hand des Bundesvorsitzenden der Lega Nord, Matteo Salvini, als Mittelsmann fungiert. In das Moskauer Kontaktnetz eingebunden waren nachweislich der Thüringische AfD-Vorsitzende Björn Höcke, der Sprecher des rechten AfD-Flügels Andreas Kalbitz, die AfD-Bundestagsabgeordneten Frank Pasemann und Steffen Kotré, der Chef der AfD-Jugendorganisation Markus Frohnmaier und Manuel Ochsenreiter, Chefredakteur rechtsextremer Zeitschriften, der für russische Dienste gearbeitet haben will und 2021 sogar in Moskau verstorben ist. Die Korrespondenz kündet von Reisen, von Treffen in privatem Rahmen, von opulenten Abendessen, von politischen Kontakten auf »Top-Level«, von überschwänglichem Dank, von Gegeneinladungen, von »Freundschaft«. Es sollen AfD-Politikern von russischer Seite sogar Bargeldzahlungen angeboten worden sein – die aber sämtlich ausgeschlagen worden seien (Blum et al. 2022). Wenn wir glauben wollen, dass es sich tatsächlich nicht um angeworbene Agenten handelte, dann agieren sie wenigstens wie »nützliche Idioten Putins«, wie es ein ehemaliger KGB-Agent formulierte (zitiert in Magro 2022).

Dass der Funktionärskörper von einer kruden Ideologie und netten Anreizen für die russischen Großmachtfantasien eingenommen wird, ist halbwegs erklärlich. Aber warum teilt die Anhängerschaft der AfD die Liebe zu Russland und seinem autokratischen Führer?

Das hängt wesentlich mit den kruden Logiken der Querdenkerbewegung zusammen. Das erste Element, das die »Querdenker« definiert, ist ihre Skepsis gegenüber den Informationen, die über seriöse Medien transportiert werden, und ihre entsprechende Anfälligkeit für *fake news* und Verschwörungstheorien. Querdenker sind überzeugt davon, dass sie selbst, und nur sie, eine höhere Wahrheit kennen. Wenn seriöse Informationskanäle davon berichten, dass Russland die Ukraine grundlos überfallen hat und dort Kriegsverbrechen begeht, dann muss das aus der Logik der Querdenker allein deshalb falsch sein, weil es die Mainstream-Medien sind, die darüber berichten. Und das Gegenteil davon muss richtig sein, und das Gegenteil ist das, was Putins Propaganda und seine nützlichen Idioten in Deutschland behaupten. Das mündet schließlich in eine Täter-Opfer-Umkehr, wie sie der ehemalige Bundeskanzler, Putin-Freund und Russland-Lobbyist Gerhard Schröder vorgenommen hat, als er der Ukraine am 28.01.2022, einen Monat vor Ausbruch des Krieges, »Säbelrasseln« vorwarf, während er einen Einmarsch Russlands in die Ukraine für unwahrscheinlich hielt. Zwar ist Schröder kein Rechtspopulist, aber mit der Autorität eines ehemaligen Kanzlers und Putin-Kenners hat er den Rechtspopulisten eine Referenz geliefert, um ihr Narrativ der »guten«, lediglich um ihre eigene Sicherheit besorgten Russen, und der »bösen«, weil in die NATO drängenden, Ukrainer begründen zu können.

Die »Querdenker« – das bringt schon ihre Selbstbezeichnung zum Ausdruck – sind stolz darauf, dass sie meinen, etwas zu wissen, was die Normalbürger:innen, die den Mainstream-Medien vertrauen, nicht wissen. Und dieser Stolz, dieses Gefühl, über exklusive Erkenntnis zu verfügen, macht sie so anfällig für Verschwörungstheorien. Eine Verschwörungstheorie mag noch so abstrus, unlogisch und kontrafaktisch sein – der Glauben an obskure Quellen, die Leichtgläubige mit der Methodik klassischer Scharlatanerie verführen, immunisiert sich selbst gegen die Realität. So behaupten die rechtsextremen »Freien Sachsen«, es seien in Wirklichkeit die Amerikaner und die NATO, die hinter dem Krieg mit der Ukraine stecken. Und von da ist der Weg nicht weit zur Annahme einer »jüdischen Weltverschwörung«, die den ganzen Planeten mit einem »zerstörerischen Globalismus« überzieht (Else-Frenkel-Brunswik-Institut 2022).

Hinzu kommt das fundamentale Misstrauen der »Querdenker« gegenüber dem demokratischen Staat, der als »Tiefer Staat« diskreditiert wird, in Anlehnung an Donald Trumps Kritik am *deep state*, der damit demokratische Institutionen verhöhnte. In einer Querdenker-Chatgruppe im beschaulichen Ansbach heißt es in einem Post: »Wladimir Putin, befreie unser Volk vom BRD-Verwaltungskonstrukt«. Ein Influencer mit 53 000 Followern schreibt mit Stolz auf die angebliche Vernichtungskraft der russischen Armee: »Thermobarische Raketenwerfer im Einsatz. From Russia with LOVE an den Tiefen Staat«. Ein anderer Post schreibt, durch Putins Militäroperation würde es »eng werden für alle des Tiefen Staates« (zitiert in: Miller 2022).

Damit haben wir vervollständigt, warum es auch in Deutschland eine erstarkende demokratiefeindliche rechtspopulistische Bewegung gibt, die ausgerechnet wuchs, als wir eine lang anhaltende Phase wirtschaftlicher Prosperität erlebten: Es sind psychologische Komponenten wie Narzissmus und Autoritarismus, die in der soziologischen Konstellation enttäuschter Ansprüche ein staats- und demokratiekritisches Potenzial bilden, das sich von einer imperialistischen Ideologie vereinnahmen lässt, die eine autokratische Alternative zu der als dekadent angesehenen liberalen Demokratie des Westens bildet. Und diese autokratische Alternative wirkt auch noch direkt in unsere mediale Welt hinein und tut alles, um das Vertrauen in die Demokratie zu zersetzen.

4.5 Die Logik der Autokratie. Oder: Wie man ein Autokrat wird und es (eine Zeit lang) bleibt

Während der Entwicklungshelfer Randy Wood ein halbes Leben in diversen Ländern Asiens, Afrikas und Lateinamerikas verbrachte, wurde er oft genug unfreiwillig Zeuge, wie Autokraten Gräueltaten begingen. Und oft genug murmelte er: »Das ist ein Zug direkt aus dem Diktatoren-Handbuch.« Und meist ahnte er auch schon den nächsten Zug, und nur gar zu oft wurde seine

Voraussage wahr (Wood/DeLuca 2012: vi). Anleitungen, wie man ein Autokrat wird, gibt es schon seit zweieinhalbtausend Jahren. Und sie sind sich verblüffend ähnlich geblieben. Moderne Autokraten wie Recep Tayyip Erdoğan oder Wladimir Putin wenden immer noch exakt die gleichen Rezepte an, wie sie schon der persische König Deiokes im Jahr 768 v. Chr. verwendete oder wie sie Platon im fünften Jahrhundert v. Chr. beschrieb. Dass sich Geschichte in dieser Hinsicht tatsächlich immer wiederholt, ist der Logik der Machtfiguration der Autokratie geschuldet: Ein Autokrat muss sich in einer bestimmten, immer wiederkehrenden Weise verhalten, um an die Macht zu kommen und sie zu behalten. Varianten kommen vor, aber bestimmte Grundmuster ziehen sich durch die gesamte Geschichte der Menschheit.

Herodots (historisch möglicherweise nicht ganz korrekte, sicherlich aber typische) Beschreibung von Deiokes' Karriere von einem respektierten und beliebten Richter zum Despoten ist insofern von verblüffender Aktualität, als sie zeigt, wie man durch demokratische Legitimation zum Autokraten wird.

1. Beginne mit einem demokratisch legitimierten Führungsamt.
2. Verschaffe dir durch kluges und gemeinwohlorientiertes Regieren Charisma und große Beliebtheit im Volk.
3. Mobilisiere Verbündete, um deine Beliebtheit im Volk weiter zu steigern.
4. Dann lasse dich zum Alleinherrscher wählen.
5. Baue deine Machtposition so aus, dass sie dir nicht mehr streitig gemacht werden kann und dass du keinen Beschränkungen mehr unterworfen bist.
6. Verschaffe dir eine Elitetruppe, die nur deinem persönlichen Befehl untersteht und die sowohl deinem persönlichen Schutz als auch der Niederschlagung von Aufständen dient.
7. Entmachte deine ehemaligen Verbündeten, damit sie dir nicht mehr gefährlich werden können.
8. Baue dein Charisma weiter aus, lass dich verklären und isoliere dich, damit niemand mehr deine wahre Person zu Gesicht bekommt.
9. Baue einen Geheimdienst auf, der dich mit Informationen über deine Gegner versorgt.
10. Mache dein Führungsamt erblich und setze deine Familienangehörigen als Erben ein, damit es in ihrem eigenen Interesse liegt, dich zu unterstützen und etwaige Gegner auszuschalten.

Was Herodot hier um 440 v. Chr. beschreibt, ist die klassische »Salami-Taktik« der kleinen Schritte, mit denen sich ein ursprünglich demokratisch gewählter Politiker zum autokratischen Herrscher macht, am entscheidenden Punkt (Nr. 4) mithilfe der Selbstentmachtung der Demokratie. Wenige Jahre später, nämlich zwischen 427 und 424 v. Chr. schrieben Aristophanes und Thukydides darüber, wie der populistische Demagoge Kleon vorging. Wir erkennen eine klassische Rezeptur, die auch zweieinhalb Jahrtausende später noch angewendet wird:

1. Schreibe die Erfolge deiner Konkurrenten dir selbst zu, mache sie verächtlich, schmücke dich mit fremden Federn und stelle dich selber im besten Licht dar.
2. Verbrüdere dich mit der Volksmasse gegen Intellektuelle, kritische Geister und Demokraten.
3. Verdrehe die Fakten, vermische, was nicht zusammengehört, und lege die Dinge so zurecht, dass sie dir nützen.
4. Mache dem Volk Versprechungen.
5. Finde Sündenbocke aus ausländischen Gegnern, gegen die du das Volks aufwiegelst.
6. Zeige selber Härte und Entschlossenheit und bezeichne Kompromissbereitschaft, das Festhalten an ethischen Standards und die Befolgung von Gesetz und Recht als Schwäche.
7. Tritt laut und aggressiv auf und hetze das Volk auf.
8. Baue ein System von Spitzeln auf, um Informationen über deine Gegner zu sammeln.
9. Überziehe deine Gegner mit falschen Beschuldigungen und lasse sie durch die Justiz verfolgen.
10. Habe keine Skrupel zu lügen, Gesetze zu brechen und deine Gegner zu vernichten.

Auch das, was Platon (Der Staat XIII, 565–568) um 375 v. Chr. über die Machtübernahme durch Autokraten schreibt, wird heute noch gern gemacht.

1. Mache dem Volk zu Anfang zahlreiche Versprechungen und schütte auch Wohltaten aus, insbesondere soziale Leistungen an Einkommensschwächere. Gib dich volksnah und freundlich und streite ab, dich zum Autokraten erheben zu wollen.

2. Erkläre bestimmte Bevölkerungsgruppen zu »Feinden des Volks« (die Formulierung stammt von Lenin und wurde auch von Donald Trump verwendet), verfolge sie mit juristischen Maßnahmen und enteigne sie, nicht ohne dich dabei selbst zu bereichern.
3. Nutze Anhänger und Verbündete, um an die Macht zu kommen. Bist du erst an der Macht, entledige dich deiner Verbündeter, sobald du sie nicht mehr brauchst.
4. Räume deine Kritiker aus dem Weg.
5. Säubere den Staat überhaupt von allen Intellektuellen, die dir potenziell gefährlich werden könnten. Über diese Säuberung schreibt Platon: »[Die Säuberung] ist umgekehrt, als sie die Ärzte mit dem Körper vornehmen. Sie entfernen das Schlechteste aus dem Körper und lassen das Beste. Er [der Tyrann] tut das Entgegengesetzte.«
6. Zettele Kriege an, damit das Volk einen starken Führer haben will.
7. Verbrauche ruhig die Ressourcen des Staats für deine Zwecke und erhöhe dann die Steuern.
8. Wenn du dich allmählich aufgrund von Steuererhöhungen und Säuberungen beim Volk verhasst gemacht hast, verschaffe dir eine Militärtruppe, die unter deinem persönlichen Befehl steht und für deinen persönlichen Schutz verantwortlich ist (»Leibwache« bei Platon) und die du nutzt, um die Bevölkerung und deine Kritiker zu unterdrücken und dich an der Macht zu halten.

William Shakespeare hat ebenfalls in seinen Stücken mehrfach beschrieben, wie Autokraten an die Macht kommen. In *Heinrich VI.* wird ein gewisser Jack Cade aufgebaut, um mit klassischen populistischen Methoden den König zu stürzen (nach Greenblatt 2019: 36–46):

1. Cade prahlt mit Lügen über seine angeblich adelige Herkunft.
2. Er macht dem Volk vollkommen unrealistische Versprechungen über einen zukünftigen Wohlstand.
3. Er befleißigt sich dabei einer »Voodoo-Ökonomie«, indem er dem Volk u. a. für einen Penny Brot im Wert von sieben Pennys sowie kostenloses Bier in großen Mengen verspricht.
4. Er verspricht dem Volk ein Schlaraffenland.
5. Er kündigt an, sämtliche Juristen zu töten, um Schuldscheine und vertragliche Verpflichtungen nichtig zu machen.

6. Er will das Parlament abschaffen und damit dem Volk die einzige – schwache – Partizipationsmöglichkeit nehmen, über die es überhaupt verfügt. Stattdessen will er sich zum Führer des Volks aufschwingen.
7. Er will Institutionen beseitigen und stattdessen etwas einführen, was später als »Sozialismus« bezeichnet werden sollte: »Zukünftig sollen alle Dinge Gemeineigentum sein.«
8. Er will die gebildeten Bevölkerungsschichten verfolgen.
9. Er ruft zum Kampf gegen die oberen Gesellschaftsschichten und die Eliten auf.
10. Er will die höhere Bildung abschaffen (*grammar schools*, d. h. Gymnasien).
11. Er will Kriminelle begnadigen, allein schon dann, wenn sie eine niedrige Bildung aufweisen.
12. Er verspricht, England wieder groß zu machen.

Adolf Hitler hat sich ebenfalls aus dem Repertoire des Populismus bedient und setzte im Zweifel auch physische Gewalt ein, um an die Macht zu gelangen. Seine Rezepte lassen sich wie folgt zuspitzen:

1. Baue dir eine Anhängerschaft auf, indem du erst Ängste schürst und dich dann als Heilsbringer präsentierst.
2. Finde Sündenböcke, die du für alle Probleme verantwortlich machst. Hetze deine Anhänger auf, diese Sündenböcke zu bekämpfen.
3. Baue eine, besser noch mehrere Schlägertruppen auf, die nicht vor physischer Gewaltanwendung zurückschrecken. Nutze sie, um Gegner einzuschüchtern, zu vertreiben und Abstimmungen zu beeinflussen.
4. Sei deinen Konkurrenten gegenüber extrem respektlos und würdige sie in extremer Weise herab.
5. Lüge schamlos und bezeichne die Wahrheit als Lüge. Deine Gegner, die selbst nicht lügen wollen, werden dadurch wehrlos.
6. Polarisiere so sehr und hetze so sehr auf, dass dich die Gemäßigten unterstützen, um einen Bürgerkrieg zu vermeiden.
7. Schaffe dir Verbündete, indem du Zusagen machst, die du nicht einhalten wirst. Lasse sie erst ihren Teil der Deals erfüllen; wenn du dadurch an die Macht gekommen bist, brauchst du dich an deine Versprechen nicht mehr zu erinnern.

8. Lass deine Gegner einsperren. Wenn dir die Wähler:innen keine Mehrheit geben, dann beseitige einfach die Abgeordneten, bis du eine Mehrheit im Parlament hast.

Donald Trump wurde kein Autokrat. Aber er wollte es werden – wie auch eine seiner engsten Mitarbeiter:innen, die ehemalige Kommunikationsdirektorin Alyssa Farah Griffin (2021) bestätigte. Er wollte Macht auf sich konzentrieren, die Justizbehörden unter seine Kontrolle bringen, ebenso den Obersten Gerichtshof. Er brachte einen Fernsehsender auf seine Seite und förderte Soziale Medien, die seine Botschaften verbreiteten. Er wollte die Wahlniederlage nicht akzeptieren und wiegelte seine Anhänger zum Sturm auf das Kapitol auf, was nicht weniger als der Versuch eines Staatsstreichs war. Auch Trump bediente sich aus dem Instrumentenkoffer der Populisten und der Autokraten:

1. Lüge hemmungslos. Schere dich nicht darum, dass deine Lügen entlarvt werden, sondern bezichtige die anderen der Lüge und bezeichne die Wahrheit als Fake News.
2. Prahle schamlos. Rede nur in Superlativen von dir selbst und lass andere genauso vor dir reden.
3. Bezeichne deine Gegner mit beleidigenden Spitznamen. Demütige sie. Habe keinen Respekt, auch nicht vor Bundesrichtern.
4. Bringe deine Partei hinter dich, indem du parteiinterne Gegner schonungslos beseitigst und Unterstützer protegierst. Statuiere deutlich sichtbare Exempel, auch an denen, die sich von Kritikern zu Unterstützern gewandelt haben.
5. Verführe die Bevölkerung mit dem klassischen Dreischritt von Melancholie (Hervorrufen eines Gefühls der Benachteiligung und Erniedrigung), Paranoia (Beschuldigung bösartiger äußerer und innerer Mächte) und Megalomanie (als starker Führer wirst du die Nation wieder zu früherer Größe führen) aus dem Baukasten der politischen Propaganda (nach Money-Kyrle 2022).
6. Attackiere alle Werte, Regeln und Institutionen, die dir im Wege stehen, einschließlich des Justizsystems, das du einerseits angreifst und außer Kraft zu setzen versuchst und das du andererseits schrittweise unter deine Kontrolle bringst (durch Benennung von Justizministern, Behördenleitern und Richtern).

7. Nutze die Beißhemmungen deiner Gegner aus und schaffe asymmetrische Kampfbedingungen, indem du alle Regeln brichst, die deine Gegner respektieren.
8. Baue eine Miliz auf, die bereit ist, an einem gewaltsamen Staatsstreich mitzuwirken oder einen Bürgerkrieg zu entflammen.
9. Stelle dich selbst außerhalb der Justiz. Halte deine Gegner davon ab, dich mit Härte zu verfolgen, indem du mit einem Bürgerkrieg drohst.

Und die Fortsetzung, falls es zu einer zweiten Amtszeit kommen sollte, sollte folgendermaßen lauten (Griffin 2021):

10. Bringe das Justizministerium unter deine Kontrolle und nutze es, um deine politischen Gegner zu verfolgen.
11. Gehe gegen die freie Presse vor.
12. Sei bereit, das Militär für deine politischen Zwecke einzusetzen.

Wir merken, dass sich die Methoden ähneln. Was vor Jahrtausenden funktioniert hat, funktioniert auch heute noch. Dennoch fragt man sich, wie es Autokraten gelingt, in eine Position absoluter Macht zu kommen, eine ganze Partei hinter sich zu bringen, ganze Parlamente (einschließlich oppositioneller Parteien), die Justiz, die Medien, einfach alle. Wenn Autokraten schließlich doch noch gestürzt werden, enden sie meist als jämmerliche Gestalten, die sich in Erdlöchern oder Betonröhren verstecken. Wie konnten solche Figuren jahrelang Angst und Schrecken verbreiten?

Der erste Schritt besteht häufig darin, sich treue Anhänger:innen zu verschaffen, indem man polarisiert und absolute Loyalität fordert. Es gibt nur Freund oder Feind: Wer nicht für mich ist, ist gegen mich. Die Freunde werden gefördert und mit Ämtern versorgt, die man bald reichlich vergeben kann, während die Gegner einschließlich der Neutralen und der Illoyalen öffentlich bestraft werden. Donald Trump hatte überhaupt keine Verankerung in der republikanischen Partei; er hatte sich sogar einmal für die Demokraten registrieren lassen und verteilte Spenden an beide Parteien, bis er Präsidentschaftskandidat der Republikaner wurde. Und dann gelang dem Seiteneinsteiger das Kunststück, die »große alte Partei« geschlossen hinter sich zu vereinigen. Wenn einzelne Senatoren der eigenen Partei ihm gegenüber kritisch oder nicht hundertprozentig loyal waren, wie Jeff Flake oder Lindsey Graham, sorgte er dafür, dass deren politische Karriere beendet wurde oder dass sie auf seine Seite wechselten. Treue Unterstützer:innen wurden dagegen gefördert. Gemäßigte Politiker:innen werden dadurch gezwungen, Farbe zu bekennen: Die Nutzen-Risiko-Bewertung schlägt dann meist zugunsten des angehenden Autokraten aus.

Je mehr Machtmittel der Autokrat bereits unter seine Kontrolle gebracht hat, desto stabiler wird seine Herrschaft. Nehmen wir den russischen Präsidenten und betrachten wir die verschiedenen Militärgattungen, Geheim- und Polizeidienste. Es mag sein, dass die Leiter:innen sämtlicher Dienste/Militärgattungen seinen Sturz wollen, weil sein Krieg exakt das Gegenteil der versprochenen Ziele erreicht. Würden sich einige von diesen Diensten zusammenschließen, könnten sie einen Putsch durchführen. Aber sie können darüber nicht kommunizieren, denn man muss um sein Leben fürchten, wenn man denunziert wird. Der Autokrat verwendet eine Variante des absolutistischen Königsmechanismus: Er hält alle, die ihm seine Macht streitig machen könnten, in gegenseitiger Konkurrenz – eine Konkurrenz, die auch das Leben kosten kann, wie an gelegentlichen Exempeln statuiert wird. Morde werden nur notdürftig als »Unfälle«, »Herzinfarkte« oder »Krankheiten« getarnt, denn eigentlich soll jeder wissen, dass man die Macht über Leben und Tod hat.

Freilich hat auch dieses Spiel Grenzen. Wenn wichtige Akteure spüren, dass ihnen der Autokrat auf Dauer mehr Schaden zufügt als Nutzen stiftet, steigt die Bereitschaft, eine Palastrevolution anzuzetteln. Das Kommunikationsproblem kann man angehen, indem man zweideutig zu kommunizieren beginnt und testet, inwieweit man Verbündete gewinnen kann. Und dann kann es auf einmal ganz schnell gehen, wenn die Unterstützer des Autokraten merken, dass sich die Machtverhältnisse zu drehen beginnen. Wenn man dem Autokraten zu lange die Treue hält, kann man mit in den Untergrund gezogen werden; wenn man frühzeitig auf das richtige Pferd setzt, kann man dagegen vom Umsturz profitieren.

Der Autokrat kennt die Gefahr und versucht sie zu bannen, indem er potenzielle Konkurrenten beseitigt oder aber, wenn sie zu stark sind, sogar noch befördert, um sie an sich zu binden. In jedem Fall ist der Autokrat zum Erfolg verdammt. Hat er einmal einen Krieg begonnen, der nicht wie erwartet läuft, kann er ihn nicht unter Verlusten beenden, sondern er ist gezwungen, ihn bis zum bitteren Ende durchzuziehen – und wenn es in der Katastrophe endet. Auch das ist ein Grund, weshalb es eine schlechte Idee ist, einen starken Führer zu wollen.

5. HERAUSFORDERUNG GLOBALISIERUNG: DIE DEMOKRATISIERUNG DER WELT

> »Es ist gesagt worden, gegen Globalisierung zu argumentieren ist so wie gegen die Schwerkraft zu argumentieren. Aber wir müssen Globalisierung zu einem Motor machen, der Menschen aus Not und Elend heraushebt und ihnen die Chance auf eine bessere Zukunft gibt. Dafür müssen wir lernen, besser gemeinsam zu regieren.«
>
> Kofi Annan am 5. Juni 2002

5.1 Der »political lag«

Die Globalisierung ist so alt wie die Menschheit selbst. Eine der bis heute bedeutendsten Formen der Globalisierung, die Migration, hat überhaupt erst dazu geführt, dass sich *homo sapiens* von seinem Entstehungsort im östlichen Afrika über alle Kontinente verbreitete. Auch die ökonomische Globalisierung, der Handel über weite Distanzen, ist schon seit Jahrtausenden nachweisbar. Vor 7200 Jahren wurden Jadebeile über ein 3000 km langes Handelsnetz transportiert, das sich vom Atlantik bis zum Schwarzen Meer erstreckte. Das antike Rom trieb lebhaften Handel mit China – was durchaus zu zeitgenössischer Kritik an dem hohen Kaufkraftabfluss führte, aber auch an den kulturellen Auswirkungen dieser antiken Globalisierung: Plinius, Seneca und andere beklagten die moralische Fragwürdigkeit der transparenten chinesischen Seidenkleider. Damit gab es schon vor 2000 Jahren eine ähnliche Globalisierungskritik, wie wir sie heute vorfinden: Es wurden ökonomische, aber auch kulturelle Auswirkungen problematisiert. Globalisierung hat zahlreiche Facetten:

- Soziale Globalisierung – die Migration von Bevölkerung;
- Ökonomische Globalisierung – der weltweite Handel mit Waren und Gütern;
- Kulturelle Globalisierung – der Austausch von Elementen der Hochkultur und der Alltagskultur;
- Sprachliche Globalisierung – die Verbreitung von wechselnden Weltsprachen und die Übernahme von Lehnwörtern aus anderen Sprachen;
- Technisch-wissenschaftliche Globalisierung – die weltweite Diffusion von Wissen und Technologie;
- Spirituelle Globalisierung – die Verbreitung von Weltreligionen über den Erdball;
- Ökologische Globalisierung – die weltweiten Auswirkungen von Emissionen;
- Medizinische Globalisierung – die Ausbreitung von Pandemien;
- Gesellschaftliche Globalisierung – der Transfer von Ideen, Einstellungen und Lebensweisen;
- Politische Globalisierung – die Entwicklung eines weltumspannenden politischen Systems.

Die Globalisierung ist so facettenreich, dass sie praktisch alle Lebensbereiche erfasst. Und wenn das so ist, dann will man die Welt, die das eigene Leben so sehr beeinflusst, auch mitgestalten. Man will die Welt demokratisieren. Was uns das uralte Phänomen der Globalisierung mitunter so aktuell erscheinen lässt, ist einerseits, dass es sich in Wellen vollzieht, die auch immer wieder Gegenbewegungen beinhalten, wie den Nationalismus oder Autarkiebestrebungen, und andererseits, dass sich die verschiedenen Dimensionen der Globalisierung nicht mit gleicher Geschwindigkeit entwickeln, sondern phasenversetzt. Globalisierungsschübe, die nach Latenzphasen umso heftiger einsetzen, führen dann zu mitunter erheblichen Friktionen. Internationale Verlagerungen von Produktionsstandorten können in den Verliererregionen die Arbeitslosenraten emporschnellen lassen, während sie in den Gewinnerregionen zu Verdichtung, Verdrängung und Umweltproblemen führen können. Kulturelle Globalisierungsschübe lösen mitunter reaktionären Nationalismus aus.

Probleme können aber auch aus unterschiedlichen Geschwindigkeiten der einzelnen Dimensionen der Globalisierung entstehen, was der amerikanische Soziologe William F. Ogburn bereits im Jahr 1922 als *cultural lag* bezeichnet hatte. Ein »kultureller Rückstand« entsteht, wenn sich technische Innovationen schneller verbreiten als korrespondierende kulturelle, gesellschaftliche und politische Strukturen. So hinkte beispielsweise die Entwicklung von Normen und Regeln des Datenschutzes lange hinter den technischen Möglichkeiten des Datenaustauschs hinterher. Analog zum *cultural lag* können wir auch von einem *political lag* sprechen, wenn politische Strukturen in den Rückstand zu anderen Aspekten der Globalisierung geraten. So hat die wirtschafts- und finanzpolitische Regulierung nicht mit der Globalisierung des Handels und insbesondere der Finanztransaktionen Schritt gehalten, sodass Regulierungsinstrumente wie eine Finanztransaktions-Steuer (»Tobin-Steuer«), die Angleichung von Standards oder das Austrocknen von Steueroasen erforderlich werden, damit sich nicht multinationale Unternehmen der Besteuerung entziehen. Wirtschafts- und finanzpolitische Regulierungsmechanismen sind auch erforderlich, damit sich Probleme in geografisch kleinen Teilen des Planeten nicht über Dominoeffekte zu globalen Finanz- und Wirtschaftskrisen auswachsen, so etwa bei der Subprime-Krise des Jahres 2007, die nur in wenigen Bundesstaaten der USA aufgetreten war, aber die gesamte Weltwirtschaft mit sich gerissen hat.

Ein massiver politischer Rückstand besteht auch im Bereich der ökologischen Globalisierung. Auf einigen Gebieten sind inzwischen durchaus internationale Regulierungen erreicht worden (Eindämmung von Ölverklappung auf den Meeren, internationales Regime zum Schutz der Ozonschicht, Washingtoner Artenschutzabkommen) und zur globalen Problematik des Klimawandels ist mit dem IPCC immerhin eine schlagkräftige zwischenstaatliche Organisation geschaffen worden, die Forschungsergebnisse bündelt und mit ihren Berichten öffentlichkeitswirksam publiziert. Die internationalen Abkommen von Rio de Janeiro (1992), Kyoto (1997), Paris (2015), Glasgow (2021) und, mit bescheidenen Ergebnissen, Scharm asch-Schaich (2022) haben zwar Selbstverpflichtungen zur Reduktion klimaschädlicher Emissionen gebracht, die allerdings unverbindlich bleiben, weil konkrete Maßnahmen (Zeitplan für den Ausstieg aus fossilen Brennstoffen), Überwachungs- und Sanktionsmechanismen fehlen.

Diese (wenigen) Beispiele zeigen, wie groß das Bedürfnis nach politischer Steuerung auf der globalen Ebene ist. Die Frage ist, inwieweit die Weltgesellschaft diese Steuerung zu erbringen vermag. Damit sind wir bei den theoretischen Modellen der internationalen Beziehungen. Wir sind damit auch bei pessimistischen und optimistischen Perspektiven, was eine globale

Politik zu erreichen vermag. Und wir sind bei dem russischen Staatspräsidenten Wladimir Putin, der am 24. Februar 2022 einen Krieg gegen die Ukraine begonnen hat.

5.2 Ernüchterung und Realismus

Die Theorien der internationalen Politik lassen sich im Wesentlichen auf zwei Linien reduzieren: Diejenigen Theorien, nach denen sich so etwas wie ein globales Regierungssystem herausbildet, das ein internationales Rechtssystem, das Völkerrecht, schafft, das auch mithilfe von Sanktionen durchgesetzt werden kann, und die sogenannte »realistische« Theorie der internationalen Beziehungen, nach der auf der globalen Ebene eine Anarchie herrscht, in der souveräne Staaten gegeneinander kämpfen, um ihre nationalen Interessen durchzusetzen. »Realistisch« bedeutet hier so viel wie »illusionslos« oder auch »pessimistisch«.

Da gab es die Illusion, die liberale Demokratie werde nach dem Zerfall der Sowjetunion einen Siegeszug um die ganze Welt antreten, um das »Ende der Geschichte« (Fukuyama 1992) einzuläuten, d. h. das Ende des Wettbewerbs zwischen der Demokratie und autokratischen Systemen. Da gab es die Illusion, der Kalte Krieg zwischen den geopolitischen Blöcken werde von einer Kooperation von Lissabon bis Wladiwostok abgelöst, weil sich Russland bei einer Intensivierung der Handelsbeziehungen weiter demokratisieren und traditionelle Antagonismen zur westlichen Welt abbauen würde (»Wandel durch Handel«). Es gab die Illusion, dass man in Zukunft eigentlich kein Militär mehr brauchen würde, weil es für jeden internationalen Konflikt eine »diplomatische Lösung« gebe. Es gab die Illusion, dass das Völkerrecht zu Gerechtigkeit, Stabilität und Frieden in der ganzen Welt führen würde.

Und dann hat der russische Präsident und Autokrat Wladimir Putin am 24. Februar 2022 so manche Illusion, vielleicht sogar Lebenslüge, zum Platzen gebracht.

Es gab klare völkerrechtliche Regelungen. Mit dem *Budapester Memorandum* von 1994 hatte sich die Russische Föderation, vertreten durch ihren Präsidenten Boris Jelzin, verpflichtet, die Unabhängigkeit und Souveränität sowie die geltenden Grenzen der Ukraine zu respektieren und »niemals« ihre Waffen gegen die Ukraine einzusetzen. Die *Charta der Vereinten Nationen*, ebenfalls von Russland unterzeichnet, verbietet Angriffskriege ohnehin. Es gab auch keinen Mangel an Diplomatie. Zwei Monate vor Kriegsbeginn hatte es intensive Verhandlungen zwischen Russland und den USA gegeben. Fünf Wochen vorher hatte der NATO-Russland-Rat getagt. Noch 15 Tage vor Kriegsausbruch hatte der französische Präsident mit dem russischen Präsidenten verhandelt, neun Tage zuvor der deutsche Bundeskanzler, beide Male über mehrere Stunden hinweg. Vier Tage vor dem Angriff hat der französische Präsident mit dem russischen Präsidenten noch ein Telefongespräch geführt, das dieser dann abbrach, weil er Sport treiben wollte. Drei Tage vor Kriegsausbruch setzte der Direktor des russischen Auslandsgeheimdienstes SWR, Sergej Narischkin, bei einer Sitzung des Nationalen Sicherheitsrats noch auf eine Fortführung der Verhandlungen, wurde allerdings von Putin abgekanzelt. Kurz darauf gab Putin den Angriffsbefehl. Wirtschaftssanktionen nahm er in Kauf. Vom *Budapester Memorandum* war keine Rede mehr, stattdessen bestritt Russland die Staatlichkeit der Ukraine, die es ein für alle Mal anerkannt hatte.

Die »Realisten« hatten also Recht behalten. Der deutsche Bundespräsident Frank-Walter Steinmeier – als engster Mitarbeiter des Bundeskanzlers Gerhard Schröder und späterer Außenminister einer der Hauptarchitekten der deutsch-russischen Kooperation – musste nach Kriegsausbruch resigniert feststellen: »Eine Lehre daraus ist, dass die außenpolitische Philosophie, dass der Wandel durch Handel stattfindet, im Umgang mit Autokratien nicht trägt.« (Steinmeier 2022) Die Außenministerin konnte nur lapidar feststellen, dass Russland das Völkerrecht einfach gebrochen hat. Was beinhaltet die »realistische« Theorie der internationalen Beziehungen?

Wir Deutschen neigen dazu, politische Positionen mit moralischen Kategorien zu bewerten. In der internationalen Politik heißt das, dass unsere Loyalitäten bei Staaten liegen, die unsere Werte teilen, und dass wir Staaten, die die Menschenrechte missachten, verurteilen und sie ggf. sanktionieren. Aber in der Weltpolitik lässt sich eine »werteorientierte Außenpolitik«, wie sie die Außenministerin Annalena Baerbock zu ihrem Programm erhoben hat, nicht immer durchhalten. So haben die USA lateinamerikanische Militärdiktaturen unterstützt, um eine kommunistische Unterwanderung des Kontinents zu verhindern. Und sie kooperieren eng mit einem fundamentalistisch-islamistischen Land (Saudi-Arabien), um über ein strategisches Gegengewicht zu einem anderen islamistischen Land (Iran) zu verfügen, das auch noch ernsthaft damit droht, ein souveränes jüdisches Land (Israel) zu vernichten. Und wir Deutschen können es uns auch nicht leisten, auf den

Handel mit China zu verzichten, obgleich dort Menschenrechte nicht gelten. Mit Ungarn und der Türkei müssen wir zähneknirschend politisch unzuverlässige Autokraten als NATO-Partner akzeptieren, damit wir sie nicht in die Hände Russlands treiben.

Im Zweifel geht es in der internationalen Politik um nationale Eigeninteressen, hinter denen Werte, Demokratie und Loyalitäten zurückstehen müssen. Nachdem der deutsche Demokrat August Ludwig von Rochau im Jahr 1853 das Wort »Realpolitik« geprägt hatte, war es insbesondere der preußische Ministerpräsident und spätere Reichskanzler Otto von Bismarck, der keine Rücksicht mehr auf politische Werte und Loyalität nahm und seine Kriegs- und Bündnispolitik allein an nationalen Interessen ausrichtete.

Die »realistische« Theorie der internationalen Beziehungen ist der theoretische Überbau dieser Art von Politik. Der Ansatz beruft sich auf Thukydides, nach dessen Schilderung des Peloponnesischen Kriegs eine athenische Delegation Klartext mit den Abgesandten von Melos redete. Die Athener machten deutlich, dass es ihnen nur um das Interesse ihres eigenen Staats ging: »Da ihr genauso gut wisst wie wir, dass Recht in dieser Welt nur zwischen denen mit gleicher Macht eine Rolle spielt, während die Starken tun, was sie können, und die Schwachen erleiden, was sie müssen.« (Thukydides, 5.89.1) Niccolò Machiavelli bestätigte später, dass es wichtiger sei, gefürchtet als geliebt zu werden. Und so, wie Thomas Hobbes sein bürgerkriegsgeschütteltes England als eine Anarchie betrachtete, in der ein »Krieg aller gegen alle« herrschte, wird die Welt als eine Anarchie betrachtet, in der souveräne Staaten ihre nationalen Interessen durchzusetzen trachten. Die »realistische« Theorie basiert auf folgenden Grundprinzipien:

1. Staatszentriertheit: Staaten werden als monolithische Akteure betrachtet, die auf internationaler Bühne ausschließlich durch ihre Regierungen vertreten werden.
2. Nationale Interessen: Alle Staaten verfolgen egoistische Eigeninteressen, insbesondere an nationaler Sicherheit, an Ressourcen (v. a. Rohstoffen), an Wohlstand (auch durch Außenhandel), mitunter auch an Expansion bis hin zum Imperialismus, also der Schaffung eines Großreichs durch Unterwerfung anderer Länder.
3. Antagonismus: Die Verfolgung nationaler Interessen bringt die Staaten in Interessenkonflikte, beispielsweise beim Wettbewerb um knappe Ressourcen, um Territorien, um militärische Vorherrschaft.

4. Intergouvernementalität: Internationale Politik ergibt sich hauptsächlich aus Interaktionen zwischen den Regierungen. Suprastaatliche Institutionen (wie die Organisationen der Vereinten Nationen oder die NATO) sind nichts als das Ergebnis von Verträgen zwischen Staaten, die auch gekündigt werden können.
5. Anarchie: Die internationale politische Arena gleicht einer Anarchie, d. h. es gibt keine den Staaten übergeordneten Regeln und keine übergeordnete Instanz für Koordination oder Streitschlichtung.
6. Machtpolitik: Das primäre Eigeninteresse eines jeden Staats ist die eigene nationale Sicherheit. Deshalb bauen Staaten eigene militärische Kapazitäten auf und suchen militärische Partnerschaften.
7. Amoralität: Internationale Politik ist Realpolitik, die sich an Machtkonstellationen ausrichtet, um nationale Interessen zu erreichen. Moral, Gerechtigkeit oder Loyalität spielen in internationalen Beziehungen keine Rolle.
8. Das Recht des Stärkeren: Da alle Staaten prinzipiell egoistisch sind, setzen sich die militärisch und wirtschaftlich Stärkeren durch. *Hard power*, militärische Macht, ist im Zweifel wichtiger als *soft power* – die Kraft von Überzeugung, Werten, Appellen an gemeinsame Interessen, an Frieden.
9. Bündnispolitik: Durch militärische, wirtschaftliche und politische Bündnisse kann die eigene Macht verstärkt werden.
10. Hegemonie: Durch Bündnisse und Kooperation wird der Aufbau geostrategischer Blöcke angestrebt. Die stärksten Blöcke streben nach globaler Hegemonie, was konkurrierende Blöcke zu verhindern suchen. Droht die Entstehung einer unilateralen Hegemonie, verbünden sich die sekundären Blöcke miteinander, um Multilateralismus aufrechtzuerhalten.

Der »Realismus« ist nicht nur Theorie, sondern in vielen der Staaten der Welt auch außenpolitische Doktrin, die gelegentlich durch eine scheinbar wertebasierte Rhetorik verschleiert wird. Als Doyen der »realistischen« Politik galt der US-amerikanische Außenminister Henry Kissinger, der einerseits einen Militärputsch in Chile unterstützte, um den demokratisch gewählten Präsidenten Salvador Allende durch den Diktator Augusto Pinochet abzulösen, der aber – nach dem Prinzip, die eigenen Feinde auseinanderzutreiben – andererseits freundschaftliche Beziehungen zu den Erzfeinden Sowjetunion und China aufbaute. In allen Fällen waren realpolitische nationale Interessen ausschlaggebend und nicht historische Bindungen, Sympathien oder Werte. Es war dann auch Kissinger, der in seinem 2014 erschienenen Buch *Weltordnung* den Westfälischen Frieden als Musterbeispiel eines realpolitischen Arrangements lobte, denn dieser sei eine pragmatische Anpassung an die Realität gewesen und keineswegs das Ergebnis einer moralischen Einsicht. Die heutige globale Weltgemeinschaft müsse den anarchischen Charakter der Welt durch ein umfangreiches Netz internationaler Rechts- und Ordnungsstrukturen bändigen (Kissinger 2014: 11, 16).

Der »realistische« Ansatz US-amerikanischer Spielart geht davon aus, dass sich die Welt aufteilt in demokratische Staaten, die die Menschenrechte achten, sowie in defekte Demokratien und Autokratien, deren Machthaber vielfach aggressive oder imperialistische Absichten haben. Um den Frieden zu sichern, freien Welthandel zur Wohlstandsmehrung für alle zu ermöglichen, beim globalen Umwelt- und Klimaschutz voranzukommen sowie liberalen Werten und Demokratie zu weiterer Verbreitung zu verhelfen, müsse ein starker und einiger transatlantischer Block dafür sorgen, dass die übernationale Rechtsordnung um die Vereinten Nationen herum gestärkt wird, dass handlungsfähige übernationale Institutionen geschaffen werden und dass das internationale Recht durchgesetzt wird. Dabei ist zumindest die Drohung mit dem Einsatz von Machtmitteln unverzichtbar: wirtschaftlichen Sanktionen und zur Not auch militärischen Interventionen, für die eine Art »Weltpolizei« unter Führung der USA geschaffen wird. Entwicklungshilfe wird im Rahmen des »realistischen« Ansatzes als ein Instrument gesehen, Anreize zu schaffen, internationalen Abkommen beizutreten und sich in die Weltordnung einzugliedern.

Während des Zweiten Weltkriegs waren die USA zunächst recht erfolgreich, eine derartige Weltordnung zu schaffen. 1941 begründeten sie zusammen mit dem Vereinigten Königreich die *Atlantik-Charta*, aus der 1942 die *Deklaration der Vereinten Nationen* hervorging, der sich bis Kriegsende 45 Staaten anschlossen, darunter auch die Sowjetunion, weil damit ein friedenschaffendes Projekt gemeint war, das sich gegen die aggressiven Mächte Deutschland, Italien und Japan wendete. 1945 gründeten 51 Länder die *Vereinten Nationen*, die sich die Wahrung des Weltfriedens und freundschaftlicher Beziehungen zwischen den Ländern zum Hauptziel gesetzt hatten. 1948 folgte die *Allgemeine Erklärung der Menschenrechte*.

Heute haben die Vereinten Nationen 193 Mitgliedsländer – praktisch alle souveränen Staaten. Die Vereinten Nationen verfügen über Dutzende von Haupt- und Nebenorganen sowie Sonderorganisationen wie den Menschenrechtsrat HRC und den Hochkommissar für Menschenrechte

UNHCHR, das Entwicklungsprogramm UNDP, das Umweltprogramm UNEP, den Weltklimarat IPCC, die Kulturorganisation UNESCO, den Internationalen Währungsfonds IWF, die Weltbank, die Weltgesundheitsorganisation WHO u. v. a. Und diese internationalen Organisationen erbringen immer mehr Leistungen, erhalten immer mehr Zuständigkeiten und Einfluss, und sie sind auch demokratisch organisiert.

Das klingt nach einer Erfolgsgeschichte und tatsächlich auch nach einer – wenngleich in kleinen Schritten verlaufenden – Demokratisierung der Globalisierung. Aber ausgerechnet das allerwichtigste Organ der Vereinten Nationen leidet unter einem Konstruktionsfehler. Der Hauptzweck der Vereinten Nationen ist, ganz im Sinne der realistischen Theorie der internationalen Beziehungen, die Friedenssicherung. Die Aufgabe des Sicherheitsrats ist, den Frieden zu bewahren und kriegerische Auseinandersetzungen zu beenden, indem die Weltgemeinschaft Vorschläge macht, wie Konflikte zu lösen sind, und indem sie gemeinsam Maßnahmen ergreift, um das Völkerrecht durchzusetzen. Dazu gehört als *ultima ratio* auch militärisches Eingreifen in Form von Friedensmissionen. Seit dem Massaker von Srebrenica, das sich unter den Augen gut ausgebildeter und bewaffneter Blauhelm-Soldaten vollzog, die aber nur beobachten und sich selbst verteidigen durften, sind diese Friedensmissionen deutlich robuster geworden.

Die Bilanz des Sicherheitsrats ist durchaus gemischt. Eine der erfolgreichsten Friedensmissionen stellte der Erste Golfkrieg dar. Der Irak, der damals über die viertgrößte Armee der Welt verfügte, hatte das benachbarte Kuwait überfallen, um das souveräne Land zu annektieren. Einer internationalen Koalition unter US-amerikanischer Führung gelang es rasch und unter geringen eigenen Verlusten, Kuwait zu befreien und den Irak militärisch zu schwächen. Aber so erfolgreich der Erste Golfkrieg gewesen war, so wenig gerechtfertigt war der Zweite Golfkrieg, der von den USA aufgrund nachweislich falscher Informationen über angebliche, letztlich aber nicht vorhandene Massenvernichtungswaffen des Irak angezettelt worden war und der eine dauerhaft instabile Region hinterlassen hat. An seine militärischen und politischen Grenzen kam auch der 20-jährige Einsatz einer internationalen Koalition in Afghanistan, wo die guerillamäßig operierenden radikal-islamistischen Taliban nicht besiegt werden konnten. Immerhin sorgte die Mission dafür, dass die Terrororganisation Al Kaida ihre Operationsbasis verlor und zerschlagen wurde. Zu den Misserfolgen der UNO gehört auch der Palästinakonflikt. Die von den Vereinten Nationen im Jahr 1947 vorgeschlagene

Zwei-Staaten-Lösung ist von der arabischen Seite nie akzeptiert worden, die stattdessen immer neue Kriege und Intifadas gegen Israel angefangen hat.

Das größte Versagen in der Geschichte des Sicherheitsrats stellte jedoch der Krieg gegen die Ukraine von 2022 dar. Und hier wurde der Konstruktionsfehler deutlich. Als Atommacht gehört Russland zu den ständigen Mitgliedern mit Veto-Recht. Das blieb auch so, als Russland selbst das Völkerrecht brach und zum Aggressor wurde. Damit wurde ein elementarer Grundsatz der Rechtstaatlichkeit verletzt, nämlich dass ein Angeklagter nicht über sich selbst richten darf.

Die Folge war, dass an diesem 24. Februar 2022 das Völkerrecht nichtig wurde. Recht, das nicht durchgesetzt werden kann, ist nichtig. Und wieder schlug die Stunde des Realismus. Gegen eine Atommacht kann man militärisch nicht vorgehen, zumindest nicht direkt. Es gab zwar im Sicherheitsrat und in der UN-Vollversammlung überwältigende Mehrheiten, die den Angriff verurteilten, aber Russland ignorierte die Voten einfach. Insbesondere die NATO und die Europäische Union konnten den russischen Angriff auf einen souveränen Staat nicht tolerieren, wie sie es noch im Jahr 2014 tun mussten, damals mangels wirksamer Interventionsmöglichkeiten. 2022 kam es zu einem realpolitischen Machtkampf. NATO, EU und einige weitere Staaten (wie Australien und Südkorea) setzten ihre machtpolitischen Instrumente ein: Wirtschaftssanktionen, Lieferung von Waffen und militärischer Ausrüstung, Ausbildung, Aufklärung, allerdings wohldosiert. Russland antwortete mit einem Stopp der Erdgaslieferungen nach Europa und mit einer Blockade ukrainischer Getreideexporte (die es allerdings wieder aufheben musste).

Beide Seiten setzten symbolische und echte rote Linien und achteten selbst darauf, die roten Linien der Gegenseite nicht zu überschreiten – stets vor dem Hintergrund, einen Dritten Weltkrieg oder gar einen Atomkrieg zu vermeiden. Zugleich setzten beide Seiten auf Zermürbung der Gegenseite: Die Ukraine und die NATO-Länder hofften auf einen Sturz des russischen Autokraten Putin, wenn die Sanktionen und militärischen Verluste zu schmerzhaft würden. Russland setzte darauf, dass die Bevölkerungen der demokratischen NATO-Länder so sehr unter der Erdgasblockade leiden würden, dass sie ihre Regierungen zwingen würden, die Sanktionen und die Unterstützung der Ukraine zu beenden. Es ging damit auch um einen Machtkampf zwischen Autokratie und Demokratie, bei dem sich der Autokrat stärker fühlte.

Die Demokratisierung der globalen Politik hatte durch den russischen Angriff auf die Ukraine einerseits einen schweren Rückschlag erlitten, weil er die Handlungsunfähigkeit der friedenssichernden Organe offenlegte, zumindest wenn eine Atommacht involviert ist. Andererseits hat er aber auch den demokratischen Teil der Welt gestärkt. US-Präsident Trump hatte noch die Europäische Union als Hauptgegner der USA ausgemacht und die NATO für obsolet erklärt. Der Angriff – mit den mit ihm verbundenen weitergehenden Bedrohungsszenarien – hat nicht nur die westlichen Allianzen geeint, sondern sogar zur Erweiterung der NATO um Schweden und Finnland geführt. Diese Einigkeit und Entschlossenheit, die von großen Bevölkerungsmehrheiten mitgetragen wurde, war auch darauf zurückzuführen, dass die russische Invasion als Angriff auf die demokratische Welt verstanden wurde.

Die Reaktion des Westens und die z. T. demütigenden Verluste der russischen Angreifer haben aber auch Signale an den Rest der Welt gesendet: China, das Russland noch wenige Tage vor Kriegsbeginn »grenzenlose Freundschaft« zugesichert hatte, hatte anfangs noch das Interesse, dass Russland mit dazu beitragen würde, eine globale Hegemonie der USA zu verhindern. Als sich die militärische Unterlegenheit Russlands zeigte, war es China überhaupt nicht mehr recht, dass Russland der NATO eine Bühne schuf, ihre Stärke zu demonstrieren. Nach dem Scheitern der russischen Eroberungspläne in der Ukraine sind auch für China die Hürden gestiegen, die seit Langem angekündigten Pläne zur Annektierung Taiwans umzusetzen, weil es mit einer ähnlich entschlossenen Reaktion des Westens rechnen müsste.

Demokratische Staaten fangen selten Kriege an; zumindest aber beenden sie aussichtslose Kriege, weil ihre Bevölkerungen Regierungen abwählen, die Menschenleben opfern und Kriegslasten aufbürden. Bei Autokraten ist es anders. Autokraten beginnen gern Kriege, um von innenpolitischen Problemen abzulenken und eine nationalistisch aufgepeitschte Bevölkerung wieder hinter sich zu bringen. Aber der Autokrat ist gezwungen, den Krieg zu gewinnen. Wenn ihm das nicht gelingt, muss er um seine Macht und meist auch um sein Leben fürchten. Autokraten können einen Fehler nicht eingestehen. Die Option, die Verluste zu begrenzen, wenn man schon nicht gewinnen kann, steht ihnen nicht zur Verfügung. Deshalb kämpfen sie bis zum bitteren Ende. Hitler hat sich erst das Leben genommen, als ihn nur noch wenige Stunden von einer Gefangennahme trennten. Als er einsah, dass sein Scheitern unausweichlich war, wollte er aber nicht allein gehen, sondern er wollte die Vernichtung des gesamten deutschen Volks, das er als nicht würdig ansah, weiterzuexistieren. Glücklicherweise wurde die Ausführung des

»Nerobefehls« durch den Rüstungsminister und verantwortlich handelnde Generäle verweigert.

Nachdem Putin alle Möglichkeiten, noch halbwegs gesichtswahrend aus dem Ukraine-Debakel herauszukommen, verpasst hat, könnte es bei ihm zu einer ähnlich paranoiden Reaktion kommen: Wenn er ahnt, selbst (von seinen eigenen Leuten) zugrunde gerichtet zu werden, dann könnte er, wie ein Amokläufer, auf die Idee kommen, noch die ganze Welt mitzunehmen, indem er einen atomaren Vernichtungskrieg auslöst. Hoffen wir, dass der Verteidigungsminister und kluge Generäle einen entsprechenden Befehl ebenfalls ignorieren.

Kann man Autokraten beschwichtigen? Kann man insbesondere kriegslüsterne Autokraten beschwichtigen? Die meisten von uns sind friedliebende und hinreichend rationale Menschen. Wir halten Kriege für moralisch verwerflich und wir wissen, dass Kriege niemandem nützen, auch den Gewinnern nicht. Aber was sollen wir tun, wenn ein Autokrat auftritt, der Kriegsvorbereitungen trifft, andere Länder ohne Provokation militärisch angreift und glaubhaft damit droht, noch größere Kriege vom Zaun zu brechen, die unendliches Leid über die Angegriffenen bringen und möglicherweise die ganze Welt bedrohen?

Der friedliebende Rationalist sucht nach »diplomatischen Lösungen«, also Lösungen, die ohne militärische Gewalt auskommen. Man appelliert an die Rationalität des Aggressors, dass er sich mit einem Krieg selbst schaden würde. Man droht ihm Sanktionen an, falls er einen Krieg beginnt. Man bietet ihm Zugeständnisse an, falls er auf einen Krieg verzichtet. Und vor allem versucht man, den Aggressor zu beschwichtigen, auf keinen Fall zu reizen, um ihn nicht zu provozieren.

Beschwichtigung heißt auf Englisch *appeasement*. Und eine Politik des Appeasements verfolgte der britische Premierminister Neville Chamberlain, als Hitler danach trachtete, die staatliche Existenz der Tschechoslowakei zu zerstören. Um einen Krieg zu verhindern, opferte der britische Regierungschef mit dem *Münchner Abkommen* die Souveränität der Tschechoslowakei und zwang sie, das Sudetenland an das Deutsche Reich abzutreten. Nur zu gern wollte Chamberlain Hitlers Versprechen glauben, das Sudetenland sei seine »letzte territoriale Forderung« gewesen. Aber nur wenige Monate später annektierte Hitler weitere Gebiete und überfiel schließlich Polen, womit der Zweite Weltkrieg begann, den Chamberlain doch durch sein Appeasement verhindern wollte. Der britische Premier hätte das alles wissen müssen – hatte doch Hitler in *Mein Kampf* und seinen weiteren Schriften und Reden nie einen Zweifel an seine Absichten gelassen. Chamberlains Appeasement war schlichtweg Selbstbetrug. Und Feigheit.

Als Wladimir Putin die Ukraine überfiel – was er seit mindestens 14 Jahren angekündigt und durch mehrere Kriege gegen Nachbarstaaten und die militärische Annexion beträchtlicher ukrainischer Gebiete bereits teilweise umgesetzt hatte – gab es in der westlichen Welt, insbesondere auch in Deutschland, wiederum gewichtige Stimmen aus Politik und Gesellschaft, die ein Appeasement gegenüber Putin forderten. Zu diesem Appeasement gehörte, dass man forderte, auf Waffenlieferungen an die Ukraine zu verzichten und auf die Ukraine Druck auszuüben, damit sie kapituliere und auf die bereits besetzten Gebiete verzichte.

Wenn es um Autokraten geht und um Kriege, die Autokraten führen, ist es ratsam, auf Historiker:innen zu hören – zum Beispiel auf Anne Applebaum, die für ihre Arbeiten zur Geschichte Osteuropas u. a. mit dem Pulitzer-Preis ausgezeichnet worden ist. Die Historikerin destruierte die These, dass man Putin eine Exit-Strategie bieten müsse, mit dem Argument, dass dieser daran überhaupt nicht interessiert sei, weil er innerhalb seines Weltbilds immer noch an einen Sieg glaubte. Und außerdem zählte sie mit dem gnadenlosen Faktenwissen einer Historikerin auf, wie oft russische Autokraten, auch Putin selbst, internationale Abkommen und Sicherheitsgarantien gebrochen hatten (wie das *Budapester Memorandum* von 1994). Auch würde eine Abtretung von ukrainischen Gebieten an Russland den Konflikt nicht lösen:

> »Das Ende einer Art von Gewalt wird zu anderen Arten von Gewalt führen […] Ein Waffenstillstand, der Putin erlaubt, eine Art von Sieg zu erleben, wird inhärent instabil sein, weil er ihn ermutigt, es wieder zu versuchen […] Ein anderer eingefrorener Konflikt, ein anderes temporäres Moratorium, ein anderer gesichtswahrender Kompromiss wird das Muster russischer Aggression weder beenden noch dauerhaften Frieden bringen.« Applebaum weiß, wie man mit Autokraten stattdessen umgeht: »In Wahrheit muss der russische Präsident nicht nur gezwungen werden, den Krieg zu beenden; er hat zu begreifen, dass der Krieg ein schrecklicher Fehler war, einer, der niemals wiederholt werden kann. Wichtiger noch, die Leute um ihn herum – die Armeeführer, die Sicherheitsdienste, die Geschäftswelt – haben exakt die gleiche Schlussfolgerung zu ziehen.« (Applebaum 2022)

Psychisch gestörte Autokraten, die in ihren selbst angezettelten Gewaltspiralen gefangen sind, reagieren nicht auf warme Worte, sondern nur auf Fakten, die so hart sind, dass sie sie nicht ignorieren können. Das gilt nicht nur für russische Autokraten. Es war Stefan Zweig, der – unter Berufung auf jahrtausendealte Erkenntnisse – festgestellt hat, wie naiv Appeasement-Politiken sind: »Wir wissen seit Thukydides, Xenophon und Plutarch, dass allezeit und allemal die Oligarchen nach dem Siege immer nur unduldsamer werden.« (Zweig 2019: 114) Zweig argumentiert einerseits psychologisch, wenn er es als »irrigen Gedanken« beschreibt, dass man »jemals einen Fanatiker belehren oder beschwichtigen« könne. Und andererseits führt er die Logik der Autokratie ins Feld: »Immer erfüllt sich das gleiche Gesetz, dass, wer einmal Gewalt übte, sie weiter üben muss, und wer mit Terror begonnen, keine andere Möglichkeit hat, als ihn zu steigern.« (Zweig 2019: 113) Die Beobachtungen des philosophisch und historisch gebildeten Schriftstellers werden bestätigt durch den modernen Psychologen: »Wenn man mit einem Psychopathen zusammenarbeitet, ist es immer schwer, seine eigene Position aufrechtzuhalten. Die wichtigste Regel ist, sich nie verletzbar oder unsicher zu zeigen. Wenn Psychopathen das merken, greifen sie dich an. Und man darf nie an ihre Großzügigkeit oder ihren guten Willen appellieren, sondern immer nur an ihre Selbstinteressen. Das ist der einzige Weg, um seine eigenen Interessen durchzukriegen.« (Dutton 2013)

Dennoch wird immer wieder der Irrtum begangen, Autokraten besänftigen zu wollen. Im Jahr 2008 hatte die deutsche Bundeskanzlerin Angela Merkel maßgeblichen Anteil daran, dass die NATO die Ukraine nicht als Mitglied aufgenommen hat, um den russischen Staatspräsidenten Putin nicht zu provozieren. Der damalige Generalsekretär der NATO, Anders Fogh Rasmussen, hält das rückblickend für einen schweren Fehler, der sogar das Gegenteil erreicht hat:

> »Eine Politik der Beschwichtigung mit Diktatoren führt niemals zu Frieden, sondern nur zu Konflikt oder sogar zu Krieg. Putin ist das beste Beispiel dafür. Er respektiert nur die Sprache der Stärke, der Kraft und Einheit. Wir haben uns seit 1997 sehr bemüht, Russland einzubinden. Putins Reaktion lautete stattdessen, 2008 Georgien und 2014 die Ukraine anzugreifen. […] Wir haben Putin das falsche Signal vermittelt. Er folgerte daraus, dass die Nato-Verbündeten schwach und uneinig sind. […] Von der Invasion der Krim wurden wir vollkommen

> überrumpelt und haben zu schwach und zu langsam reagiert. Rückblickend hätten wir Putin viel früher entgegentreten müssen. […] Eine Lektion ist, dass man Aussagen von Putin immer ernst nehmen muss. In der Vergangenheit gehörte zu unseren Fehlern, seinen Worten keinen Glauben geschenkt zu haben.« (Rasmussen 2022)

Auch der damalige Außenminister und spätere Bundespräsident Frank-Walter Steinmeier musste nach Ausbruch des Kriegs gegen die Ukraine zugeben, dass er Putin »unterschätzt« und »noch auf einen Rest Rationalität von Wladimir Putin gehofft« habe (Steinmeier 2022). Darin lag ein doppelter Fehler: Denn irrational hat Putin nicht gehandelt, als er die Ukraine angegriffen hat (Applebaum 2022). Innerhalb seines paranoiden Weltmodells, das westliche Politiker nie verstanden haben, war sein Handeln rational. Die Psychiatrie und die Logik der Autokratie verschränken sich zu einer Dynamik, aus der folgende Schlussfolgerungen zu ziehen sind:

1. Hunde, die bellen, beißen auch. Autokraten setzen in der Regel um, was sie angekündigt haben – und klingt dies auch noch so abwegig, extrem, unrealistisch, irrational oder unvorstellbar.
2. Autokraten bessern sich nicht, wenn sie erst an der Macht sind. Diese Hoffnung ist trügerisch.
3. Autokraten lassen sich auch nicht einfangen, sondern, im Gegenteil, sie werden die Kräfte entmachten, die sie zu bändigen drohen.
4. Autokraten handeln nicht zwangsläufig irrational – aber ihre Rationalität folgt einer anderen Logik, die sich aus den Zwängen ergibt, an der Macht zu bleiben.
5. Die Handlungslogik von Autokraten folgt in der Regel einer Eskalationsspirale, in deren Verlauf sie immer gewalttätiger nach innen und nach außen werden.
6. Autokraten lassen sich nicht besänftigen. Zugeständnisse werten Autokraten als Schwäche und provozieren sie, noch mehr Härte zu zeigen, weil sie glauben, nur auf wenig Widerstand zu treffen. Appeasement-Politik erreicht somit das Gegenteil von dem, was sie bezweckt.
7. Um die Katastrophe zu vermeiden, müssen alte Regeln angewandt werden: »Wehret den Anfängen!« Und: »Ungeheuer muss man töten, solange sie klein sind!«

Putin hat wegen den Waffenlieferungen der NATO an die Ukraine wiederholt damit gedroht (bzw. drohen lassen), Atomwaffen einzusetzen. Im russischen Staatsfernsehen wurden sogar Videos von Atomraketen gezeigt, die Berlin, Paris, London in 100 oder 200 Sekunden erreichen können, und von einem Torpedo, dessen Sprengkopf ganz England mit einem radioaktiven Tsunami vernichten könne. Aber nachdem die US-Regierung sehr deutlich gemacht hatte, dass selbst der Einsatz einer taktischen Atomwaffe zu schwerwiegendsten Konsequenzen führen würde, ruderte Putin zurück. Wenn die Sprache der Stärke die einzige ist, die Autokraten verstehen, dann muss man sie sprechen.

Realismus heißt, den Gefahren ins Auge zu sehen. Realismus heißt auch, sich gegen Gefahren zu wappnen, und zwar möglichst frühzeitig. Und schließlich heißt Realismus, die Mittel dosiert einzusetzen. Der Umgang mit einem Autokraten, der über Atomwaffen verfügt, ist ein Ritt auf der Rasierklinge. Aber ihn gewähren und noch mehr Macht akkumulieren zu lassen, ist auch keine Option für diese Welt – zumal die Zahl von Autokraten, die sich Atomwaffen verschaffen, zunimmt.

5.3 Trotz allem: Chancen für eine globale Demokratisierung

Die Welt muss damit leben, dass es Länder gibt, die keine Demokratien sind. Die Welt muss auch damit leben, dass es Länder gibt, die von Autokraten regiert werden, ihre Bevölkerungen unterdrücken, ihre Nachbarn angreifen und Kriege anfangen, die der Welt auch noch anders schaden, beispielsweise durch großflächiges Abholzen von Regenwäldern oder durch Ausstoßen umwelt- und klimaschädlicher Emissionen. »Damit zu leben«, heißt aber nicht, es einfach hinzunehmen, sondern bedeutet, diese Länder einzuhegen und sie am Schlimmsten zu hindern. Und dafür brauchen wir eine globale Demokratisierung.

Für diese gibt es ein Modell: Die europäische Integration. Es war Winston Churchill, der kurz nach dem Ende der Katastrophe des Zweiten Weltkriegs am 19. September 1946 in Zürich dazu aufrief, die »Vereinigten Staaten von Europa« zu gründen. Und diesen Worten folgten Taten. Bereits im April 1948 gründete sich die Organisation für europäische wirtschaftliche Zusammenarbeit, die später zur OECD erweitert wurde. Ebenfalls 1948 wurde der Brüsseler Pakt geschlossen, aus dem die NATO hervorging. 1950 erfolgte die Gründung der Europäischen Gemeinschaft für Kohle und Stahl, zu der sich weitere Europäische Gemeinschaften gesellten, aus denen 1992 die Europäische Union erwuchs. Aus den sechs Gründerstaaten Belgien, Bundesrepublik Deutschland, Frankreich, Italien, Luxemburg und Niederlande sind mittlerweile 27 Mitgliedsländer geworden; dem Europarat gehören nach dem Ausschluss Russlands am 16. März 2022 46 Staaten mit 676 Millionen Bürgern an.

Die Europäische Union ist längst über ein intergouvernementales Vertragswerk hinausgewachsen. Die Union hat starke eigene Organe, ein beachtliches Budget und zahlreiche Instrumente, um unmittelbar in die Mitgliedstaaten hineinzuwirken. Auch wenn man der EU noch nicht den Status eines Bundesstaats zubilligen wird, hat sie eine supranationale Staatlichkeit entwickelt, die über einen bloßen Staatenbund hinausgeht (Eichener 2000).

Wenn die Europäische Integration so weit fortgeschritten ist, wenn ein Großteil der nationalen Gesetze und Vorschriften mittlerweile aus Brüssel kommt, dann muss die Europäische Politik auch nach demokratischen Spielregeln erfolgen. Und auch auf diesem Gebiet ist die EU vorangekommen. Ursprünglich war das höchste Entscheidungsgremium, der Europäische Rat, wie bei Staatenbünden üblich, zumindest insofern demokratisch legitimiert, als er sich aus demokratisch gewählten Regierungen der Mitgliedsländer zusammensetzte. Aber ein Gremium aus Regierungen neigt dazu, von nationalen Interessen dominiert zu werden. Deshalb wurde frühzeitig die Europäische Kommission als suprastaatliches Organ gegründet, das ein institutionelles Eigeninteresse am Voranschreiten der Integration aufweist und somit als »Motor« dient. Der nächste Schritt war die Schaffung des direkt von den Bürgerinnen und Bürgern gewählten Europäischen Parlaments, das intern nicht nach Ländern, sondern nach Fraktionen, also politischen Richtungen, strukturiert und somit primär europäisch orientiert ist. Die sogenannte Komitologie, eine große Zahl von Ausschüssen, und die extensive Beteiligung von organisierten Interessen sorgen einerseits für weitere Partizipationsmöglichkeiten und andererseits für weitere Dimensionen der Gewaltenteilung.

Das Ergebnis dieser extrem komplexen Struktur, die zahlreiche *checks and balances* enthält, ist eine Handlungsfähigkeit, die einst die gesamte politikwissenschaftliche Zunft überrascht hat. Als im Europäischen Rat noch einstimmig abgestimmt wurde oder zumindest mit sehr hohen Mehrheitsquoren, wurde allgemein erwartet, dass es bei der Harmonisierung von Sozial- und Umweltstandards zu einem *race to the bottom* (»Rennen zum Bodensatz«) käme, weil die Länder mit den niedrigsten Standards aufgrund niedriger

Produktionskosten die besten Wettbewerbsbedingungen hätten und deshalb höhere Standards blockieren würden. Das Gegenteil ist eingetreten. Auf den Gebieten des Arbeits-, Verbraucher- und Umweltschutzes verabschiedete die Europäische Union harmonisierte Standards, die von allen Mitgliedsländern in nationales Recht überführt werden mussten, und die für praktisch alle Länder ein höheres Schutzniveau bedeuteten, also ein *race to the top*. Insbesondere sorgten die Brüsseler Willensbildungs- und Entscheidungsprozesse dafür, dass innovative Regelungen erlassen wurden (Eichener 2000). Auch aus deutscher Perspektive verdanken wir der Europäischen Union massive Fortschritte, die wir selbst kaum so realisiert hätten. Das *Allgemeine Gleichbehandlungsgesetz* ist aus Europa gekommen, die Arbeitszeitbeschränkungen, der Schutz von Pauschalreisenden bei Insolvenz des Reiseveranstalters, die *Datenschutzgrundverordnung*, das *Fernabsatzgesetz*, die Grenzwerte für gesundheitsschädliche Stickoxide, die Anforderungen an sauberes Trinkwasser, der Schutz von Flora-Fauna-Habitat-Gebieten, die FI-Schalter, die in den Haushalten tödliche Elektrounfälle verhindern, und vieles mehr. Kann die Europäische Integration als Vorbild dienen für ähnliche Integrations- und Demokratisierungsprozesse auf der globalen Ebene?

In der politikwissenschaftlichen Diskussion, die weit über die gegenwärtige Situation hinausgreift und die nicht nur Prognosen abgeben will, wie sich die politische Globalisierung vollziehen *wird*, sondern die auch Visionen entwickelt, wie sich die Globalisierung der Politik vollziehen *sollte*, gibt es derzeit eine Reihe unterschiedlicher Modelle:

1. Den Weltstaat
2. Den Weltstaatenbund
3. Den Weltbundesstaat
4. Die kosmopolitische Demokratie

Die Vision eines *Weltstaats*, also eines einzigen Staats, der den gesamten Planeten beherrscht, stammt aus der Science-Fiction-Literatur, wurde aber auch von dem Welthistoriker Arnold Toynbee beschworen, der das System der unabhängigen Regionalstaaten in einer weltumfassenden Gesellschaft für unzulänglich hält (Toynbee 1962). Wir brauchen die Vor- und Nachteile eines Weltstaats nicht zu diskutieren – angesichts der gegenwärtigen Konstellation von miteinander konkurrierenden Supermächten ist die Vorstellung eines vereinigten Weltstaats auf absehbare Zeit absolut unrealistisch.

Das Konzept des *Weltstaatenbunds* lässt sich bis zu Kants Idee eines Völkerbunds (in seiner Schrift *Zum ewigen Frieden* von 1795) zurückverfolgen. Sein Kern besteht darin, dass die souveränen Nationalstaaten erhalten bleiben, sich aber zu einem globalen Staatenbund zusammenschließen, um ihr Handeln zu koordinieren, indem sie Verträge miteinander schließen, die aber von jedem einzelnen Mitgliedstaat ratifiziert werden müssen.

Ein – zumindest im Deutschen auch so genannter – Völkerbund war zwar tatsächlich 1920 gegründet worden, scheiterte aber dramatisch, weil er den Zweiten Weltkrieg nicht verhindern konnte. Die 1945 als Nachfolgeorganisation gegründeten Vereinten Nationen, ihre 21 Nebenorgane (wie UNICEF, UNHCHR etc.) und ihre 17 Sonderorganisationen (wie UNESCO, WHO, Weltbank, Weltwährungsfonds, Internationale Arbeitsorganisation etc.) erscheinen auf einzelnen Sektoren als erfolgreicher, kommen aber ausgerechnet bei ihren wichtigsten Aufgaben – der Sicherheitspolitik und der Förderung der Menschenrechte – an ihre Grenzen, weil sich der Sicherheitsrat in wesentlichen Fragen regelmäßig uneinig ist und weil einzelne Länder, darunter auch die Großmächte Russland und China, Abkommen, die sie selber ratifiziert haben (wie die *Allgemeine Erklärung der Menschenrechte*), missachten.

Demokratisch kann ein Weltstaatenbund nur insofern sein, als einzelne – aber nicht alle – Mitgliedstaaten demokratisch verfasst sind und die internationalen Verträge durch demokratisch gewählte Organe (Regierung, Parlament, evtl. oberster Gerichtshof, evtl. Volksabstimmung) ratifiziert werden. Das ist, abgesehen vom Fall eines Referendums über einen internationalen Vertrag, eine sehr indirekte Form der demokratischen Beteiligung.

Der Weltstaatenbund stellt eine sehr schwache Form der politischen Globalisierung dar, weil die Nationalstaaten als entscheidende Akteure erhalten bleiben und die nationalen Interessen im Ernstfall doch über die internationale Kooperationsbereitschaft dominieren. Immerhin ist der Weltstaatenbund – wie bei der Europäischen Union – ein Einfallstor, um schrittweise zu intensiveren Formen der Zusammenarbeit zu kommen.

Der *Weltbundesstaat* wäre – im Gegensatz zum lockeren Weltstaatenbund – eine intensivere Form der Zusammenarbeit. Ein Bundesstaat entsteht zwar durch freiwilligen (oder erzwungenen) Zusammenschluss souveräner Einzelstaaten, beinhaltet aber den Transfer von Souveränitätsrechten auf die Organe des Bundes. In der Bundesrepublik Deutschland als Beispiel eines Bundesstaats kann der Bundesgesetzgeber in bestimmten Bereichen Gesetze beschließen, die in jedem Bundesland gelten, teilweise ohne Zustimmungspflicht des Bundesrats. Im Gegenzug wird der Bundesgesetzgeber direkt von allen Bürgerinnen und Bürgern aus allen Mitgliedstaaten gewählt. In der Europäischen Union zeigt sich ein bundesstaatliches Element darin, dass die Bürgerinnen und Bürger der Mitgliedsländer das Europäische Parlament wählen, während das intergouvernementale Element aus dem Europäischen Rat besteht, der sich aus den Regierungen der Mitgliedstaaten zusammensetzt.

Ein demokratisch verfasster Weltbundesstaat müsste dementsprechend auch über ein globales Gesetzgebungsorgan verfügen, das direkt von allen (erwachsenen) Menschen der Erde gewählt wird. Damit liegt der Weltbundesstaat nahe am Weltstaat und erscheint aus heutiger Perspektive nahezu genauso unrealistisch – denn wer könnte erwarten, dass sich Russland, China oder die USA einem Beschluss eines Weltbundesstaats unterwerfen, dem sie selbst nicht zugestimmt haben?

Die *kosmopolitische Demokratie* ist von Daniele Archibugi und David Held als Mittelweg zwischen dem Weltstaatenbund und dem Weltbundesstaat erdacht und nach dem Modell der Europäischen Union konzipiert worden. Sie soll allerdings keine Übergangsphase auf dem Weg zum Bundesstaat darstellen, sondern ein dauerhaftes Modell, das, wie bei der EU, die Parallelität mehrerer Ebenen vorsieht (Archibugi 1998):

1. Die Demokratie innerhalb der Nationalstaaten.
2. Die Demokratie zwischen den Staaten, die miteinander Abkommen treffen.
3. Die Demokratie auf der globalen Ebene.

Das Neue soll die überstaatliche, globale Ebene sein. Sie erfordert, »die Funktionen der existierenden Staaten mit neuen Institutionen, die sich auf die Weltbürgerschaft gründen, zu integrieren und zu limitieren. Diese Institutionen sollen ermächtigt werden, sowohl globale Angelegenheiten zu regeln als auch in Staaten einzugreifen, wann immer es dort zu ernsten Verletzungen der Menschenrechte kommt« (Archibugi 1998: 216). Damit ist eine Aufgabe von Souveränitätsrechten verbunden. Archibugi stellt sich vor, dass dafür die Organe der Vereinten Nationen weiterentwickelt werden:

Weiterentwicklung der Organe der Vereinten Nationen zu einer kosmopolitischen Demokratie

Institution	Gegenwärtige Struktur	Zukünftige Struktur
Vollversammlung	Je fünf von den Regierungen ernannte Delegierte	Delegierte müssen sowohl die Regierung als auch die Opposition repräsentieren; Direktwahl von ein oder zwei Delegierten
Sicherheitsrat	Fünf ständige Mitglieder mit Vetorecht und zehn Mitglieder, die von der Vollversammlung gewählt werden	Abschaffung des Vetorechts; Aufnahme regionaler Organisationen (wie der EU); beratende Stimme bürgerschaftlicher Organisationen
Internationaler Gerichtshof	Optionale Akzeptanz durch die Staaten	Verbindliche Akzeptanz als Konsequenz der UN-Mitgliedschaft
Bürgerschaftliche Beteiligung	Thematische Foren, an denen Regierungen und Nichtregierungsorganisationen beteiligt sind	Gewähltes Parlament mit beratender Kompetenz

Quelle: Archibugi 1998: 221 (eigene Kürzung und Übersetzung)

Die Vorschläge beinhalten also eine (milde) Demokratisierung der Organe, vor allem aber eine Unterwerfung der Mitgliedstaaten unter die Rechtsprechung des Internationalen Gerichtshofs – was auf eine Abtretung von nationalstaatlicher Souveränität hinausläuft.

Das Ziel ist edel, aber auch naiv, denn die Schaffung einer kosmopolitischen Demokratie mit globalen Organen, die Länder wie China, Russland, Saudi-Arabien, Iran oder Nordkorea zwingen könnten, die Zensur zu beenden, politische Gefangene freizulassen oder ein korruptes Staatsoberhaupt abzusetzen, würde ja, wie bei der Gründung der Europäischen Union, *voraussetzen*, dass alle Mitgliedsländer bereits funktionierende Demokratien sind, in denen die Menschenrechte gelten. Deshalb ist der Ansatz, dass die Regierungen der souveränen Staaten Verträge schließen, die überstaatliche Kompetenzen definieren, nicht zielführend.

Das haben die Autoren selbst erkannt. Die Idee einer kosmopolitischen Demokratie hat den Charme, dass sie in kleinen Schritten aus den Vereinten Nationen heraus entwickelt werden kann. Dabei kann man aber nicht auf die Regierungen der Mitgliedstaaten setzen, die zu sehr in ihren nationalen

Interessen verfangen sind, sondern man benötigt für die Globalisierung der Demokratie andere Akteure (Archibugi/Held 2011):

1. Die Armen der Welt, die insbesondere in den Entwicklungsländern leben, und die am meisten von der politischen Globalisierung profitieren sollen. Damit ihre Stimme an Gewicht gewinnt, sollen sie mit politischen Rechten und Verhandlungsmacht in den globalen Institutionen ausgestattet werden.
2. Die Migrant:innen in den einzelnen Ländern, die ebenfalls an einer Stärkung der globalen Ebene interessiert sein sollen. Ihnen wird Verhandlungsmacht zugesprochen, weil sie auf den Arbeitsmärkten der entwickelten Länder unentbehrlich sind.
3. Kosmopolitische Pioniere wie Popstars, Sportler:innen, Intellektuelle, Geschäftsleute oder sozial Engagierte, die empirischen Erhebungen zufolge 15 % der Weltbevölkerung ausmachen sollen.
4. International orientierte Nichtregierungsorganisationen und internationale Akteure, die schon jetzt häufig die Agenda internationaler Organisationen bestimmen.
5. Globale politische Parteien nach dem Vorbild der Fraktionen im Europäischen Parlament.
6. Globale Gewerkschaften.
7. Multinationale Unternehmen.

In dieser Liste findet sich sicherlich eine Menge Wunschdenken, aber das Verdienst des Konzepts der kosmopolitischen Demokratie liegt darin, die sogenannte »realistische« Theorie der Politik dadurch überwunden zu haben, indem Nationalstaaten nicht als homogene Akteure gesehen werden, die auf globaler Ebene ausschließlich durch ihre Regierungen repräsentiert werden und die in erster Linie egoistische nationale Interessen vertreten.

Wenn Staaten nicht als *black boxes* betrachtet werden, die allein durch ihre Regierungen vertreten werden, sondern als in sich differenzierte, heterogene Gebilde, dann kommen ganz andere Akteure ins Spiel. So gibt es in vielen Staaten Umweltverbände, die häufig auch international organisiert oder zumindest vernetzt sind, und die ihre Anliegen sowohl in den verschiedenen Staaten als auch auf der Ebene der Vereinten Nationen artikulieren. Fachleute aus der Wissenschaft, aus Instituten und auch aus Ministerien vertreten auch nicht unbedingt nationale Interessen, sondern fachliche Perspektiven.

In der Europäischen Union bieten insbesondere die zahlreichen (über 1000) Fachausschüsse die Möglichkeit, solche Perspektiven auf direktem Weg an die supranationalen Organe heranzutragen. Bei den Organisationen der Vereinten Nationen sind ähnliche Prozesse festzustellen. Das IPCC heißt zwar »Intergovernmental Panel«, aber die Logik der Beratungen ist primär fachlicher Natur und es geht dort weniger um nationalstaatliche Interessen. In der Weltgesundheitsorganisation versammeln sich in erster Linie Mediziner:innen und Epidemiolog:innen, die mehr gemeinsame Orientierungen aufweisen als die Regierungen der Nationalstaaten.

Die kosmopolitische Demokratie ist kein Konzept, das man den Vereinten Nationen vom Reißbrett überstülpt. Und es ist schon gar kein Konzept, das von der UN-Vollversammlung förmlich beschlossen würde. Es ist eher die Beschreibung eines ungeplanten Evolutionsprozesses, der sich aus dem Agieren einer Vielzahl von Akteuren ergibt und der auch deshalb voranschreitet, weil er eher unmerklich abläuft. Es ist aber ein Prozess wachsender Interdependenzen, die Fakten schaffen, ob gewollt oder nicht. Und in diese Interdependenzen sollten auch zwingend nichtstaatliche Akteure aus Autokratien involviert werden, damit Sachzwänge aufgebaut werden und damit Ansprechpartner für demokratische Bewegungen geschaffen werden. Denn wenn es gelingt, eine Autokratie durch eine Demokratie zu ersetzen, braucht man international vernetzte Akteure, die dann in dieser jungen Demokratie Schlüsselstellen besetzen können.

6. DIE DIGITALISIERUNG BEIM SCHOPFE PACKEN: DEMOKRATISCHE ÖFFENTLICHKEIT IM DIGITALEN ZEITALTER

»Öffentlichkeit ist der Sauerstoff der Demokratie.«
Günter Wallraff am 23. September 2007

6.1 Brauchen wir eine öffentliche »Deliberation«?

Es gibt Menschen, die glauben nicht daran, dass ein neues Virus namens *severe acute respiratory syndrome coronavirus type 2* (SARS-CoV-2) eine schwere, lebensgefährliche Krankheit verursachen kann. Es gibt Menschen, die bezweifeln wissenschaftliche Studien, die belegen, dass Impfungen gegen schwere Krankheitsverläufe schützen können. Es gibt Menschen, die glauben daran, dass die Kondensstreifen von Flugzeugen Chemikalien enthalten, mit denen die Menschheit vergiftet werden soll (»Chemtrails«). Es gibt Menschen, die glauben, dass hochrangige Spitzenpolitiker:innen einen Kinderhändlerring betreiben und dass Illuminati die Welt regieren (»QAnon«). Es gibt Menschen, die glauben, dass Spitzenpolitiker:innen in aller Welt in Wirklichkeit Reptiloide seien oder von Reptiloiden aus dem Weltraum ferngesteuert würden. Es gibt Menschen, die glauben, dass die Mainstream-Medien grundsätzlich die Unwahrheit verbreiten (»Lügenpresse«), dass alle offiziellen Statistiken gefälscht seien und dass in der Öffentlichkeit bekannte Wissenschaftler:innen gekauft seien, um die Bevölkerung zu manipulieren.

Diese Menschen glauben, dass unsere Demokratie keine wirkliche Demokratie sei, weil es keine Meinungsfreiheit gebe. Und es gebe keine Meinungsfreiheit, weil Mainstream-Medien einseitig seien und alternative

Expert:innen nicht zu Wort kommen ließen, weil die Medien die Verschwörungstheoretiker:innen und Querdenker:innen diffamierend und verzerrend darstellten, weil Medien und Regierung Ängste schürten und weil bestimmte Soziale Medien wie *Youtube*, *Twitter* oder *Facebook* ihre Posts und ihre Kanäle sperren, sodass sie sich alternative Medien wie *Telegram* suchen müssen (Frei/Nachtwey 2021: 19 ff.).

Verschwörungstheoretiker:innen und Querdenker:innen gelten als demokratiegefährdend, weil ihr Vertrauen in das politische System und in staatliche Institutionen verlorengegangen ist, weil sie antidemokratische, populistische Parteien wählen, weil sie mitunter zivilen Ungehorsam leisten und weil sie möglicherweise sogar gewalttätig werden könnten (wie sich bei einzelnen Demonstrationen andeutet). Die aufgedeckte »Reichsbürger-Verschwörung« hat gezeigt, dass sich sogar ein gewaltsamer Umsturz in Vorbereitung befunden hat.

Die Schuldigen für das Aufkommen von Verschwörungstheorien und Querdenkertum sind schnell ausgemacht. Für Jürgen Habermas, den prominenten Staatsphilosophen, ist es ein »erneuter Strukturwandel der politischen Öffentlichkeit«, weil einerseits die traditionellen Zeitungsverlage ihre Leserschaft verlieren und sich andererseits »bei exklusiven Nutzern Sozialer Medien eine Weise der halböffentlichen, fragmentierten und in sich kreisenden Kommunikation« verbreitet, »die deren Wahrnehmung von politischer Öffentlichkeit als solcher deformiert« (Habermas 2021: 471). Es ist also die Digitalisierung, die die Demokratie gefährdet!

Das klingt ein bisschen nostalgisch. Wie war das denn in der Frühzeit der Demokratie? Haben im alten Athen nicht die Männer auf dem Pnyx-Hügel miteinander diskutiert, bis sich eine Mehrheit für eine Lösung fand? Und in den mittelalterlichen Städten, gab es da nicht einen Austausch von Meinungen auf dem Markt, der die Beschlüsse der Ratsversammlung vorbereitet hat? Und war nicht die moderne Demokratie des 20. Jahrhunderts geprägt von der veröffentlichten Meinung, die in Tageszeitungen und Wochenzeitschriften zum Ausdruck gebracht wurde? Für Habermas sind diese Arten von Öffentlichkeit so wichtig gewesen, weil er nicht die Demokratie analysiert, wie sie real stattfindet, sondern weil er ein normatives Idealbild der Demokratie konstruiert, das eine maximale Legitimation aufweisen soll (Habermas 2021: 476). Er nennt dieses Idealbild »deliberative Demokratie«, nach dem altrömischen Rechtsbegriff *deliberatio*, der »Beratung« bedeutet, und beschreibt die deliberativ-demokratische Willensbildung mit folgenden Worten:

> »Das Verfahren verlangt zum einen die *Inklusion aller* von möglichen Entscheidungen *Betroffenen* als gleichberechtigt an der politischen Willensbildung Beteiligte. Und es macht zum anderen die demokratisch, also von allen Einzelnen getroffenen Entscheidungen abhängig von einem mehr oder weniger *diskursiven* Charakter vorangehender Beratungen. [...] Und es ist dieses Erfordernis der freien *Deliberation*, das die zentrale Rolle der politischen Öffentlichkeit erklärt.« (Habermas 2021: 476)

Habermas verspricht sich von der öffentlichen Beratung, dass sie »kognitiv richtige und tragfähige Problemlösungen« mit »rational akzeptablen Ergebnissen« produziert, weil in den Beratungen, die eine Mehrheitsentscheidung vorbereiten, »alle relevanten Themen, erforderlichen Informationen und geeignete Lösungsvorschläge mit Argumenten pro und con zur Sprache kommen« (ebd.). Das klingt nach dem Idealbild eines »herrschaftsfreien Diskurses« (Habermas 1981), in dem die Kraft überzeugender Argumente zur kollektiven Verständigung auf die bestmögliche Problemlösung führt.

Der Staatsphilosoph Henning Ottmann (*Geschichte des politischen Denkens*) erklärt das Konstrukt einer »deliberativen Demokratie« für zum Scheitern verurteilt, weil es »übertriebene Idealisierungen« enthält (Ottmann 2006). Erstens sei es unrealistisch zu erwarten, dass eine Deliberation stets zum Konsens führe, denn ein Austausch von Argumenten könne auch einen unüberbrückbaren Dissens offenlegen. Zweitens »vertheoretisiert« Habermas die Praxis politischer Diskurse, wenn er von ihnen erwartet, dass sie rational seien und sich die Teilnehmer von den besten Argumenten überzeugen ließen. Politische Diskurse appellieren in Wirklichkeit gern an die Leidenschaften, emotionalisieren und werben – zumal in Wahlkämpfen – um das Vertrauen in Personen, während Argumentationen häufig zu Andeutungen und Schlagworten verkürzt werden. Drittens nehmen Bürgerinnen und Bürger, die nach Habermas als Betroffene die eigentlichen Akteure der Deliberationen sein sollen, »so gut wie nicht« an der massenmedialen Öffentlichkeit teil. Viertens dient die öffentliche Diskussion oft nur der Präsentation der bereits bestehenden Standpunkte und nicht der Suche nach neuen Lösungen: »Man nimmt die Meinungen wahr und man bleibt bei dem, was man sowieso schon für richtig hält.« Parlamentsreden sollen und können gar nicht dazu führen, dass Abgeordnete der anderen Fraktionen ihre Meinung ändern und für den eigenen Vorschlag stimmen: »Kein Abgeordneter wird von seinem schon feststehenden Votum durch eine solche Rede abgebracht, und am Ende gewinnt nicht das bessere Argument, sondern die Mehrheit der gehobenen Hände.« Fünftens ist die Voraussetzung der Diskurse, sich ernsthaft verständigen zu wollen, in einer fragmentierten Gesellschaft mit verhärteten Fronten unrealistisch. Sechstens trägt zur politischen Willensbildung nicht nur Reden bei, sondern auch Handeln, sei es in Form bürgerschaftlichen Engagements, sei es in der Form politischer Aktionen, die auch schon einmal Normen und Gesetze sprengen, um Aufmerksamkeit zu erzeugen. Schließlich scheitert die Idealvorstellung des öffentlichen Diskurses daran, dass, selbst wenn es ihn gäbe, nicht alle Bürger in gleicher Weise daran teilnehmen könnten, denn »Diskurskompetenzen sind unterschiedlich verteilt« (Ottmann 2006: 320–324).

Aus der Antike, so wollen wir ergänzen, ist uns wohlbekannt, dass sich in den Volksversammlungen nicht immer das beste Argument durchgesetzt hat, sondern der geschickteste Demagoge, der nur allzu häufig von interessierten Kreisen angeheuert worden war. In Athen nahm meistens ohnehin nur durchschnittlich ein Sechstel, maximal ein Viertel der stimmberechtigten Vollbürger an den Versammlungen teil, und das waren knappe drei Prozent der Gesamtheit der Einwohnerschaft (inklusive Frauen, Kinder, Sklaven und Zugewanderte). Und selbst der informierte Zeitungsleser des 20. Jahrhunderts war weitgehend eine Idealfigur des intellektuellen Bürgertums.

Die repräsentative Demokratie hatte ja, seit jener Szene auf dem Schild des Achilleus, die Funktion, das Volk von fach- und sachkundigen Beratungen zu entlasten und diese auf Gremien von Volksvertreter:innen zu verlagern. In den repräsentativen Demokratien 3.0 beschränkt sich der Einfluss der allermeisten Bürgerinnen und Bürger auf die politische Willensbildung darauf, bei Kommunal-, Landtags-, Bundestags- und Europawahlen eine Stimme abzugeben, d. h. eine relativ grobe Entscheidung über eine politische Richtung sowie über politisches Personal (in Form der Spitzenkandidat:innen) abzugeben. Für die Entscheidung, welche Partei ich wähle, und welche:r der Spitzenkandidat:innen mir am geeignetsten erscheint, ist den meisten Wählerinnen und Wählern die Öffentlichkeit ausreichend, die durch die öffentlich-rechtlichen Fernsehsender und Radioprogramme, durch die kostenlosen Internetmedien, durch Postwurfsendungen, durch Plakate und durch Diskussionen in kleinen Verwandten-, Freundes-, Kollegen- und Bekanntenkreisen sowie in Vereinen bereitgestellt wird. Auch wenn dies Zeitungsverleger nicht gerne hören mögen: Abonnements von Printmedien sind heute entbehrlich, um umfassend informiert zu sein.

Wir können uns also durchaus von überzogenen Anforderungen an eine »deliberative« politische Öffentlichkeit verabschieden, die wohl auch von romantisierenden Verklärungen der Diskurse in den historischen Präsenzgemeinschaften kleiner Städte geprägt waren, die so nie wirklich existiert hatten. Die repräsentative Demokratie funktioniert auch ohne Bürgerversammlungen und ohne Printmedien.

6.2 Digitale Filterblasen und Echokammern?

Damit ist jedoch noch nicht das Problem der Desinformation der Verschwörungstheoretiker:innen gelöst. In der politikwissenschaftlichen Diskussion hat sich dazu seit einigen Jahren die Vorstellung verbreitet, dass die Digitalisierung dazu geführt habe, dass sich die Öffentlichkeit fragmentiert habe, in »Filterblasen« (Pariser 2011) und »Echokammern« (Sunstein 2001). Damit ist gemeint, dass sich Menschen in Sozialen Medien in Form von Gruppen oder Kanälen zusammenfinden, die Blasen bilden, in die einerseits nur gefilterte, also selektive (und damit unvollständige und verzerrte) Informationen hineinkommen und die andererseits wie Echokammern die Meinungen reflektieren und verstärken, die innerhalb dieser Blasen geäußert werden. Solche Blasen können einerseits zustande kommen, weil sich Nutzer Sozialer Medien an bestimmte Gruppen anschließen (»Freund«, »Like«, »Follower«, »Gruppenmitglied« etc.) oder bestimmte Kanäle abonnieren, d. h. als nutzergesteuerte Personalisierung des Informationsangebots. Andererseits können aber auch Algorithmen dafür sorgen, dass Nutzer aufgrund ihres bisherigen Nutzerverhaltens und persönlicher Merkmale selektiv mit gefilterten Informationen versorgt werden (algorithmengesteuerte Personalisierung). Die Folgen sind die Fragmentierung der Gesellschaft in Teilgruppen, die über ganz unterschiedliche Informationshorizonte verfügen, die Polarisierung politischer und ideologischer Anschauungen, die – durch Filter und Echo verstärkt – immer weiter auseinanderdriften, und die Radikalisierung politischer und weltanschaulicher Positionen, weil sich die Meinungen in den Echokammern gegenseitig verstärken und keine anderen Informationen mehr wahrgenommen werden. Soweit die Theorie, die »bestechend plausibel« klingt (Stark et al. 2021).

Die deutsche und internationale empirische Forschung hat diese Befürchtungen jedoch nicht bestätigt. Stark et al. fassen ihre Auswertung zahlreicher Studien wie folgt zusammen: »Entgegen den theoretischen Annahmen der Metaphern kommen solche Untersuchungen zu dem Schluss, dass die Nutzer online sehr wohl mit vielfältigeren oder meinungsdissonanten Quellen und Inhalten in Kontakt kommen« und dass der Einfluss von Filterblasen und Echokammern »maßlos überschätzt« wird (Stark et al. 2021: Kap. 3.2). Die Algorithmen wählen – auch im wohlverstandenen kommerziellen Eigeninteresse der Plattformbetreiber – vielfältigere Inhalte aus als erwartet, die User nutzen zahlreiche Plattformen und Websites, die ihnen eine Vielfalt an Nachrichten bieten, und sie erhalten auch beiläufig Informationen, ohne gezielt danach zu suchen. »It's Not the Technology, Stupid.« (Bruns 2019).

Verglichen mit den vor-digitalen Zeiten, als die durchschnittlichen (also nicht die bildungsbürgerlichen und intellektuellen) Menschen vielleicht eine Regionalzeitung abonniert hatten oder aber nur ein fragwürdiges Boulevardblatt lasen und als sie kurze Nachrichtensendungen im Radio und im Fernsehen verfolgten, hat sich die Rezeption politisch relevanter Informationen durch das Internet sogar deutlich verbessert. Dazu einige Beispiele: Bundestagsdebatten wurden in vor-digitalen Zeiten nur von einer verschwindend kleinen Bevölkerungsminderheit verfolgt, die den Live-Übertragungen im Radio oder auf einem speziellen Fernsehkanal lauschten, und allenfalls wurden in den Nachrichtensendungen kurze Ausschnitte besonders markanter Redepassagen ausgestrahlt. Heute lassen sich Bundestagsreden auf *Youtube* mit wenigen Klicks ansteuern, häufig mit bestimmten Stichwörtern als Suchhilfe, mitunter auch in Form von Rednerduellen oder mit Kommentaren versehen. Dazu gibt es in Chats zusätzliche, fast immer kontroverse, Einschätzungen und Ergänzungen. Will man sich über eine:n bestimmte:n Politiker:in informieren, bieten gängige Suchmaschinen eine Fülle an Biografien, Selbstbeschreibungen, Fremdeinschätzungen, Interviews und Veröffentlichungen. Parteiprogrammatik kann ebenfalls recherchiert werden und an kritischen Einschätzungen mangelt es nie. Selbst die klassischen Fernsehdokumentationen und Radiosendungen (heute »Podcasts« genannt) erreichen heute ein weitaus größeres Publikum, weil sie auch nach dem Ausstrahlungszeitpunkt in Mediatheken abgerufen werden können.

Die qualitativen Interviews mit baden-württembergischen Querdenker:innen, die Frei und Nachtwey (2021) geführt haben, haben die Ergebnisse quantitativer empirischer Studien bestätigt, dass Verschwörungstheorien im

Allgemeinen nicht aus Mangel an Information resultieren. Im Gegenteil, Verschwörungstheoretiker:innen sind stolz darauf, dass sie die Mainstream-Medien als einseitig und unvollständig betrachten, weil sie selbst über alternative Informationsquellen verfügen, die sie für qualitativ hochwertig halten, weil sie sich den Anschein wissenschaftlicher Texte (mit Quellenangaben etc.) geben.

Das Problem der Verschwörungstheoretiker:innen ist nicht ein Defizit an Information. Sie nehmen durchaus die Mainstream-Medien zur Kenntnis, darüber hinaus aber noch weitere Informationsquellen, die Fake News verbreiten. Ihr Problem ist erstens, dass sie die Qualität und Seriösität der verschiedenen Informationsquellen nicht beurteilen können, und zweitens, dass Glaubensvorstellungen (Esoterik, Science Fiction, Weltanschauungen, fundamentalistische religiöse Vorstellungen) ihre Wahrnehmungs- und Urteilsfähigkeit vernebeln. Beides hat nichts mit der Digitalisierung zu tun, und so ist es auch kein neues Phänomen, dass sich Fake News in der Bevölkerung verbreiten und mitunter politikbestimmend werden.

Scharlatane, die im pseudowissenschaftlichen Gewand Unsinn verbreiten, hat es schon seit Jahrtausenden gegeben (Francesco 2021). Im 19. Jahrhundert verbreitete sich die Theorie der Verschwörung der Illuminaten, die die Weltherrschaft anstrebten. Bereits 1881 wurde das Monatsblatt *Der Impfgegner* gegründet, das haltlose Theorien verbreitete, wie z. B. dass medizinische Erkenntnisse über die Wirkung von Impfungen Fälschungen seien, damit unwirksame und schädliche Impfungen aus niederen Motiven verabreicht werden könnten. Es war eine hinreichende Verbreitung der antisemitischen Blut- und Boden-Ideologie, die (in Verbindung mit einigen eklatanten politischen Fehleinschätzungen und Fehlentscheidungen der Konservativen) Hitler an die Macht brachte. Die übersinnlich orientierte Anthroposophie, die heute sehr stark die Impfgegner- und Querdenker-Bewegung beeinflusst (Frei/Nachtwey 2021), war Anfang des 20. Jahrhunderts durch Schriften und Vorträge Rudolf Steiners verbreitet worden. In den USA hatte der Kreationismus schon in vor-digitalen Zeiten Einfluss auf Bildungsinhalte genommen. Verschwörungstheorien über die erfundene Mondlandung, die Ermordung von John F. Kennedy oder von Außerirdischen angelegte Kornkreise fanden noch ganz ohne die Hilfe digitaler Medien ihre Anhängerschaften.

Rechtsextremes Gedankengut hat sich ebenfalls durch konventionelle Printmedien verbreitet. Es gibt eine gerade Linie vom Nationalsozialismus über den extrem einflussreichen Publizisten Armin Mohler (der bei der

Gründung der rechtsextremen Partei *Die Republikaner* mitwirkte) und über dessen Schüler Götz Kubitschek (Verleger rechtsextremer Publikationen und Gründer einer rechtsextremen Organisations- und Bildungsplattform) zu PEGIDA, wo Kubitschek mehrmals als Hauptredner auftrat, und zur AfD, bei der Kubitschek als wichtiger Berater und Stichwortgeber fungiert, insbesondere für die völkisch orientierten Landesvorsitzenden Björn Höcke (Thüringen) und André Poggenburg (ehemals Sachsen-Anhalt).

Die traditionelle demokratische Öffentlichkeit, auf die manche heute nostalgisch zurückblicken, beruhte auf Medien, nämlich Zeitungen, Zeitschriften, Radio und Fernsehen, in denen der »deliberative Diskurs« im Wesentlichen nur zwischen denen geführt wurde, die die Macht hatten, ihre Gedanken zu Gehör zu bringen: Journalist:innen, Politiker:innen und zu Gastbeiträgen oder Interviews eingeladene Expert:innen. »Einfache« Bürgerinnen und Bürger konnten allenfalls Leserbriefe schreiben oder bei manchen Radio- oder Fernsehsendungen versuchen, mit Anrufen durchzukommen. Erst die Internetmedien haben der Öffentlichkeit eine echte Dialogfähigkeit verschafft. Soziale Medien ermöglichen mehr oder minder komplexe Posts, die Text-, Ton-, Bild- und Videobeiträge einschließen, und insbesondere Chatforen und Kommentare zu journalistischen Artikeln erlauben echte Dialoge zwischen Bürgerinnen und Bürgern mit extrem niedriger Beteiligungsschwelle. Zu einzelnen Artikeln der Nachrichtenportale oder zu *Youtube*-Videos werden häufig mehrere tausend Kommentare gepostet, von denen viele aufeinander eingehen und komplexe Diskussionen ergeben. Stil, Tonfall und intellektuelles Niveau der Beiträge reflektieren dabei die sozialen Milieus, aus denen sich die Nutzer:innen der jeweiligen Medien rekrutieren. Medienübergreifend sind dabei aber auch Kommentare zu finden, die demokratiekritische Haltungen zum Ausdruck bringen:

1. Eine pauschale Kritik an den Mainstream-Medien, wobei selbst unabhängige Medien mitunter fälschlicherweise als »Staatsmedien« verunglimpft werden: »Glauben die meisten Leute hier wirklich noch den Mist den das Staatsfernsehen und seine Medien, in diesem Fall auch der Spiegel verbreitet?« (Nutzerkommentar auf *Spiegel Online*).
2. Eine pauschale Kritik an Politiker:innen: »Unsere unfähigen Politiker bereichern sich doch nur alle selbst. Was die Bürger wollen, interessiert sie doch überhaupt nicht.« (Nutzerkommentar auf *Spiegel Online*).
3. Verbreitung von Verschwörungstheorien, populistischen und prorussischen

Argumenten, z. B. Leugnen von russischen Angriffen auf zivile Ziele in der Ukraine. Dabei wird die Wahrheit typischerweise durch logische Fehlschlüsse destruiert:

- *Cui-bono*-Fehlschluss. Weil jemandem ein Ereignis nutzen mag, ist nicht gesagt, dass der Nutznießer das Ereignis auch verursacht hat. Beispiel: »Die Ukraine kann durch die Explosion eines Einkaufszentrums die Russen der Aggression bezichtigen. Also hat sie sie selbst inszeniert.«
- *Argumentum ad ignorantiam*: Eine Behauptung ist nicht deshalb wahr, weil es (noch) keine Beweise gibt, welche die Behauptung widerlegen. Beispiel: »Das war eine ukrainische Sprengladung, die im Einkaufszentrum explodiert ist. Es gibt keinen Beweis, dass es eine russische Rakete war. Die Videos, die eine anfliegende Rakete zeigen, sind gefälscht.«
- *Tu-quoque*-Fehlschluss: Ein Verbrechen wird gerechtfertigt, weil andere auch Unrecht getan haben (sollen). Tatsächlich bleibt Unrecht Unrecht, unabhängig davon, ob andere auch Unrecht tun. Beispiel: »Ja, eine russische Rakete mag Zivilisten getötet haben. Aber die Amerikaner haben in Vietnam auch Zivilisten getötet.«
- *Ad-hominem*-Fehlschluss: Die Gültigkeit von Aussagen wird bestritten, weil die Person, die sie geäußert hat, angegriffen wird. Beispiel: »Weil Wolodymyr Selenskyj Auslandsvermögen verschleiert hat, ist nichts von dem wahr, was die Regierung der Ukraine behauptet.«
- *Argumentum ad verecundiam*: Eine Behauptung wird damit begründet, dass sie von angeblichen Autoritäten geteilt wird. Beispiel: »Dass die Ukraine den Angriff inszeniert hat, haben selbst arabische und indische Medien bestätigt.« Abgesehen davon, dass die zitierten Autoritäten meist zweifelhaft sind, beweist das nichts, da sich auch Autoritäten irren können.
- *Non-sequitur*-Fehlschluss: Es wird eine Behauptung mit einer Tatsache begründet, die gar keine Ursache dafür darstellt. Beispiel: »Die Ukraine hat den Angriff selbst verübt, weil sie mit westlichen Waffen versorgt worden ist.« Das mit der Waffenversorgung stimmt, aber es hat nichts mit dem Angriff auf das Einkaufszentrum zu tun.

Dass solche Argumentationen offenkundig unlogisch sind, wirft einen Blick auf die Geisteshaltung ihrer Urheber:innen: Sie glauben mit quasi-religiösem Eifer an ihre Thesen, sodass sie sie auch mit unsinnigen Begründungen zu verteidigen suchen. Allerdings bleiben solche Posts in aller Regel in der Minderheit und stoßen meist auf Widerspruch geradlinig Denkender, die sie mitunter mit Ironie und Sarkasmus der Lächerlichkeit preisgeben. Beispielsweise so: »Also ich denke das naheliegenste ist doch das es so gelaufen ist: Die Ukrainer haben ein Enterkommando auf ein Russiches Kriegsschiff geschickt und dann die Rakten abgeschossen. Dann haben sie die Besatzung geblitzdingst und sind wieder wech.«

Solche Dialoge zeigen, dass der bürgerschaftliche Diskurs auch in den Internetmedien funktioniert und dass sich demokratiefeindliche Agitation in der Minderheit befindet, wie es auch die Wahlergebnisse widerspiegeln. Problematischer sind die wesentlich häufigeren Posts, die ein tiefes Misstrauen gegenüber der Politik zum Ausdruck bringen. Aber diese Politikverdrossenheit ist kein Phänomen, das erst mit den neuen Medien entstanden wäre.

Nicht die neuen Medien sind das Problem, sondern die alten menschlichen Schwächen. Und tatsächlich können die Internetmedien sogar dazu beitragen, dass die Demokratie partizipativer und diskursiver wird. Wir werden noch darauf zurückkommen.

6.3 Die Kultur des Lügens

»Es wird nie mehr gelogen als vor der Wahl, während des Krieges und nach der Jagd« lautet der Ausspruch eines nicht namentlich genannten konservativen Politikers aus dem Jahr 1879. »Alle Politiker:innen lügen gelegentlich, sowohl auf der Linken als auch auf der Rechten, sowohl Etablierte als auch Außenseiter. Die Wahrheit für einen politischen Vorteil zu verbiegen ist so alt wie die Politik selbst.« (Skjeseth 2017: 4) Wenn nur gelegentlich gelogen wird, können dies die Medien und die Opponenten meist durch Faktenchecks aufdecken. Wahlkampflügen lässt man durchgehen, aber wenn ein:e Minister:in das Parlament belügt, ist meist ein Rücktritt fällig. Politiker:innen der politischen Mitte mögen gelegentlich lügen, Autokraten lügen notorisch. Autokraten müssen lügen, denn, wenn sie die Wahrheit sagen würden, würden sie nicht an die Macht kommen.

Deshalb lügen alle Autokraten. Aber es gab einen, der nur Autokrat werden wollte, es aber nicht geschafft hat, und der dennoch alle beim Lügen übertraf. Die *Washington Post* hat 30 573 Lügen des damals amtierenden US-Präsidenten Donald Trump in vier Jahren gezählt, das waren im Durchschnitt fast

21 Lügen pro Tag, Sonn- und Feiertage mitgezählt. Trump log im Großen wie im Kleinen. Eine kleinere Lüge betraf das Wetter, als er mit seiner Rede begann, eine größere die angebliche Wahlfälschung, die ihm den Wahlsieg genommen habe.

Trump log offensichtlich. Als er behauptete, das zahlenmäßig größte Publikum angezogen zu haben, das je bei einer Amtseinführung anwesend war, ließ sich das leicht anhand von Luftbildern widerlegen. Als er behauptete, Gott habe den Regen gestoppt, als er anfing zu reden, zeigten Echtzeitvideos seine eigene Frau und Dutzende weiterer Zuschauer mit aufgespannten Regenschirmen. Der Pinocchio-Effekt war Trump egal. Das kann psychiatrisch erklärt werden: Der narzisstisch Gestörte fühlt sich gut in dem Moment, in dem er eine krasse (und leicht enttarnbare) Lüge äußert. Das Gefühl ist so wichtig, dass ihn die späteren Folgen für seine Glaubwürdigkeit in diesem Augenblick nicht interessieren – wie sich ein Kind, das Kekse stiehlt, in diesem Moment nicht dafür interessiert, dass es später dafür bestraft werden wird. Und er ist sich sicher, dass die Lügen ihm, dem übermächtigen Manipulator, ohnehin nicht schaden werden. Und da lag Trump zweifellos richtig. Seine Anhänger:innen haben ihm jede Lüge verziehen, selbst die evangelikalen Christen, die eigentlich das Jesuswort kennen sollten, dass der Vater der Lüge der Teufel ist (Joh 8,44).

Wer über das Wetter lügt, ist ein pathologischer Lügner. Trump log, weil er nicht anders konnte. Die meisten Autokraten sind dagegen strategische Lügner. Sie lügen, um die Demokratie zu beseitigen, denn Demokratie braucht Wahrheit. Wenn die Wahrheit abgeschafft ist, lässt sich auch die Demokratie leicht demontieren. In Autokratien ist die Lüge Staatsräson. Beispielsweise in Russland.

In der russischen Sprache gibt es zwei unterschiedliche Wörter für das Wort »Lüge«: *lozh* (ложь) und *vranyo* (враньё) (Bermel 2022). *Lozh* bedeutet schlicht Unwahrheit, während *vranyo* für ein Lügenmärchen steht, das gar nicht ernst zu nehmen ist. Ein Russe hat *vranyo* einmal mit folgenden Worten definiert: »Du weißt, dass ich lüge, und ich weiß, dass du es weißt, und du weißt, dass ich weiß, dass du es weißt, aber ich mache ohne mit der Wimper zu zucken weiter und du nickst ernsthaft und machst dir Notizen.« *Vranyo* sind oft derartig plump oder aberwitzig, dass sie vollkommen unglaubhaft sind, was signalisiert: ich verachte meinen Gesprächspartner derart, dass ich mir keine Mühe gebe, eine glaubhafte Ausrede zu erfinden. Solche *vranyo* zu erzählen, ist eine derart habituelle Strategie der russischen Regierung geworden, dass die russische Sprache ein neues Kompositum dafür entwickelt hat: *gosvranyo* – Regierungslügenmärchen. Der Schriftsteller Wladimir Kaminer über die Verlautbarungen der russischen Botschaft in Berlin, die er regelmäßig zur Kenntnis nimmt: »Das russische Botschaftspersonal lügt, wie es atmet, und wird dabei nicht einmal rot.« (Kaminer 2022b).

Da hatten zwei russische Geheimdienstagenten im englischen Salisbury einen Dissidenten mit dem Gift Nowitschok ermordet – und behauptet, sie seien lediglich in Salisbury gewesen, um sich die Kathedrale anzusehen. Da brach Russland den Angriff auf die ukrainische Hauptstadt Kiew nach großen Verlusten ab und behauptete dennoch, die militärische Operation verliefe nach Plan. Zu den Bildern von Gräueltaten russischer Soldaten wurde erklärt, diese Szenen seien mit schauspielerischen Mitteln gestellt worden. Da ist das Flaggschiff der russischen Schwarzmeerflotte von zwei ukrainischen Raketen getroffen worden – aber die russische Regierung behauptete, es sei nur aufgrund eines Feuers an Bord gesunken (im Staatsfernsehen bezeichnete man die Versenkung dagegen als feindlichen Akt – man bemühte sich also noch nicht einmal um eine einheitliche Story). Die *vranyo* waren derart unglaubhaft, dass sich westliche Kommentatoren einen Spaß daraus machten, den Russen selber *vranyo* nahezulegen: Das Flaggschiff sei nicht versenkt worden, sondern sei zu einem U-Boot mutiert.

Der langjährige russische Außenminister Lawrow hat es zu einer Meisterschaft gebracht, *vranyo* mit einem spöttischen Unterton zu erzählen: Denkt ihr, ich sage euch die Wahrheit? Natürlich erzähle ich euch ein Märchen – und einige von euch sind auch noch dumm genug, es zu glauben. *Vranyo* sind zum Ritual geworden: Westliche Medien oder Regierungen beschuldigen Russland, ein (Kriegs-)Verbrechen begangen zu haben, und Russland erzählt ein *vranyo*. Zum Ritual gehört, der Gegenseite ebenfalls ein solches Märchen zu unterstellen, sodass *vranyo* gegen *vranyo* steht.

Vranyo werden nicht nur eingesetzt, um die Medien und die Bevölkerung in die Irre zu leiten. Als der französische Staatspräsident am 20. Februar 2022, also vier Tage vor Kriegsausbruch, mit dem russischen Präsidenten telefonierte, erzählte Putin *vranyo* am laufenden Band (Macron/Putin 2022). Putin wusste, dass Macron wusste, dass er die Unwahrheit sagte. An einem Punkt des Gesprächs bestätigte Putin das auch indirekt: »Wir haben unterschiedliche Lesarten.« Das Ergebnis war, dass man in diesem Gespräch »über alles und nichts« redete, wie es Putin ausdrückte. Die beiden Präsidenten verloren sich in Nebensächlichkeiten, sodass Macron nicht dazu kam, die Hauptsache anzusprechen, nämlich Putin darüber aufzuklären, dass der Westen dieses Mal hart reagieren würde, wenn Putin die Ukraine überfallen würde. Und Putin besaß noch die Dreistigkeit, das Gespräch voller Lügen auch noch in Höflichkeitsfloskeln und falsche Vertrauensbekundungen zu kleiden: »Vielen Dank, Emmanuel. [...] Und es ist immer ein Vergnügen für mich, mit dir zu sprechen, weil wir eine Vertrauensbeziehung haben. [...] Je vous remercie Monsieur le président«.

Wladimir Kaminer hat das stündlich im Staatsfernsehen gesendete *vranyo* Wladimir Putins, dass Russland von der Ukraine bedroht worden sei, in der ihm eigenen Art kommentiert:

> »Natürlich weiß auch in Russland jede Alzheimer-Oma, dass der Präsident lügt, es ging zu keinem Zeitpunkt eine Gefahr für Russland, weder von der Ukraine noch von irgendeinem anderen Land dieser Erde aus. Aber wen interessiert in Russland, was die Omas denken? Die Politiker des Westens, die vor Beginn des Krieges mit Putin Verhandlungen führten, wussten bestimmt auch, dass der Angriff längst beschlossen sei und sie nur noch belogen werden. Einfach, um eine gute Kulisse für den russischen Führer abzugeben. Und trotzdem haben sie gelächelt.« (Kaminer 2022a)

Die *vranyo*-Technik hat mehrere Effekte. Der erste Effekt ist der Ausdruck von Geringschätzung, dass man der Mühe nicht wert sei, eine halbwegs glaubhafte Lüge zu erfinden. Der zweite Effekt ist, dass man den Adressaten in die Defensive treibt und ihn zwingt, mehr oder weniger umständlich zu erklären, was die Wahrheit ist. Der dritte Effekt ist, dass man den Anschein von – womöglich auch noch höflich und sogar freundschaftlich klingender – Kommunikation wahrt, obgleich es überhaupt keine Verständigung mehr gibt. Autokraten, die Lügenmärchen erzählen, können so den Anschein seriöser Politiker erwecken und ihre Brutalität verschleiern. Man sagt nicht, dass man einen imperialistischen Eroberungskrieg beginnt, sondern man verkündet, dass man das Recht zur Selbstverteidigung nach Art. 51 der UN-Charta nutzt – und schon erscheint man nicht mehr als bösartiger Aggressor, sondern als Staatsmann.

Der gravierendste Effekt des *vranyo* besteht jedoch darin, dass die Wahrheit nicht nur komplett vernebelt wird, wenn es innerhalb dieser Logik *vranyo* und Anti-*vranyo* gibt, sondern, viel schlimmer noch, dass es auf die Wahrheit irgendwann überhaupt nicht mehr ankommt. Wenn man so dreist und plump lügt, dass es jeder merkt, dann schert man sich überhaupt nicht mehr um die Wahrheit. Die Bürgerinnen und Bürger geben es auf zu ergründen, was angesichts all der Lügen überhaupt die Wahrheit ist. Die Wahrheit stirbt, wenn man sie nur häufig genug angreift, wie Hannah Arendt beobachtete: »Wenn man permanent von jedem belogen wird, ist die Konsequenz nicht, dass man die Lügen glaubt, sondern, dass niemand mehr irgendetwas glaubt. [...] Und ein Volk, das nichts mehr glauben kann, kann sich auch nicht mehr entscheiden. Es ist nicht nur seiner Handlungsfähigkeit beraubt, sondern auch seiner Denk- und Urteilsfähigkeit. Und mit einem solchen Volk kann man dann machen, was man will.« (Arendt 1974) Putin setzt die *vranyo*-Strategie ein, die der KGB bereits in den 1970er-Jahren entwickelte: Relativismus als Waffe einzusetzen (»weaponized relativism«). Je mehr Alternativen zur Realität man anbietet, desto mehr verschwimmt die Wahrheit (Skjeseth 2017: 6)

Aber dann gibt noch einen fünften, unbeabsichtigten Effekt: Der Lügner wird zum Opfer seines eigenen *vranyo*, weil man vor lauter Lügen nicht mehr dazu kommt, ernsthaft darüber zu sprechen, wie die Gegenseite reagieren würde, wenn man einen Krieg beginnt. Und damit bereitete sich Putin durch seine Lügenmärchen selbst die Falle, in die er dann hineintappte: Nämlich einen nicht gewinnbaren Krieg zu beginnen, Schweden und Finnland in eine wiederbelebte NATO zu treiben, die Aufrüstung des Westens auszulösen und einen beträchtlichen Teil seiner militärischen Kampfkraft zu verlieren.

Warum fallen Bürgerinnen und Bürger auf *vranyo* herein, also auf Lügen, die so offensichtlich sind, dass auch die von Kaminer beschworene »Alzheimer-Oma« sie durchschaut? Kaminer beobachtet es täglich bei seiner eigenen Mutter, »die seit dreißig Jahren in Berlin lebt, wie Millionen unserer Landsleute hier trotz allem nur russisches Fernsehen guckt, obwohl sie Deutsch kann und auch alle deutschen Kanäle empfängt«: Das komplett staatliche russische Fernsehen wird alle zehn Minuten durch »Nachrichtenpausen« unterbrochen, sodass man der Falschinformation gar nicht entgehen kann. Warum man sie dennoch glaubt, obwohl man weiß, dass es sich um Lügen handelt? Weil »die Wahrheit, die sie alle ahnen, so unangenehm, grausam, unerträglich ist, dass niemand mit einem solchen Wissen glücklich leben kann [...] Sie wissen, dass sie belogen werden, es ist aber viel komfortabler, den Lügen zu glauben als zu verzweifeln. Denn wenn es wirklich wahr ist, dass russische Soldaten Frauen und Kinder in der Ukraine töten und die russische Bevölkerung nichts dagegen tun kann, wie sollen sie mit einem solchen Wissen leben?« (Kaminer 2022c). Lügen widerspruchslos zu schlucken und sogar noch zu wiederholen, kann durchaus funktional sein:

- Die Lüge bietet einfache Antworten auf komplizierte Fragen. Die Lüge reduziert Komplexität. Sie erspart es einem, sich zu informieren, Quellen zu prüfen, nach der Wahrheit zu suchen, nachzudenken.
- Die Lüge ist eine psychologische Abschirmung gegenüber einer unerträglichen Wahrheit.
- Die Lüge entlastet von der moralischen Verantwortung, dass man eine Mitschuld trägt, wenn man nicht gegen ein inakzeptables Regime rebelliert oder es sogar noch mitträgt (z. B. als Staatsdiener:in).
- Die Lüge ermöglicht es den Anhänger:innen des Autokraten, weiter an ihn zu glauben und ihn gegen Vorwürfe zu verteidigen.

Hat sich in einer Gesellschaft eine Kultur des Lügens erst einmal breitgemacht, wird es sehr schwer für die Demokratie, weil die Wählerinnen und Wähler dann nicht mehr wissen, für wen oder was sie ihre Stimme abgeben. Deshalb wehret den Anfängen!

6.4 Trolle und Bots

Hitler hat es geschafft, seine Lügenmärchen mit Printmedien zu verbreiten, ab einem gewissen Punkt auch mit den Wochenschauen in den Kinos und dem Volksempfänger. Die Digitalisierung erleichtert aber auch die Propaganda. Ein wesentliches Problem der Internetmedien ist ihre Anfälligkeit für Trolle und Bots. Trolle sind Menschen, (Ro-)Bots sind Programme, die in diversen Internetforen unter erfundenen Nutzernamen manipulierte Meldungen und Nutzerkommentare posten. Es ist inzwischen gut dokumentiert, dass Russland regelrechte Troll-Fabriken betreibt, in denen mindestens 800 Mitarbeiter:innen die Aufgabe haben, pro Schicht jeweils mindestens 135 Posts zu platzieren, in denen Stichwörter wie »Putin«, »Russlands Armee«, »Krim« oder »Donbass« mit Positivem, »Kiewer Junta«, »Nato« oder »Obama« (damals US-Präsident) mit Negativem verknüpft werden müssen (Windisch 2015). Das ergibt rund 24 Millionen Fake-Posts pro Jahr. Bekannt sind die Adressen dieser Troll-Fabriken, die als »Agentur für Internet-Forschung«

oder »Bundesnachrichtenagentur« firmieren, in dem St. Petersburger Vorort Olgina sowie in der Savushkina-Straße 4 und zuletzt in der Optikov-Straße 4. Bekannt sind auch Arbeitszeiten, Gehälter und Arbeitsaufträge der Mitarbeiter:innen (zuerst Garmazhapova 2013). Inzwischen sind solche Troll-Fabriken auch in Ghana und Nigeria enttarnt worden, dort hauptsächlich mit Angriffszielen in den USA (Ward et al. 2020).

Inhaber und Betreiber dieser Trollfabriken ist Putins Vertrauter und »Leibkoch« Jewgeni Prigoschin, der auch die Privatarmee »Wagner« gegründet hat und sogar damit prahlte, sich in die US-amerikanischen Midterm-Wahlen einzumischen: »Wir haben uns eingemischt, wir mischen uns ein und wir werden uns weiterhin einmischen. Sorgfältig, genau, chirurgisch und auf unsere eigene Weise, da wir wissen, wie es geht. Während unserer punktgenauen Operationen werden wir beide Nieren und die Leber auf einmal entfernen« (Prigoschin 2022). Das war allerdings nichts Neues mehr, seit er durch den US-Sonderberichterstatter enttarnt worden war (Mueller 2019: 1,14 ff.). Zwischen 2016 und 2018 hatte Prigoschins »Agentur für Internet-Forschung« allein auf *Twitter* über 3600 gefälschte Nutzerkonten 1,8 Millionen Bilder gepostet (Zannettou et al. 2020). Die Kommentare auf *Spiegel Online* und zu politischen *Youtube*-Videos waren zeitweise derartig von russischen Trollen mit massiven Rechtschreibschwächen überschwemmt, dass sie kaum lesbar waren und ernsthafte Debatten verhinderten. Gab man 2017 »Merkel« in die *Youtube*-Suchleiste ein, tauchten bereits unter den obersten Vorschlägen Hass- und Fake-Videos samt einschlägiger Kommentarlisten gegen die Kanzlerin auf, in denen von staatlicher »Internet-Zensur«, einem »Orwellschen Wahrheitsministerium«, einer »Diktatur«, dem »Vierten Reich« und ähnlichem Unsinn die Rede war. Zu den größten Erfolgen der russischen Desinformationskampagne in Deutschland gehörte eine von russischen Medien Anfang 2016 verbreitete Falschmeldung über die angebliche Vergewaltigung der 13-jährigen Lisa, die mehrere tausend vorwiegend russlanddeutsche Demonstranten auf die Straße gelockt hat und wohl mit dazu beigetragen hat, dass die AfD bei den Landtagswahlen 2016 in Stimmbezirken mit hohen Anteilen Russlanddeutscher besonders gute Wahlergebnisse erzielen konnte.

Inzwischen haben zahlreiche Internetmedien automatische und manuelle Filtersysteme aufgebaut, um die russische Troll- und Bot-Flut einzudämmen, was aber nur teilweise wirkt, da sich die russischen Cyber-Angriffe immer neue Ziele suchen – darunter seit 2017 verstärkt *Wikipedia*-Artikel in verschiedenen Sprachen. Mindestens 690 überwiegend sehr oft abgefragte

Wikipedia-Einträge sind nach Erkenntnissen der zuständigen Task Force der Europäischen Union nachweislich von russischen Cyber-War-Agenturen manipuliert worden (Europäische Union 2022).

Jahrelang haben die staatlichen russischen Medienagenturen *Russia Today* bzw. *RT*, *Ruptly* und *Sputnik* insbesondere über Internetmedien Propaganda und Fake News verbreitet, bis ihnen die Europäische Union nach Ausbruch des Kriegs gegen die Ukraine am 02.03.2022 die Senderechte entzog. Die Chefredakteurin von *RT* Margarita Simonjan scheute sich anlässlich des Kriegs von Russland gegen Georgien nicht, ihr Medienhaus als Akteurin eines »Informationskriegs« zu bezeichnen, das Hand in Hand mit dem Verteidigungsministerium arbeitet: »Das Verteidigungsministerium kämpfte mit Georgien, aber wir haben den Informationskrieg geführt und, was noch mehr bedeutet, gegen die ganze westliche Welt.« Und: »Die Informationswaffe wird selbstverständlich in kritischen Momenten eingesetzt, und Krieg ist immer ein kritischer Moment. Und sie ist Krieg. Sie ist eine Waffe wie jede andere.« (Simonyan 2018)

Der Generalstabschef der russischen Streitkräfte hat an der strategischen Rolle des Informationskriegs keinen Zweifel gelassen:

> »Die Analyse des Charakters der modernen Kriege zeigte eine wesentliche Zunahme der Bedeutung der informationellen Sphäre. Die neue Realität der Kriege der Zukunft schließt dabei die Übertragung der militärischen Handlungen insbesondere auf diese Sphäre ein. Die Informationstechnologien entwickeln sich, dem Anschein nach, zu perspektivreichsten Waffenarten. Die informationelle Sphäre besitzt keine nationalen Grenzen. Sie schafft die Möglichkeit, auf Distanz und gedeckt nicht nur auf wichtige informationelle, kritische Infrastruktur einzuwirken, sondern auch auf die Bevölkerung des Landes, die unmittelbar den Zustand der nationalen Sicherheit beeinflusst.« (Gerassimow 2019: 21)

Ist die Gefahr erkannt, fällt ihre Bekämpfung leichter. Zahlreiche Soziale Medien und Internetforen sind inzwischen gegen Bots einigermaßen geschützt. Trolle werden zunehmend von Moderator:innen und Nutzer:innen erkannt, die sie in Chats offen identifizieren und somit andere darauf aufmerksam machen, manchmal auch auf humorvolle Art und Weise (»Wenn Putin nicht seine besten Leute in die Troll-Armee geschickt hätte, würde es in der Ukraine besser für ihn laufen«). Gleichwohl ist es auch ein Rennen zwischen Hase und Igel, wo Trolle und Bots immer neue Techniken erfinden, um Sperren zu überwinden, sodass Soziale Medien wiederum darauf reagieren müssen.

Aber eigentlich brauchen die Propagandisten gar keine Bots und Trolle, wenn schon die feministische Zeitschrift *Emma* Putins oberster Propagandistin Margarita Simonjan ohne jegliche kritische Distanz einen ganzen Artikel gewährt und sich im Lead auch nicht scheut, kommentarlos zu schreiben, die *RT*-Chefredakteurin verstehe sich »selbst als liberal« (Simonjan 2018).

Wirksame Schutzmaßnahmen gegen Trolle und Bots sind Schutzmaßnahmen für die Demokratie. Ein weitergehender Ansatz besteht darin, bei Posts in Sozialen Medien Klarnamenpflicht einzuführen, was es zum einen Bots und Trollen erschwert, künstliche Identitäten zu erfinden, und was zum anderen Hass-Posts im Schutze der Anonymität des User-Namens reduzieren würde. Ob dies allerdings verfassungsrechtlich zulässig wäre, ist fraglich; denn aus dem Wahlgeheimnis, das Wählerinnen und Wähler vor Repressalien schützen soll, lässt sich möglicherweise auch ein Recht auf anonyme Meinungsäußerungen in der digitalen Öffentlichkeit ableiten. Andererseits sind Wortmeldungen auf Bürgerversammlungen und Leserbriefe an Print-Zeitungen auch nicht anonym – wer sich öffentlich zu Wort meldet, muss auch seine Identität öffentlich machen. Mit Sicherheit würde die Zahl der Nutzerposts in Internetforen bei einer Klarnamenpflicht rapide zusammenschmelzen, aber die Qualität der Beiträge würde zunehmen.

6.5 Perspektiven für eine digitale demokratische Öffentlichkeit

In der dreitausendjährigen Geschichte der Demokratie waren die Gemeinwesen, in denen demokratische Prozesse abliefen, zumeist so klein und überschaubar, dass, wenngleich nicht jeder jeden kannte, doch zumindest die kandidierenden Persönlichkeiten und ihre Programme hinreichend bekannt waren. In Athen konnten sich die abstimmungsberechtigten Vollbürger noch auf dem Pnyx-Hügel versammeln und man traf sich auf dem Marktplatz, im Theater, bei Feierlichkeiten, auch beim Symposion. Auch die mittelalterlichen Städte waren klein genug, um sich zu kennen. Auch hier war der Marktplatz, wo gelegentlich Herolde wichtige Informationen verkündeten, ein zentraler Kommunikationsort, ebenso wie die Kirche, die Gaststätten oder die zahlreichen Korporationen (Zünfte, Gilden, Kirchengemeinden, Borngemeinschaften, Wehrmannschaften etc.) Kommunikationsmöglichkeiten boten.

Mit der Urbanisierung hin zu Großstädten und der Demokratisierung ganzer Nationen entstand der Bedarf nach einer Form von Öffentlichkeit, die keinen persönlichen Austausch und keine gegenseitige Bekanntschaft voraussetzte. Zum wichtigsten Medium der demokratischen Öffentlichkeit entwickelte sich die Zeitung in ihren verschiedenen Varianten bis hin zur Tageszeitung, die aber lange Zeit darunter litt, nur die gebildeteren Bevölkerungsschichten erreichen zu können. Deshalb verwenden die politischen Akteure bis heute, insbesondere in Wahlkämpfen, auch weitere Mittel der direkteren Ansprache der Wählerinnen und Wähler, die uns heute mitunter obsolet vorkommen, darunter öffentliche Veranstaltungen, Stände an stark frequentierten Orten, Plakate, Handzettel und sogar Hausbesuche.

Zumindest dem Bildungsbürgertum war die Zeitung die wichtigste Quelle für politische Informationen. Besonders Wissbegierige lasen vielleicht eine regionale Tageszeitung mit Lokalteil, eine überregionale sogenannte »Qualitätszeitung« und dann sogar noch eine besonders umfangreiche Wochen- oder Sonntagszeitung oder ein politisches Magazin. Solche Menschen scheint Habermas im Visier zu haben, wenn er den neuen Strukturwandel der Öffentlichkeit infolge der Digitalisierung beklagt. Und ausgerechnet diese wichtigsten Träger der politischen Information liegen im Sterben. Die Zahl der Abonnements von Printzeitungen ist dramatisch zurückgegangen, und entsprechend sind auch die Werbeeinnahmen geschrumpft. Insbesondere die jüngere Generation liest kaum noch Printmedien. Zeitungsredaktionen sind drastisch ausgedünnt, geschlossen, zusammengelegt oder zentralisiert worden – mit entsprechenden Auswirkungen auf die Qualität der Beiträge. Das Internet ist heute das Hauptverbreitungsmedien für politische Informationen.

Die Zeitungen haben darauf reagiert, indem sie die Masse ihrer Beiträge im Internet kostenpflichtig machten. Zunächst hatten Printmedien – insbesondere Nachrichtenmagazine und Zeitungen – die wichtigsten Artikel kostenlos ins Netz gestellt. Das Geschäftsmodell bestand darin, durch interessante Inhalte hohe Klickzahlen zu generieren, um für Werbung attraktiv zu werden. Für viele Nutzer war es bequemer und kostengünstiger, am Bildschirm eine Zeitschrift oder Zeitung zu lesen als sich ein Printexemplar zu kaufen, die Werbeeinnahmen reichten aber nicht aus, um das Wegbrechen der Verkaufszahlen der Printausgaben zu kompensieren.

Die erste Maßnahme bestand darin, die Inhalte der Printausgaben nur teilweise oder zeitverzögert online verfügbar zu machen, um den Print-Abonnenten einen Vorteil gegenüber den Online-Lesern zu verschaffen. Da dies auch noch nicht ausreichte, wurde das Geschäftsmodell komplett geändert: Viele Zeitschriften und Zeitungen stellten auf ihren Websites nur eine sehr begrenzte Anzahl an Artikeln kostenlos zur Verfügung und verlangten für das vollständige Angebot Gebühren. Und dabei machten sie einen Kardinalfehler. Chefredakteure und Verleger, die öffentlich auftraten, um das neue Geschäftsmodell zu begründen, pflegten nicht mit ökonomischer Vernunft, sondern moralisch zu argumentieren. Es sei doch unfair, dass Internetnutzer Informationen kostenlos beziehen könnten, wenn die Verlage kostspielige Redaktionen betreiben müssten. Also wurden Abonnements der Digitalausgaben angeboten, die der Logik der Print-Abonnements folgten: Man bezahlt zwischen 20 und 30 Euro im Monat für ein Abonnement, das einem Zugang zu allen Artikeln gewährt.

Diese Modelle sind jedoch schlicht zu teuer und entsprechen nicht der Netzlogik. Wer im Internet surft, will eine Auswahl haben. Will man zwei Magazine (mit unterschiedlicher Ausrichtung), zwei überregionale Tageszeitungen (ebenfalls mit unterschiedlicher Perspektive) und eine Regionalzeitung im Digitalabonnement lesen, landet man bei Kosten von mindestens 100 Euro monatlich – und das ist für die meisten Kunden inakzeptabel.

Dass es auch anders geht, beweist das US-amerikanische Nachrichtenmagazin *Politico*. Während fast alle Printmedien Digitalausgaben entwickelten, ging *Politico* den umgekehrten Weg: Es startete als Internetportal, um dann später Printausgaben herauszugeben.

Der Kern des *Politico*-Geschäftsmodells heißt »Qualitätsjournalismus«. *Politico* beschäftigt inzwischen rund 500 Journalistinnen und Journalisten, darunter einige der Besten ihres Fachs. Publiziert werden lange Artikel, die in die Tiefe gehen. Man gibt also viel Geld aus, um Spitzenjournalismus zu generieren, der kostenlos bereitgestellt wird: In Form mehrerer Websites und eines Newsletters. Zum Qualitätsanspruch gehört auch die politische Balance, und – obwohl *Politico* auch Kommentare und Meinungsartikel enthält – es gelang dem Magazin, genauso viele demokratische wie republikanische Leser:innen zu gewinnen (Sonderman 2012).

Die kostenlosen und hochwertigen Angebote verschaffen *Politico* einen festen Kreis von Leserinnen und Lesern, die an politischen Analysen interessiert sind und so an die *Politico*-Familie gebunden werden. Aus diesem Leserkreis rekrutiert man dann Kunden, die sich professionell mit Politik befassen und weitergehende Angebote wie *Politico Pro* kaufen, die Geld bringen. *Politico Pro* hatte 2019 25 000 Abonnenten (darunter 4500 Institutionen), die dafür durchschnittlich 2500 US-Dollar pro Jahr entrichteten, mitunter aber auch fünfstellige Beträge. Der Dienst generiert damit mehr als die Hälfte des Umsatzes von *Politico*, der 2018 113 Millionen Dollar betrug. Der Rest der Einnahmen stammt aus Werbung (Moses 2019).

Das 2007 gegründete Unternehmen hat mit dieser Strategie ein erstaunliches Wachstum erreicht. 2019 hatte *Politico* in den USA 30 Millionen Besucher, in Europa 1,5 Millionen. Eine Printausgabe und internationale Ausgaben (auch für Deutschland) sorgen für weiteres Wachstum.

Einen etwas anderen, nicht minder erfolgreichen Weg ist die *New York Times* gegangen. Der Kern dieser Traditionszeitung bleibt der politische Nachrichtenteil mit sehr hohem Qualitätsanspruch. Die politische Redaktion wird dabei durch Lifestyle-Angebote wie Kochen, Reisen, Literatur, Kultur, Unterhaltung oder Sport, die Geld bringen, subventioniert. Letztere sind nur deshalb so attraktiv, weil sie von der Qualität des politischen Journalismus profitieren. Außerdem sind die Online-Abonnementgebühren drastisch gesenkt worden. Ein Wochenabonnement kostet ganze 50 Cent, ein Jahresabonnement 20 Euro. Der Effekt: Im Jahr 2022 hatte die *NYT* 9,1 Millionen Abonnenten, davon 780 000 der Printausgabe. Der politische Qualitätsjournalismus kann also auch im digitalen Zeitalter überleben.

Obwohl *Politico* seine Europaausgabe in Kooperation mit der Verlagsgruppe Axel Springer SE betreibt, ist deutschsprachigen Medien bisher kein vergleichbarer Erfolg gelungen. Im Gegenteil, die klassischen Zeitungen und Zeitschriften verlieren beständig an Leser:innen.

Verdrängt werden aber nicht nur Printmedien, sondern auch der traditionelle Rundfunk und das Fernsehen. Die öffentlich-rechtlichen Rundfunk- und Fernsehanstalten erfüllen ihren Auftrag zur politischen Bildung, indem sie regelmäßig und häufig Nachrichtensendungen ausstrahlen und darüber hinaus politische Magazine, Talkshows und andere Formate mit politischen Inhalten senden. Wer öffentlich-rechtliche Sender hört oder sieht, kann es kaum vermeiden, mit politischen Informationen konfrontiert zu werden. Private Radio- und Fernsehsender haben die Praxis teilweise, wenn auch eingeschränkt, übernommen.

Streamingdienste ersetzen allerdings insbesondere bei jungen Menschen Radio und Fernsehen, was in der Regel damit einhergeht, dass Nachrichtensendungen und – insbesondere beim öffentlich-rechtlichen Radio in das Programm eingestreute – politische Informationen nicht mehr wahrgenommen werden. Nach einer repräsentativen Haushaltsbefragung nutzten im Jahr 2019 bereits 75 % der 18- bis 24-Jährigen und 71 % der 25- bis 34-Jährigen Streamingdienste, die meisten davon mehrere (McKinsey & Company 2019).

Die große Mehrzahl der jüngeren Leute nimmt damit inzwischen politische Informationen weder aus Radio und Fernsehen noch aus gedruckten Zeitungen und Zeitschriften wahr. 2019 nutzten nur noch 23 % der 12- bis 25-Jährigen das Fernsehen als Quelle für politische Informationen, 15 % das Radio und ebenfalls 15 % klassische Printmedien. Ob dies durch politische Informationen aus dem Internet kompensiert wird, ist fraglich. Zwar geben 62 % der Jugendlichen an, das Internet täglich zur Informationssuche zu verwenden, allerdings handelt es sich dabei in selteneren Fällen um politische Informationen mit höherer Informationstiefe. Nachrichten-Websites oder News-Portale im Internet nutzten auch nur 20 % der jungen Leute. 14 % gaben an, politische Informationen (fragwürdiger Qualität) aus Messenger-Apps zu beziehen und ganze 9 % aus *YouTube*-Videos. Interessanterweise schenkten die junge Leuten den klassischen Medien deutlich mehr Vertrauen als den Online-Diensten, was sich aber nicht in entsprechendem Nutzungsverhalten niederschlug (Albert et al. 2019). Die Folgen sind erkennbar: Selbst unter Studierenden sozialwissenschaftlicher Fächer ist allenfalls eine winzige Minderheit über bundespolitische Ereignisse von höchster Bedeutung informiert.

Somit ist ein massives Stück politischer Öffentlichkeit bereits verlorengegangen. Es sind nur noch die Älteren, die politische Informationen zumindest *en passant* durch Nachrichten im Fernsehen oder im Radio aufnehmen. Können das die politisch Interessierten auf nationaler Ebene noch kompensieren, indem sie sich im Internet gezielt mit Informationen versorgen, so ist der Verlust an Öffentlichkeit ausgerechnet auf der kommunalen Ebene noch weitaus größer, denn über lokale politische Ereignisse berichten nahezu ausschließlich die Lokalteile der Tageszeitungen, in eingeschränktem Umfang noch lokale Radiosender. Diese Lokalteile sind aber von einem doppelten Sterben betroffen: Einerseits ist die Zahl der Leserinnen und Leser dramatisch gesunken (und beschränkt sich weitgehend auf die Älteren), und andererseits sind Lokalredaktionen so sehr reduziert worden, dass sie kaum noch politische Prozesse recherchieren. Kein Wunder, dass Bürgerinnen und Bürger oft von politischen Beschlüssen überrascht werden, die mitunter das Ergebnis jahrelanger Diskussionen sind, über die sie nicht informiert worden waren und über die sie sich auch nicht aktiv informiert hatten. Politikverdrossenheit erwächst auch aus Medienversagen.

Die Gefährdung der Demokratie erwächst primär aus dem Gefühl, dass sich Politiker:innen nicht ausreichend um die Wünsche und Sorgen der Bürger:innen kümmern (so 71 % der 12- bis 25-Jährigen) und dass man das Gefühl hat, politischen Entscheidungen machtlos ausgesetzt zu sein. Dabei wäre es gerade auf der lokalen Ebene besonders einfach, an politischen Prozessen zu partizipieren. Aber Partizipation setzt Öffentlichkeit voraus.

Dass sich die Medienlandschaft durch neue Technologien revolutioniert, ist eigentlich nichts Neues. Eine große Veränderung brachte – in Deutschland zum 29. Oktober 1923 – der Hörfunk, der in Deutschland durch Hitlers Volksempfänger als Medium der gezielten Desinformation und Manipulation missbraucht wurde. Das am 18. April 1934 eingeführte Fernsehen wurde ebenfalls gleich vom nationalsozialistischen Staat vereinnahmt, bis es 1952 durch öffentlich-rechtliche Rundfunkanstalten nach britischem Vorbild (BBC) aufgenommen wurde, die den Auftrag hatten, eine pluralistische und ausgewogene politische Berichterstattung zu senden.

Nach einem Urteil des Bundesverfassungsgerichts aus dem Jahr 2014 müssen die Rundfunkräte als oberste Aufsichtsgremien in Übereinstimmung mit der Europäischen Menschenrechtskonvention nach dem Gebot der Vielfaltsicherung besetzt werden (BVerfG, Urteil vom 25. März 2014 – 1 BvF 1/11. In den Leitsätzen heißt es, es seien »Personen mit möglichst unterschiedlichen Perspektiven und Erfahrungshorizonten aus allen Bereichen des Gemeinwesens einzubeziehen«. Dabei müssen neben großen Verbänden wie Kirchen und Gewerkschaften »untereinander wechselnd auch kleinere Gruppierungen Berücksichtigung finden und auch nicht kohärent organisierte Perspektiven abgebildet werden«. Weiterhin muss die Organisation des öffentlich-rechtlichen Rundfunks dem Gebot der Staatsferne genügen. Der »Anteil der staatlichen und staatsnahen Mitglieder darf insgesamt ein Drittel der gesetzlichen Mitglieder des jeweiligen Gremiums nicht übersteigen« und die Exekutive darf auf die staatsfernen Mitglieder keinen bestimmenden Einfluss haben.

Weil der öffentlich-rechtliche Rundfunk eine Schlüsselrolle in der demokratischen Debattenkultur spielt, soll durch diese Anforderungen sichergestellt werden, dass er ausgewogen und vielfältig berichtet. Und es soll verhindert werden, dass er durch die herrschende Regierung zum Zweck der Machterhaltung instrumentalisiert wird. Im Sinne der Gewaltenteilung muss das Repräsentationsprinzip durch einen fairen Pluralismus ausbalanciert werden.

Dem von der FDP nominierten Richter Andreas Paulus ging das Urteil immer noch nicht weit genug, weil er verlangte, dass das Fernsehen auch »zum Experimentierlabor der Vielfalt« werden müsse (ebd., Abweichende Meinung des Richters Paulus zum Urteil des Ersten Senats vom 25. März 2014, Rdnr. 120).

Immerhin sollen die öffentlich-rechtlichen Rundfunk- und Fernsehanstalten in der Medienlandschaft einen Hort der Wahrheit und Ausgewogenheit bilden. Das Problem ist nur, dass die jüngere Generation kaum noch Fernsehen und Radio nutzt. Die logische Folge ist, dass die Rundfunkanstalten die Internetkanäle bespielen, die von den verschiedenen Zielgruppen genutzt werden. Dass das geht, zeigen Formate wie der *Youtube*-Kanal *MrWissen2go*, der von *funk* betrieben wird, einem Gemeinschaftsangebot von ARD und ZDF, und der knapp zwei Millionen Abonnenten hat.

Allerdings stehen die Öffentlich-Rechtlichen auch unter Druck: Im Entertainmentbereich verlieren sie gegenüber den Streamingdiensten; auch dadurch gewinnt die jahrzehntealte Kritik an den Rundfunkgebühren an Schärfe. Bei ihren textlastigen Internetangeboten werden sie auf Druck der Zeitungsverleger durch § 30 Abs. 7 *Medienstaatsvertrag* gebremst: »Die Telemedienangebote dürfen nicht presseähnlich sein.« Eine Affäre um Verschwendung von Gebührengeldern und Bereicherung der Intendantin des rbb hat das Vertrauen zusätzlich beschädigt. Eine der Regierungsparteien, die FDP, hatte schon zuvor eine Verschlankung des öffentlich-rechtlichen Rundfunks mit Verringerung der Anzahl an Kanälen einschließlich der Privatisierung des ZDF, der Reduzierung der Zahl der Rundfunkanstalten und dem Verzicht auf Sport- und Unterhaltungssendungen gefordert – aber würden reine Informationskanäle genügend Zuhörer:innen und Zuschauer:innen finden?

Das Problem der Öffentlichkeit im Zeitalter der Digitalisierung ist nicht, dass es keine Möglichkeiten mehr gäbe, die Bevölkerung mit ausgewogenen politischen Informationen zu versorgen, sondern dass diese Prozesse so lange dauern – zumindest in Deutschland. In den USA war der politische Qualitätsjournalismus mit *New York Times*, *Politico*, auch *CNN* und *Washington Post* schneller und auch in Bezug auf Preis- und Geschäftsmodelle innovativer. Ihre Recherchen und ihr *fact-checking* dürften wesentlich dazu beigetragen haben, dass die Fake News des Donald Trump entlarvt wurden und sich eine Mehrheit der Wählerinnen und Wähler dafür entschieden hat, ihn nicht wiederzuwählen.

7. DIE WEITERENTWICKLUNG DER DEMOKRATIE IM 21. JAHRHUNDERT

»Demokratie ist kein Zustand, Demokratie ist ein Prozess.«
Helmut Schmidt, 1969

Die liberale Demokratie ist im 21. Jahrhundert gefährdet. Das ist nichts Neues – Demokratie war schon immer eine fragile Staatsform, die dazu neigte, Selbstmord zu begehen. Deshalb muss Demokratie immer wieder mit neuem Leben gefüllt werden. Das demokratische Narrativ zu erzählen, hilft dabei, weil es die Vorzüge der Demokratie herausstellt ebenso wie die Gefahren der autokratischen Verlockung und weil es wieder daran erinnert, was die Wesenselemente der Demokratie sind und was nicht. Um die Demokratie machen sich viele Sorgen, und dementsprechend gibt es auch viele Rezepte, wie die Demokratie wiederbelebt werden kann. Fangen wir mit denen an, die nicht geeignet sind.

7.1 Gut gemeint, aber nicht gut gemacht: Ungeeignete Rezepte

Der häufigste Vorschlag, der zu hören ist, besteht darin, direktdemokratische Elemente zu stärken (z. B. Frey/Zimmer 2023). Man hat die Schweiz vor Augen, wo Volksabstimmungen zur politischen Kultur gehören. Die Befürworter:innen der Direkten Demokratie bringen vor, dass sich die Wahlberechtigten vor den Abstimmungen intensiv informieren, dass wochenlang überall über die Alternativen debattiert wird und dass die Bürgerinnen und Bürger dadurch mehr Einfluss auf die politische Willensbildung haben als bei den turnusmäßigen Wahlen, bei denen ja nur eine grobe politische Richtung gewählt werden kann.

Das demokratie*praktische* Argument gegen die Direkte Demokratie – der hohe Aufwand für Volksabstimmungen – ließe sich durch Digitalisierung lösen, sodass man viele politische Entscheidungsalternativen einfach digital zur Abstimmung stellen könnte.

Allerdings kommt ein gewichtiges demokratie*theoretisches* Problem zum Tragen, denn bei solchen Abstimmungen handelt es sich um einen »Nullsummen-Entscheidungsmechanismus«:

> »Bei jeder Frage bekommt die gewinnende Mehrheit alles, und die verlierende Minderheit verliert alles. Nicht nur wäre die Mehrheitsherrschaft absolut oder unbeschränkt, sondern es gäbe auch keine Kompromisse, keine Kompensationen zwischen den einzelnen Sachfragen. Da jede Referendumsentscheidung eine einzelne, in sich abgeschlossene ist, kann sie nicht durch ›Tauschhandel‹, durch gemeinsame Regelung mehrerer Sachfragen oder Korrekturen abgemildert werden […] Kurz, der Einwand lautet, daß die Referendumsdemokratie eine konfliktmaximierende Struktur ist und […] die […] Verkörperung einer systematischen ›Mehrheitstyrannei‹« (Sartori 1997: 127 f.).

Was der Demokratietheoretiker hier so vornehm formuliert, hat Alexis de Toqueville im Jahr 1835 deutlich drastischer ausgedrückt, als er die Lynchjustiz verurteilte, die eine Extremform der Direkten Demokratie darstellt, in diesem Fall ohne Gewaltenteilung, die Judikative einschließend (Toqueville 1959: I,289 ff.). Auch heute noch verweist David Runciman auf die schon aus der Antiken Demokratie bekannte Gefahr der Emotionalisierbarkeit der Bevölkerung: »Wenn sie die Chance dazu bekäme, fühlte die Mehrheit sich ermächtigt, ihre Wut an der verletzlichen Minderheit auszulassen. Die lange Geschichte der modernen repräsentativen Demokratie ist ein weitgehend erfolgreicher Versuch, diese ungestümen Impulse zu bändigen. Wir lynchen niemanden mehr. Wir teeren und federn niemanden mehr. Wir verbannen niemanden mehr.« (Runciman 2020: 137) In Kalifornien hat es allerdings zahlreiche Beispiele für Volksabstimmungen gegeben, die klare Mehrheiten für Vorschläge ergeben haben, die verfassungswidrig waren, insbesondere weil sie gegen Menschenrechte verstießen (Gardels 2020). In der Schweiz haben wiederholt fremdenfeindliche Maßnahmen Mehrheiten gefunden (2010 »Ausschaffung krimineller Ausländer«, 2014 »Gegen Masseneinwanderung«, 2021 »Verhüllungsverbot«).

Die repräsentative, parlamentarische Demokratie lebt dagegen von Koalitionsverhandlungen, Kompromissen, Paketlösungen. Und solche Lösungen tragen zum sozialen Frieden bei, weil sie tendenziell größere Bevölkerungsgruppen begünstigen als Mehrheitsentscheidungen, die mitunter sehr knapp ausfallen, dann aber gravierende Auswirkungen haben.

Wie zum Beispiel beim Brexit, dem ein scheindemokratisches Referendum vorausging. Erstens war die Entscheidung mit 51,9 zu 48,1 % zu knapp, um eine derart gewichtige Entscheidung zu begründen. Zweitens hat das Referendum eine regionale Spaltung bewirkt, denn London, Schottland und Nordirland, die geschlossen für den Verbleib in der EU waren, wurden von den übrigen Regionen dominiert. Drittens war die Debatte im Vorfeld des Brexit in hohem Maße von Demagogie, Emotionalisierung und Fake News geprägt. Viertens hätte aber auch eine ehrliche Aufklärung nichts daran geändert, dass die Briten zu dem Zeitpunkt überhaupt noch nicht wissen *konnten*, welche Konsequenzen der EU-Austritt für sie haben würde, weil der Austrittsvertrag noch gar nicht verhandelt war. Es hätte also mindestens ein zweites Referendum geben müssen, als die Bedingungen endlich ausgehandelt waren. Und fünftens passierte auch beim Brexit-Referendum wieder einmal dass, was bei ähnlichen Referenden auch schon in Frankreich und Norwegen passiert ist: Eine – bei einem derart knappen Ergebnis – ausreichende Zahl von Wählerinnen und Wählern stimmte nach eigenem Bekunden »taktisch« und gar nicht über das Thema ab, d. h. man ging davon aus, dass es sowieso eine Mehrheit für *remain* geben würde, aber wollte dem ungeliebten Regierungschef David Cameron, der sich für den Verbleib ausgesprochen hatte, keinen allzu strahlenden Sieg gönnen. Dieser Schuss ist gründlich nach hinten losgegangen.

Und damit zeigt dieses Beispiel gleich eine ganze Reihe von Problemen der Direkten Demokratie auf: mangelnde Informationsbasis insbesondere bei sehr komplexen Themen, Anfälligkeit für Demagogie und Fake News, grob unvernünftiges Abstimmungsverhalten. Diese Probleme sind dafür verantwortlich, dass die Ergebnisse von Volksabstimmungen meist den Charakter einer Momentaufnahme haben und insofern willkürlich sind. Das lässt sich zeigen an den Bevölkerungsbefragungen, die zum Bahnhofsneubauprojekt »Stuttgart 21« durchgeführt worden sind.

Meinungen zum Projekt »Stuttgart 21« im Zeitverlauf

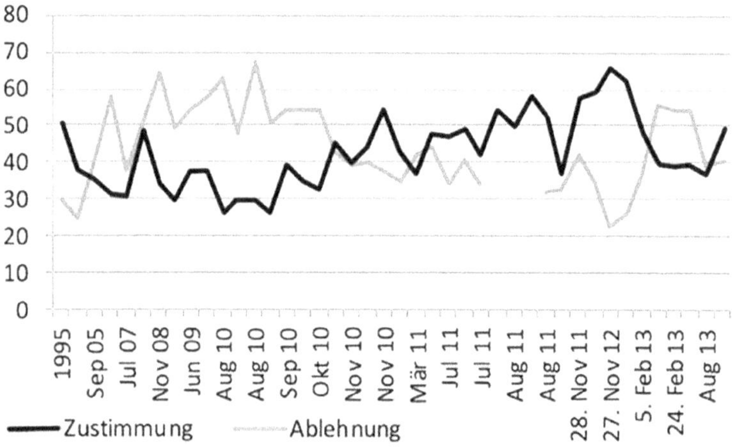

Quelle: Diverse Befragungen, eigene Darstellung

Das Verhältnis von Zustimmung und Ablehnung schwankte im Laufe der Jahre zwischen komplett umgekehrten Verhältnissen mit teilweise überwältigenden Mehrheiten, mal für Pro und mal für Contra. Des Volkes Meinung ist ein Rohr im Wind. Montesquieu hatte recht: Bürgerinnen und Bürger sind durchaus nicht in der Lage, über komplexe Themen zu entscheiden, die viel Sachverstand erfordern. Dafür haben wir die repräsentative Demokratie, in der sich Berufspolitiker:innen auf bestimmte Themen spezialisieren können.

Es gibt noch ein letztes Argument gegen die Direkte Demokratie: Die Gefahr des Missbrauchs durch Populisten. Es ist kein Zufall, dass die populistische AfD mehr Volksabstimmungen fordert, sieht sie doch darin die Chance, auch bei bescheidenen Wahlergebnissen politische Siege einfahren zu können. Das kann auch schon einmal in der Schweiz schiefgehen, wo eine Unternehmerdynastie mehrfach versucht hat, eine rechtspopulistische Partei für ihre Zwecke einzuspannen, um Volksabstimmungen zu ihren Gunsten zu entscheiden. Das »kleine helvetische Labor für politische Experimente« habe sich damit, so die Bewertung von Roger de Weck, »von der Pionierin des Fortschritts« zur »Avantgardistin des Rückschritts« gewandelt – und das alles mithilfe der Direkten Demokratie (Weck 2020: 68–73).

Die Erzählung der Demokratie erstreckt sich über fast dreitausend Jahre; und in dieser Zeit sind die Erfahrungen mit der Direkten Demokratie nicht wirklich gut gewesen.

Es gibt auch einen Vorschlag zur Reform der Demokratie, der auf das exakte Gegenteil hinausläuft: Nämlich politische Entscheidungen Expert:innen zu überlassen. Das Genörgel über angeblich inkompetente Politiker:innen findet sich nicht nur am Stammtisch. Eine uralte, schon bei Platon zu findende Kritik an der Demokratie besteht darin, ihr vorzuwerfen, sie führe systematisch zu falschen Entscheidungen, weil die Wählerinnen und Wähler nicht in der Lage seien, komplexe Sachverhalte zu beurteilen und die sachlich optimalen Entscheidungen zu treffen. Der Philosoph Jason Brennan (2017) hat die Demokratie kürzlich gar als »Herrschaft der Unwissenden« abqualifiziert. Wenn wir das Argument halbwegs ernst nehmen, brauchen wir die Demokratie aber nicht abzuschaffen, es würde schon reichen, einfach mehr Fachkompetenz in den politischen Prozess einzuspeisen.

Roger de Weck (2020: 237–259) will ökologische Ziele stärker in die demokratischen Prozesse einbringen, indem er gleich ein ganzes Bündel neuer Expertengremien einführen will, darunter einen »mächtigen Rat der Umweltweisen«, einen »Rat für Generationengerechtigkeit«, eine »Umweltkammer« als zusätzliche Kammer des Parlaments und einen »Europäischen Gerichtshof für die Rechte der Natur«. Sukzessive soll die politische Gestaltungs- und Entscheidungsmacht von Parlamenten auf Sachverständigengremien verlagert werden. Was ist davon zu halten?

Die Idee ist uralt. Schon Platon träumte von einer Herrschaft der Philosophen. David Runciman (2020: 172–183) hat das aufgegriffen und »Epistokratie« genannt, »die Herrschaft der Leute, die es am besten wissen«. Aber woher weiß man, wer es am besten weiß? Für Platon war das klar. Er war Philosoph und betrieb eine Schule, die *Akadēmeia*, die Philosophen ausbildete. Mit seinem Höhlengleichnis hatte er zu veranschaulichen versucht, dass es eine Idee des Guten gäbe, die normale Menschen nicht wahrnehmen, die aber entsprechend ausgebildete Philosophen geistig zu erfassen vermögen, sodass die Staaten von Philosophen regiert werden müssten. Entweder sollten Philosophen zu Herrschern werden oder die Herrscher sollten zu Philosophen werden. Beides war in der griechischen Antike unrealistisch, wie Platon selbst bei seinen gescheiterten Versuchen, in Syrakus zwei Tyrannen zu Philosophen bekehren zu wollen, leidvoll erfahren musste.

Das heutige Äquivalent zu Platons Philosophen sind Wissenschaftler:innen. Tatsächlich formierte sich eine ganze Bewegung – Fridays for Future – hinter der Kernaussage »Hört auf die Wissenschaftler:innen!« einer 16-jährigen Greta Thunberg, die selbst nicht über eine wissenschaftliche Ausbildung verfügte. Sollen Wissenschaftler:innen wirklich Staaten lenken? – Das kann nur jemand wollen, der das Wissenschaftssystem nicht kennt.

Denn auch das Wissenschaftssystem ist ein politisches System, in dem es um Interessen, Ressourcen, Privilegien, Macht und Herrschaft geht. Die *scientific community* ist hierarchisch strukturiert und nach Denkrichtungen, die der Wissenschaftshistoriker Thomas Kuhn »Paradigmen« genannt hatte, organisiert, die Korridore vorgeben, innerhalb deren geforscht und publiziert wird. Allerdings ist die Wissenschaftsgeschichte voller Paradigmen, die sich (wie das geozentrische Weltbild oder die Lehre von vier Körperäften) als Irrwege herausgestellt haben und durch »wissenschaftliche Revolutionen« von neuen Paradigmen ersetzt worden sind. Man darf die Leistungsfähigkeit der Wissenschaften deshalb nicht überschätzen, insbesondere wenn sie sich zu politisch relevanten Fragen äußern sollen oder Entwicklungen sogar prognostizieren sollen. Welche:r Politikwissenschaftler:in hat den Zusammenbruch der kommunistischen Regime in Osteuropa in den Jahren 1990/91 vorausgesagt, welche:r Wirtschaftswissenschaftler:in die Finanzkrise von 2007? In den 1970er-Jahren gab es auf allen Ebenen des politischen Systems eine regelrechte, »heute als illusionär eingeschätzte Planungseuphorie« (Eichener 1989), ausgelöst durch den damaligen Chef des Kanzleramts Horst Ehmke, der sich von einigen renommierten Soziolog:innen und Politik- und Verwaltungswissenschaftler:innen beraten ließ. Es zeigte sich allerdings rasch, dass die Wissenschaft sich überschätzt hatte, weil sie ihre eigene Erkenntnis ignoriert hat, dass Prognosen, ohne die Planung nicht auskommen kann, logisch unmöglich sind, weil ein unvorhergesehenes Ereignis (wie die Ölkrise) alle Pläne zunichtemachen kann. Interessanterweise sind wir durch die Finanz- und Wirtschaftskrisen der vergangenen Jahrzehnte genau deshalb so gut hindurchgekommen, weil die Politik eben nicht auf die zahlreichen radikalen Ratschläge prominenter Volkswirte gehört hat, sondern abgewogene Entscheidungen getroffen hat, die aus der Vernetzung zahlreicher nationaler, europäischer und internationaler Gremien und Institutionen erwuchsen. Auch während der Corona-Pandemie wurden die nicht immer fehlerfreien Empfehlungen der Fachinstitute durch parteiübergreifende politische Beschlüsse moderiert, wobei sich insbesondere die im *Grundgesetz* gar nicht vorgesehene

Bund-Länder-Konferenz als flexibles Instrument erwies. Und wer legt eigentlich fest, wer ein:e Wissende:r ist, der oder dem wir die Lenkung des Staats anvertrauen wollen?

Es reicht offensichtlich nicht, über Fachkompetenz zu verfügen, um politische Entscheidungen zu treffen. Viele hervorragende Wissenschaftler sind auf dem politischen Parkett gescheitert – nicht, weil sie unterqualifiziert waren, sondern weil sie fehlqualifiziert waren. Wissenschaftler:innen werden darauf getrimmt, rational zu denken, klare Thesen zu formulieren und eindeutige Urteile zu fällen, während es im politischen Geschäft darauf ankommt, auch Gefühle und Stimmungen zu berücksichtigen und Kompromisse zu schließen. Wer nicht »die reine Lehre« vertritt, sondern sich auf Kompromisse einlässt, wird von der *scientific community* nicht gelobt, sondern gestraft. Gute Wissenschaftler:innen sind schlechte Politiker:innen.

Es gibt auch reichlich empirische Belege, dass Bildung, auch auf akademischem Niveau, wenig mit politischem und moralischem Gespür zu tun hat: »Die historischen Daten lassen kaum Zweifel daran, dass die Gebildeten, einschließlich der Hochgebildeten, sich in ihrem moralischen und politischen Denken ebenso oft geirrt haben wie alle anderen.« (Achen/Bartels 2016) Es gibt überhaupt keinen Grund anzunehmen, dass Wissenschaftler:innen über einen besseren moralischen Kompass verfügten als andere Menschen. Auch in der Wissenschaft gibt es Konkurrenzkämpfe, Machtspiele und Intrigen, in denen sich nicht immer die Engel durchsetzen. Das gibt es zwar alles auch in der Politik und dort sogar in verschärftem Maße, aber die ständige Konfrontation mit den Wählerinnen und Wählern sorgt in einer funktionierenden Demokratie dafür, dass eine offenkundig unmoralische Politik geringere Erfolgschancen hat – Ausnahmen bestätigen die Regel. Bundeskanzler Gerhard Schröder war ein Anhänger von Expert:innenräten für alle möglichen Themen – Arbeitsmarkt, Demografie, Sozialversicherungen. Die von ihm eingerichteten Kommissionen wurden meist nach ihren Vorsitzenden benannt und ebenso die von diesen Kommissionen vorgeschlagenen Gesetzespakete. Das nach Peter Hartz benannte »Hartz IV-Paket« stellte kein Ruhmesblatt der Gesetzgebung dar, und die *Berliner Räterepublik* (Heinze 2002) blieb eine Episode der bundesdeutschen Demokratiegeschichte.

Demokratie kommt ohne Fachwissen nicht aus. Aber der Primat der Entscheidungen muss bei den gewählten Volksvertretungen bleiben, die sich auch mit Fachkompetenz zu versorgen wissen – durch Vergabe von Gutachten und Forschungsaufträgen, durch Nutzung der Fachkompetenz in Ministerien und

Behörden, durch Sachverständigenanhörungen, durch Wahrnehmung öffentlicher wissenschaftlicher Diskurse.

7.2 Dem Kontrollverlust in einer komplexen Welt entgegenwirken: Foren bürgerschaftlicher Partizipation

Wir haben gesehen, dass populistische und demokratiefeindliche Bewegungen häufig entstehen, weil Menschen von Komplexität überfordert sind und einen Kontrollverlust wahrnehmen. Zugleich wird beklagt, dass politische Debatten über den Köpfen der Bürgerinnen und Bürger ausgetragen würden und die wahren Bedürfnisse der Wählerinnen und Wähler nicht ernstgenommen würden. Das Ergebnis ist eine Politikverdrossenheit, die in weiten Teilen eine Parteienverdrossenheit ist, also eine Unzufriedenheit mit den politischen Parteien. Den Bürger:innen durch direktdemokratische Verfahren mehr Einfluss auf den Willensbildungsprozess zu verschaffen, ist mit zu vielen Risiken und Nebenwirkungen verbunden. Das Wirken organisierter Interessen findet zu sehr hinter Kulissen statt, ist intransparent, manchmal mit Geschmäckle verbunden und wird gern als Lobbyismus geschmäht.

Wie kann man wieder mehr Deliberation, also Aushandlung unterschiedlicher Argumente, in die Demokratie hineintragen, und zwar fachlich fundiert, gegen Demagogie gesichert und öffentlich? Es gibt Situationen, in denen die repräsentative Demokratie zu systematischem Politikversagen führt. »Systematisch« heißt, dass eine mangelnde Problemlösefähigkeit nicht aus individuellem Versagen einzelner Politiker:innen oder Parteien resultiert, sondern aus der Struktur der repräsentativen Demokratie.

Zum Politikversagen in der repräsentativen Demokratie kommt es insbesondere dann, wenn Entscheidungen getroffen werden müssen, die die Zukunft sichern sollen, indem sie in der Gegenwart zu Belastungen führen. Beispiele sind etwa die langfristige Sicherung des Rentensystems, indem Rentenerhöhungen reduziert werden, um einen Kapitalstock aufzubauen, oder die Klimaschutzpolitik, die die gegenwärtige Generation mit Belastungen konfrontiert, damit zukünftige Generationen weniger hart getroffen werden. Die simple Logik lautet: Eine Politik zugunsten künftiger Generationen wird an der Wahlurne von den Wählerinnen und Wählern bestraft, die heute Belastungen zu ertragen haben.

Eine geringe Problemlösefähigkeit zeigt sich auch bei sehr kontroversen Themen, wenn die Parteien der Regierungskoalition dazu sehr unterschiedliche Positionen haben, die sie »rote Linien« ziehen lassen, welche eine Kompromissfindung verhindern.

Eine solche Situation gab es im Jahr 2016 nach der Parlamentswahl in Irland. Es war offensichtlich geworden, dass sich im Parlament weder für eine Reform des – im überwiegend katholischen Irland extrem umstrittenen – Abtreibungsrechts noch für eine Reform des Rentensystems noch für wirksame Maßnahmen zum Klimaschutz Mehrheiten finden lassen würden. Um die wechselseitige Blockade der verhärteten Positionen der Parteien zu überwinden, griff man auf ein Instrument zurück, das sich schon zuvor bewährt hatte, um eine Reihe von Verfassungsreformen vorzunehmen, mit denen das Parlament ebenfalls überfordert war: Die Citizens' Assembly.

Für die Citizens' Assembly wurden 99 Bürgerinnen und Bürger (plus 99 Stellvertreter:innen) durch eine Kombination aus Zufallsauswahl und Quotenauswahl bestimmt, um ein nach Geschlecht, Alter, regionaler Herkunft und sozialer Schichtzugehörigkeit repräsentatives Abbild der Gesamtbevölkerung zu erreichen. Dass Repräsentant:innen des Volkes nach dem Zufallsprinzip bestimmt werden und nicht durch Wahl, mag uns heute irritieren – haben wir uns doch daran gewöhnt, dass Demokratie zu heißen scheint, dass wir unsere Vertreter:innen *wählen*. Das ist überhaupt nicht selbstverständlich. Sowohl in der Antike als auch in den Städten des Mittelalters wurden Volksvertreter, Regierungsmitglieder, Staatsbeamte und Richter teils gewählt, teils aber auch durch das Los bestimmt. Gewählt wurde dann, wenn es darauf ankam, die Kompetentesten zu bestimmen, um ein hohes Staatsamt zu besetzen, denn Kompetenz ist eine rare Qualifikation, und das Wahlverfahren ermöglicht es, die am besten geeignete Person zu finden. Gelost wurde dagegen dann, wenn man ein Gremium wollte, das ein möglichst repräsentatives Abbild der Bürgerschaft darstellen sollte, also insbesondere bei der Besetzung von Gerichten – wo es bis auf den heutigen Tag üblich ist, dass Geschworene oder Schöffen aus der Bürgerschaft ausgewählt werden.

Der Hauptunterschied zwischen Wahl und Los ist, dass das Wahlverfahren in seinem Kern elitär, das Losverfahren egalitär ist. Die Wahl führt zu einer Selektion der Besten, das Los dagegen entspricht dem Urprinzip der Demokratie, nämlich dem Gleichheitsgrundsatz, weil jeder Bürger exakt die gleiche Chance hat, für ein Amt bestimmt zu werden. Für Aristoteles war deshalb nur das Losverfahren demokratisch, während die Wahlen das Definitionsmerkmal der Oligarchie darstellten, also einer Elitenherrschaft: »Beispielsweise gilt die Besetzung von Ämtern durch das Los als demokratisch, und die Besetzung durch Wahl als oligarchisch« (Politik VI,9). Ein Parlament aus gewählten Volksvertreter:innen ist niemals ein repräsentatives Abbild der Bevölkerung. Die Besetzung politischer Gremien nach dem Zufallsprinzip weist aber noch eine Reihe weiterer Vorteile auf (Delannoi 2010: 14 f.): Das Losverfahren ist resistent gegen Korruption und Wahlversprechen. Außerdem ist der Wähler:innenwille nicht mit dem Bevölkerungswillen gleichzusetzen, weil er durch die Nichtwähler:innen verzerrt wird. Diese Verzerrung ist systematisch, weil dadurch in aller Regel die weniger gebildeten und unterprivilegierten sozialen Schichten unterrepräsentiert werden.

Das Hauptargument gegen die Zufallsauswahl bleibt die Kompetenz. Sind normale Bürger:innen intellektuell in der Lage, an politischen Entscheidungen mitzuwirken? Das war bereits vor 2400 Jahren Thema in Platons Dialog *Protagoras*, in dem der Sophist dieses Namens, ein Gegenspieler von Platons Lehrer Sokrates, darauf bestand, dass normale Menschen sehr wohl in der Lage seien, über die Angelegenheiten des Staats zu befinden. Andere, wie Montesquieu, haben das bestritten und waren der Meinung, man müsse die Beteiligung der Bürger auf die Wahl ihrer Repräsentanten beschränken. Daraus ergeben sich zwei Pole. Die eine Position folgt Montesquieu und sagt, das Volk solle nicht mehr bestimmen dürfen als die Wahl von Berufspolitiker:innen in die Parlamente, die dort mit Sachverstand über die komplizierten politischen Angelegenheiten entscheiden. Die andere Position fordert die unmittelbare Einflussnahme der Bürger:innen auf politische Entscheidungen, etwa in Form von Volksabstimmungen.

Das Modell der Bürgerräte liegt dazwischen, weil einerseits das Votum repräsentativ ausgewählter Bürger:innen eingeholt wird, diese Bürger:innen andererseits aber mit reichlich Informationen durch Sachverständige und Interessengruppen aus den verschiedensten Perspektiven versorgt werden, sodass sie sich eine qualifizierte Meinung bilden können. Die zufällig ausgewählten Bürgerräte sind ein Mittelding zwischen direkter und repräsentativer Demokratie, das vielleicht sogar ein bisschen näher an der repräsentativen Demokratie liegt (Delannoi 2010: 15). Neben der Zufallsauswahl der partizipierenden Bürgerinnen und Bürger zeichnen sich die Bürgerräte durch folgende Merkmale aus:

- Die Bürgerräte betreiben Deliberation im besten Sinne des Wortes, d. h. sie führen einen lösungsorientierten Diskurs.
- Eine professionelle Moderation sorgt dafür, dass die Diskussionen in den Bürgerräten dem Ideal des »herrschaftsfreien Diskurses« so nah wie möglich kommen. Weil die Teilnehmer:innen zufällig ausgewählt sind, vertreten sie normalerweise auch keine Lobbyinteressen.
- Die Bürgerräte werden durch Sachverständige mit Information und Expertise versorgt. Die Sachverständigen repräsentieren ein breites Feld vielfältiger Auffassungen und Perspektiven.
- Die Bürgerräte nehmen sich Zeit für ihre Beratungen. Es besteht kein Zeitdruck; Bedarfe nach zusätzlichen Informationen können erfüllt werden.
- Für die Empfehlungen der Bürgerräte wird angestrebt, einen Konsens zu erzielen, oder zumindest Entscheidungen, die von breiteren Mehrheiten getragen werden. Es soll so weit beraten werden, bis Lösungen gefunden werden, die möglichst breite Akzeptanz finden.
- Die Beratungen der Bürgerräte sind öffentlich. Sie sollen, einschließlich der Präsentationen der Sachverständigen, vom Fernsehen, von Streamingdiensten und Videoplattformen übertragen werden. Die breite Öffentlichkeit soll die Deliberationen verfolgen und auch die Möglichkeit haben, sich über geeignete Kanäle in die Beratungen einzubringen, d. h. Fragen und Kommentare in die Bürgerräte zu tragen.
- Die Empfehlungen der Bürgerräte sind – das ist verfassungsrechtlich auch nicht anders möglich – unverbindlich. Die Entscheidung bleibt bei den zuständigen politischen Instanzen (z. B. dem Deutschen Bundestag). Aber die politischen Gremien sind gut beraten, die Empfehlungen der Bürgerräte auch umzusetzen.

Das Instrument der Bürgerräte wird insbesondere dann interessant, wenn die Pluralisierung der Parteienlandschaft zu unklaren Mehrheitsverhältnissen führt und sich die Parteien (in Deutschland auch noch in Bundestag und Bundesrat) mit ihren »roten Linien« gegenseitig blockieren. Bürgerräte entlasten Parteien von dem Zwang, ihre Wählerklientel bedienen zu müssen. Sie entlasten sie auch davon, ihrer Wählerklientel die sprichwörtlichen »Kröten« zum Schlucken zu geben; denn es waren ja Bürgerinnen und Bürger selbst, die, idealerweise im Konsens, Blockaden aufgelöst und breit akzeptierte Lösungen gefunden haben. Bürgerräte entlasten die Parteien auch vor der Scheu vor unpopulären, aber notwendigen Maßnahmen, weil es die Bürger:innen selbst sind, die sich solche Maßnahmen zumuten wollen.

Bürgerräte haben nicht nur in Irland *deadlocks* gelöst; in Frankreich hat ein Bürgerrat Maßnahmen gegen den Klimawandel empfohlen, die keine politische Partei zu fordern gewagt hätte, beispielsweise ein Verbot von Flugreisen, wenn das Ziel in zumutbarer Zeit mit der Bahn zu erreichen ist.

In Deutschland hat es zwischen 2019 und 2022 allein sieben bundesweite Bürgerräte gegeben, die teilweise von den zuständigen Fachministerien veranstaltet worden waren, u. a. zu den Themen Demokratie, Forschung, Klima, Zukunft Europas. Bürgerräte – bisweilen auch »Bürgerforen« genannt – gibt es auch auf Landesebene und kommunaler Ebene. Obgleich durchweg positive Erfahrungen gesammelt worden sind, sind die Instrumente deliberativer Demokratie in Deutschland noch nicht über das Experimentierstadium hinausgekommen. Eine breite öffentliche Aufmerksamkeit, die für ihre Wirksamkeit so wichtig wäre, haben sie noch nicht finden können. Fast hat man den Eindruck, als ob es vor allem Ministerien seien, die Bürgerräte als zusätzliches partizipatives Instrument einsetzen, während die Zentren der politischen Entscheidungsfindung nach wie vor woanders liegen. Es ist deshalb empfohlen worden, das Instrument der Bürgerräte direkt beim Deutschen Bundestag institutionell zu verankern und die Bürgerräte zu einem Standardinstrument der politischen Willensbildung zu machen, das die parlamentarische Demokratie sinnvoll ergänzt (Lietzmann et al. 2021).

Auf kommunaler Ebene, wo die Wege kurz sind und wo viele Themen die Bürgerinnen und Bürger unmittelbar betreffen, können Partizipationsinstrumente, die die parlamentarischen Entscheidungsprozesse ergänzen, besonders einfach umgesetzt werden. Dafür steht inzwischen ein breites Spektrum bewährter Methoden zur Verfügung (z. B. Senatsverwaltung für Stadtentwicklung und Umwelt Berlin 2012). Es ist auch sinnvoll, wenn staatliche Förderprogramme Kommunen zu Partizipationsmaßnahmen verpflichten.

7.3 Die Demokratie verteidigen

Wenn die Demokratie angegriffen wird, leidet sie unter einem strukturellen Nachteil: Während die Angreifer hart, regelverletzend, unanständig und unfair sind, sind die liberalen Demokraten, gerade weil sie liberale Demokraten sind, meist fair, anständig, regelkonform und zurückhaltend. Hillary Clinton musste feststellen, dass sie damit gegen den Populisten Donald Trump keine Chance hatte. Autokraten und solche, die es werden wollen, begehen meist viele Regelverletzungen, Tabubrüche und Rechtsverstöße, die aber häufig erst spät oder gar nicht geahndet werden, weil die Mühlen des Rechtsstaats langsam und sorgfältig mahlen. Solche Zögerlichkeiten verschaffen angehenden Autokraten Zeit, und in der Geschichte gibt es Beispiele, dass diese längst die Macht an sich gerissen hatten, wenn die Justiz zu reagieren begann.

Hinzu kommt, dass viele Regeln ungeschrieben sind, auch deshalb, weil sie scheinbar so selbstverständlich sind. Aber ein Autokrat stellt alles infrage. Trump übte Druck auf den FBI-Direktor aus, dass dieser die Ermittlungen gegen ihn einstelle, und entließ ihn, als er nicht gefügig war. Trump veranlasste Rechtsgutachten, die besagten, dass ein amtierender Präsident gar nicht angeklagt werden könne, weil er ja über dem Justizminister stehe. Trump war der Auffassung, er könne sein Begnadigungsrecht auf sich selbst anwenden, und das auch noch vorsorglich. Hitler hat sich die Zweidrittelmehrheit für das *Ermächtigungsgesetz* beschafft, indem er einen Teil der Abgeordneten verhaften ließ. Die anderen wurden während der Abstimmung im Reichstag mit Knüppeln bedroht. Wie haben liberale Demokraten auf solche Ungeheuerlichkeiten reagiert? Sie haben sich empört. Punkt. Empörung reicht aber nicht, um einen Autokraten zu bremsen. Dafür sind härtere Kaliber notwendig. Wir wollen im Folgenden ein paar Vorschläge unterbreiten.

Die Demokratie braucht Leitplanken gegen den Verfall der politischen Kultur – und diese Leitplanken müssen stehen, bevor der Verfall einsetzt, damit sie wirken können. Im Bundestag und in den Landesparlamenten haben sich seit dem Einzug rechtspopulistischer Abgeordneter die Häufigkeiten »undemokratischen Verhaltens« (z. B. Beleidigung, Hetze) vervielfacht, sodass die Ordnungsmaßnahmen gegen derartige Störungen des parlamentarischen Betriebs ggf. zu verschärfen (wie mit der Geschäftsordnung des Bundestags bereits geschehen) und auch durchzusetzen sind.

Gegen die Verrohung der Politik und der politischen Sprache auch außerhalb der Parlamente kann ein Ethik-Codex helfen, der von einer Ethik-Kommission durchgesetzt wird. Eine solche Kommission müsste parteiübergreifend besetzt werden, beispielsweise mit *elder statesmen/women*, Philosoph:innen, Theolog:innen, Jurist:innen … – sie müsste mit Augenmaß operieren, d. h. nur schwere Fälle oder Wiederholungsfälle ahnden, nicht jedoch normale politische Auseinandersetzungen. Die Ethik-Kommission muss über Sanktionsmöglichkeiten verfügen.

Normverletzungen müssen sofort und hart geahndet werden. Schlupflöcher müssen gestopft werden. So haben am 18.11.2020 vor einer Abstimmung über Coronagesetze von der AfD-Fraktion legal eingeschleuste Besucher:innen (mit Besucherausweis) Abgeordnete bedrängt, beleidigt, haben sie gefilmt, haben versucht, in ihre Büros einzudringen. Die persönliche Bedrohung von Abgeordneten muss ein absolutes Tabu bleiben.

Es ist ein Stresstest gegen Lücken im System durchzuführen. James Madison hatte die US-amerikanische Verfassung mit ihren berühmten *checks and balances* versehen, um Machtkonzentrationen und Usurpationen zu vermeiden. Aber dennoch gibt es in jedem System Lücken, und Donald Trump hat diese Lücken aufgespürt und versucht, sie zu nutzen, um sich zum Autokraten zu erheben. Mit Sicherheit hat auch das deutsche politische System Lücken, die angehende Autokraten ausnutzen könnten.

Ein besonders kritischer Bereich ist die Justiz, die Autokraten in der Regel als erstes ihrer Unabhängigkeit berauben wollen. Die Richter:innen am Bundesverfassungsgericht werden laut *Bundesverfassungsgerichtsgesetz* je zur Hälfte vom Bundestag und vom Bundesrat gewählt, jeweils mit Zweidrittelmehrheit (die nicht vom *Grundgesetz* vorgeschrieben ist). Faktisch führt das zu einem Parteienproporz unter Berücksichtigung der starken Oppositionsparteien. Aber es führt auch dazu, dass einer demokratiefeindlichen Partei ein Anteil von einem Drittel der Stimmen reichen würde, die Wahl zu blockieren – falls sie ihre Kandidaten nicht durchbekäme. Für die Wahl des Bundesverfassungsgerichts gibt es eine Notfallklausel für diesen Fall. Bei den Landesverfassungsgerichten hat es aber schon Sündenfälle gegeben. Ausgerechnet in Baden-Württemberg, wo die AfD gerade einmal 11 % der Sitze stellt, konnte die demokratiefeindliche Partei einen ihrer Leute im Verfassungsgericht unterbringen, und das, weil er reichlich Stimmen aus anderen Fraktionen erhalten hat, vermutlich auch aus den Reihen der Grünen, deren parlamentarischer Geschäftsführer die Wahl rechtfertigte. Der Grund war eine fehlerhafte Interpretation der Geschäftsordnung des Landtags. Jedoch stand weder in der Geschäftsordnung noch im Gesetz noch in der Verfassung, dass eine Elf-Prozent-Fraktion, an deren Verfassungstreue ernsthaft zu zweifeln ist, Richterstellen des Verfassungsgerichts besetzen darf. Man hat der AfD den Richterposten aus reiner Nettigkeit überlassen, aber wenn es um den Erhalt der Demokratie geht, ist Nettigkeit nicht mehr angebracht.

Das Beispiel zeigt, dass es auch in unserem politischen System Lücken gibt, die eine entschlossene antidemokratische Partei ausnutzen könnte. Unter den bisherigen Schönwetterbedingungen hat es noch nie einen ernsthaften Krisenfall gegeben – mit der Folge, dass einige unklare Bestimmungen im *Grundgesetz* noch nie aktiviert und noch nie geklärt wurden. So ist beispielsweise noch nie vom Bundesverfassungsgericht entschieden worden, ob der Bundespräsident über Notbremsen gegen die Wahl eines Bundeskanzlers verfügt, der verfassungswidrige Ziele verfolgt (nach Art. 61 Abs. 1 GG hat der Bundespräsident das Vorschlagsrecht, das *de facto* bisher lediglich zeremonieller Natur war, weil er stets den Kandidaten der Regierungskoalition vorgeschlagen hat), oder gegen die Ernennung von Ministern nach Art. 64 Abs. 1 GG (Kann der Bundespräsident die Ernennung eines Ministers verweigern, an dessen Verfassungstreue er zweifelt?). Solche Fälle könnten relevant werden, wenn doch einmal eine antidemokratische Partei Mitglied einer Regierungskoalition oder gar stärkste Fraktion werden sollte. Die sogenannten Reservebefugnisse des Bundespräsidenten sind bereits nach der Bundestagswahl 2017 relevant geworden, als sich zunächst keine Regierungskoalition bilden wollte und eine Auflösung des Bundestags durch den Bundespräsidenten mit anschließenden Neuwahlen nach Art. 63 Abs. 4 GG im Raum stand. Durch die Pluralisierung der Parteienlandschaft ist diese Situation wahrscheinlicher geworden, ebenso wie die Auflösung des Bundestags nach Art. 68 GG (falls einem Bundeskanzler das Misstrauen ausgesprochen wird und kein Nachfolger gewählt wird). Sicher ist, dass der Bundespräsident in stürmischeren Zeiten eine stärkere politische Rolle als Hüter der Demokratie spielen wird.

Die Hinweise mögen genügen, um die Notwendigkeit für einen Stresstest für unser demokratisches System zu begründen. Ein solcher Stresstest müsste verschiedene Angriffsszenarien unter Extrembedingungen durchspielen, die wir bisher nicht zu ahnen wagten (Kriegsfall, Notstand, Zerfall der NATO, Zerfall der Europäischen Union, schwere Wirtschaftskrise, Zusammenbrechen der Energieversorgung etc.), um Lücken zu identifizieren und ggf. Vorkehrungen zu treffen. Das Beispiel des Verfassungsrichters in Baden-Württemberg zeigt, dass Demokraten häufig nicht auf Gefahrensituationen vorbereitet sind und deshalb überrumpelt werden können, wenn Feinde der Demokratie nur dreist genug auftreten.

Politische Gewalt muss geächtet werden. Der Einsatz von Gewalt gehört zu den beliebtesten Mitteln zur Abschaffung der Demokratie. Mit Gewalt kann man politische Gegner ausschalten, mit Gewalt kann man sich Macht verschaffen, mit Gewalt kann man einschüchtern. Auf Hitlers Weg zur Machtergreifung spielten drei Schlägertrupps eine ganz wesentliche Rolle:

Die ursprünglich zum Saalschutz gedachte Sturmabteilung (SA), die sich zur Schlägertruppe entwickelte, die noch brutalere Schutzstaffel (SS) und der Stoßtrupp Adolf Hitler, ursprünglich Hitlers persönliche Leibwache. Nachdem diese Schlägertrupps ihre Brutalität unter Beweis gestellt hatten, reichte es meist aus, wenn diese schwerbewaffnet in einem Saal erschienen, um Wahlen zugunsten Hitlers und der NSDAP zu beeinflussen. Das war bei der Verabschiedung des *Ermächtigungsgesetzes* im Reichstag nicht anders als bei Zigtausenden von Gleichschaltungen, bei denen Funktionsträger ausgetauscht wurden, scheinbar »demokratisch«, aber unter den Augen waffenstarrender SA-Männer.

In den USA Donald Trumps entwickelten sich unter dem Dach der Alt-Right-Bewegung ebenfalls mehrere Bürgermilizen (Proud Boys, Oath Keepers), die sich vielfach aus gut ausgebildeten und kriegserfahrenen Armeeveteranen rekrutieren und die sich angesichts liberaler Waffengesetze mit schwerer Bewaffnung, darunter Sturmgewehren, ausgerüstet haben. Der abgewählte Präsident wiegelte diese Milizen mehrfach für sich auf und ermunterte sie, das Kapitol zu stürmen, um die Amtsübergabe zu verhindern. Ein Zeuge vor dem Untersuchungsausschuss des Kongresses räumte offen ein, dass die Erstürmung des Kapitols beinahe zu einer »bewaffneten Revolution« und einem »Bürgerkrieg« geführt hätte. Nach einer repräsentativen Umfrage vom August 2022 hielten 43 % der US-Amerikaner und 54 % der überzeugten Republikaner es für zumindest »etwas wahrscheinlich«, dass es in den nächsten zehn Jahren zu einem Bürgerkrieg kommen würde (YouGovAmerica 2022). Und allein dieses Gewaltszenario wirkt bereits. Die Beweise, die der Sonderermittler Robert Mueller für Justizbehinderung durch den Präsidenten zusammengetragen hatten, reichten bereits nach Muellers eigener mündlicher Aussage und nach einer Einschätzung einer überwältigenden Zahl von Staatsanwälten aus, um Trump anzuklagen. Die Zeugenaussagen im Untersuchungsausschuss des Kongresses haben Trumps Rolle bei der Stürmung des Kapitols eindeutig bestätigt. Und dennoch haben die Anklagebehörden gezögert, ein Strafverfahren einzuleiten – vielleicht auch, weil der Trump-Anhänger Lindsey Graham damit gedroht hatte, ein solches Verfahren werde zu »Aufständen in den Straßen« führen (Bullaro 2022).

Die gemäßigten Konservativen haben Hitlers *Ermächtigungsgesetz* mitgetragen, weil sie einen Bürgerkrieg vermeiden wollten. Das Muster ist klar: Antidemokraten bauen Gewalt auf, bis sie ernsthaft mit bewaffneten Aufständen oder gar Bürgerkrieg drohen können, und erhalten dann im Zuge von Appeasement-Strategien Zugeständnisse, die sie nutzen, um die Demokratie zu zerstören. Für Demokraten ist eine solche Situation ein tragisches Dilemma, in dem man nur falsche Entscheidungen treffen kann.

Deshalb ist es wichtig, die Etablierung politischer Gewalt frühzeitig zu unterbinden. Und das ist keine Aufgabe, die in weiter Ferne liegt. Das Bundesinnenministerium zählte im Jahr 2021 in Deutschland nicht weniger als 55 048 politisch motivierte Straftaten – eine Verdoppelung gegenüber 2012. Die stärksten Zuwächse gab es bei den politisch Rechten, während religiös motivierte Straftaten beinahe bedeutungslos geworden sind. Es nehmen auch Angriffe auf Amts- und Mandatsträger zu, bis hin zur Ermordung des Kasseler Regierungspräsidenten Walter Lübcke am 2. Juni 2019 durch einen Rechtsextremen.

Die Unterbindung einer politischen Gewaltkultur setzt voraus, dass politische Gewalt konsequenter bekämpft wird. Gewalttaten wie Körperverletzung werden in Deutschland durch Polizei, Gesetz und Justiz zumeist relativ milde behandelt, insbesondere bei Ersttätern. »Bloße« Einschüchterung – eines von Hitlers effektiven Instrumenten der Machtergreifung – wird in aller Regel überhaupt nicht erfasst, verfolgt oder unterbunden, obwohl organisierte politische Gewalt etwas ganz Anderes ist als eine Wirtshaus- oder Stadionprügelei.

Die liberale Demokratie ist stolz auf ihren Rechtsstaat, der sich nicht als Polizeistaat darstellt. Aber sie muss lernen, sich wehrhaft zu zeigen, wenn systematische Regelverletzungen begangen werden, die sich gegen sie selbst richten. Angehende Autokraten reagieren auf Schwäche – diese darf man ihnen nicht gewähren.

7.4 Die Demokratie leben

Demokratie ist die Herrschaft des Volks. Und es ist das Volk, das diese Herrschaft ausüben muss. Das Volk muss die Demokratie leben und mit Leben füllen. Die Bürgerinnen und Bürger müssen die Demokratie verteidigen, wenn sie angegriffen wird, sie müssen aber auch die Demokratie wieder wertschätzen lernen, denn was man nicht wertschätzt, das verteidigt man auch nicht. Wir müssen auch verhindern, dass sich illiberale und antidemokratische Tendenzen in der Bevölkerung nicht noch weiter ausbreiten.

Wir müssen Freiheit, Toleranz und Solidarität lernen und immer wieder einüben. Das beginnt bei der Kindererziehung, wo vermittelt werden muss, dass nicht der belohnt wird, der die Ellenbogen einsetzt, sondern die Solidarischen und Hilfsbereiten. Demokratietrainings (wie die Betzavta-Methode) haben in allen Altersgruppen ermutigende Ergebnisse gezeigt und sollten verpflichtend in pädagogische Konzepte aufgenommen werden (Maroshek-Klarman 1990). Das ist eine Aufgabe für Kindergärten und Schulen, es ist aber auch eine Anforderung an Eltern, Helikoptergehabe einzuschränken und aufzuhören, ihre Sprösslinge zu brutalem Verhalten auf dem Fußballplatz anzustacheln. Nach der Schulzeit könnte ein soziales Pflichtpraktikum die Augen für andere Lebenslagen öffnen. Auch für Erwachsene sollten Akte der Hilfsbereitschaft und der Solidarität stärker belohnt werden. Bürgerschaftliches Engagement sollte stärker belebt werden. In den USA gibt es formalisierte Anreize für bürgerschaftliches Engagement, beispielsweise Steuererleichterungen und Zertifikate, die auch arbeitsmarktfähig sind.

Partizipationsmöglichkeiten sollen angeboten und genutzt werden, insbesondere auf der kommunalen Ebene, wo Politik unmittelbar erlebbar und erfahrbar ist. Zwar gibt es eine Reihe von Förderprogrammen, die partizipative Elemente verlangen (z. B. das Bundesprogramm »Zukunftsfähige Innenstädte und Zentren«); umgekehrt sind aber auch noch immer Bürgerversammlungen an der Tagesordnung, wo eine Phalanx aus Verwaltung, Politik und beauftragten Expert:innen die Anregungen aus der Bürgerschaft abblockt, häufig mit den üblichen Tricks unvollständiger Information, unverständlicher Sprache, Benutzung von unbekannten Abkürzungen oder Verweis auf rechtliche Normen und Sachzwänge, die häufig gar nicht existieren oder zumindest nicht unlösbar sind. Wenn Bürgerinnen und Bürger die Erfahrung machen, dass bestimmte Beteiligungsformate, insbesondere wenn sie gesetzlich vorgeschrieben sind, nur Alibicharakter haben, darf man sich nicht wundern, wenn Politik- und Demokratieverdrossenheit um sich greift. Partizipation nutzt nur dann, wenn sie ehrlich gemeint ist, sonst bewirkt sie ihr Gegenteil.

Auch der Umgang des Staats bzw. der Kommunen mit den Bürgerinnen und Bürgern bedarf eines kulturellen Wandels. Schreiben an die Bürgerschaft, insbesondere wenn sie von Finanzämtern, Bußgeldstellen oder Inkassostellen kommen, sind immer noch von einem rüden Behördenton geprägt, der einer Demokratie nicht würdig ist und der Staatsverdrossenheit verstärkt. Beamtinnen und Beamte sind nicht die Herren, die über Untertanen herrschen, sondern sie sind die Diener, die aus Steuergeldern bezahlt werden und die demokratisch gefällten Beschlüsse der Bürgerinnen und Bürger umzusetzen haben.

Über Demokratie muss mehr gesprochen werden. Jeder Bürger, jede Bürgerin sollte sich spätestens ab dem 16. Lebensjahr das Ziel setzen, täglich ein gewisses Zeitpensum zu investieren, um sich über politische Vorgänge zu informieren. Man sollte lernen, die Qualität von Informationsquellen und Medien zu beurteilen. Bei bestimmten Aussagen sollte man den Wahrheitsgehalt recherchieren, beispielsweise durch Nutzung von Faktenchecks.

Bürgerinnen und Bürger sollten sich angewöhnen, differenziert, sachlich, informiert und ohne Hass über politische Themen zu sprechen. Die Anhänger:innen anderer politischer Parteien sind keine Feinde; im politischen Leben gibt es auch viel Kooperation zwischen konkurrierenden politischen Parteien und persönliche Freundschaften zwischen Politiker:innen unterschiedlicher Ausrichtung. Die Sache sollte von der Person getrennt werden.

Man sollte die eigene Sprache kontrollieren und seine eigenen Perspektiven im Hinblick auf Einseitigkeiten reflektieren. Und man sollte sich angewöhnen, anderen, wenn sie radikal werden, Fragen zu stellen und mäßigend auf sie einzuwirken.

Und man sollte vorsichtig sein mit der Kritik an der Politik und den Politiker:innen. Es gehört zum demokratischen Diskurs, Kritik zu üben. Es gehört auch zur Wächterfunktion der Medien, Fehlverhalten aufzudecken und anzuprangern. Aber Politiker-Bashing beinhaltet die Gefahr, dass die Demokratie als solche diskreditiert wird. Wenn, wie es so oft zu lesen ist, »alle« Politiker:innen unfähig und korrupt sein sollen, dann liegt der Schluss nahe, dass die Demokratie insgesamt nicht mehr funktioniert. Und dann ist es nur noch ein kleiner Schritt, wieder nach einem »starken Führer« zu rufen, der uns dann wieder in den Untergang führen wird. Zur Wiederbelebung der politischen Kultur gehört es auch, sich übertriebener und pauschalisierender Kritik entgegenzustellen und Augenmaß zu wahren. Wer es als Skandal ansieht, dass die Ehefrau eines Bundespräsidenten ein Bobby-Car als Zugabe zu einem Neuwagenerwerb erhalten hat, hat keine Vorstellung davon, welche Ausmaße Korruption in Autokratien annimmt.

8. QUO VADIS?

»Demokratie gibt den Menschen nicht die fähigste Regierung, aber sie erzeugt, was die kompetentesten Regierungen häufig nicht schaffen, nämlich eine alles durchdringende und rastlose Aktivität, eine überreichliche Kraft und eine Energie, die von ihr untrennbar ist und die, so ungünstig die Umstände auch sein mögen, Wunder hervorbringen kann.«
Alexis de Tocqueville, 1835

Die Demokratie ist keine Regierungsform, die man einem Lehrbuch entnimmt und dann – in Form einer Verfassung – einem Staat einpflanzt. Die Demokratie ist ein komplexes System, das zahlreiche Bausteine umfasst, die, wie wir gesehen haben, weit über Wahlen und Parlamentarismus hinausgehen. Es ist ein System, das sich im Laufe von nahezu drei Jahrtausenden entwickelt hat und das sich immer wieder weiterentwickeln muss, wenn neue Herausforderungen auf uns zukommen.

Die Globalisierung erfordert, den »politischen Rückstand« aufzuholen und die Demokratie auf die Ebene der Weltgesellschaft zu heben, so, wie es uns mit der Europäischen Integration erfolgreich gelungen ist. Dazu gehört zwingend, aggressive autokratische Regime in ihre Schranken zu verweisen, indem die demokratischen Länder Stärke und Einigkeit zeigen. Dazu gehört aber auch ein langwieriger, in sehr kleinen Schritten vorankommender Prozess der politischen Globalisierung und Demokratisierung, in dem transnationalen, kosmopolitischen Akteuren, die nicht den nationalen Regierungen angehören, die Schlüsselrolle zukommen wird.

Die Digitalisierung beinhaltet Risiken, aber auch Chancen für den demokratischen Diskurs. Auch hier ist ein »politischer Rückstand« aufzuholen, indem Fake News, Trolle und Bots unterbunden werden, öffentlich-rechtliche Plattformen ertüchtigt werden und traditionelle Printmedien funktionierende

Geschäftsmodelle übernehmen, mit denen sie auch noch im Internetzeitalter Qualitätsjournalismus anbieten können.

Zyklisch auftretende Demokratiemüdigkeit, Politik-, Partei- und Staatsverdrossenheit, demokratiefeindliche populistische Strömungen, die Verlockungen eines starken Führers und die narzisstische Rücksichtslosigkeit angehender Autokraten sind Gefahren, die so alt sind wie die Demokratie selbst und die oft genug den Selbstmord von Demokratien bewirkt haben. Sie stellen heute die ernstzunehmendsten Gefährdungen der Demokratie dar. Demokratien sterben selten an der Stärke ihrer Gegner, sondern häufig an der Schwäche ihrer Freunde. Demokratie muss gelebt, fortentwickelt und beherzt verteidigt werden, sonst überlassen wir sie unseren Feinden.

Eine der gefährlichsten Entwicklungen für die Demokratie stellt die Demokratiemüdigkeit dar, die in offene Demokratiekritik umschlagen kann. Wir haben immer wieder gute Gründe, mit politischen Entscheidungen unzufrieden zu sein. Ein demokratisches System, dessen Mechanismen dafür sorgen, dass Kompromisse gefunden werden, die keine Bevölkerungsgruppen unangemessen benachteiligen, führt sogar zwangsläufig dazu, dass fast alle mit diesen Kompromissen unzufrieden sind. Das gehört zum Gesellschaftsvertrag, in den wir alle miteinander hineingeboren sind. Es war Winston Churchill (1947), der, nachdem er als Premierminister, der den Zweiten Weltkrieg gewonnen hatte, abgewählt war, die Demokratie mit typisch britischem Humor in einer Rede vor dem Unterhaus am 11.11.1947 in Schutz genommen hat:

> »Viele Regierungsformen sind ausprobiert worden, und werden noch in dieser Welt von Sünde und Leid ausprobiert werden. Niemand behauptet, dass die Demokratie perfekt oder allwissend sei. In der Tat hat man gesagt, dass die Demokratie die schlechteste Regierungsform ist – außer all jenen anderen Formen, die man von Zeit zu Zeit ausprobiert hat […].«

LITERATUR

Die Werke von Klassikern, deren Erscheinungsdatum nicht bekannt ist oder die in zahlreichen Ausgaben erschienen sind, sowie nicht paginierte digitale Werke werden in der Regel nicht mit Seitenangaben, sondern mit Kapitelangaben zitiert, um die Fundstellen der Zitate anzugeben. Soweit nicht-deutschsprachige Ausgaben angegeben sind, stammen die Übersetzungen der Zitate vom Verfasser.

Achen, Christopher H. / Bartels, Larry M.: Democracy for Realists: Why Elections Do Not Produce Responsive Government. Princeton 2016, zitiert nach: Runciman 2020: 177.

Acton, John Emerich Edward Dalberg-Acton: The History of Freedom in Antiquity. London 1877.

Adams, John: Brief von John Adams an John Taylor vom 17. Dezember 1814.

Adorno, Theodor W. et al.: The Authoritarian Personality. New York 1950.

Adorno, Theodor W.: *Soziologie und empirische Forschung*, in: Adorno, Theodor W. et al.: Der Positivismusstreit in der deutschen Soziologie. Neuwied/Berlin 1969, S. 81–102.

AfD-Wahlprogramm. Beschlossen auf dem 12. Bundesparteitag der AfD in Dresden, 10. bis 11. April 2021.

Albert, Mathias et al.: Jugend 2019. Eine Generation meldet sich zu Wort. 18. Shell Jugendstudie 2019. Hamburg 2019.

Applebaum, Anne: Twilight of Democracy. The Seductive Lure of Authoritarianism. New York 2020.

Applebaum, Anne: *The War Won't End Until Putin Loses*, in: The Atlantic vom 23.5.2022. https://www.theatlantic.com/ideas/archive/2022/05/why-ukraine-must-defeat-putin-russia/629940/ (23.5.2022).

Archibugi, Daniele / Held, David: *Cosmopolitan Democracy: Paths and Agents*, in: International Affairs. Bd. 25 (Nr. 4), 2011, S. 433–461.

Archibugi, Daniele: *Principles of Cosmopolitan Democracy*, in: Archibugi, Daniele / Held, David / Köhler, Martin (Hg.): Re-Imagining Political Community: Studies in Cosmopolitan Democracy. Cambridge 1998, S. 198–230.

Arendt, Hannah: Interview, in: HANNAH ARENDT - INTERVIEW WITH FRENCH WRITER ROGER ERRERA (O.R.T. F., 1974). Video. https://www.youtube.com/watch?v=5oRpb8fo7jU (9.12.2022).

Aristophanes: Die Ritter. 424 v. Chr.

Aristoteles (zugeschrieben): Der Staat der Athener. Um 330 v. Chr.

Aristoteles: Politik. Um 330 v. Chr. (Klassische Kapiteleinteilung)

Bardeen, J. R. / Michel, J. S.: *Associations among dimensions of political ideology and Dark Tetrad personality features*, in: Journal of Social and Political Psychology. Bd. 7, 2019, S. 290–309.

Beard, Mary: *A radical, short-lived and violent experiment: the origins of democracy*, in: The Guardian vom 29.4.2006.

Bermel, Neil: *Ukraine war: ›vranyo‹ – Russian for when you lie and everyone knows it, but you don't care*, in: The Conversation vom 12.4.2022. https://theconversation.

com/ukraine-war-vranyo-russian-for-when-you-lie-and-everyone-knows-it-but-you-dont-care-181100 (9.12.2022).

Bielefeldt, Heiner / Seidensticker, Frauke Lisa: *Vorwort*, in: Bielefeldt, Heiner: Menschenwürde. Der Grund der Menschenrechte. Berlin 2008, S. 5.

Bielefeldt, Heiner: Menschenwürde. Der Grund der Menschenrechte. Berlin 2008.

Birnbacher, Dieter: *Mehrdeutigkeiten im Begriff der Menschenwürde*, in: Aufklärung und Kritik, Bd. 2, Sonderheft 1, 1995, S. 4–13.

Blum, Petra et al.: *Russland und die AfD. Einflussreich gegen Europa*, in: Tagesschau Online vom 24.3.2022. https://www.tagesschau.de/investigativ/ndr-wdr/russland-afd-oligarch-101.html (9.12.2022).

Böckenförde, Ernst-Wolfgang: *Die Würde des Menschen war unantastbar*, in: Frankfurter Allgemeine Zeitung vom 3.9.2003.

Borowsky, Peter: *Außerparlamentarische Opposition und Studentenbewegung*, in: Zeiten des Wandels. Informationen zur politischen Bildung, Nr. 258 vom 20.8.2007

Brennan, Jason: Gegen Demokratie: Warum wir die Politik nicht den Unvernünftigen überlassen dürfen. Berlin 2017.

Bringmann, Klaus: Im Schatten der Paläste. Geschichte des frühen Griechenlands. München 2016.

Bruns, Axel: It's Not the Technology, Stupid: How the ›Echo Chamber‹ and ›Filter Bubble‹ Metaphors Have Failed Us. Paper presented at the IAMCR 2019 Conference in Madrid, Spain 7–11 July 2019.

Bullaro, Grace Russo: *Can Fear of Violence or Civil War Save Trump from Indictment?*, in: La Voce di New York vom 6.9.2022.

Chodarenok, Mikhail Mikhailovich: Прогнозы кровожадных политологов. Nezavisimaya Gazeta vom 3.2.2022. https://nvo.ng.ru/realty/2022-02-03/3_1175_donbass.html (9.12.2022).

Churchill, Winston: Rede vor dem Unterhaus am 11.11.1947.

Clausen, Kurt W.: *Studying Democracy as an Endangered Species*, in: Horton, Todd A. / Lemisko, Lynn (Hg.): Educator to Educator. Leiden 2015, S. 105–119.

Cline Center for Advanced Social Research: It Was an Attempted Coup: The Cline Center's Coup D'état Project Categorizes the January 6, 2021 Assault on the US Capitol. Champaign 2021.

Cline, Eric H.: 1177 v. Chr.: Der erste Untergang der Zivilisation. Darmstadt 2018.

Coelln, Christian von: *Beschneidet die ›Cancel Culture‹ die Freiheit der Wissenschaft?*, in: Forschung & Lehre 2021. https://www.forschung-und-lehre.de/recht/beschneidet-cancel-culture-die-wissenschaftsfreiheit-4237 (8.12.2022).

Cohen, Joshua / Rogers, Joel: Associations and Democracy. London 1995.

Combahee River Collective: The Combahee River Collective Statement. April 1977.

Crielaard, Jan Paul: *The "Wanax to Basileus Model" Reconsidered: Authority and Ideology After the Collapse Of the Mycenaen Palaces*, in: Alexander Mazarakis Ainian (Hg.): The »Dark Ages« Revisited. Volos 2011, S. 83–111.

Dahl, Robert A.: Democracy and Its Critics. New Haven 1989.

Deecke, Ernst: Lübische Geschichten und Sagen. Lübeck 1852.

Delannoi, Gil: *Reflections on Two typologies for Random Selection*, in: Dowlen, Oliver / Delannoi, Gil (Hg.): Sortition: Theory and Practice. Exeter 2010, S. 13–30.

Demandt, Alexander: *Die Auflösung des Römischen Reichs*, in: Ders. (Hg.): Das Ende der Weltreiche. München 1977, S. 28–46.

Dietmar, Carl / Jung, Werner: Köln: Die große Stadtgeschichte. Essen 2015.

Dugin, Alexander: Interview, in: *Alexander Dugin: Der Vordenker*, in: Zuerst! vom 4.6.2014. https://zuerst.de/2014/06/04/alexander-dugin-der-vordenker/ (9.12.2022).

Dunn, Susan: Sister Revolutions: French Lightning, American Light. New York 1999.

Dürig, Günter: *Art. 1 I*, in: Maunz, Theodor / Dürig, Günter: Grundgesetz. Kommentar. München 1958 ff., Stand 2002.

Dutton, Kevin 2013: Interview, in: Spiegel Online vom 25.09.2013. http://www.spiegel.de/karriere/karriere-von-psychopathen-wie-man-mit-gestoerten-bossen-umgeht-a-924052.html (9.12.2022).

Dutton, Kevin: *Would You Vote for a Psychopath?*, in: Scientific American vom 1.9.2016.

DWDS (Digitales Wörterbuch der deutschen Sprache): Wortverlaufskurve für »Demokratie«. o. O. 2022 https://www.dwds.de/r/plot/?view=1&corpus=zeitungenxl&norm=date%2Bclass&smooth=spline&genres=0&grand=1&slice=1&prune=0&window=3&wbase=0&logavg=0&logscale=0&xrange=1946%3A2022&q1=Demokratie (8.12.2022).

Economist Intelligence Unit 2022: Democracy Index 2021. London.

Edelman: Edelman Trust Barometer 2022 Special Report: The Geopolitical Business, o. O. 2022b. https://www.edelman.com/sites/g/files/aatuss191/files/2022-05/2022%20Edelman%20Trust%20Barometer%20Special%20Report%20The%20Geopolitical%20Business-Final.pdf (8.12.2022).

Edelman: Edelman Trust Barometer 2022. Global Report, o. O. 2022a. https://www.edelman.com/sites/g/files/aatuss191/files/2022-01/2022%20Edelman%20Trust%20Barometer%20FINAL_Jan25.pdf (8.12.2022).

Eichener, Volker / Schmid, Josef: *Die Gründung eines Interessenverbands als Instrument staatlicher Industriepolitik. Einige theoretische Überlegungen zum Verhältnis von Verbänden und Staat am Beispiel des Verbands innovativer Unternehmen*, in: Eichener, Volker et al. (Hg.): Organisierte Interessen in Ostdeutschland. Marburg 1992, S. 225–248.

Eichener, Volker: Das Entscheidungssystem der Europäischen Union. Institutionelle Analyse und demokratietheoretische Bewertung. Opladen 2000.

Eichener, Volker: *Planungssoziologie*, in: Endruweit, Günter / Trommsdorff, Gisela (Hg.): Wörterbuch der Soziologie. Bd. 2 Stuttgart 1989, S. 487 ff.

Eichener, Volker: They Rocked the City. Rockmusik und gesellschaftlicher Umbruch. Leipzig 2021.

Elias, Norbert: Über den Prozeß der Zivilisation. 2 Bde. 2. Aufl. Bern 1969.

Else-Frenkel-Brunswik-Institut für Demokratieforschung in Sachsen: Digitalreport 2022-1.

Engels, Friedrich: Der Ursprung der Familie, des Privateigenthums und des Staats. Hottingen-Zürich 1884.

Eribon, Didier: Rückkehr nach Reims. Frankfurt a. M. 2016.

Europäische Union: *Hunderte Wikipedia-Einträge verweisen auf kremlfreundliche Desinformationskanäle*, in: East StratCom Task Force im Europäischen Auswärtigen Dienst. https://euvsdisinfo.eu/de/hunderte-wikipedia-eintraege-verweisen-auf-kremlfreundliche-desinformationskanaele/ (9.12.2022).

Fallon, James: *»Putin is a psychopath with sadistic traits; he is triggered by weakness«: Neuroscientist James Fallon on how the West can avert nuclear war*, in: The Insider vom 20.7.2022. https://theins.ru/en/society/253329 (6.10.2022).

Feldman, Abraham B.: *Homer and Democracy*, in: The Classical Journal, Bd. 47 (Nr. 8) 1952, S. 337–345.

Feyerabend, Paul: Wider den Methodenzwang. Frankfurt a. M. 1976.

Francesco, Grete de: Die Macht des Charlatans. Berlin 2021.

Frei, Nadine / Nachtwey, Oliver: Quellen des »Querdenkertums«. Eine politische Soziologie der Corona-Proteste in Baden-Württemberg. Basel 2021.

Frey, Bruno S. / Zimmer, Oliver: Mehr Demokratie wagen: Für eine Teilhabe aller. Berlin 2023.

Fukuyama, Francis: Das Ende der Geschichte. München 1992.

Gabriel, Sigmar, zitiert in: Die Zeit vom 2.7.2020.

Gardels, Nathan: *Op-Ed: Direct democracy in California has been a dangerously mixed bag. It doesn't have to be*, in: Los Angeles Times vom 19.1.2020.

Gärditz, Klaus: *Politisches Mäßigungsgebot: Wieviel Freiheit darf sich ein Wissenschaftler nehmen?*, in: Forschung & Lehre Nr. 2/2018.

Garmazhapova, Alexandra: Где живут тролли. И кто их кормит Специальный репортаж из офиса, в котором вешают лапшу в три смены, in: Novaya Gazeta vom 7.9.2013. https://novayagazeta.ru/articles/2013/09/07/56253-gde-zhivut-trolli-i-kto-ih-kormit (9.12.2022).

Gellinek, Christian: *Staat und Völkerrecht bei Grotius*, in: Konegen, Norbert / Nitschke, Peter: Staat bei Hugo Grotius. Baden-Baden 2005, S. 67–78.

Generalstaatsanwaltschaft Koblenz: Ermittlungsverfahren gegen Jan Böhmermann wegen Beleidigung von Organen und Vertretern ausländischer Staaten usw.: Vermerk zur rechtlichen Bewertung. [2016]

Gerassimow, Waleri: Entwicklungsrichtungen der Militärstrategie. Rede des Chefs des Generalstabes der Streitkräfte Russlands zur Jahresversammlung 2019 der Akademie der Militärwissenschaften der Russischen Föderation am 2. März 2019. Übersetzung aus dem Russischen: Rainer Böhme, Jörg-Uwe Laasch. Dresden 2019.

Gerhardt, Volker: Individualität: das Element der Welt. München 2000.

Gerstenberger, Erhard Siegfried: *Königskritik*, in: WiBiLex – Das Bibellexikon. Stuttgart 2010, https://www.bibelwissenschaft.de/wibilex/das-bibellexikon/lexikon/sachwort/anzeigen/details/koenigskritik/ch/3b78b6e219f37abdf899524ed90696a7/ (8.12.2022).

Golla, Korbinian: Hesiods Erga. Berlin/Boston 2016.

Greenblatt, Stephen: Tyrant. Shakespeare on Power. London 2019.

Greenstein, Claire / Tensley, Brandon: *The Strongwoman of Europe*, in: Foreign Affairs vom 6.4.2016.

Grethlein, Jonas: *Homer – die epische Erinnerung an »unvergänglichen Ruhm«*, in: Stein-Hölkeskamp, Elke / Hölkeskamp, Karl-Joachim (Hg.): Die griechische Welt. Erinnerungsorte der Antike. München 2010, S. 386–399.

Griffin, Alyssa Farah: Interview bei CNN vom 6.11.2021. https://edition.cnn.com/videos/politics/2021/11/06/alyssa-farah-trump-second-term-vpx.cnn (1.12.2022).

Grotius, Hugo: Über das Recht von Krieg und Frieden. 1625.

Guérot, Ulrike: Wer schweigt, stimmt zu. Frankfurt a. M. 2022.

Habermas, Jürgen: Theorie des kommunikativen Handelns. Frankfurt a. M. 1981.

Habermas, Jürgen: *Überlegungen und Hypothesen zu einem erneuten Strukturwandel der Öffentlichkeit*, in: Leviathan. Sonderband 37, 2021, S. 470–500.

Haerpfer, C. et al. (Hg.): World Values Survey: Round Seven – Country-Pooled Datafile Version 3.0. Madrid/Wien 2022. https://www.worldvaluessurvey.org/WVSContents.jsp (8.12.2022).

Hartleb, Florian: Nach ihrer Etablierung – Rechtspopulistische Parteien in Europa. Konrad-Adenauer-Stiftung, St. Augustin / Berlin 2011.

Heine, Heinrich: Deutschland. Ein Wintermärchen. 1844.

Heine, Heinrich: Reisebilder Dritter Teil. Reise von München nach Genua. 1830.

Heinze, Rolf G.: Die Berliner Räterepublik. Opladen 2002.

Heitmeyer, Wilhelm: Deutsche Zustände. 10 Folgen. Frankfurt a. M. 2002–2011.

Heitmeyer, Wilhelm: *Für türkische Jugendliche in Deutschland spielt der Islam eine wichtige Rolle*, in: Die Zeit. Nr. 35/1996.

Herdegen, Matthias: *Art. 1 I*, in: Maunz, Theodor / Dürig, Günter: Grundgesetz. Kommentar. München 1958 ff., Stand 2003.

Hernández, Fernando Muñoz: Legitimität und Legalität im Völkerrecht. Diss., Tübingen 2011.

Herodot: Historien. Um 424 v. Chr.

Hesiod: Theogonie. Um 750 v. Chr.

Hesiod: Werke und Tage. Um 750 v. Chr.

Hobbes, Thomas: Leviathan or the Matter, Forme and Power of a Commonwealth Ecclesiasticall and Civill. 1651.

Höcke, Björn: Nie zweimal in denselben Fluss. Lüdinghausen/Berlin 2018.

Höcke, Björn: Transkript des Interviews mit dem Wall Street Journal. Faksimile, in: Hoffmann, Bianca / Echtermann Alice: *Die meisten dieser Zitate stammen von AfD-Poli-*

tikern – einige sind aber unbelegt, in: Correctiv vom 5.2.2020. https://correctiv.org/faktencheck/politik/2020/02/05/die-meisten-dieser-zitate-stammen-von-afd-politikern-einige-sind-aber-unbelegt (9.12.2022).

Homer: Ilias. Um 650 v. Chr.

Homer: Odyssee. Um 630 v. Chr.

Hossenfelder, Malte: *Menschenwürde und Menschenrecht*, in: Angehrn, Emil / Baertschi, Bernard (Hg.): Menschenwürde. Jahrbuch der Schweizerischen Philosophischen Gesellschaft. Bd. 63, 2004, S. 17–33.

Hucker, Charles O.: China to 1850: A Short History. Stanford 1978.

Hufen, Friedhelm: *Wissenschaftsfreiheit: 13 Thesen zur Klarstellung. »Political correctness« und Neutralitätsgebot als Schranken wissenschaftlicher Lehre?*, in: Hopf, Wilhelm (Hg.): Die Freiheit der Wissenschaft und ihre »Feinde«. Berlin 2019, S. 3–6.

Intelligence and Security Committee of Parliament: Russia. House of Commons, 21.7.2020.

Ioffe, Julia: *What Putin Really Wants*, in: The Atlantic Januar/Februar 2018.

Isensee, Josef: *Widerstandsrecht im Grundgesetz*, in: Enzmann, Birgit (Hg.): Handbuch Politische Gewalt. Wiesbaden 2013, S. 143–162.

Joas, Hans: Die Sakralität der Person. 2. Aufl. Berlin.

Jost, John T. et al.: *Political conservatism as motivated social cognition*, in: Psychological Bulletin. Bd. 129 (Nr. 3), 2003, S. 339–375.

Jung, Reinhard: *»Friede den Hütten, Krieg den Palästen!« – In the Bronze Age Aegean*, in: Meller, Harald et al. (Hg.): Arm und Reich – Zur Ressourcenverteilung in prähistorischen Gesellschaften. 8. Mitteldeutscher Archäologentag vom 22. bis 24. Oktober 2015 in Halle (Saale). Halle (Saale) 2016, S. 553–576.

Kakkar, Hemant / Sivanathan, Niro: *When the appeal of a dominant leader is greater than a prestige leader*, in: Proceedings of the National Academy of Sciences. Bd. 114 (Nr. 26), 2017, S. 6734–6739.

Kaminer, Wladimir: *Kriegstreiber. Wie Wladimir Putin jetzt auch noch die russische Seele zerstört*, in: t-online vom 3.3.2022a. https://www.t-online.de/nachrichten/ausland/krisen/id_91750420/kriegstreiber-wie-putin-jetzt-auch-noch-die-russische-seele-zerstoert.html (9.12.2022).

Kaminer, Wladimir: *Russen in Deutschland. Sie wissen selbst nicht, wer sie sind*, in: t-online vom 25.4.2022b. https://www.t-online.de/nachrichten/ausland/id_92070368/russlands-propaganda-warum-sich-menschen-fuer-putin-als-werbebanner-hergeben.html (9.12.2022).

Kaminer, Wladimir: *Russlands Künstler. Wie Wladimir Putin selbst seine eifrigsten Helfer demütigt*, in: t-online vom 20.3.2022c. https://www.t-online.de/nachrichten/ausland/id_91849262/ukraine-krieg-wie-wladimir-putin-selbst-seine-eifrigsten-helfer-demuetigt.html (9.12.2022).

Kant, Immanuel: *Beantwortung der Frage: Was ist Aufklärung?*, in: Berlinische Monatsschrift. Bd. 4, 1784, S. 481–494.

Kant, Immanuel: Grundlegung zur Metaphysik der Sitten. 1785.

Kant, Immanuel: Kritik der praktischen Vernunft. 1788.

Kant, Immanuel: Kritik der Urteilskraft. 1793.

Kant, Immanuel: Über den Gemeinspruch: Das mag in der Theorie richtig sein, taugt aber nicht für die Praxis. 1793.

Kennedy, John F.: Amtsantrittsrede am 20. Januar 1961.

Kirchhoff, Hans Georg: *Die Dortmunder Große Fehde 1388/89*, in: Gustav Luntowski (Hg.): Dortmund. 1100 Jahre Stadtgeschichte. Dortmund 1982, S. 107–128.

Kissinger, Henry A.: Weltordnung. München 2014.

Klimek, Peter et al.: Election forensic analysis of the Turkish Constitutional Referendum 2017. arXiv:1706.09839v2 [stat.AP] vom 3.7.2017.

Knysh, George: *Biographical Rectifications Concerning Ockham's Avignon Period*, in: Franciscan Studies. Bd. 46, William of Ockham (1285–1347), Commemorative Issue Part III, 1986, S. 61–91.

Kõiv, Mait: *Democratisation of the Greek society during the Archaic Era?*, in: Studia Humaniora Tartuensia Bd. 3, 2002.
Konfuzius: Gespräche. Um 480/380 v. Chr.
Kuhn, Thomas S.: Die Struktur wissenschaftlicher Revolutionen. Frankfurt a. M. 1967.
Kuntzman, Gersh: *President Trump exhibits classic signs of mental illness, including ›malignant narcissism‹, shrinks say*, in: New York Daily News Sunday vom 29.1.2017.
Kurzwelly, Jonatan: Bones and injustices: provenance research, restitutions and identity politics. Dialectical Anthropology 2022.
Lai, Brian / Slater, Dan: *Institutions of the Offensive: Domestic Sources of Dispute Initiation in Authoritarian Regimes, 1950–1992*, in: American Journal of Political Science, Bd. 50 (Nr. 1) 2006; S. 113–126.
Landeskriminalamt Nordrhein-Westfalen: Clankriminalität – Lagebild NRW 2018. Düsseldorf 2019.
Lee, Bandy X. (Hg.): The Dangerous Case of Donald Trump: 37 Psychiatrists and Mental Health Experts Assess a President – Updated and Expanded with New Essays. New York 2019.
Lenzen, Dieter: Differenzieren! Wer die Freiheit von Wissenschaft, Forschung und Lehre zu schützen hat. Universität Hamburg, Website vom 29.10.2019. https://www.uni-hamburg.de/newsroom/im-fokus/2019/1029-artikel-prof-lenzen.html (8.12.2022).
Levitsky, Steven / Ziblatt, Daniel: Wie Demokratien sterben: Und was wir dagegen tun können. 7. Aufl. München 2018.
Lietzmann, Hans J. et al.: Bürgerräte als eine zeitgemäße Ergänzung der repräsentativen Demokratie: Handreichung für eine Implementation deliberativer Bürgerräte. Wuppertal 2021.
Locke, John: Two Treatises of Government. 1689.
Lucke, Bernd, zitiert in: Schneider, Jens: AfD-Chef warnt vor »sozialem Bodensatz«. Süddeutsche Zeitung Online vom 13.9.2013. https://www.sueddeutsche.de/politik/zuwanderung-als-wahlkampfthema-afd-chef-warnt-vor-sozialem-bodensatz-1.1769714 (14.12.2022).
Lucke, Bernd, zitiert in: Diekhoff, Anne: Bernd Lucke zieht kruden Vergleich: »Früher als Judensau beschimpft, heute als Nazischwein«.Tagesspiegel Online vom 18.10.2019. https://www.tagesspiegel.de/politik/fruher-als-judensau-beschimpft-heute-als-nazischwein-4111231.html (14.12.2022).
Luf, Gerhard: *Menschenrechtsbegründung aus vernunftrechtlicher Perspektive*, in: Seelmann, Kurt (Hg.): Menschenrechte. Begründung – Universalisierbarkeit – Genese. Berlin/Boston 2017, S. 8–22.
Luhmann, Niklas: Die Gesellschaft der Gesellschaft. Frankfurt a. M. 1998.
Lukian von Samosata: Herodot und Aëtion. Um 170 n. Chr.
Machiavelli, Niccolò: Discorsi sopra la prima deca di Tito Livio. 1531.
Machiavelli, Niccolò: Il Principe. Um 1513.
Macron, Emmanuel / Putin, Wladimir: Telefongespräch vom 22.4.2022, in: Lagache, Guy: Un président, l'Europe et la Guerre. Filmdokumentation vom 30.6.2022.
Magro, Jean-Marie: *Moskaus Einfluss auf die rechten Parteien Frankreichs*, in: BR24 Online vom 10.4.2022. https://www.br.de/nachrichten/deutschland-welt/moskaus-einfluss-auf-die-rechten-parteien-frankreichs,T2JY9nu (9.12.2022).
Maroshek-Klarman, Uki: Erziehung zur Demokratie. Jerusalem 1990.
Mau, Steffen: Lütten Klein. Leben in der ostdeutschen Transformationsgesellschaft. Berlin 2019.
Mayer, Ann E.: Islam and Human Rights. Tradition and Politics. 5. Aufl. New York 2018.
McKinsey & Company: Online-Umfrage mit der YouGov Deutschland GmbH im November 2019 unter 2021 Personen in Deutschland, repräsentativ für die deutsche Bevölkerung ab 18 Jahren. McKinsey & Company: Perspektive auf den deutschen Video-Streaming-Markt. November 2019. https://www.mckinsey.de/~/media/McKinsey/Locations/Europe%20and%20Middle%20East/Deutschland/News/Presse/2019/2019-11-14%20-%20

Streaming%20Markt/McKinsey-Analyse%20-%20German%20Video%20Content%20 Market.ashx (9.12.2022).
Menzius: Gau Dsï. Um 300 v. Chr.
Miller, Jonas: *Putin-Fans im bayerischen Querdenker-Milieu*, in: BR24 Online vom 24.3.2022. https://www.br.de/nachrichten/bayern/putin-fans-im-bayerischen-querdenken-milieu,T0tUyO1 (9.12.2022).
Milton, John: Areopagitica: A Speech of Mr. John Milton for the Liberty of Unlicens'd Printing. To the Parlament of England. London 1644.
Money-Kyrle, Roger: Die Psychologie von Krieg und Propaganda. Frankfurt a. M. 2022.
Montesquieu, Charles-Louis de Secondat, Baron de la Brède et de: De l'esprit des loix (Vom Geist der Gesetze). Genf 1748.
Morgan, Lewis H.: Ancient Society. London 1877.
Moses, Lucia: *Politico is pumping $10 million into its subscription product as new tech startups muscle into the pricey DC market*, in: Business Insider Website vom 29.3.2019. https://www.businessinsider.com/politico-is-spending-10-million-to-keep-politico-pro-competitive-2019-3?r=DE&IR=T (9.12.2020).
Mueller, Robert S. III: Report On The Investigation Into Russian Interference In The 2016 Presidential Election. Washington 2019.
Müller, Jan-Werner: Interview, in: Neue Zürcher Zeitung vom 20.6.2018.
Müller, Sibylle: Gibt es Menschenrechte bei Samuel Pufendorf? Frankfurt a. M. / New York 2000.
Nai, Alessandro / Toros, Emre: *The peculiar personality of strongmen: Comparing the Big Five and Dark Triad traits of autocrats and non-autocrats*, in: Political Research Exchange. Bd. 2 (Nr. 1), 2020, S. 1–24.
Nestle, Wilhelm: Vom Mythos zum Logos. Die Selbstentfaltung des griechischen Denkens. 2. Aufl. Stuttgart 1975.
Nordlinger, Eric A.: Conflict Regulation in Divided Societies. Cambridge 1972.
Nowak, Manfred: Menschenwürde und Menschenrechte. Wien 2018 (e-Book).
Offe, Claus: *Politische Herrschaft und Klassenstrukturen. Zur Analyse spätkapitalistischer Gesellschaftssysteme*, in: Kress, Gisela / Senghaas, Dieter (Hg.): Politikwissenschaft. Eine Einführung in ihre Probleme. Frankfurt a. M. 1969, S. 155–189.
Ogburn, William Fielding: Social Change with respect to Nature and Original Cult. New York 1922.
Ottmann, Henning: *Liberale, republikanische, deliberative Demokratie*, in: Synthesis Philosophica. Bd. 42 (Nr. 2), 2006, S. 315–325.
Otto, Eckart: *Mose und das Gesetz*, in: Ders. (Hg.): Mose. Ägypten und das Alte Testament. Stuttgart 2000, S. 43–83.
Otto, Eckart: *Recht im antiken Israel*, in: Manthe, Ulrich (Hg.): Die Rechtskulturen der Antike. Vom Alten Orient bis zum Römischen Reich. 2. Aufl. München 2018, S. 151–190.
Pardo, Vittorio F.: Die Geburt der europäischen Stadt. Darmstadt 2010.
Pariser, Eli: The Filter Bubble: What the Internet Is Hiding from You. New York 2011.
Peter, Laurence J. / Hull, Raymond: Das Peter-Prinzip oder die Hierarchie der Unfähigen. 12. Auflage, Reinbek 2001.
Platon: Apologie des Sokrates. 399 v. Chr.
Platon: Der Staat. Um 408 v. Chr.
Platon: Gesetze. Um 360 v. Chr.
Polybios: Historien. Um 120 v. Chr.
Popper, Karl: *Die Normalwissenschaft und ihre Gefahren*, in: Lakatos, Imre / Musgrave, Alan (Hg.): Kritik und Erkenntnisfortschritt. Abhandlungen des Internationalen Kolloquiums über die Philosophie der Wissenschaft, London 1965. Wiesbaden 1974.
Prigoschin, Jewgeni: Post vom 7.11.2022 auf VKontakte. https://www.reuters.com/world/us/russias-prigozhin-admits-interfering-us-elections-2022-11-07/ (9.12.2022).

Pufendorf, Samuel: De jure naturae et gentium libri octo (Acht Bücher von Natur und Völkerrecht). 1672.
Raaflaub, Kurt: *Einleitung und Bilanz*, in: Kinzl, Konrad (Hg.): Demokratia. Der Weg zur Demokratie bei den Griechen. Darmstadt 1995, S. 25–52.
Reitmeyer, Morten: Eliten, Version: 2.0, in: Docupedia-Zeitgeschichte, 18.02.2022. http://docupedia.de/zg/Reitmayer_eliten_v2_de_2022 (9.12.2022).
Rajaie-Khorassani, Said: *Stellungnahme vor dem Dritten Komitee der Generalversammlung der Vereinten Nationen am 7.12.1984*. Zitiert in: Littman, David G.: Universal Human Rights and »Human Rights in Islam«. Midstream, Bd. 45 (Nr. 2), 1999, S. 2–7.
Rasmussen, Anders Fogh 2022: Interview, in: Augsburger Allgemeine vom 4.3.2022.
Richards, Keith: Interview. Frankfurter Rundschau Online vom 12.11.2010, https://www.fr.de/panorama/wenn-teufel-treffe-helfe-gott-11454438.html (8.12.022).
Roetz, Heiner: *Menschenrechte und Konfuzius*, in: Die Zeit Nr. 24/1995 vom 9.6.1995.
Rousseau, Jean-Jacques: Der Gesellschaftsvertrag oder: Die Grundsätze des Staatsrechtes. Stuttgart 1959.
Rüegg, Walter: A History of the University in Europe. Volume 1: Universities in the Middle Ages. Cambridge u. a. 2003.
Rüland, Jürgen: *Keine Chance für Demokratie in Asien? Anmerkungen zur west-östlichen Wertedebatte*, in: WeltTrends e. V. (Hg.): Globaler Kulturkampf? Politische Kultur, Modernisierung und internationale Ordnung. Berlin 1996, S. 53–80.
Runciman, David: So endet die Demokratie. Frankfurt a. M. / New York 2020.
Sammak, Muhammad: *Menschenwürde aus der Perspektive des Islam*, in: Krämer, Klaus / Vellguth, Klaus (Hg.): Menschenwürde. Diskurse zur Universalität und Unveräußerlichkeit. Freiburg 2016, S. 297–314.
Sartori, Giovanni: Demokratietheorie. Darmstadt 1997.
Saxe, John Godfrey, zitiert in: University of Michigan: University Chronicle, Bd. 3 (Nr. 24) vom 27.3.1896, S. 4.
Schindler, R.: *Grundprinzipien der Psychodynamik in der Gruppe*, in: Psyche – Zeitschrift für Psychoanalyse, Bd. 11, 1957, S. 308–314.
Schirnow, Sergej: Interview, in: Der Standard vom 2.6.2022.
Schmitt, Arbogast: *Menschenrechte in der Aufklärung und bei Aristoteles*, in: Seelmann, Kurt (Hg.): Menschenrechte. Begründung – Universalisierbarkeit – Genese. Berlin/Boston 2017, S. 154–186.
Schneider, Notker: *Philosophische Aspekte: Menschenrechte und Menschenwürde*, in: Ottersbach, Markus / Prölß, Claus-Ulrich (Hg.): Flüchtlingsschutz als globale und lokale Herausforderung. Wiesbaden 2011, S. 17–28.
Schopenhauer, Arthur: Ueber das Fundament der Moral. 1841.
Schubert, Ernst: *Novgorod, Brügge, Bergen und London: Die Kontore der Hanse*, in: Concilium medii aevi 5, 2002, S. 1–50.
Schubert, Karsten: *Umkämpfte Kunstfreiheit – ein Differenzierungsvorschlag*, in: Zeitschrift für Menschenrechte. Bd. 14 (Nr. 2), 2020, S. 195–204.
Seelentag, Gunnar: *Konfliktregulierung im archaischen und klassischen Griechenland zwischen Prinzipien- und Regelorientierung*, in: Hölkeskamp Karl-Joachim et al. (Hg.): Die Grenzen des Prinzips. Die Infragestellung von Werten durch Regelverstöße in antiken Gesellschaften. Stuttgart 2019, S. 25–45.
Seelmann, Kurt: *Einführung*, in: Ders. (Hg.): Menschenrechte. Begründung – Universalisierbarkeit – Genese. Berlin/Boston 2017, S. 1–7.
Senatsverwaltung für Stadtentwicklung und Umwelt Berlin: Handbuch zur Partizipation. 2. Aufl. Berlin 2012.
Service, Elman R.: Origins of the State and Civilization. The Process of Cultural Evolution. Norton, NY 1975.
Shakespeare, William: Coriolanus. Um 1609.
Simonjan, Margarita: *Wir wollen nicht mehr sein wie ihr!*, in: Emma vom 3.4.2018.

Simonyan, Margarita: Interview, in: Question That: RT's Military Mission Assessing Russia Today's role as an »information weapon«. Atlantic Council's Digital Forensic Research Lab, DFRLab vom 8.1.2018. https://medium.com/dfrlab/question-that-rts-military-mission-4c4bd9f72c88 (9.12.2022).
Skjeseth, Heidi Taksdal: All the president's lies: Media coverage of lies in the US and France. Oxford 2017.
Smith, Adam: An Inquiry into the Nature and Causes of the Wealth of Nations. London 1776.
Solon: Eunomie. Um 600 v. Chr.
Sonderman, Jeff: Many politics sites draw partisan audiences, but Politico strikes a perfect balance. Poynter Institute Website vom 30.4.2012. https://www.poynter.org/reporting-editing/2012/many-politics-sites-draw-partisan-audiences-but-politico-strikes-a-perfect-balance/ (9.12.2022).
Sophokles: Antigone. 442 v. Chr.
Stahl, Michael: *Tyrannis und das Problem der Macht: Die Geschichten Herodots über Kypselos und Periander von Korinth*, in: Hermes. Bd. 111 (Nr. 2) 1983, S. 202–220.
Stambolić, Ivan, zitiert nach Simons, Marlise / Smale, Alison: *Obituary: Slobodan Milosevic, 64, former Yugoslav leader accused of war crimes, dies*, in: New York Times vom 12.3.2006. https://www.nytimes.com/2006/03/12/world/europe/12iht-web.0312obit.html (9.12.2022).
Stark, Birgit / Magin, Melanie / Jürgens, Pascal: *Maßlos überschätzt. Ein Überblick über theoretische Annahmen und empirische Befunde zu Filterblasen und Echokammern*, in: Eisenegger, Mark et al. (Hg.): Digitaler Strukturwandel der Öffentlichkeit: Historische Verortung, Modelle und Konsequenzen. Wiesbaden 2021, S. 303–321.
Steinmeier, Frank-Walter: Rede in Berlin am 25.10.2019.
Steinmeier, Frank-Walter: Interview, in: Der Spiegel vom 9.4.2022.
Strozier, Charles B. / Terman, David M.: *Inside Putin's head: Paranoid? Calculating? Obsessed by the conspiracy theories of a rehabilitated Russian fascist?*, in: Bulletin of the Atomic Scientists vom 3.3.2022.
Sunstein, Cass R.: Republic.com. Princeton 2001.
Tacitus: Annalen. 110 bis 120 n. Chr.
Tacitus: Germania. 98 n. Chr.
Taureck, Bernhard H. F: Rousseau. Reinbek 2009.
Thukydides: Der Peloponnesische Krieg. Um 400 v. Chr.
Thür, Gerhard: *Recht im antiken Griechenland*, in: Manthe, Ulrich (Hg.): Die Rechtskulturen der Antike. Vom Alten Orient bis zum Römischen Reich. 2. Aufl. München 2018, S. 191–238.
Toqueville, Alexis de: Über die Demokratie in Amerika. Stuttgart 1959.
Toynbee, Arnold J.: A Study of History. New York 1962.
Trump, Mary: Too Much And Never Enough: How My Family Created the World's Most Dangerous Man. New York 2020.
Umland, Andreas: *Faschismus à la Dugin*, in: Blätter für deutsche und internationale Politik. Dezember 2007.
Vehrkamp, Robert / Merkel, Wolfgang: Populismusbarometer 2018. Populistische Einstellungen bei Wählern und Nichtwählern in Deutschland 2018. Gütersloh 2019.
Ward, Clarissa et al.: *Russian election meddling is back – via Ghana and Nigeria – and in your feeds*, in: CNN vom 11.4.2020. https://edition.cnn.com/2020/03/12/world/russia-ghana-troll-farms-2020-ward/index.html (9.12.2022).
Weber, Max: Wirtschaft und Gesellschaft. Tübingen 1922.
Weck, Roger de: Die Kraft der Demokratie: Eine Antwort auf die autoritären Reaktionäre. Berlin 2020.
Weiß, Volker: Die autoritäre Revolte: Die Neue Rechte und der Untergang des Abendlandes. 2. Aufl. Stuttgart 2017.
Welsch, Wolfgang: *Transkulturalität – Lebensformen nach der Auflösung der Kulturen*, in: Information Philosophie. Bd. 20, 1992, S. 5–20.

Wenner, Thomas: Es reicht. Offener Brief, 2009, in: Spiegel Online vom 26.7.2010. https://www.spiegel.de/panorama/gesellschaft/offener-brief-warum-bochums-polizeipraesident-die-love-parade-absagte-a-708598.html (8.12.2022).
Wetz, Franz Josef: Illusion Menschenwürde. Aufstieg und Fall eines Grundwerts. Stuttgart 2005.
Wickham, Chris: Framing the Early Middle Ages: Europe and the Mediterranean, 400–800. Oxford 2006.
Wikipedia (englisch): Political Strongman. 2022a. https://en.wikipedia.org/wiki/Political_strongman (8.12.2022).
Wikipedia (französisch): Homme fort (politique). 2022b. https://fr.wikipedia.org/wiki/Homme_fort_(politique) (8.12.2022).
Will, Rosemarie: *Christus oder Kant*, in: Blätter für deutsche und internationale Politik, Nr. 10/2004, S. 1216–1227.
William von Ockham: An princeps pro suo succursu, scilicet guerrae, possit recipere bona ecclesiarum, etiam invito papa (Ob ein Fürst auch gegen den Willen des Papstes Kirchengüter für Kriegszwecke heranziehen darf). Um 1330.
William von Ockham: Breviloquium de principatu tyrannico super divina et humana, specialiter autem super imperium et subiectos imperio, a quibusdam vocatis summis pontificibus usurpato (Kurze Abhandlung über die tyrannische Herrschaft in geistlichen und weltlichen Dingen, besonders über das Reich und die Reichsuntertanen, die sich einige sogenannte Päpste anmaßen). 1342.
William von Ockham: Dialogus (Dialog), zitiert nach: Stephen Chak Tornay: *William Ockham's Political Philosophy*, in: Church History. Bd. 4 (Nr. 3), 1935, S. 214–223. Um 1334.
Windisch, Elke: *Putins Troll-Armee*, in: Der Tagesspiegel vom 11. Juni 2015.
Wissenschaftliche Dienste: Sinkende Wahlbeteiligung in Deutschland. Ursachen und Lösungsvorschläge. Deutscher Bundestag, WD 1 – 3000 – 008/15, Berlin 2016.
Wood, Randall / DeLuca, Carmine: The dictator's handbook: a practical manual for the aspiring tyrant. o. O. 2012.
Xenophon: Hieron. Um 400 v. Chr.
Yendell, Alexander et al.: Die Parteien und das Wählerherz 2018. Universität Leipzig 2018.
YouGovAmerica: Two in five Americans say a civil war is at least somewhat likely in the next decade. 26.8.2022. https://today.yougov.com/topics/politics/articles-reports/2022/08/26/two-in-five-americans-civil-war-somewhat-likely (29.9.2022).
Zannettou, Savvas et al.: Characterizing the Use of Images in State-Sponsored Information Warfare Operations by Russian Trolls on Twitter, in: Proceedings of the Fourteenth International AAAI Conference on Web and Social Media (ICWSM 2020). 2020, S. 774–785.
Ziesmann, Michael (@mz_storymakers): Tweet von 12:39 PM, Feb 27, 2014.
Zweig, Stefan: Castellio gegen Calvin oder Ein Gewissen gegen die Gewalt. Göttingen 2019.

MEHR VON DIESER REIHE

Achim Bühl

DIE SHOAH

Verfolgung und Ermordung der europäischen Juden

224 Seiten | 978-3-7374-1164-6

Hermann Hiery

DEUTSCHLAND ALS KAISERREICH

Der Staat Bismarcks – Ein Überblick

480 Seiten | 978-3-7374-1167-7

Christoph Schulze

RECHTSEXTREMISMUS

Gestalt und Geschichte

224 Seiten | 978-3-7374-1180-6

Arno Sonderegger

AFRIKA UND DIE WELT

Betrachtungen zur Globalgeschichte Afrikas in der Neuzeit

336 Seiten | 978-3-7374-1179-0

Barbara Sichtermann

WELTENRETTERINNEN

Es geht ums Ganze

256 Seiten | 978-3-7374-1178-3

S. Marix Verlag

FSC
www.fsc.org
MIX
Papier | Fördert gute Waldnutzung
FSC® C083411

Bibliografische Information der Deutschen Nationalbibliothek
Die Deutsche Nationalbibliothek verzeichnet diese Publikation in der Deutschen Nationalbibliografie; detaillierte bibliografische Daten sind im Internet über http://dnb.d-nb.de abrufbar.

Dieses Werk wurde vermittelt durch Aenne Glienke | Agentur für Autoren und Verlage, www.aenneglienkeagentur.de
Lektorat: Stefan Gücklhorn, Wiesbaden
Cover: Karina Bertagnolli, Wiesbaden, Anja Carrà, Weimar
Layout & Satz: Anja Carrà, Weimar
Umschlagabbildung: © picture alliance/dpa | Lena Lachnit
Der Titel wurde in der Times New Roman gesetzt.
Gesamtherstellung: CPI books GmbH – Germany

ISBN: 978-3-7374-1213-1

www.verlagshaus-roemerweg.de

Mehr über Ideen, Autoren und Programm des Verlags finden Sie auf www.verlagshaus-roemerweg.de und in Ihrer Buchhandlung.

»Mein Herr, ich teile
Ihre Meinung nicht,
aber ich würde mein
Leben dafür einsetzen,
dass Sie sie äußern dürfen.«
Voltaire

»Freiheit ist immer
die Freiheit des
anders Denkenden.«
Rosa Luxemburg

»Je erfolgreicher einer lügt und je
mehr Menschen er überzeugt, desto
mehr Aussicht besteht, dass er am Ende
an seine eigenen Lügen glaubt.«
Hannah Arendt